本书为教育部人文社会科学重点研究基地重大项目"共同富裕时代人民美好生活需要与社会政策创新研究"(22JJD630021)的研究成果。

中山大学 中国公共管理研究中心
CENTER FOR CHINESE PUBLIC ADMINISTRATION RESEARCH, SUN YAT-SEN UNIVERSITY

中山大學 政治与公共事务管理学院
SCHOOL OF GOVERNMENT, SUN YAT-SEN UNIVERSITY

人民美好生活需要与社会政策创新

PEOPLE'S NEEDS FOR A BETTER LIFE AND
SOCIAL POLICY INNOVATION（2023）

（2023）

岳经纶 等 著

社会科学文献出版社
SOCIAL SCIENCES ACADEMIC PRESS (CHINA)

《人民美好生活需要与社会政策创新》
年度研究报告编委会

编委会主任　　谭安奎

编委会副主任　岳经纶　郑跃平

编委会委员　　（按姓氏拼音排序）

陈　娜　陈永杰　黄冬娅　李棉管　刘亚平

罗斯琦　牛美丽　申梦晗　谭安奎　王海宁

王秋石　肖　滨　叶　林　岳经纶　郑跃平

钟晓慧　周　燕　朱亚鹏　庄文嘉

出版说明

经反复酝酿，中山大学中国公共管理研究中心、中山大学政治与公共事务管理学院决定在"十四五"期间推出两个年度研究报告——《人民美好生活需要与社会政策创新》和《公共治理的数字化转型》。这两个报告将基于持续的、具有全国意义的调查和数据收集，向读者呈现两个重要领域主观态度与客观情势方面的发展、变化与趋向，并分析其对于治理变革的意义和政策意涵。

这两个年度研究报告主题的确定，源于我们从两个时间轴线出发对公共治理重大问题的判断。

其一，公共治理的研究要面向新时代，首先就是要面向新时代的主要矛盾，亦即人民日益增长的美好生活需要和不平衡不充分的发展之间的矛盾。《人民美好生活需要与社会政策创新》年度研究报告正是要持续关注不同区域的人们在教育、医疗、儿童和老年照护、就业等方面的民生需要，包括福利态度方面的差异与动态变化，尝试全面地呈现党和政府在解决新时代主要矛盾方面取得的进展和存在的挑战，并基于社会政策的专业分析提出建设性的思路。

其二，公共治理的研究还要有引领时代的未来意识。在这方面，新一轮科技革命，尤其是数字化和人工智能的发展，不仅在重塑政府权能和政府行为，而且在重塑政府行为的对象以及二者之间的关系，甚至正在对传统政府管理的知识系统构成颠覆性冲击。《公共治理的数字化转型》年度研究报告将重点关注公共治理场景中的数字技术应用、公共服务的数字化与智能化转型、数字化时代的政府监管创新、大数据的价值发掘与数据治理、数字经济与数字产业发展、数字化时代的伦理风险及其防范等议题，为我们国家的公共治理在数字文明时代走在前列提供学术支持。

我们期望这两个年度研究报告的持续出版，能够部分地彰显公共管理学和政治学作为公共治理之学的现实感与实践品格。当然，两个年度研究报告的规划，也与我们中心、学院学科建设的优势和抱负高度关联。经过多年积累，我们的社会政策研究团队日益壮大，而且具备了显著的国际学术影响力，在"社会中国"建设研究方面建树颇丰；近年来，我们着力加强数字治理方向的学术研究与社会服务，建立了高质量的政产学研网络，研究布局全面推开，在政务服务的数字化与智能化转型等领域已经取得了显著进展。

我们将把这两个年度研究报告当作一项持续的事业予以推进。以品质可靠的数据为基础研究提供支持，同时在研究报告的基础上孵化出高质量的决策咨询成果，这是我们的初衷。更进一步，在充分积累的基础上，建成各自领域内开放式的数据库，为学界同仁提供学术公共品，也是我们计划中的一部分。

中山大学中国公共管理研究中心
中山大学政治与公共事务管理学院
中山大学国家治理研究院
2022年6月

目 录

总报告　以高质量社会政策创新助力中国式现代化 …………………… 001
 一　中国式现代化与高质量社会政策创新 ……………………………… 001
 二　2023年人民美好生活需要调查研究设计 …………………………… 006
 三　2023年人民美好生活需要调查基本情况 …………………………… 007
 四　2023年人民美好生活需要调查主要发现 …………………………… 013

专题报告一　公众认知视角下困难群体的人群指向与保障措施 ……… 028
 一　文献综述 ……………………………………………………………… 029
 二　困难群体帮扶体系的典型案例 ……………………………………… 041
 三　变量操作化与研究方法 ……………………………………………… 049
 四　公众认知视角下困难群体的基本特征：人群指向与保障措施 …… 052
 五　公众认知视角下困难群体人群指向与保障措施的影响因素分析 … 064
 六　结论与建议 …………………………………………………………… 072

专题报告二　个人社会支出与主观阶层认同 …………………………… 074
 一　概念界定与文献综述 ………………………………………………… 076
 二　个人社会支出现状及其影响因素 …………………………………… 080
 三　个人社会支出的差异分析 …………………………………………… 090
 四　居民主观阶层认同现状及其差异分析 ……………………………… 103
 五　个人社会支出对居民主观阶层认同的影响 ………………………… 110
 六　结论与建议 …………………………………………………………… 117

专题报告三　公众偏好与延迟退休配套措施 ……………………………… 122
　一　引言 ……………………………………………………………… 122
　二　文献综述 ………………………………………………………… 123
　三　研究设计 ………………………………………………………… 127
　四　公众延迟退休配套措施偏好分析 ……………………………… 131
　五　结论与建议 ……………………………………………………… 142

专题报告四　老人照顾服务利用与支持措施偏好 …………………… 146
　一　研究背景与研究问题 …………………………………………… 146
　二　文献综述 ………………………………………………………… 148
　三　研究设计 ………………………………………………………… 153
　四　老人照顾支持措施的偏好分析 ………………………………… 158
　五　结论与建议 ……………………………………………………… 179

专题报告五　公众对生育支持政策的态度及其影响因素 …………… 181
　一　引言 ……………………………………………………………… 181
　二　政策背景 ………………………………………………………… 183
　三　文献综述 ………………………………………………………… 190
　四　数据和方法 ……………………………………………………… 193
　五　公众对生育政策的态度分析 …………………………………… 196
　六　结论与建议 ……………………………………………………… 213

专题报告六　公众对流动儿童教育政策的态度及其影响因素 ……… 218
　一　研究背景与研究问题 …………………………………………… 218
　二　文献综述 ………………………………………………………… 220
　三　流动儿童教育保障现状 ………………………………………… 224
　四　数据来源和研究设计 …………………………………………… 240
　五　公众对流动儿童教育的态度 …………………………………… 243
　六　公众对该流动儿童教育态度的影响因素分析 ………………… 264

七　公众对保障流动儿童教育权益的政策建议分析 …………… 279
　八　结论与建议 ……………………………………………………… 283

专题报告七　基于社会性别的工作-生活平衡 ……………………… 286
　一　引言 ……………………………………………………………… 286
　二　文献综述 ………………………………………………………… 290
　三　研究设计 ………………………………………………………… 297
　四　工作-生活冲突的现状与比较 ………………………………… 304
　五　社会性别视角下工作-生活平衡的影响机制 ………………… 314
　六　结论与建议 ……………………………………………………… 327

专题报告八　职工生活品质的差异性、多面性与制约性 ………… 331
　一　引言 ……………………………………………………………… 331
　二　研究背景："职工生活品质"的提出及其内涵 ……………… 333
　三　研究设计 ………………………………………………………… 345
　四　职工生活品质的差异性与多面性 ……………………………… 350
　五　职工生活品质的制约性 ………………………………………… 357
　六　结论与建议 ……………………………………………………… 369

专题报告九　乡村振兴主观绩效和制约因素的公众认知 ………… 373
　一　引言 ……………………………………………………………… 373
　二　乡村振兴主观绩效及制约因素概述 …………………………… 374
　三　乡村振兴主观绩效和基层干部激励认知的影响因素分析 …… 390
　四　结论与建议 ……………………………………………………… 408

后　记 ……………………………………………………………………… 412

总报告

以高质量社会政策创新助力中国式现代化

岳经纶　程　璆

一　中国式现代化与高质量社会政策创新

党的十八大以来，以习近平同志为核心的党中央立足新时代我国经济发展实际，明确指出中国特色社会主义进入新时代。党的二十大报告深刻阐述了中国式现代化的重大命题，擘画了以中国式现代化全面推进中华民族伟大复兴的宏伟蓝图。现代社会政策体系既是现代化的产物，也是现代化的表征。推进中国式现代化，应充分发挥社会政策创新的作用，既从理论维度思考社会政策体系对于中国式现代化的意义，又从实践维度思考如何以高质量社会政策创新助力中国式现代化。

（一）中国式现代化为高质量社会政策创新指明方向

在人口规模巨大的国情下实现全体人民的共同富裕，确保物质文明与精神文明相协调，实现人与自然的和谐共生，坚持和平发展的道路，离不开社会政策体系的基础性作用。因此，中国式现代化要求建立适应现代化需要的社会政策体系，为我国社会政策体系的创新发展提供了巨大的机遇，也指明了发展方向。在中国式现代化进程中建立和完善的现代社会政策体系，不仅可以彰显中国式现代化的社会主义本质，而且能够丰富世界现代化的内容，深化社会政策体系与现代化的关系。

中国式现代化不是一部分人、少数人的现代化。人口规模巨大是中国式现代化的首要特征。人口规模巨大不只是对我国国情的一个简单描述。从现代化的角度看，人口规模巨大蕴含着丰富的意义。人口规模巨大不仅意味着人口数量特别多，而且意味着人口结构复杂。具体来说，人口规模巨大意味着农村人口规模巨大、流动人口规模巨大、低收入人口规模巨大、老龄人口规模巨大、离开学校进入劳动力市场人口规模巨大、灵活就业人口规模巨大等。如何让规模巨大的大学毕业生实现体面就业，如何让人口规模巨大的乡村实现全面振兴，如何让规模巨大的流动人口完成市民化，如何让规模巨大的低收入人口进入中等收入阶层，如何让规模巨大的老龄人口实现老有所养，如何保障规模巨大的灵活就业人口的社会权益，关系到社会政策体系的改革完善和创新发展。因此，在推进人口规模巨大的中国式现代化进程中，需要深入思考和研究社会政策与人口老龄化、低生育率、人口流动、阶层流动等因素的关系。没有社会政策体系和福利体制的创新发展，便难以保持人口规模巨大的社会的稳定和团结，更难以为中国式现代化的顺利推进提供条件和奠定基础。

（二）中国式现代化需要不断提升社会政策发展水平

现代化意味着社会的不断进步、人民生活的不断改善和人的全面自由发展。全体人民共同富裕的现代化要求解决地区差距、城乡差距、收入分配差距，促进社会公平正义，逐步实现全体人民共同富裕，坚决防止两极分化。然而，我国现行收入分配制度还存在一些突出问题，主要是收入差距拉大、劳动报酬在初次分配中的比重较低、居民收入在国民收入分配中的比重偏低。中国虽然已经成为中等收入国家，但社会整体收入水平较低，低收入人口比重大。如何让庞大的低收入人口（特别是农业人口）实现收入倍增？如何为数量庞大的流动人口（非户籍常住人口）提供包括社会保障在内的基本公共服务？如何缩小城乡、区域和群体之间的收入差距和财富差距？这些都是全体人民共同富裕的现代化需要面对和解决的重大问题。社会政策作为最典型的再分配机制，是市场经济条件下实现共同富裕最重要的政策工具。相关职能部门应在中国式现代化进程中不断改革和创新社会政策体系，使全体人民朝着共同富裕的方向稳步前进。

民生改善和福利水平提高是走向现代化的重要标志。中国特色社会主义进入新时代以来，党和政府高度重视民生发展，在政府公共预算支出增幅受到抑制的情况下，民生支出呈现快速增长态势。例如，社会保障和就业支出从2012年的12585亿元增长到2021年的33788亿元，平均年增长率为10.38%；财政对基本养老保险基金的补助从 2012 年的 3828.29 亿元增长到 2021 年的 9771.97 亿元，年均增长率为 9.82%；卫生健康支出从 2012 年的 7245.11 亿元增长到 2021 年的 19142.68 亿元，年均增长率为 10.2%。① 这些民生领域的主要支出增长率均高于同期年平均 6.91% 的公共预算支出增长率。但总体来说，我国社会保障水平还相对较低，尤其是与发达国家相比还有较大差距。此外，我国城乡之间的社会保障水平差异较大，农村居民的整体福利水平偏低。在实现共同富裕的进程中，需要不断提高城乡居民的福利水平。为此，需要增加对农村地区的社会支出，提高农民的社会保障水平，进而提高整体国民福利水平。

更好地反映政府的民生责任，呈现政府在民生领域的投入，科学量度社会保障水平，需要建立一个边界相对清晰的指标体系。在国际上，社会支出是体现政府民生责任的重要概念。西方国家经过多年的努力，建立了一套关于社会支出的完整统计体系。在我国，财政民生支出在推动我国社会保障事业发展方面发挥了至关重要的作用，为我国建成世界上规模最大的社会保障体系提供有力支撑。尽管如此，我国并没有建构起适当的概念体系来完整地统计政府在民生领域的财政支出，严重阻碍了公众对政府民生努力的认知。特别是进入新时代以来，随着我国民生财政支出的持续迅速增加，测量概念与指标体系缺失带来的弊端更加明显，它不仅无法准确地量化党和政府的福利努力，而且不利于福利水平的国际比较。由于缺乏统一的社会支出统计体系，我国用于民生事业的公共财政支出项目混乱、数据分散，缺乏统一的、长期的权威统计数据。掌握我国民生领域的公共财政投入与效益，形成更加合理的财政支出结构，彰显政府在保障和改善民生方面的努力，需要参考国际上通用的社会支出概念，建立社会支出的专门预算类别及统计口径，形成有中国特色的社会支出统计体系和社会支出数据库。

（三）以高质量社会政策创新助力中国式现代化

要发挥社会政策在高质量发展中的作用，需要解放思想、更新观念。长期以来，关于经济政策与社会政策、做大蛋糕与分好蛋糕之间的关系，理论上一

---

① 魏礼群、蔡昉、刘尚希、周弘、景天魁、杨瑞龙、蔡继明、叶静漪、岳经纶：《中国式现代化与社会保障高质量发展（笔谈）》，《社会保障评论》2023 年第 6 期。

直存在争议，总的看法是把社会政策与经济发展对立起来。从我国的经济发展实践来看，这个问题也没有得到正确的认识。改革开放以来，由于急于改变国民经济落后的面貌，我国选择了经济发展优先的战略，进而形成了把社会政策和经济政策、社会发展和经济发展分割，把社会政策作为社会消费和社会负担的观念。

社会投资理论认为，社会政策不只是财富再分配，还能够推动经济发展。具体来说，社会政策通过加强个人、家庭、社区、民间组织和政府部门的能力建设，提升人力资本水平，可以实现经济增长与社会发展的协同。因此，社会政策是社会投资，也是生产力。发达国家的经验表明，通过社会政策增强人民福祉，不仅是经济发展的目的，而且是经济增长的重要手段和途径。完善的社会政策体系可以扩大消费、提升人口素质和人力资本水平、提高科技创新能力、推动产业转型升级和高质量发展。优化社会政策体系在微观层面可以帮助居民抵御经济风险、培育人力资本，在宏观层面可以助力产业升级、拉动消费，为高质量发展提供有力支撑。就高质量发展而言，需要在以下三个方面充分发挥社会政策的作用。

第一，充分发挥社会政策的收入维持作用，保障和增加人民收入。推进高质量发展既是经济转型过程，也是社会转型过程，要对这一过程可能带来的社会问题和社会风险（如失业、不稳定就业、收入差距扩大等）有充分的预估，并做好相应的社会政策准备。要适度扩大社会政策的覆盖面，建立社会津贴制度，推动困难群体和低收入人口实现共同富裕。社会保障水平的提高，不仅可以为困难群体提供更有效的保障，而且可以缩小不同社会群体之间的差距，保护乃至扩大中等收入群体，促进社会团结与社会和谐，从而为高质量发展提供更好的保障。各级政府在社会保障、教育、医疗、住房、养老托育等民生领域的更大规模和更高水平的投入，不仅可以提高人民的购买力，而且可以促进相关产业的发展，从而为推动高质量发展注入不竭的内生动力。

强化社会政策的再分配功能，缩小收入差距，推进共同富裕。具体来说，需要强化社会保险政策的互助共济功能，缩小个人账户规模，做大社会统筹规模；完善基本养老和医疗保障体系，逐步缩小职工与居民、城市与农村的筹资和待遇差距，逐步提高城乡居民基本养老金水平；需要完善兜底救助体系，加快缩小社会救助的城乡差距，逐步提高城乡最低生活保障水平，兜住基本生活底线，保障低收入人口的基本生活；要完善住房供应和保障体系，保障住有所居，人民实现安居乐业。

第二，发展包容性社会政策，为创新提供动力。包容性社会政策旨在减少社会差异，实现包容性发展。包容性社会政策能够更好地权衡经济增长和社会公平之间的关系，既强调经济发展和物质富足，又强调社会发展和人的发展的协调性；既强调通过经济增长创造就业与其他发展机会，又强调发展机会的平等。发展包容性社会政策，有助于实现经济发展成果由人民共享，促进个人社会资本和人力资本的增加，改善制约个人获得公平参与机会的社会环境。各级政府应该对包容性社会政策和相关的改革进行大胆投资。只有当社会投资能够充分激发个人自由和能力时，才能提升社会创造力和培养创业精神。

我国流动人口数量多，非本地户籍的常住人口规模大，要通过发展和创新包容性社会政策为流动人口特别是常住人口提供均等的基本公共服务，降低其生活成本，提升其人力资本水平，进而促进创新创业。生活成本的降低可以使社会成员在考虑工作选择时无须担心生活保障问题，降低其选择的机会成本，进而有助于增加劳动力市场的灵活性。灵活的劳动力市场有助于提高劳动者的议价能力和企业家的创造力，使劳动力价格的浮动更加灵活，从而激发微观经济活力。教育和健康领域的社会支出具有重要的社会效益。受过良好教育并能得到完善医疗服务的社会成员，往往拥有更健康的身心和更好的生活。长期来看，这些社会成员对社会保障的需求反而会更少，不仅可以减少社会支出，而且有利于提升人力资本水平和创新能力。

第三，创新社会政策，实现绿色低碳发展。环境问题已然成为现代社会中涉及所有成员的重大问题，作为一个集体性的问题，它需要依靠集体的责任来应对，而社会政策对集体责任的强调有助于凝聚共识以应对问题。社会政策可以通过强调集体责任和集体行动来应对环境问题。社会政策重视区分需要与欲望，主张以集体供给方式来满足人的需要，并限制过度和不必要的消费。社会政策以集体方式提供的服务可以在满足人类普遍需要的同时，抑制个人欲望，限制不利于生态环境的"奢侈高碳"消费，从而把社会目标与生态目标联系在一起，支持在地球环境安全边界内增强人类福祉。有证据表明，集体提供的服务比私人提供的替代方案拥有更小的生态足迹。例如，美国医疗服务以私人提供为主，其人均碳足迹是英国以公共方式提供的全民健康服务的 2.5 倍，是几个欧洲国家的3.5倍。

作为一个综合性和全范围的发展战略，高质量发展不仅要重视高质量的经济发展，也要重视把经济发展与社会发展和环境保护结合起来。在这一方面，社会政策的创新和优化可以发挥重要作用。社会政策的创新和优化有利于提高生活质量，维护社会稳定和促进社会团结，为高质量发展提供和谐的社会环境；有利于激发人力资本潜能，提升社会创新能力，推动生产率的提高；有利于改善人居环境，提高生态环境的保护质量。

二 2023年人民美好生活需要调查研究设计

中山大学"人民美好生活需要（福利态度）调查"团队从2016年开始，围绕"人民美好生活需要"主题，逐步开展建立"中国现代社会福利大数据库"的行动，并持续开展了六期调查。该调查借鉴欧洲国家〔如国际社会科学项目（ISSP）和欧洲社会调查（ESS）〕和我国香港福利态度调查问卷的设计，并对具体问题进行了本土化改良，涵盖历年各省各市各县（区）经济社会变化以及福利发展状况等信息，以此制作趋势演变曲线，探究中国社会福利需求变化规律，保持与经济社会相适应的动态平衡线，为福利支出水平提供预警信息。

2023年，调查团队开展了第七期调查，本次调查地点设定在福建省、海南省、广东省、黑龙江省、湖南省、新疆维吾尔自治区和云南省7个省份的53个地级市，继续围绕"人民美好生活需要"主题开展问卷调查。本次福利态度调查问卷分为8大板块，共43道题，内容涵盖贫困问题（困难群体）、社会团结与社会风险、社会照顾、社会态度、乡村振兴战略、延迟退休、工作生活平衡，以及个人基本资料。

本次问卷调查的开展时间为2023年5~10月，调查对象为18周岁及以上福建省、海南省、广东省、黑龙江省、湖南省、新疆维吾尔自治区和云南省居民，调查范围包括福建省9个地级市（福州市、厦门市、泉州市、漳州市、宁德市、龙岩市、三明市、南平市、莆田市）、海南省3个地级市（儋州市、海口市、三亚市）、广东省21个地级市（广州市、深圳市、珠海市、汕头市、佛山市、韶关市、河源市、梅州市、惠州市、汕尾市、东莞市、中山市、江门市、阳江市、湛江市、茂名市、肇庆市、清远市、潮州市、揭阳市、云浮市）、黑龙江省13个地级市（大庆市、大兴安岭市、哈尔滨市、鹤岗市、黑河市、鸡西市、佳木斯市、牡丹江市、七台河市、齐齐哈尔市、双鸭山市、绥化市、伊春市）、湖南省13个地级市（常德市、郴州市、衡阳市、怀化市、娄底市、邵阳市、湘潭市、益阳市、永州市、岳阳市、张家界市、长沙市、株洲市）和1个自治州（湘西土家族苗族自治州）、新疆维吾尔自治区4个地级市（哈密市、克拉玛依市、吐鲁番市、乌鲁木齐市）5个地区（阿克苏地区、阿勒泰地区、和田地区、喀什地区、塔城地区）5个自治州（巴音郭楞蒙古自治州、博尔塔拉蒙古自治州、昌吉回族自治州、克孜勒苏柯尔克孜自治州、伊犁哈萨克自治州）、云南省8个地级市（保山市、昆明市、丽江市、临沧市、普洱市、曲靖市、玉溪市、昭通市）、8个自治州（楚雄彝族自治州、大理白族自治州、德宏傣族景颇族自治州、迪庆藏族自治州、红河哈尼族彝族自治州、怒江傈僳族自治州、文山壮族苗族自治州、西双版纳傣族自治州），共计90个地级市（自治州、省直管市），最终获得有效样本15650个（各地级市的基本配额为200，省会城市为300，部分省份例外）。具体情况如表1所示。

表1 各地级市基本配额及省份总样本量

省份	地级市基本配额	省份总样本量
福建	150	1500
广东	200	4400
海南	150	600
黑龙江	150	2100
湖南	150	2250
新疆	150	2250
云南	150	2550

三 2023年人民美好生活需要调查基本情况

本报告的样本数据来自中山大学2023年"人民美好生活需要（福利态度）调查"问卷，根据对应题项统计结果所得，首先对调查样本的基本情况进行概述,具体从以下六个方面进行统计描述。

(一)性别与年龄结构

在本次调查受访者的性别分布上,男、女占比分别为55.3%和44.7%,男性占比稍高(见图1)。而第七次全国人口普查结果显示,总人口性别比为105.07,说明本次调查样本的性别分布较为符合我国的人口特征。从本次调查受访者的年龄结构来看,18~65岁年龄段样本量占总样本量的98.02%,中青年样本量较大。其中,36~50岁年龄段样本占比最高,为35.94%,26~35岁年龄段样本占比为34.09%,65岁以上年龄段样本占比为1.99%(见图2)。

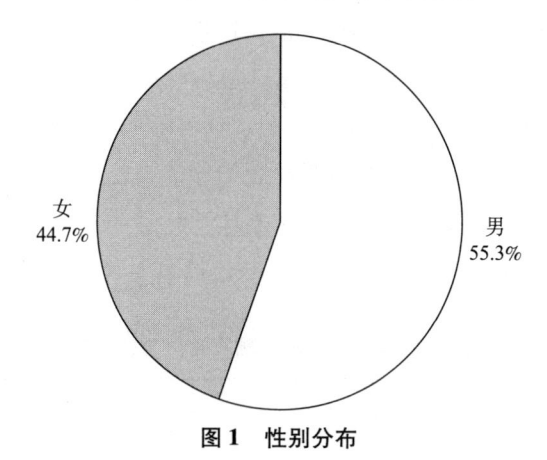

图1 性别分布

图2 年龄段分布

（二）受教育程度

在受访者的受教育程度方面，总体而言呈现多元特征。其中，占比最高的是大学本科受教育程度的受访者，为30.8%；紧随其后的是大专、初中和普通高中受教育程度的受访者，分别为30.2%、12.2%和11.8%（见图3）。

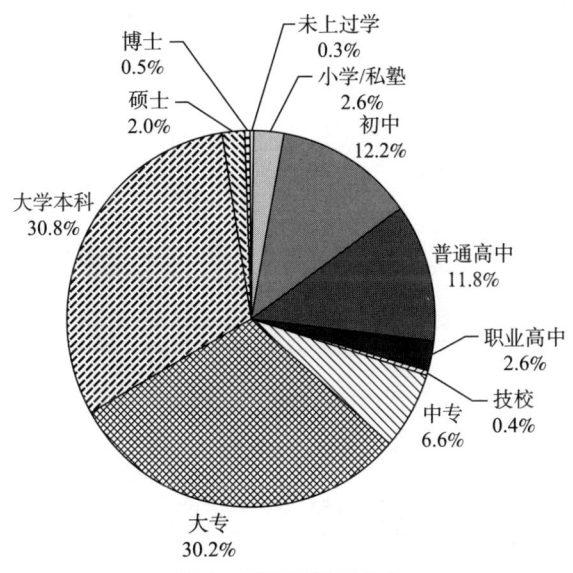

图3 受教育程度分布

（三）家庭人口状况

家庭人口状况涉及受访者的婚姻状况、未成年子女数量和60岁及以上老人数量。在婚姻状况方面，七成多受访者属于已婚人士，占72.0%，25.0%为未婚人士，3.0%为离婚人士（见图4）。就生育的子女数量来看，未生育过孩子的受访者占40.6%，育有1个未成年子女的受访者占32.9%，育有2个未成年子女的受访者占22.2%，育有3个及以上未成年子女的受访者占4.4%（见图5）。从60岁及以上老人数量来看，家中无60岁及以上老人的受访者占40.3%，有1个60岁及以上老人的受访者占21.4%，有2个60岁及以上老人的受访者占32.5%，有3个60岁及以上老人的受访者占3.0%，有4个60岁及以上老人的受访者占2.7%，有5个60岁及以上老人的受访者占0.1%（见图6）。

图 4 婚姻状况

图 5 未成年子女数量

图 6 60岁及以上老人数量

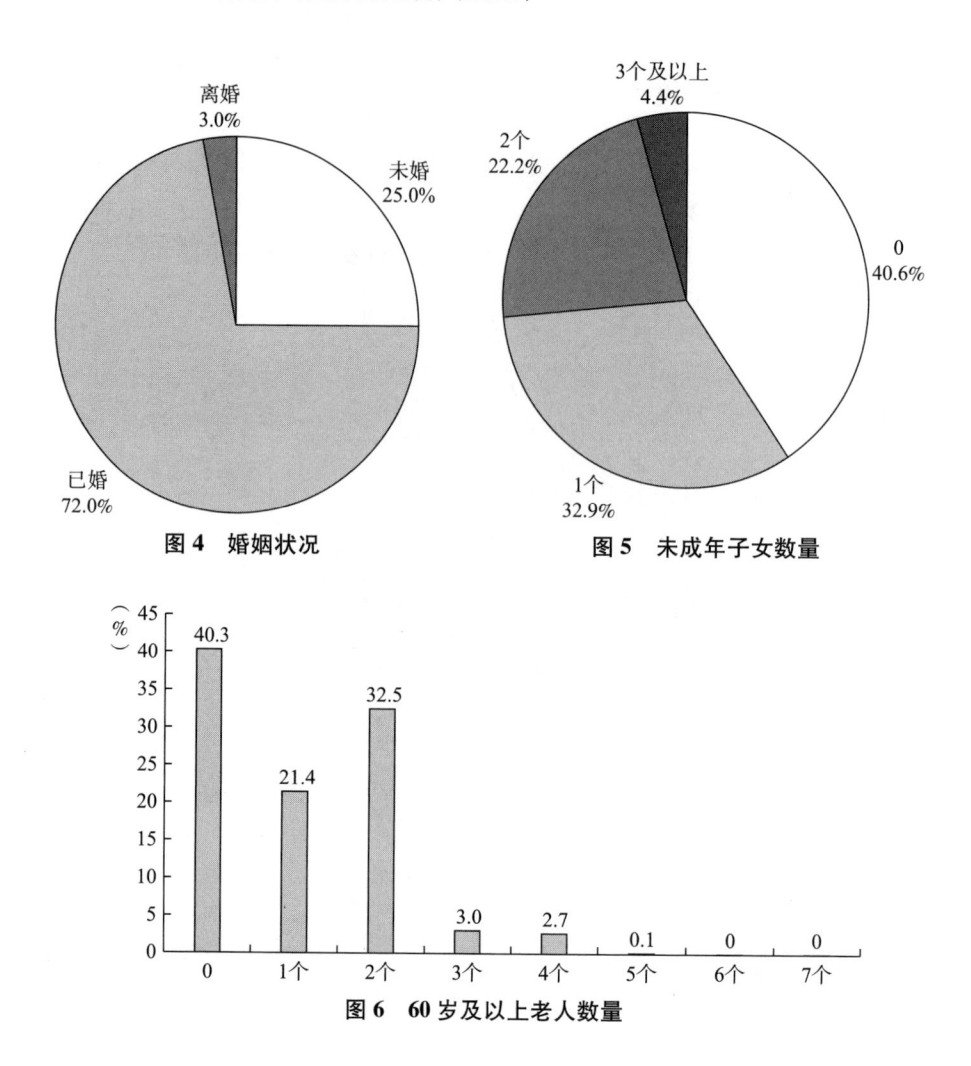

（四）职业状况

从受访者的职业状况来看，绝大部分受访者有工作，只有12.0%为无工作者（可能是在学、失业或退休等情况）（见图7）。从受访者的职业来看，其他从业人员占比最高（21.5%），说明受访者的职业类型多样化，有相当一部分人的职业不在问卷所列举的选项中。属于专业技术人员[①]（16.6%）和商业、

---

① "专业技术人员"选项在原问卷中为"专业技术人员（如医生、教师、银行和金融业务人员等）"，为方便表述，本书简写为"专业技术人员"。

服务业人员（15.6%）的受访者较多，其次是国家机关、党群组织、企业、事业单位负责人（11.7%），农、林、牧、渔、水利业生产人员（5.1%），办事人员和有关人员①（11.1%），生产、运输设备操作人员及有关人员（4.9%），以及网约车司机、外卖骑手等平台经济从业人员（1.5%）。

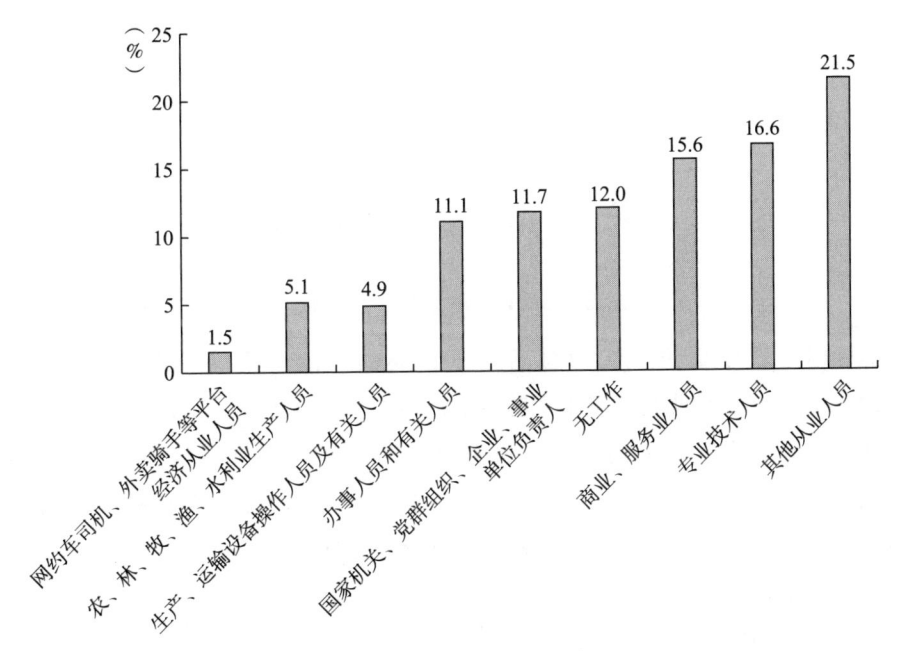

图7 职业状况

（五）年收入分布及主观阶层认同情况

从受访者家庭年收入分布来看，受访者家庭年收入主要集中在6万~24万元，其中，有32.5%的受访者家庭年收入为6万~12万元，25.0%的受访者家庭年收入为12万~24万元，这说明大部分受访者已属于中等收入群体。11.3%的受访者家庭年收入在3万元以内，有15.4%的受访者家庭年收入在24万元及以上（见图8）。

在受访者对自身所处阶层的主观认知上，居民主观阶层认同的均值为

---

① "办事人员和有关人员"选项在原问卷中为"办事人员和有关人员（如行政办公人员、秘书、治安保安人员等）"，为方便表述，本书简写为"办事人员和有关人员"。

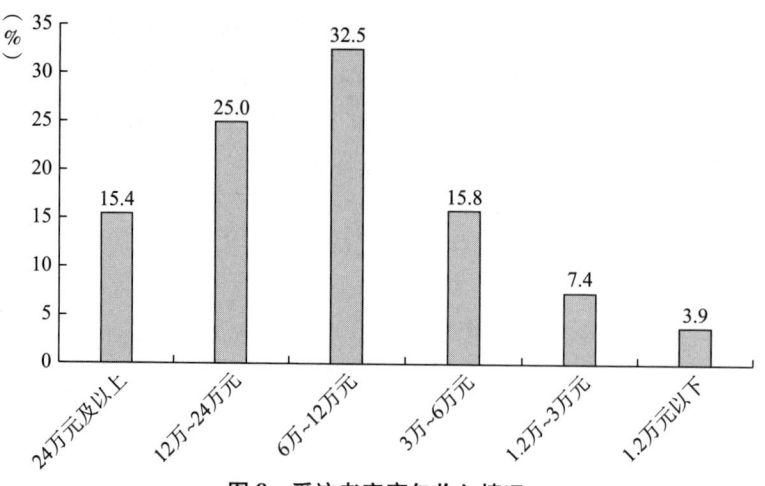

图 8 受访者家庭年收入情况

5.41，即大部分受访者认为自己处于社会的中间阶层（见图 9）。其中，30.49%的受访者认为自己属于中等阶层（阶层 5），人数最多；9.1%的受访者认为自己处于社会底端（阶层 1、阶层 2）；14.06%的受访者认为自己处于偏低阶层（阶层 3、阶层 4）；4.33%的受访者认为自己处于社会顶端（阶层 9、阶层 10）。总的来说，居民的主观阶层认同趋向中层。

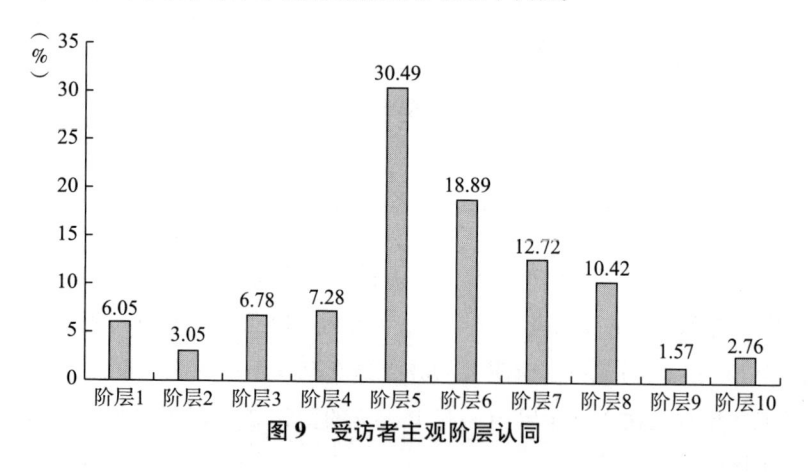

图 9 受访者主观阶层认同

（六）户口性质与户籍所在地

从受访者的户口性质来看，44.32%的受访者为农业户口，42.84%的受访者为非农业户口，11.22%的受访者为居民户口（见图 10）。而从受访者的户籍

总报告　以高质量社会政策创新助力中国式现代化

所在地来看，大部分受访者为本县户籍（65.5%），本市其他区县户籍的受访者占比为 16.4%，省内其他城市户籍的受访者占比为 9.9%，省外户籍的受访者占 8.3%（见图 11）。

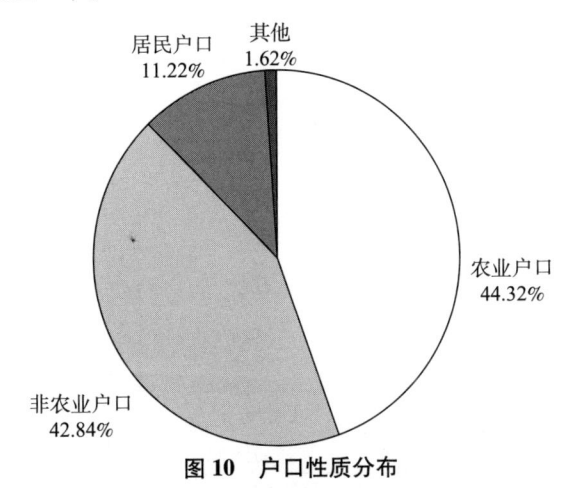

图 10　户口性质分布

- 农业户口 44.32%
- 非农业户口 42.84%
- 居民户口 11.22%
- 其他 1.62%

图 11　户籍所在地分布

- 本县 65.5%
- 本市其他区县 16.4%
- 广东省其他城市 9.9%
- 广东省外 8.3%

四　2023 年人民美好生活需要调查主要发现

（一）公众幸福感较强，主观阶层认同差异较大

1. 公众幸福感整体较强，民生发展深入人心

从调查结果来看，在被问到"总的来说，您觉得您的生活是否幸福"时，

013

超过八成的受访者认为自己生活幸福（认为比较幸福的占57.6%、非常幸福的占23.4%），比2022年有所上升，而认为幸福感一般的受访者占12.9%，认为生活不幸福的受访者只占很小一部分，为6.1%（认为非常不幸福的占1.8%、比较不幸福的占4.3%）（见图12）。可以看出，七省份的受访者对当前的生活状况整体上较为满意，幸福感较强。

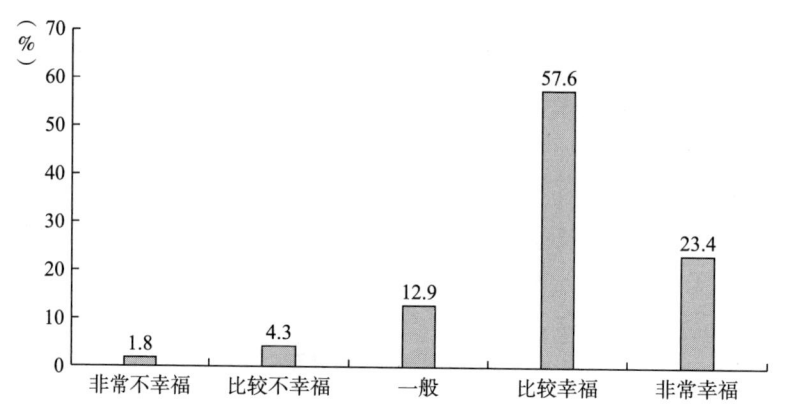

图12 受访者对生活的幸福感

说明：图中百分比表示七省份受访者在题项"总的来说，您觉得您的生活是否幸福"的比例。

2. 主观阶层认同符合当前收入群体分布趋势，多数人自我认知为社会中层

目前中国中等收入群体的规模超过4亿人，按照联合国的标准，我国人民的生活已经进入相对殷实富足的阶段。不过，中等收入群体的标准在国内外一直有不同的看法，难以形成统一标准。因此，在绝对标准的数据统计之外，关注人们的主观感知也非常重要，这在一定程度上能展现出国民对自身所处社会阶层的看法和对生活的满意度。

在对七省份受访者进行调查时发现，受访者的主观阶层认同分布差异较大。30.49%的人给自己所处阶层打5分，说明大部分受访者认为自己处于社会中层；给自己打6分及以上的人占46.36%，说明近五成受访者认为自己处于中等以上阶层；认为自己处于中等以下阶层的人占23.16%（见图9）。

（二）公众收入差距感知缓和，制度公平完善最受期待

1. 公众收入差距感知缓和，地域差异特征显著

不断缩小收入差距是实现共同富裕的必由之路，2023年研究团队调查了公众对社会公平和收入差距的态度，询问了"您认为您当地的收入差距大吗"。统计结果表明，认为当地收入差距大的受访者比例为56.8%（"比较大"的比例为40.3%，"非常大"的比例为16.5%），认为当地收入差距小的受访者比例为34.1%（"非常小"的比例为4.5%，"比较小"的比例为29.6%），认为当地收入差距"一般"的受访者比例为9.1%（见图13）。结合2021~2022年相关数据，可以看到，三年内受访者对收入差距的感知水平有所波动，认为收入差距"比较大"的比例明显下降，认为收入差距"非常大"的比例波动下降，认为收入差距"非常小"和"比较小"的比例显著上升。总的来说，受访者的收入差距感知有显著的缓和趋势。

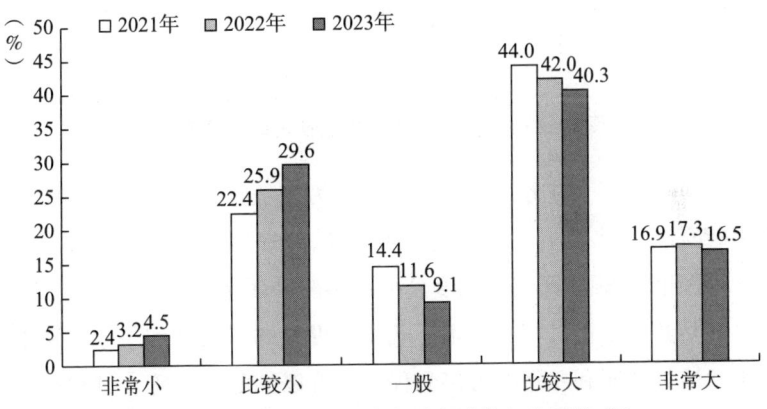

图13　2021~2023年受访者对本地收入差距的感知

从七省份受访者对本地收入差距的感知来看（见图14），广东省和海南省的受访者对收入差距大的感知更加强烈，广东省受访者认为当地收入差距大的比例为64.3%（"比较大"的比例为45.1%，"非常大"的比例为19.2%），比2022年提高1个百分点。海南省受访者认为当地收入差距大的比例为69.2%（"比较大"的比例为42.7%，"非常大"的比例为26.5%）。

新疆维吾尔自治区和云南省的受访者对当地收入差距的感知较弱，新疆维吾尔自治区受访者中认为当地收入差距小的比例为41.3%（"比较小"的比例

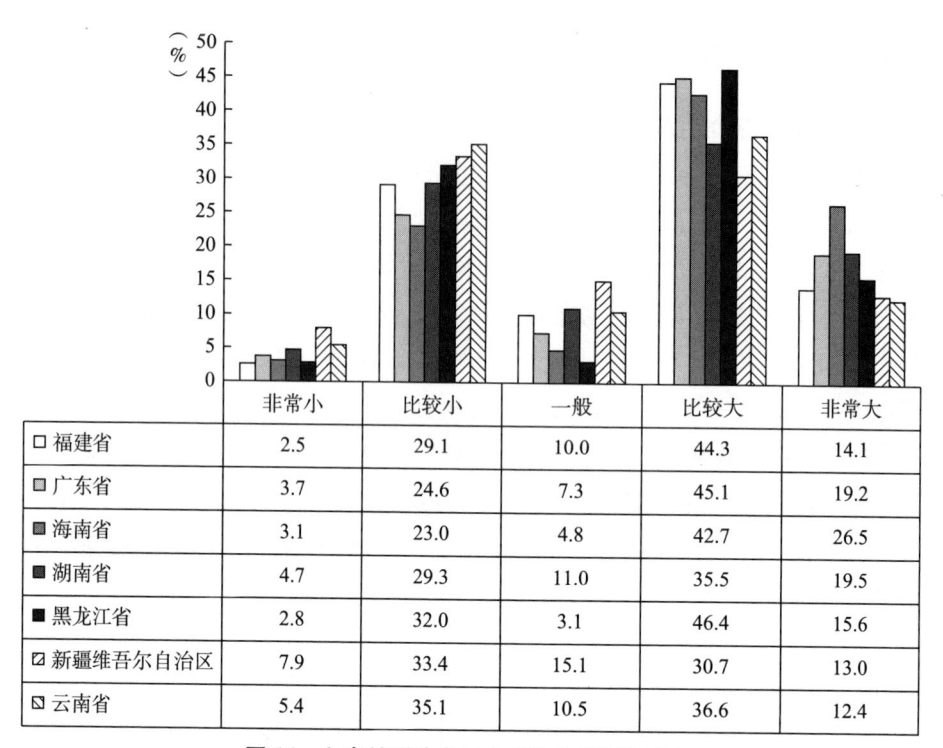

人民美好生活需要与社会政策创新（2023）

	非常小	比较小	一般	比较大	非常大
□福建省	2.5	29.1	10.0	44.3	14.1
■广东省	3.7	24.6	7.3	45.1	19.2
■海南省	3.1	23.0	4.8	42.7	26.5
■湖南省	4.7	29.3	11.0	35.5	19.5
■黑龙江省	2.8	32.0	3.1	46.4	15.6
▨新疆维吾尔自治区	7.9	33.4	15.1	30.7	13.0
▨云南省	5.4	35.1	10.5	36.6	12.4

图14　七省份受访者对本地收入差距的感知

为33.4%，"非常小"的比例为7.9%）。认为当地收入差距小的云南省受访者比例为40.5%（"比较小"的比例为35.1%，"非常小"的比例为5.4%）。

2. 致困归因感知多元化，制度公平完善最受期待

共享性是共同富裕的核心元素，既要体现共同、公平和平等，又不能沦为平均主义。这种共同和差别的可接受程度，可以从起点平等、过程平等和结果平等三种社会经济的平等形态来观察。起点和过程的差别往往难以被完全消除，结果平等容易抑制个人积极性从而陷入平均主义的泥沼，起点平等在当下越来越成为人与人之间难以逾越的鸿沟。据此，探究公众对个体陷入困境（致贫）原因的看法，对缩小贫富差距、促进社会公平具有重要意义。

研究团队调查了七省份受访者对个体陷入困境的原因的看法，让受访者在"命运不公""懒惰""缺乏教育和技能""缺乏机会""社会保障不完善"五个选项中进行选择。图15展现了七省份受访者对个体陷入困境的原因的同意程度。为了更好地体现受访者的倾向性，研究团队对结果进行赋值编码，数值

越大表示受访者越认同此项解释。结果显示,在个体陷入困境的原因上,七省份受访者的同意程度基本上可排列为"缺乏教育和技能""缺乏机会""社会保障不完善""懒惰""命运不公"(见图16)。

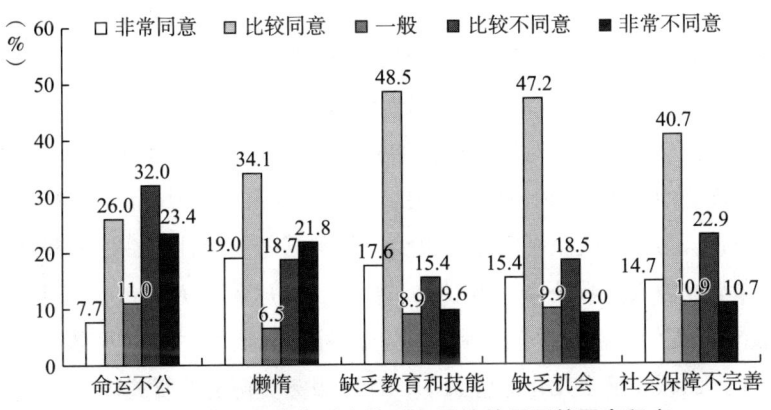

图 15 七省份受访者对个体陷入困境的原因的同意程度

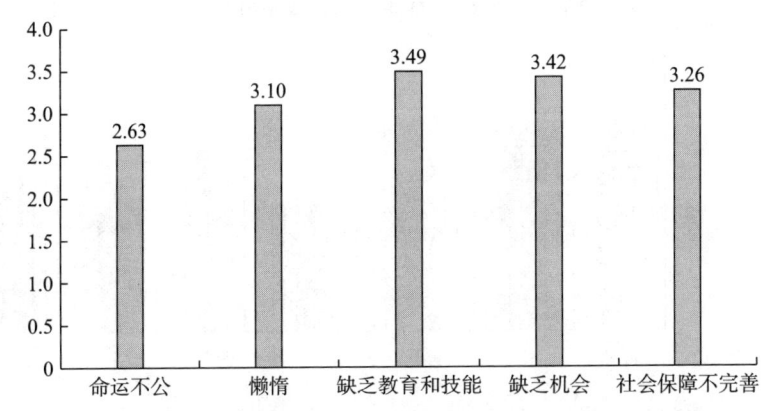

图 16 七省份受访者对个体陷入困境的原因的认同得分情况

说明:得分根据各省份受访者的回答情况进行反向编码,非常不同意=1,比较不同意=2,一般=3,比较同意=4,非常同意=5,按照编码后的结果计算出均值,均值越大表示受访者对个体陷入困境的原因的认同程度越高。

总的来说,对这五个选项进行均值处理可以发现,"缺乏教育和技能""缺乏机会""社会保障不完善"等制度性和结构性因素是个体陷入困境的主要原因。因此,要有效缩小贫富差距,政府需促进机会平等,建立完善的社会保障制度。

（三）养老需求多样化，社区服务需求迫切

1. 老年人照顾需求多样化，社区服务支持是首要关切

第七次全国人口普查数据显示，我国已正式步入中度老龄化社会。在生育率日渐低迷的背景下，"4-2-1"的家庭构成模式不仅让青年劳动一代不堪养老重负，还给整个社会保障体系带来巨大挑战。

调查数据显示，人们对社区提供的养老服务提出了更加精细化的需求，不再局限于传统的照顾和基础供食项目，而是在多元服务方面发出更强烈的声音。受访者认为，老人照顾服务的提供主体包括子女、社区、机构和政府，表明多元参与成为大多数公众的共识。其中，"为居家老人提供社区服务支持""为失能老人提供日常生活照料和医疗护理补贴"成为主流（见图17），这说明在老年人照顾需求多元化的背景下，社区服务支持是首要关切。

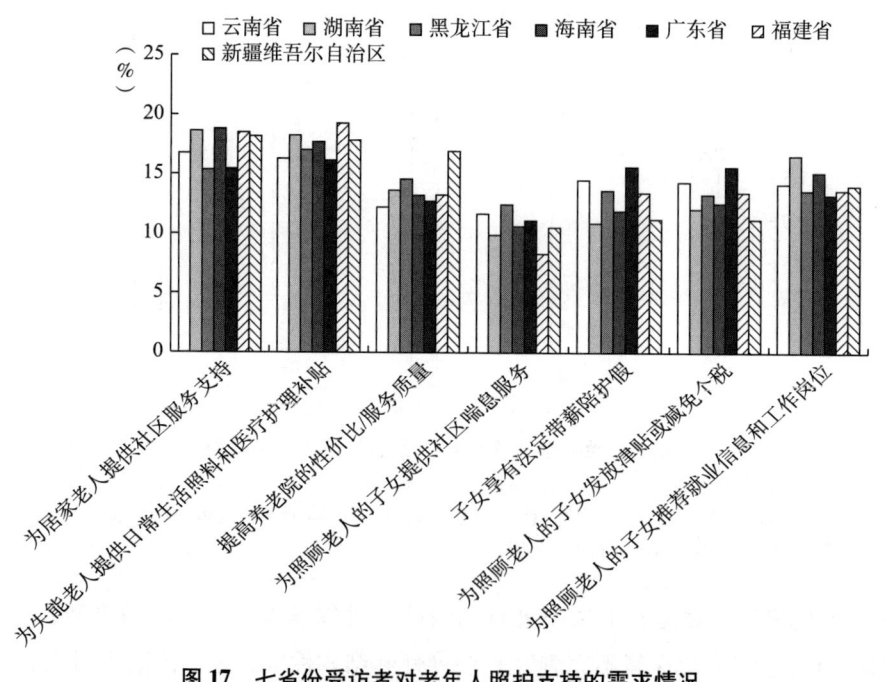

图17 七省份受访者对老年人照护支持的需求情况

从"对于家里的老人照顾，您认为最需要哪三项支持措施"的回答中可以看到，"为失能老人提供日常生活照料和医疗护理补贴"、"为居家老人提供社

区服务支持"以及"为照顾老人的子女推荐就业信息和工作岗位"是受访者最希望得到的三项养老服务支持（见图18）。从中可以推测出以下几个问题：首先，当前我国养老保障体系不完善，公众的养老服务需求得不到很好的满足；其次，工作挤占大量时间，生活负担极大地影响了子女照护老年人的能力；再次，养老院的服务质量与性价比有待提升；最后，公众认为政府有责任且有能力通过政策为养老服务效益的提升创造条件。

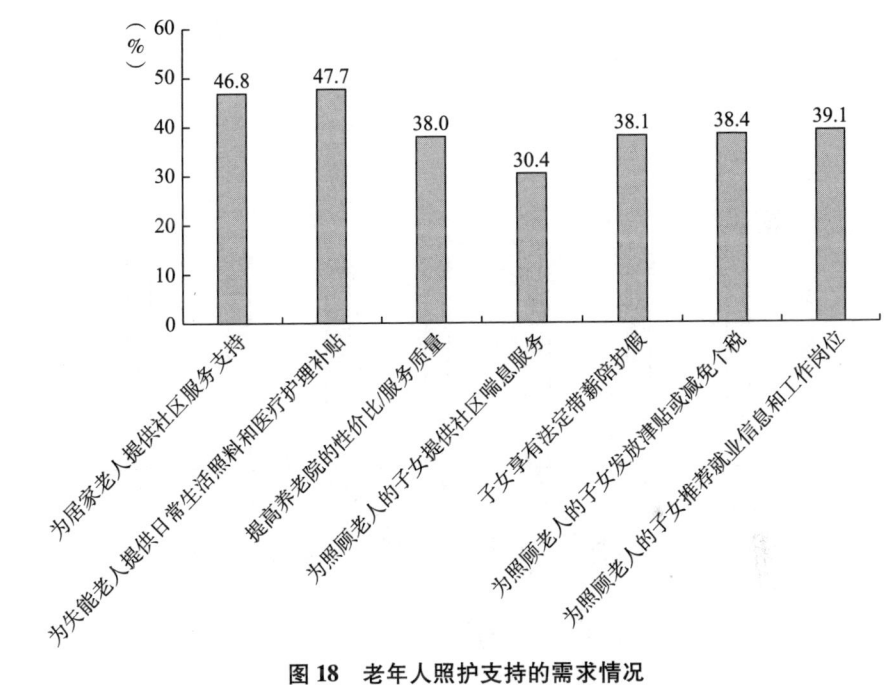

图18 老年人照护支持的需求情况

2. 社区居家养老服务体系亟待完善，服务内容与实际需求不适配

居家养老服务是指政府和社会力量依托社区，为居家的老年人提供生活照料、家政服务、康复护理和精神慰藉等的一种形式。它是对传统家庭养老模式的补充与更新，是我国发展社区服务、建立养老服务体系的一项重要内容。全面推进居家养老服务工作，是破解我国日益突出的养老服务难题，切实提高广大老年人生命、生活质量的重要出路。社区居家养老服务的提供者是政府机构、非营利组织、私营企业或志愿者团体。服务的目的是为老年人提供一个安全、舒适、有尊严的居家生活环境，延长他们在家中生活的时间，并保证他们的健康、提升他们的幸福感。

然而，当前我国社区居家养老服务体系仍有待完善。调查结果显示，目前社区居家养老服务存在"收费过高""服务质量差""服务站点布局不合理""服务内容与老人的实际需求不适配""服务站点的硬件和设施不佳""对服务信息的宣传不足""老人有问题不知道向谁反映或者反映了也没解决"等问题（见图19）。进一步观察可以发现，有近五成的受访者认为，目前社区居家养老服务存在的主要问题是"老人有问题不知道向谁反映或者反映了也没解决"，其次是"收费过高""服务内容与老人的实际需求不适配"。

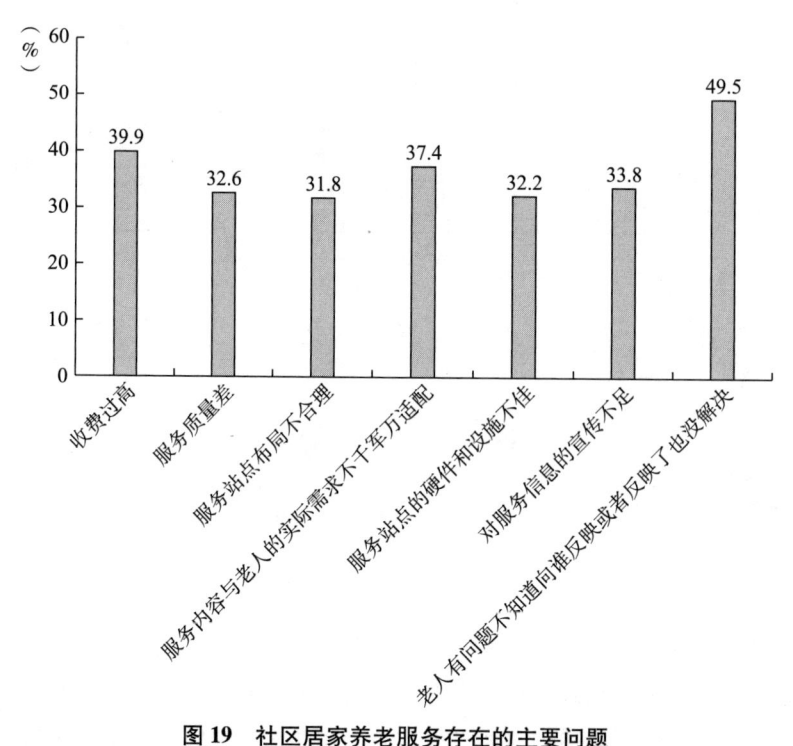

图 19　社区居家养老服务存在的主要问题

调查结果揭示了当前我国社区居家养老服务体系存在的一些重要问题。首先，缺乏有效的反馈机制。社区与老人之间缺乏有效的反馈机制，老人无法及时向相关部门反映问题，即使反映了也难以得到解决。这导致服务质量无法得到及时改进，影响老人的生活质量和满意度。其次，收费过高。部分受访者认为社区居家养老服务的收费过高。高昂的费用可能使一些需要此类服务的老人望而却步，导致服务覆盖范围不足，影响老人福祉的增进。再次，服务内容与老人的实际需求不适配。部分服务可能未有效地满足老人的实际需求，或者服务内容与老人的健康状况、生活习惯等不匹配。这导致老人感到服务质量不高，影响他们的生活体验。最后，宣传不足。部分受访者指出对社区居家养老服务的宣传不足。这导致一些老人对相关服务不了解，错过了获得帮助和支持的机会。

这些问题的存在表明，当前我国社区居家养老服务体系还有待进一步完善，需要构建服务反馈机制、合理调整收费标准、提高服务内容与老人实际需求的适配度、加强对服务的宣传推广，以提高老年人的生活质量和满意度。

（四）"三孩"政策背景下，教育、医疗和假期成为育儿支持的三大需求

随着人口老龄化进程的加快，我国积极推出了多生的生育倡导政策。生育倡导不仅对改善老龄社会的人口结构有重要作用，还能够发挥我国人力资源禀赋优势。然而，纵使政策先行，其收效依旧甚微。自2021年开放"三孩"政策以来，我国人口自然增长率没有得到明显提升，2021年全年人口自然增长率仅为0.34‰，2022年全年人口自然增长率则降至-0.60‰。

政策的制定和有效执行需要建立在公众需要与福利态度的基础之上。调查发现，受访者对"三孩"政策配套措施的需求呈现一些新趋势，假期政策成为一项越发重要的需求。

图20呈现的是受访者对"三孩"政策相关配套措施的支持程度（1~5分），反映了公众的相关期待。总的来看，图20中的5项具体措施都得到了较高程度的民意支持，且对各项配套措施的意向在两性视角下并没有呈现明显差异。具体来说，教育服务和医疗服务仍然是公众生育决策最关心的问题；而相对于2022年调查结果所呈现的教育、医疗和住房三大难题，在2023年的调查中，假期政策以微弱的优势高于住房政策，成为受访者最支持的三大配套措施之一，说明了假期政策对生育激励起着越来越重要的作用。我国大多数公众都支持设立带薪育儿假期，对带薪育儿假期有着普遍的诉求。据此，"三孩"政策的配套激励措施应增加对假期政策改进和创新的关注，以贴合公众需求，有效刺激生育，推动"三孩"政策的高效落地。同时，图20也显示出教育和医

疗服务仍是公众育儿所需的重要长期性支持，住房政策和津贴政策也受到公众的广泛支持，这些都是各级政府需要持续关注和投入的政策领域。

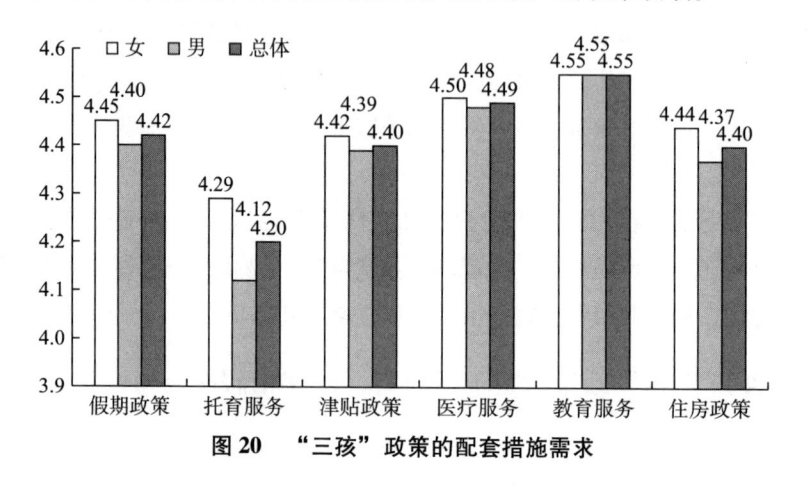

图20 "三孩"政策的配套措施需求

（五）乡村振兴战略成效显著，农村教育和基层干部激励有待加强

1. 农村多领域状况显著改善，农村教育资源不足仍是痛点

自习近平总书记在党的十九大报告中提出乡村振兴战略以来，我国积极按照产业兴旺、生态宜居、乡风文明、治理有效、生活富裕的总要求，建立健全城乡融合发展体制机制和政策体系，加快推进农业农村现代化。随着我国全面建成小康社会、脱贫攻坚战取得全面胜利，乡村振兴战略也取得了显著成效。

本次调查问卷涉及乡村振兴战略的成效。在"以下对于2017年以来我国农村的变化，您在多大程度上认同"这一问题的回答上，总的来说，超过六成的受访者对我国农民就业和收入状况、农村医疗卫生条件、农村教育条件、农民居住条件、农村自然环境、乡村党群干群关系以及农村文化生活的改善表现出非常认同或比较认同的积极态度（见图21）。这表明我国乡村振兴战略的相关举措得到有效落实，切实改善了农村和农民的状况。

具体来说，对于"农民居住条件越来越好了"这个选项，有84.3%的受访者表示非常认同或比较认同，这说明我国绝大多数农民的住房问题都得到了有效解决，且对居住条件的满意度处于较高水平。对于"农村自然环境越来越好了"这个选项，超过八成的受访者表示非常认同或比较认同，充分肯定了我国在农村环境保护及改善方面所做的努力。相对来说，农村教育条件的改善获得受访者认同的程度较低,这在某种程度上反映了农村教育资源相对短缺的现状。我国农村地区仍然存在缺乏师资力量、教育设施不够完善和教育投入相对不足等亟待解决的问题。

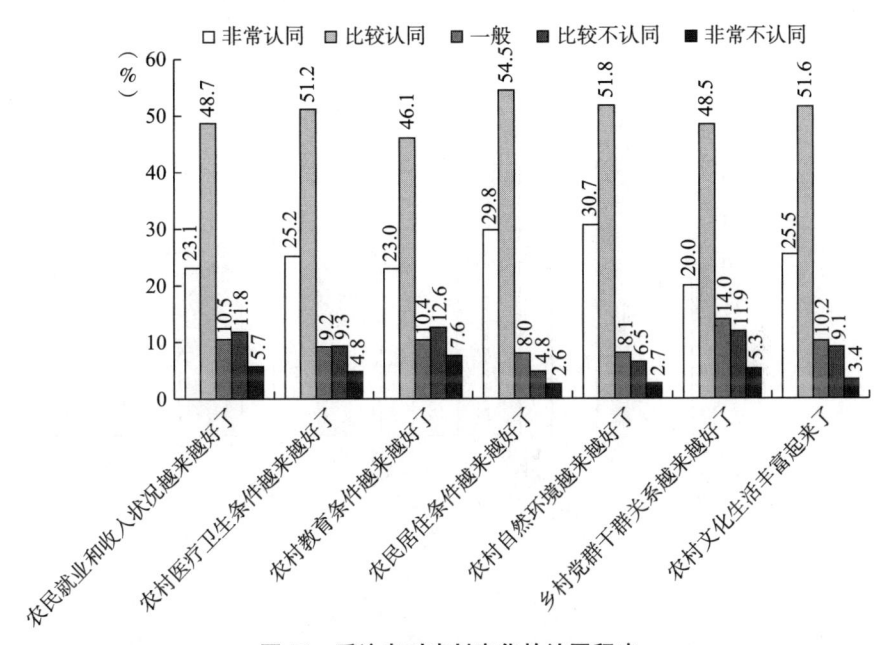

图 21 受访者对农村变化的认同程度

2. 乡村振兴保障的顶层设计良好,基层干部推进政策的激励有待加强

"对于以下各项乡村振兴的保障措施,您觉得最需要加强哪些"这一问题设置了"第一选择"、"第二选择"和"第三选择"三个选项。"第一选择"这个选项表示需要加强的程度最高。根据问卷调查的结果,将"激励基层干部积极推进乡村振兴政策"作为第一选择的受访者最多,占比达到34.9%;将"增加农户生存或发展所需资金"作为第一选择的受访者次之,占比为23.2%;将"支持劳动力返乡就业创业"和"提供农户发展需要的技术保障和资源"作为第一选择的受访者比例相近,分别为21.1%和19.8%(见图22)。这个结果在一定程度上说明,我国乡村振兴战略在顶层设计上较为完备,相关的资金拨付、劳动力返乡的政策支持和农户发展的技术保障与资源基本能够满足现阶段农民和农村发展的需求。然而,在实际的政策执行和推进过程中,可能存在部分基层官员落实政策的态度不积极、不认真的情况,导致"好政策"不能发挥出应有的作用,损害了农

民的切实利益，阻碍了乡村振兴的进程。同时，它也反映了对基层干部推进政策的激励机制不够完善。对此，可以强化基层官员的考核机制和晋升机制。只有充分调动基层干部的积极性，才能使各种资源被整合、调配和高效利用，服务于乡村振兴这一目标。

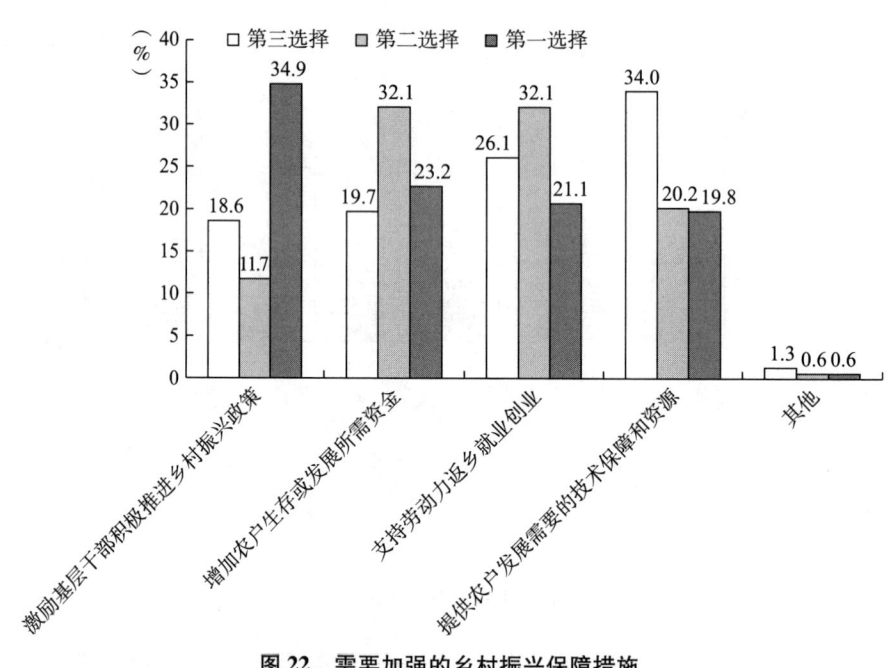

图 22　需要加强的乡村振兴保障措施

如图22所示，"支持劳动力返乡就业创业"和"提供农户发展需要的技术保障和资源"两项保障措施的比例相近，两者都是被列为第二选择的情况最多，说明这两项保障措施对于农民和农村发展的重要性。"提供农户发展需要的技术保障和资源"这一选项在第一选择、第二选择和第三选择中被选择的占比逐步提高，说明技术保障和资源虽然不是农户发展最迫切的需要，却是必要的，技术保障和资源是基层干部推进政策、劳动力返乡创业就业和农户生存发展所必需的支持。

（六）劳动分工观念革新，要注重工作和生活关系的平衡

1. 工作占据个体支配时间，工作和生活的关系失衡

在本次调查中，研究团队将个体日常可支配时间按照性质划分为工作劳作

（指从事有报酬的活动）、家庭参与（包括家务劳动、家庭游玩、照料老人和小孩、陪伴配偶等活动）和个人生活（包括个人休闲、学习锻炼、娱乐社交等活动），通过访谈调查得到了公众在不同活动中的时间安排数据，目的是观测公众工作和生活之间的平衡关系并做出分析。

图 23 反映了受访者在不同活动中投入时间的具体分布情况。整体来看，受访者分配于工作劳作的时间大部分在 6 小时及以上，分配于个人生活和家庭参与的时间则大部分在 4 小时以下。具体来看，42.7% 的受访者每天用于工作劳作的时间为 6~8 小时，工作劳作 8 小时及以上的受访者占 41.2%，有 12.4% 的受访者用于工作劳作的时间在 10 小时及以上。在家庭参与方面，超过 70% 的受访者每天仅能提供不超过 4 小时的时间陪伴和照顾家人。在个人生活方面，超过半数的受访者每天能够自由支配的时间为 0~2 小时。综合看来，工作劳作活动始终是个体时间支出最主要的部分，并且在极大的工作压力下，人们用于家庭照顾及劳动、自主闲暇的时间非常少，工作和生活处于失衡的状态。

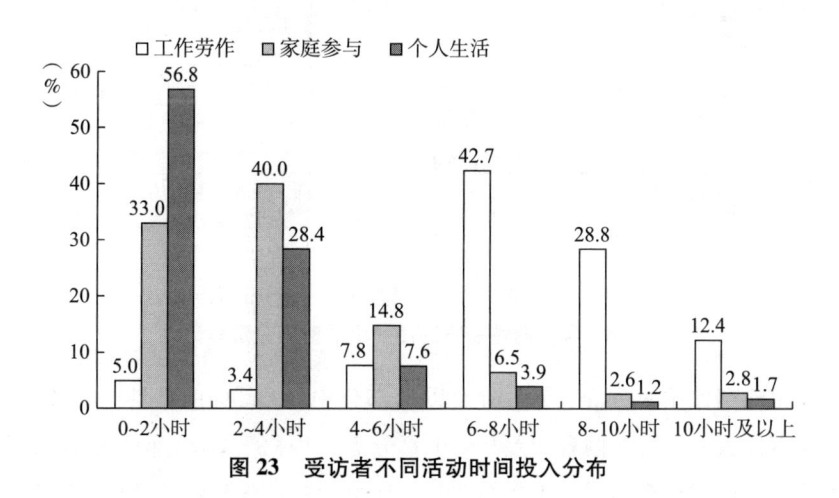

图 23 受访者不同活动时间投入分布

个体时间的有限性导致工作劳作和家庭参与、个人生活之间存在冲突。其中，职场竞争使工作用时具有相对刚性，甚至会不断增加，从而持续挤占个体的非生产时间，最终出现家庭角色缺失、劳动者个体的异化等问题，不利于营造和谐家庭氛围、劳动者个人健康以及劳动力再生产。当个人为解决物质问题疲于奔命时，往往会推迟甚至拒绝婚恋与生育，以避免给现有生活带来更强的撕裂感。这与当前国家在生育方面的政策倡导相互背离。因此，政策制定者在社会政策体系改革中需要注意工作与家庭的平衡问题，强化社会政策的家庭关怀属性，让劳动者能够化解工作与家庭中的冲突，减少工作与家庭冲突问题对家庭和谐、子女教养和个人健康造成的负面影响。

2. 传统家庭分工模式式微，女性照料压力不容忽视

基于调查数据（见图24），研究团队对比了男女两性在工作劳作、家庭参与和个人生活三种类型活动中的实际用时。

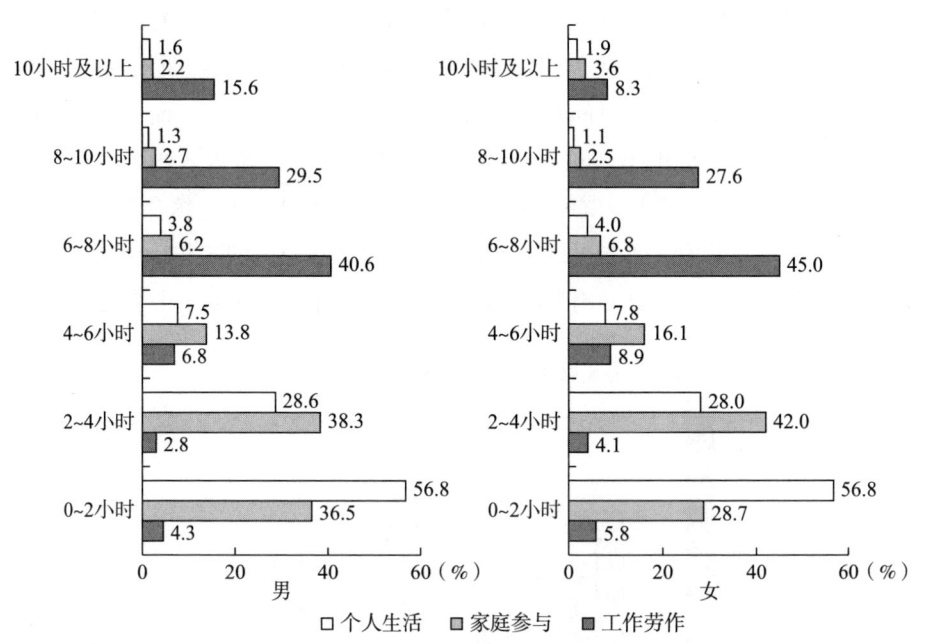

图 24 男女两性在不同活动中的时间分配对比

男：
- 10小时及以上：个人生活 1.6，家庭参与 2.2，工作劳作 15.6
- 8~10小时：个人生活 1.3，家庭参与 2.7，工作劳作 29.5
- 6~8小时：个人生活 3.8，家庭参与 6.2，工作劳作 40.6
- 4~6小时：个人生活 7.5，家庭参与 13.8，工作劳作 6.8
- 2~4小时：个人生活 28.6，家庭参与 38.3，工作劳作 2.8
- 0~2小时：个人生活 56.8，家庭参与 36.5，工作劳作 4.3

女：
- 10小时及以上：个人生活 1.9，家庭参与 3.6，工作劳作 8.3
- 8~10小时：个人生活 1.1，家庭参与 2.5，工作劳作 27.6
- 6~8小时：个人生活 4.0，家庭参与 6.8，工作劳作 45.0
- 4~6小时：个人生活 7.8，家庭参与 16.1，工作劳作 8.9
- 2~4小时：个人生活 28.0，家庭参与 42.0，工作劳作 4.1
- 0~2小时：个人生活 56.8，家庭参与 28.7，工作劳作 5.8

在工作劳作用时方面，8小时及以上部分中，35.9%的女性、45.1%的男性承受着巨大的压力，两者相差9.2个百分点，相比于2022年两者12个百分点的差距，两性进行高强度工作的数量差异呈现缩小的趋势。然而，在8小时以下的工作劳作时间分类中，性别差异并不显著，这说明女性的劳动分工和角色不局限于家庭这一社会特征得到了更多证据的支持，"男主外，女主内"的家庭分工模式影响式微。

在个人生活的用时方面，男性和女性在任意一个时间分段都呈现几乎一致的分布特征。

在家庭参与的用时方面，男性和女性都是在2~4小时这一时间段的占比最

高，其中女性为42.0%，高于男性的38.3%；男性家庭参与另一个占比高的时间段是0~2小时，为36.5%，高于女性的28.7%；在家庭参与10小时及以上的时间段中，女性占比为3.6%，高于男性的2.2%，这说明女性比男性花更多时间进行家务劳动和亲人照顾等活动。

以上数据表明，女性不仅是经济生产活动的"半边天"，也是家庭建设中的"顶梁柱"，这与中国妇女社会地位调查的结论十分相近。第四期中国妇女社会地位调查主要数据显示，未成年孩子的日常生活照料、课程辅导主要由母亲承担的分别占76.1%、67.5%，女性每天用于完成家务劳动时间和照料家庭成员的时间为154分钟，约为男性的2倍。[1] 这说明女性虽然突破了"男主外，女主内"的劳动分工模式，但"女主内"的思维定式仍旧存在，女性在面对职业压力的同时，仍要担负起大部分的家庭劳动。[2] 尽管能够看到两性地位趋于平等，女性的自主性边界不断拓展，但女性所承受的双重压力依然不可小觑，需要相应的社会政策和公共服务为其提供有力支撑。

---

[1] 《第四期中国妇女社会地位调查主要数据情况》，《妇女研究论丛》2022年第1期。
[2] 王玮玲：《基于性别的家庭内部分工研究》，《重庆大学学报》（社会科学版）2016年第5期。

专题报告一

公众认知视角下困难群体的人群指向与保障措施

程璆 吴小涵

困难群体的社会保障水平是衡量一个社会公平正义和文明程度的重要标志。在迈向共同富裕的道路上，困难群体作为社会大家庭的成员，拥有平等参与社会生活、享受物质和精神文明发展成果进而促进自身发展与社会进步的权利。在脱贫攻坚战取得胜利后，我国困难群体的人群指向与帮扶体系发生了深刻的变化。与此同时，共同富裕战略也对困难群体的社会保障提出了新的要求。

党的十八大以来，绝对贫困问题逐渐上升为我国实现第一个百年奋斗目标进程中的主要矛盾之一。2013年，习近平总书记赴湖南考察时最早提出"精准扶贫"理念[1]，并在此后进一步对"精准扶贫"思想作出阐释[2]。2015年，《中共中央、国务院关于打赢脱贫攻坚战的决定》明确指出"打赢脱贫攻坚战，是促进全体人民共享改革发展成果、实现共同富裕的重大举措"。自此，我国扶贫方略由"粗放"转向"精准"，并在脱贫攻坚实践中展现出巨大的制度优越性。2020年底，我国脱贫攻坚战取得全面胜利，消除现行标准下的绝对贫困。然而，在消除绝对贫困的同时，相对贫困问题随之凸显。在贫困群体淡出扶贫事业的同时，低收入群体成为帮扶工作的重心。为此，2020年8月，中共中央办公厅、国务院办公厅印发《关于改革完善社会救助制度的意见》，提出"到2035年，实现社会救助事业高质量发展，改革发展成果更多更公平惠及困难群众，民生兜底保障安全网密实牢靠，总体适应基本实现社会主义现代

---

[1] 《努力书写精准扶贫时代答卷》，求是网，http://www.qstheory.cn/dukan/qs/2020-07/01/c_1126171434.htm，最后访问日期：2024年10月15日。

[2] 《习近平在湖南考察》，中国政府网，https://www.gov.cn/jrzg/2013-11/05/content_2522202.htm，最后访问日期：2024年6月15日。

化的宏伟目标"。同年11月，民政部办公厅发布《关于开展社会救助改革创新试点工作的通知》，提出"紧密结合当地实际，积极探索完善救助制度、创新体制机制、优化管理服务的有效路径和政策措施，形成一批可复制、可推广的好经验好做法，为全国推进社会救助改革创新提供借鉴和示范"等工作要求。可以看出，继贫困群体之后，徘徊在贫困线边缘的困难群体逐渐成为社会政策的主要目标群体。

党的十一届三中全会以来，在团结带领人民进行改革开放的伟大革命和社会主义现代化建设中，党不断深化对共同富裕的认识和实践，在总结经验教训的基础上凝练出"先富帮后富"的共同富裕构想。党的十八大以来，以习近平同志为核心的党中央坚持把对人民美好生活的向往作为奋斗目标，坚持以人民为中心的发展思想，切实保障和改善民生，努力促进社会公平正义，让发展成果更多更公平惠及全体人民，不断增强人民的获得感、幸福感、安全感，朝着实现全体人民共同富裕不断迈进。因此，共同富裕目标的实现离不开困难群体生活质量的稳步提升。

本报告基于困难群体概念演化、识别机制的文献梳理，以及帮扶体系典型案例的收集，聚焦共同富裕愿景下困难群体的人群指向与保障措施。同时，本报告基于2023年中山大学"人民美好生活需要（福利态度）调查"数据，从公众认知视角出发对困难群体的人群指向与保障措施进行影响因素分析，以期为共同富裕愿景下的困难群体识别机制与帮扶体系的建设和完善提供数据支撑及政策建议。

一 文献综述

（一）困难群体概念的演化

1. 贫困群体

1901年，英国学者朗特里（Rowntree）在《贫困：城镇生活的研究》一书中指出，贫困是一个家庭无法用自己的收入维持其最低生理需要的状态。这一定义成为以收入衡量的绝对贫困概念的渊源。①

---

① Benjamin Seebohm Rowntree, *Poverty: A Study of Town Life* (Macmillan, 1902).

(1) 国际视角的绝对贫困标准

目前，世界通用的绝对贫困标准主要基于世界银行的测算。根据世界银行最新的国际贫困线标准，其阈值为每日生活费用1.90美元（以2011年的国际价格水平计算）。这意味着在全球范围内，人均每日生活费用低于1.90美元的人会被认定为处于绝对贫困状态。鉴于绝对贫困的标准测算基于人类最低生理需要的满足，且购买生存物资所需价格随社会变化而波动，国际贫困线标准实际上是一个持续变化的概念。此前，这一标准经历两次修改。1990年首次设定国际贫困线时，标准是每日生活费用1美元。它为度量全球极端贫困水平提供了一个通用的标准。而后，由于通货膨胀和价格变化，世界银行在2005年对国际贫困线进行修订，并将标准由1美元提高到1.25美元。

(2) 中国语境的绝对贫困标准

基于朗特里对绝对贫困问题的界定，中国政府于1985年首次制定了中国农村贫困线。国家统计局将人均营养标准确定为每人每天2100大卡，然后根据20%的低收入人群的消费结构测算满足这一标准所需的食物量，再根据食物价格计算相应的货币价格并将贫困线确定为206元。此后，随着社会消费价格水平的变动，该贫困线分别在1990年、1994年和1997年被重新测定，其他年份数据使用农村居民消费指数进行更新。由于"农户用于食物的支出达到85%"的基本核算标准并没有发生变化，这一时期的贫困线实际上属于极端贫困线。[1] 此外，尽管国家在1985年之后尝试调整绝对贫困线标准，但有学者指出，该调整实际上是名义增长，中国农村真实的贫困线在1985~2005年实际一直处在200元左右，是一个极端贫困线，或者说是温饱线。[2] 按照这一贫困线所开展的扶贫行动只覆盖小部分事实贫困人口，而大量贫困人口并未被纳入计算范围之内。因此，在一定程度上而言，中国的贫困线标准是一种效率导向的最低限度的扶贫。2013年以来实行的建档立卡制度，在遵从上述原则的基础上很大程度避免了排斥最贫困群体的现象，进一步提高了扶贫政策对最贫困群体

---

[1] 李小云、徐进、于乐荣：《中国减贫四十年：基于历史与社会学的尝试性解释》，《社会学研究》2018年第6期。

[2] 李小云、马洁文、唐丽霞、徐秀丽：《关于中国减贫经验国际化的讨论》，《中国农业大学学报》（社会科学版）2016年第5期。

的瞄准精度。[1]

改革开放40多年来，中国创造了具有里程碑式意义的减贫成就。约2.4亿极端贫困人口和5亿以上每天生活必需支出在1美元以下的贫困人口在这一时期摆脱了贫困。[2] 按照2010年不变价格农民人均纯收入2300元/年的扶贫标准，中国农村贫困人口从1978年的7.7亿人减少到2017年的0.3亿人，同期，农村贫困发生率从97.5%下降到3.1%。按照世界银行2011年1.9美元的每天基本生活支出标准，农村贫困人口从1981年的7.6亿人减少到2014年的0.15亿人，贫困发生率从95.59%下降到2.39%。[3]

2. 低收入群体

低收入群体是一个相对概念，低收入群体普遍存在于任何地方和任何时期。[4] 也有学者认为，低收入群体是指具有劳动能力但在投资和就业竞争中处于劣势、只能获得相对低廉报酬的社会成员。[5] 根据国家统计局在2002年的界定，低收入群体由贫困人口及贫困边缘人口组成，以最低20%收入阶层的人均消费水平为划分标准，其中贫困边缘人口是指初步解决温饱问题但基础薄弱且随时可能返贫的低收入人口。[6] 因此，低收入群体的主体是贫困人口，但范围比贫困人口广。随着城乡收入差距不断拉大，农村低收入群体成为最大的低收入群体。相关研究指出，城镇低收入群体包括社会弱势群体，即由病残、意外灾害和意外事故导致的个人生存和劳动能力障碍者、赡养负担较重、遭遇失业等问题的群体，以及经济效益不好的国有和集体企业在职职工与离退休职工。[7] 发展中

---

[1] 吴国宝：《改革开放40年中国农村扶贫开发的成就及经验》，《南京农业大学学报》（社会科学版）2018年第6期。

[2] 汪三贵：《在发展中战胜贫困——对中国30年大规模减贫经验的总结与评价》，《管理世界》2008年第11期。

[3] 吴国宝：《改革开放40年中国农村扶贫开发的成就及经验》，《南京农业大学学报》（社会科学版）2018年第6期。

[4] 谢勇：《中国城镇居民低收入群体研究综述》，《人口与经济》2006年第2期。

[5] 樊平：《中国城镇的低收入群体——对城镇在业贫困者的社会学考察》，《中国社会科学》1996年第4期。

[6] 国家统计局宏观经济分析课题组：《低收入群体保护：一个值得关注的现实问题》，《统计研究》2002年第12期。

[7] 国家发改委宏观经济研究院课题组：《居民收入分配差距与低收入群体问题研究》，《经济学动态》2003年第6期。

国家由于受到发展水平和扶贫资源的限制，通常将相对贫困中的部分人群纳入贫困群体范围。①

目前，学界对低收入群体的界定标准尚未统一。谢勇认为，对低收入的界定既可以采用绝对标准也可以采用相对标准，发达国家一般采用相对标准而发展中国家一般采用绝对标准。② 这与国家统计局在 2002 年发布的一份报告具有相同的看法。③ 整体而言，划分低收入的方法主要有四种：第一，绝对值法，指将总体平均收入的 1/2 或者 1/3 定为低收入线；第二，比例法，指将住户按照人均收入从低到高排序之后将处于最底层的 0.05、0.1 或者 0.2 的居民家庭定义为低收入户；第三，贫困线拓展法，指将贫困线按一定比例扩大，如扩大到 1.15 倍、1.25 倍或者 1.5 倍等；第四，日美元标准，指将世界银行提出的最低生活标准作为低收入线。目前，国际上也有一些发达国家和少数发展中国家会把最低收入的 20% 人口作为相对贫困人口。④ 由于我国尚未建立低收入线，部分学者在针对低收入群体的分析中常采用五等分级的家庭收入标准，即将收入处于末位 20% 的家庭户作为低收入群体。⑤ 其中，诸如最低生活保障、特困人员供养等兜底保障人群和临时救助对象、支出型贫困以及贫困风险人群是政策关注的重点对象。⑥

3. 困弱群体与困难群体

（1）困弱群体

2020 年底，全国脱贫攻坚目标任务完成后，贫困群体概念逐渐淡出学界和实务部门的视野，取而代之的是诸如低收入群体、困难群体、困弱群体等更具相对含义的概念。关于困弱群体，王思斌认为，困弱群体是与共同富裕具体内涵相互嵌合的概念，共同富裕是包含经济状况、社会生活和精神状态的综合概

---

① 国家统计局宏观经济分析课题组：《低收入群体保护：一个值得关注的现实问题》，《统计研究》2002 年第 12 期。
② 谢勇：《中国城镇居民低收入群体研究综述》，《人口与经济》2006 年第 2 期。
③ 国家统计局宏观经济分析课题组：《低收入群体保护：一个值得关注的现实问题》，《统计研究》2002 年第 12 期。
④ 朱晓燕：《民生财政视角下低收入群体实现共同富裕的指标体系构建与路径探析》，《中州学刊》2023 年第 1 期。
⑤ 杨立雄：《低收入群体共同富裕问题研究》，《社会保障评论》2021 年第 4 期。
⑥ 朱晓燕：《民生财政视角下低收入群体实现共同富裕的指标体系构建与路径探析》，《中州学刊》2023 年第 1 期。

念。因此,"共同富裕"是与困弱群体有关的"共同富裕"。困弱群体主要包括低收入群体,社会支持体系薄弱的老年人、残障人士和其他特殊群体,他们在身体或精神状态、家庭能力和社会资本方面较为弱势,在竞争市场、物质生活和社会生活中也容易遭遇更多困难。同时,困弱群体自身具有不同程度的弱势特点决定其难以通过自身的努力达到"富裕"的状态。因此,困弱群体问题的解决需要建立一种具有相互性的"共进性富裕"。这既要求个体自身处于积极进取状态,还需要社会资本、非营利组织和政府部门在常态化和非常态化的窘况之中为其提供支持。[1]

"困弱群体"和"共进性富裕"概念是针对高质量发展社会工作的需要展开的论述,两个概念的提出进一步阐述了各个方面相对落后的群体在参与共同富裕进程中的境况,及其自身达到"富裕"的可行路径,并为社工在此过程中发挥联结困弱群体、政府以及社会等多元力量的作用提供了广阔的思考空间。整体而言,由于"困弱群体"和"共进性富裕"概念提出时间较短,其虽颇具启发性但实际上并未形成完善的论述体系和实践性路径。

(2) 困难群体的界定与争议

"困难群体"是学界使用较多的且与"相对落后群体"相关联的概念,但学界并没有就困难群体的内涵界定制定一个非常清晰的准则。政策话语体系中的困难群体主要以家庭为单位,并从社会救助和家庭绝对收入视角进行界定。然而,通过梳理现有的研究成果可以发现,困难群体的内涵界定可以从公共服务需要与可及性、生命周期等相对可行能力视角予以解释。一方面,公共服务需要视角下的困难群体是基于公共服务供给政策的视角来区分的。根据"幼有所育、学有所教、劳有所得、病有所医、老有所养、住有所居"的基本公共服务内涵,可以从需要视角对困难群体进行划分。另一方面,从生命周期视角出发,老年人与儿童因对家庭的高度依附性以及体力精力不及青壮年群体而被排斥于劳动力市场之外,尤其是农村老年人和流动、留守儿童往往被视为困难群体。基于此,困难群体的具体划分如下。

就业视角的困难群体。第一,高校毕业生就业困难问题。关于高校就业困难群体的界定,孙长林认为,就业困难群体是指毕业当年离校前未落实毕业去

---

[1] 王思斌:《困弱群体的参与性共同富裕与社会工作的促进作用》,《社会工作》2022年第1期。

向的大学生群体，可以分为"懒就业"、"慢就业"以及"不就业"三种情况，具体包括家庭经济困难型、身体残障型、学业困难型、少数民族类以及高求职期望型等几类就业困难毕业生。[1] 李晟侧重于从主观和客观维度对就业困难大学生进行分类，主要包括由家庭经济困难、身体残障、心理健康问题等客观因素导致的就业困难以及由就业能力不足等主观原因导致的就业困难等类型。[2] 第二，低收入群体就业困难问题。刘子墨基于对低收入群体的就业保障问题的梳理，认为大学生群体和流动农民工群体是最主要的就业困难群体，而农民工群体又因为抗压能力和知识技能水平较低更具就业脆弱性。同时，低收入群体尤其是存在身体机能障碍的低收入群体更容易遭受就业歧视。[3]

就医视角的困难群体。目前学界关于就医视角困难群体的相关论述并不多，这里主要通过医疗救助的相关论述尝试对该类困难群体进行具体分析。医疗救助是指国家和社会针对那些由于贫困就医需要难以被满足的公民实施的专门帮助和支持。[4] 目前，医疗救助对象由收入型贫困家庭延伸至支出型贫困家庭，由可支配收入处于贫困线以下的群体延伸至贫困边缘人群、易返贫致贫人口、重新返贫人口和相对贫困人口逐渐成为医疗救助领域的基本共识。[5] 高鹏等将最低生活保障家庭成员、特困供养人员、低收入家庭中的老年人、未成年人、重度残疾人和重病患者等困难群众以及其他特殊困难人员划入医疗救助范围，并将发生高额医疗费用、超过家庭承受能力以及基本生活出现严重困难家庭中的重病患者纳入医疗救助范围。[6] 张锐智和任潇指出，在我国绝对贫困已经消除的大背景下，经济困难的老年人以及现行医疗救助标准边缘群体等脆弱人群也应成为医疗救助的潜在对象。[7]

---

[1] 孙长林：《高校就业困难群体就业培训帮扶工作的研究》，《就业与保障》2022年第7期。
[2] 李晟：《新时期高校就业困难学生群体的困境及对策》，《中国商论》2021年第6期。
[3] 刘子墨：《低收入群体就业保障问题研究》，《农业开发与装备》2021年第8期。
[4] 吕志翠：《乡村振兴背景下医疗救助的实践与思考——以长阳土家族自治县为例》，《湖北农业科学》2023年第S1期。
[5] 梁诗童、何晓娜、李建国：《广东省医疗救助对象扩围：问题、原因及对策——基于相对贫困视角》，《卫生经济研究》2023年第9期。
[6] 高鹏、杨翠迎、刘言：《医疗救助、健康水平改善与医疗经济负担》，《中国经济问题》2023年第4期。
[7] 张锐智、任潇：《论我国医疗救助托底功能的制度逻辑》，《辽宁师范大学学报》（社会科学版）2024年第1期。

专题报告一 公众认知视角下困难群体的人群指向与保障措施

住房视角的困难群体。刘峰铭在其关于住房救助权的文章中划分了处于住房困境中的特定群体，包括城镇中低收入群体、外来务工人员、新就业大学生群体三类，并认为可支配收入的限制导致城镇中低收入群体是社会中没有产权房的最主要人群。同时，由于文化素质和职业技能水平低，外来务工人员的职业上升空间很小，收入增长潜力也小，缺乏通过自身努力改善住房状况的能力。新就业大学生群体虽具有强烈的住房刚性需求，但面对城市高房价缺乏相应的住房支付能力，其刚毕业的居住条件可能远低于我国人均住房面积的小康标准（20平方米）。① 此外，汪梦玲还从新市民的住房保障视角讨论了诸如外来务工人员、新就业大学生等群体的购房与租住需求，并探讨了创新型住房保障制度对该类住房困难群体所发挥的重要作用。②

儿童困难群体。改革开放以来，随着农村剩余劳动力向城市转移，我国短时间涌现出大量流动儿童与留守儿童。关于流动儿童与留守儿童的定义，不同学者持不同观点。范兴华等认为，流动儿童是指户籍在农村但是随双亲到打工城市就学的儿童；留守儿童是指留居农村，由祖父母或者留守在家的父母一方或亲戚抚养照顾的儿童。③ 而谭深则认为，农民工子女的流动儿童与留守儿童都只是一种状态，并不需要通过一种身份或者标签将其分为两个群体。④ 段成荣认为，流动儿童是随双亲进入流入地的"城里娃"，而不是流出地的农村孩子；流动儿童与留守儿童的转换关系更多是留守儿童转换为流动儿童。同时，我国人口流动越来越呈现家庭化趋势，这意味着更大规模的流动儿童将会出现。⑤ 而对于流动儿童与留守儿童可能遭遇的困境，有关论述包含以下几个方面。吴帆、杨伟伟认为，整体而言，农村留守儿童的确处于不利境况中，这种不利不仅在于由亲情缺失导致的身心健康、教育或者安全问题，而且在于各种不利境况

---

① 刘峰铭：《论特定群体的住房救助权及其法治保障》，博士学位论文，中南财经政法大学，2021。
② 汪梦玲：《租购并举视角下新市民住房保障制度研究——以广州市为例》，硕士学位论文，厦门大学，2021。
③ 范兴华、方晓义、刘杨、蔺秀云、袁晓娇：《流动儿童歧视知觉与社会文化适应：社会支持和社会认同的作用》，《心理学报》2012年第5期。
④ 谭深：《中国农村留守儿童研究述评》，《中国社会科学》2011年第1期。
⑤ 段成荣：《我国流动和留守儿童的几个基本问题》，《中国农业大学学报》（社会科学版）2015年第1期。

交织与可得资源匮乏带来的综合结果。① 段成荣及其合作者使用第六次全国人口普查数据梳理了农村留守儿童生存和发展的基本状况，发现农村留守儿童的年龄结构呈现学龄前儿童规模快速扩张的趋势，同时留守儿童在四川、重庆、安徽、江苏、江西和湖南等地的农村十分普遍，且大龄农村留守儿童接受义务教育的情况较为严峻。② 此外，还有学者基于抗逆力理论分析留守儿童和流动儿童在成长环境的缺失与重构，并将流动儿童和留守儿童成长过程中可能面临的风险归纳为健康、安全、学习、人格形成以及社会交往风险。③

老年困难群体。无论是从绝对意义上看，还是相较于其他群体，老年人都属于比较贫困且容易陷入贫困的群体。④ 关于老年贫困的分类，不同学者持不同观点。徐静和徐永德指出，贫困老人是异质性很强的群体，其贫困的形成原因迥异，而且他们的贫困状况在晚年阶段仍然按照各自轨迹特征发生变动。⑤ 老年人陷入贫困的原因根植于其早年生活经历中，与晚年相联系的因素更多是其晚年贫困的维持力而非根源，因此老年贫困可以分为突发性贫困与延续性贫困。乐章和刘二鹏则将农村老年贫困分为经济贫困、健康受损与精神孤独三个维度，并基于对2011年中国老年健康影响因素跟踪调查（CLHLS）数据的分析，发现家庭禀赋因素（如家庭收入和子女资源供给以及公共养老金、公共医疗服务可及性）对农村老年贫困具有显著的正向影响。⑥ 除此之外，还有学者从数字鸿沟的维度论述老年人数字贫困治理问题。林宝指出，数字贫困影响老年人的社会融入和生活质量，因而应当致力于缩小老年群体与其他群体之间的数字鸿沟，减少绝对数字贫困。⑦

---

① 吴帆、杨伟伟：《留守儿童和流动儿童成长环境的缺失与重构——基于抗逆力理论视角的分析》，《人口研究》2011年第6期。
② 段成荣、吕利丹、郭静、王宗萍：《我国农村留守儿童生存和发展基本状况——基于第六次人口普查数据的分析》，《人口学刊》2013年第3期。
③ 吴帆、杨伟伟：《留守儿童和流动儿童成长环境的缺失与重构——基于抗逆力理论视角的分析》，《人口研究》2011年第6期。
④ 王瑜、汪三贵：《人口老龄化与农村老年贫困问题——兼论人口流动的影响》，《中国农业大学学报》（社会科学版）2014年第1期。
⑤ 徐静、徐永德：《生命历程理论视域下的老年贫困》，《社会学研究》2009年第6期。
⑥ 乐章、刘二鹏：《家庭禀赋、社会福利与农村老年贫困研究》，《农业经济问题》2016年第8期。
⑦ 林宝：《老年群体数字贫困治理的难点与重点》，《人民论坛》2020年第29期。

综上所述，本报告认为，对困难群体的概念内涵和人群指向还需进行进一步拓展和深化。其一，从公共服务需要的视角出发澄清困难群体的概念更加具有复合性。评价和分析个体是否属于困难群体以及解决困难群体的需要问题，不仅涉及个体的绝对收入，还需要考虑其成长经历或其他生活方面对心理状况造成的深远影响，因而基于公共服务需要视角的困难群体界定意味着这一群体相关问题的解决需要系统性的制度方案，既需要公共服务均等化的持续推进和完善，又需要针对不同类型困难群体的成因提出具体的解决方案。其二，生命周期视角下的困难群体界定主要侧重于对可行能力相对较弱的"一老一小"两个群体的脆弱性进行定义。可以看出，无论是对老年人还是对儿童，学界的观点都更加侧重于承认二者自身的脆弱性并以社会和家庭的禀赋来分析其陷入困难的问题。其三，目前学界对公共服务需要视角的困难群体与生命周期视角的困难群体的有关认识仍然较为模糊，而且对"困难"的认识还局限于"精英视角"和"他者视角"，缺乏对实际困难群体和潜在困难群体的公众态度认识。而了解公众对困难群体作为福利对象的认识既是全面认识困难群体的要求，也是社会救助政策合法性的重要来源。据此，本报告探究公众认知视角的困难群体指向与保障措施，为社会救助改革创新发展的理论认识和政策实践提供经验参考。

（二）困难群体的识别机制

1. 绝对贫困标准

如何识别贫困是贫困研究的首要问题。以经济收入为主要评判标准是绝对贫困的主要识别机制。人类对贫困测量的历史并不长，20世纪初，查尔斯·布斯（Charles Booth）曾尝试在充足与匮乏的家庭经济资源之间划分界限并对当时的伦敦家庭进行调查。而后，布斯和朗特里首次基于基本需要阐释了贫困的经济含义，并提出了作为绝对视角的"贫困线"和"贫困人口比例"概念。[1]在很长的一段时期内，以经济收入为评价指标的绝对贫困评价标准因其高效的识别功能被许多国家和地区接受并加以应用。贫困线的确定是贫困识别的首要

---

[1] 李飞：《多维贫困测量的概念、方法和实证分析——基于我国9村调研数据的分析》，《广东农业科学》2012年第9期。

步骤，只有客观的贫困线才能为贫困加总与分解提供数据基础。① 然而，绝对贫困主要体现的是人的基本生理需要难以得到满足，是一种低水平的生存状态。在测量绝对贫困时通常使用"标准预算法"（又称"市场菜篮法"），由专家选择为了维持社会公认最起码的生活水平的必需品的种类及数量，再根据市场价格计算所需现金。

然而，"绝对贫困"的概念也招来了很多批评，英国学者彼得·汤森将其总结为两个方面：一是它忽视了人类物质需要之外的社会需要；二是计算"最低生存需要"工作本身也是十分困难的，因为这常常与人们的社会角色、当地饮食习惯、食品的价格和可获得性紧密相关。② 部分国内学者则指出，绝对贫困标准对全面理解贫困问题具有较大局限性。除了经济收入，穷人还因受教育、健康以及应急脆弱性等复合因素而被现状锁定，依靠传统的贫困透视方法难以制定有效缓解农村贫困的策略。③

2. 多维贫困标准

基于对绝对贫困问题的反思，众多学者尝试从多维视角建立贫困识别机制。阿马蒂亚·森认为，贫困测度必须面对的问题包含两个：贫困的识别以及基于贫困信息构建的贫困指数。④ 如果贫困识别是基于绝对收入的界限划分，那么贫困指数就是多维视角的贫困评价。王素霞和王小林认为，多维贫困指数反映了贫困人口及其家庭的多维贫困发生率和可能存在的剥夺强度，将资产纳入多维贫困的分析与测量能够拓展贫困测量的维度。⑤

目前，多维贫困的测量已在学界取得许多重要成果。一方面，部分学者尝试分析贫困区域与家庭的多维贫困的主要类型，以此为政策设计提供实证支撑。王小林和 Sabina Alkire 利用 2006 年中国健康与营养调查数据发现，中国城

---

① 张晓静、冯星光：《贫困的识别、加总与分解》，《上海经济研究》2008 年第 10 期。
② Peter Townsend, *Poverty in the United Kingdom*: *A Survey of Household Resources and Standards of Living* (University of California Press, 1979), pp.237-240.
③ 王小林、Sabina Alkire：《中国多维贫困测量：估计和政策含义》，《中国农村经济》2009 年第 12 期。
④ A. Sen, "Poverty: An Ordinal Approach to Measurement," *Econometrica*: *Journal of the Econometric Society* 2 (1976).
⑤ 王素霞、王小林：《中国多维贫困测量》，《中国农业大学学报》（社会科学版）2013 年第 2 期。

乡家庭均存在收入之外的多维贫困，卫生设施、健康保险和教育是多维贫困指数中影响最大的前三个指标。① 李佳路则基于上述多维贫困测度方式对某省 30 个国家扶贫开发重点工作县的贫困状况进行测量并发现该省扶贫政策的前三位分别是环境卫生贫困、教育健康贫困与收入/消费贫困，从而为扶贫政策选择提供实证参考。② 林娜总结了多维视角的农民工贫困，将农民工贫困归纳为物质贫困、权利贫困和精神贫困三种类型。③ 郭建宇基于 2009 年山西农村贫困监测数据发现，教育、健康和生活水平维度贫困是该省农户多维贫困的主要类型。另一方面，一些学者尝试反思贫困指标构建的可行路径。④ 尚卫平和姚智谋指出，贫困是福利的缺乏，因而多维贫困的程度测量需要在个体的福利特征值上细化。⑤ 刘泽琴指出，基于森的可行能力框架分析贫困或福利问题的指标构建呈现指标维度逐渐泛化和指标细化的趋势。⑥

多维贫困视角的引入揭示了贫困现象的复杂内涵，但是"他者"视角的贫困界定也因未充分考虑到贫困个体的主观想法而受到质疑。国内外学界对贫困认定的视角开始从客观导向拓展到主观导向。⑦ 与贫困的识别相似，主观贫困的概念最初也是以主观贫困线的形式出现的。汤森认为，传统的客观贫困线难以对人们除饮食之外的基本需要进行精准的定义。⑧

3. 主观贫困标准

主观贫困标准的引入拓展了贫困的内涵与外延。主观贫困研究可以进一步划分为主观贫困线和主观福利贫困研究。国内外学者对贫困内涵的认知从单维

---

① 王小林、Sabina Alkire：《中国多维贫困测量：估计和政策含义》，《中国农村经济》2009 年第 12 期。
② 李佳路：《农户多维度贫困测量——以 S 省 30 个国家扶贫开发工作重点县为例》，《财贸经济》2010 年第 10 期。
③ 林娜：《多维视角下的农民工贫困问题研究》，《中共福建省委党校学报》2009 年第 1 期。
④ 郭建宇：《农户多维贫困程度与特征分析——基于山西农村贫困监测数据》，《农村经济》2012 年第 3 期。
⑤ 尚卫平、姚智谋：《多维贫困测度方法研究》，《财经研究》2005 年第 12 期。
⑥ 刘泽琴：《贫困的多维测度研究述评》，《统计与决策》2012 年第 10 期。
⑦ 左停、杨雨鑫：《重塑贫困认知：主观贫困研究框架及其对当前中国反贫困的启示》，《贵州社会科学》2013 年第 9 期。
⑧ Peter Townsend, *Poverty in the United Kingdom: A Survey of Household Resources and Standards of Living* (University of California Press, 1979), pp. 270-271.

的收入贫困逐步走向多维的福利贫困，因而在此基础上建立起来的新框架可以让人们对贫困传统的认知得到进一步增强。根据调查问题的不同，主观贫困标准可以分为主观贫困线（Subjective Poverty Line，SPL）、莱登贫困线（Leyden Poverty Line，LPL）和社会政策中心贫困线（Centre for Social Policy Poverty Line，CSP）三种类型，分别关注受访者关于维持家庭最低收入、对家庭不同收入水平的评价及利用实际可支配收入维持生活的难度三个方面的问题。[1] 主观贫困线研究者认为，个体能够更好地反映其自身状况，同时个体拥有评判自身的最丰富信息。这与客观贫困线由政府和专家以"他定"方式来决定贫困线标准的做法是相对的。客观贫困线制定者本身的"精英属性"使真正贫困者的实际情况难以得到全面反映。[2] 即便如此，这也并不意味着主观贫困标准与客观贫困标准相互对立，主观贫困测量仍然是客观贫困测量的重要补充。

国内部分学者尝试讨论主观贫困的影响因素。例如，通过对宁夏移民安置区农户主观贫困及其影响因素的研究，闫姝雅发现年龄、家庭规模、家庭劳动力人数、教育水平以及技术能力对农户的主观贫困的影响具有显著的村庄差异性。[3] 田雅娟等则通过分析中国社会状况综合调查数据发现，居民主观贫困受到家庭收入水平、家庭规模、人口结构、教育水平、资产积累、医疗支出、家庭困境事件与居住位置的显著影响。[4] 王春超和叶琴通过比较中国9省的农民工和城市劳动者在收入、健康、教育和医疗保险四个维度的多维贫困的变动发现，农民工的多维贫困水平与全国水平、所在城市的劳动力水平相比是最高的。其中，由于教育回报持续走低，农民工群体倾向于减少教育投入，其后果就是自身人力资本水平始终难以得到提升，因此难以真正融入城市。[5] 梁土坤基于六省农村低收入群体调查数据指出，我国农村低收入群体的主观贫困程度仍然较高，反主观贫困形势严峻。扶贫政策虽然具有一定的生产性，但对于降

---

[1] 左停、杨雨鑫：《重塑贫困认知：主观贫困研究框架及其对当前中国反贫困的启示》，《贵州社会科学》2013年第9期。
[2] 曲大维：《主观贫困线研究述评》，《当代经济》2011年第18期。
[3] 闫姝雅：《宁夏移民安置区农户主观贫困及其影响因素》，硕士学位论文，宁夏大学，2016。
[4] 田雅娟、刘强、冯亮：《中国居民家庭的主观贫困感受研究》，《统计研究》2019年第36期。
[5] 王春超、叶琴：《中国农民工多维贫困的演进——基于收入与教育维度的考察》，《经济研究》2014年第12期。

低农村低收入群体的主观贫困程度仍然缺乏显著作用。①

上述研究从不同视角讨论了主观贫困的影响因素，表明我国主观贫困研究逐渐朝着精细化方向纵深推进。随着对贫困问题认识的不断深化，国内外学界对贫困的认识也正在经历从收入/货币贫困、多维贫困向主观贫困的转变。然而，目前对主观贫困的测量还停留在单一的主观货币贫困认知上。

通过上述讨论可以发现，低收入群体与困难群体相对于绝对贫困群体来说更具需要多元性，无论是单一的现金救助还是脱贫攻坚时期的大规模扶贫模式都难以解决当前情境下数量众多、需要异质性强的困难群体问题。然而，即便"困难群体"概念的内涵在不断拓展，其本质仍然为不同群体的相对境况和需求满足差异，具有相对属性。因而，本报告尝试在梳理贫困识别机制变化的基础上，结合共同富裕愿景，从困难群体的需要满足层面出发，深化对困难群体识别机制的理解。

二　困难群体帮扶体系的典型案例

2020年，民政部办公厅发布《关于开展社会救助改革创新试点工作的通知》（以下简称《通知》），要求"积极推进社会救助改革创新，健全完善分层分类、城乡统筹的中国特色社会救助体系"，"加快建立解决相对贫困的长效机制"，并在全国范围内开展社会救助改革创新试点工作。为此，《通知》设计了"社会救助改革创新综合试点"、"社会救助政策区域统筹衔接试点"、"党建+社会救助试点"、"居住地申办低保等社会救助试点"、"服务类社会救助试点"、"困难家庭救助帮扶综合评估试点"、"低保制度城乡统筹发展试点"和"建立12349社会救助服务热线试点"八大试点项目，试点区域覆盖全国20余个省份。2021年、2022年，民政部又分别部署开展了年度社会救助领域创新实践活动。根据《民政部办公厅关于社会救助改革创新试点和2022年度社会救助领域创新实践活动有关情况的通报》，2022年全国共有15个省市的民政局入选当年社会救助领域创新实践优秀案例名单。整体来看，基于对2022年社

---

① 梁土坤：《反贫困政策、家庭结构与家庭消费能力——基于六省城乡低收入家庭调查微观数据的实证分析》，《贵州社会科学》2019年第6期。

会救助领域创新实践优秀案例的分析，目前我国困难群体救助的实践经验可以从以下角度进行梳理和总结。

（一）"数字+救助"实践模式

数据挖掘是数据分析的重要环节之一，如何从海量数据中挖掘、筛查出有用的信息是关键所在。长期以来，我国救助工作存在信息衔接不畅通、部门协同不及时、数据掌握不全面的问题。为了适应后脱贫时代社会救助工作和困难群体识别机制的新变化，促进由"人找政策"向"政策找人"模式的转变，多地积极开展救助领域数字化探索，从原来的人工摸排转变为利用数字化手段进行搜索、分析，通过对前端获取的各类困境人员数据库进行实时更新、动态增减、分类管理，确保全面及时筛查救助线索。数字化救助线索发现模式解决了以往民政部门掌握数据不全面的问题，以数据模型、数据碰撞精准筛选符合条件的救助对象，进一步提升了救助效率，增强了救助实效，更好地发挥了社会救助工作"救急解困"的作用。

浙江省杭州市民政局打造"低收入人口动态监测帮扶"应用。在识别机制上，联合公安、人社、住保、医保等17个部门的力量，收集住房、车辆、支出、就业等54项数据，基于家庭结构、健康状况、支出情况等7大维度建立低收入家庭抗风险能力赋分体系，由弱到强划分为一级、二级、三级抗风险对象，从而实现由被动回应向动态监测的转变；在程序上，实现了救助方式由"事后救助"向"事前预防"的转变，基于大数据精准绘制低收入家庭画像，提前介入受困家庭风险应对，开展精准救助帮扶，降低困难家庭风险脆弱性；在需求响应上，基于低收入家庭测算模型构建，以低收入家庭结构、职业、健康、教育等指标信息为依托，分析其家庭困难程度、致困原因和需求类型。杭州市民政局通过多种服务场景面向以及线下"助联体"的实践支撑，持续优化模型对困难群体多维需求的理解力，助力救助需求响应与救助资源对接有效嵌合。[①]

重庆市渝中区民政局依托"救助通"项目，推动实现指尖上的民政服务，通过项目牵引，发挥各类社会救助系统平台的联动作用，破解社会救助"申请难、申请复杂"难题，从服务流程上着手，织密织牢民生保障网。在人员配套

---

① 柳旭：《聚焦潜在困难及时多元帮扶》，《中国社会报》2023年3月22日，第1版。

上，渝中区民政局在11个街道成立了社会救助工作站，在79个社区配备了专职社会救助工作人员221名，按照"1名低保对象不低于25元"的标准分配工作经费，健全"一窗通办"工作机制，实现"8+N"项社会救助业务统一办理。在救助流程上，创建线上线下双渠道申请办理模式，实现低保与特困申请缩至3个流程，办结时间缩至10个工作日。在数据共享上，通过"救助通"对接综合救助平台，统一低收入人口信息库、动态监测平台、低保、特困、临时救助等系统数据标准，协同数据入库与流程办理标准，形成"业务办理入库、结果数据入库、信息采集入库"的数据跨平台流转模式。在困难识别上，通过线上低收入人口信息动态监测平台预警机制的困难情况推送与线下基层网格化管理走访排查和信息采集相结合，持续完善困难群体需求的主动识别渠道。[1]

四川省达州市民政局创新救助领域数字化改革，逐步构建以数字化为基础的监管机制和服务体系。在领导体制上，健全党委政府牵头的社会救助工作领导小组体制，将社会救助数字治理摆在政府议程的重要位置，完善相关政务考核制度，并通过有效进程设置推动事项有效落实。在数据收集上，建成市域"城市大脑"，制定统一规范的数据标准，提升数据流转的有效性；通过"城市大脑"，及时共享救助流程所需的户籍、车辆、住房、社保等24项核心信息。在数据协作上，依托省级"天府救助通"智慧救助平台，建立社会救助综合平台达州分站，从而实现应用上的多层级多部门互联互通，提高数字监管的可行性与有效性。在监管流程上，形成预警发现、线上跟踪、线下督办的闭环管理模式。通过依托"城市大脑"的实时预警发现，将预警监测对象纳入"抽查库"并作为监管重点，制定社会救助监督检查制度和社会救助责任追究办法，实现机制完善与技术可行的监管"两手抓"模式。在办事流程上，以数字监督为基础，达州市依托"城市大脑"打造群众申办"一证一书"、救助服务"一网通办"改革的便民服务模式，实现办理低保、特困平均用时15个工作日，急难型救助1天即办，办理效率平均提升60%。[2]

---

[1] 祝闯：《"救助通"加速满足更便捷更及时的群众期待》，《中国社会报》2022年12月16日，第1版。

[2] 达州市民政局：《2022年度社会救助领域创新实践优秀案例摘编（四川省达州市）》，达州市达川区人民政府，http://www.dachuan.gov.cn/xxgk-show-140409.html，最后访问日期：2024年6月15日。

（二）"服务+救助"实践模式

社会救助的服务对象范围广泛，有贫穷无依的老人和儿童，有下岗职工和失业人员，有残疾人、重病人士等失能人群，有因突发事件而暂时陷入困境的家庭，还有由自然灾害导致的灾民等。为了适应后脱贫时代救助类型的复杂性特点，以及救助目标群体的多样化需求，多地开展服务类社会救助模式试点探索工作，围绕创新"物质+服务"救助方式，进一步探索开展社会救助的服务模式，规范政府购买社会救助服务资金管理使用，明确服务类社会救助模式的供给主体、对象范围、服务内容、服务方式、运行机制，在制度保障和政策措施等方面发挥先行示范作用。

上海市长宁区通过构建困难群众救助需求综合评估体系，为社会救助高质量发展提供重要实践模范。从救助理念上看，长宁区社会救助模式逐步由"被动受理"转向"主动发现"，通过注重经济困境与身心健康、受教育程度等综合性指标的同步衡量，着力在预防、救助、发展三个方面对救助对象进行政策干预。在救助方式上，逐步由"救助帮扶"向"自主自立"转变，也即是，救助服务开始从"保基本"转向"上下游"，基于各类救助资源的链接和整合，形成区级社会救助资源地图、家庭需求清单和"一户一策"救助方案，以满足困难群体多元化救助需求并纳入能力发展途径、社会融入受阻等多元问题的综合解决，为救助对象提供"志智双扶"支持服务，从家庭和社会两大支持体系出发为救助对象构建脱困网络。[①] 从救助评估上看，长宁区通过建立包含物质、健康、教育、就业、社会支持、家中是否有未成年人6大维度，经济状况、身心健康、能力发展、社会参与等10个指标的复合困难评价体系，构建困境家庭风险指标综合测评模型，对辖区内的困难家庭进行精准研判。从救助路径上看，长宁区整合"线上+线下"的救助实践、"制度+载体"的服务供给以及"物质+服务+心理"的立体救助服务模式，从困境家庭的精准识别与救助、救助实体与救助政策建设并行、贫困程度差异化等方面构建分层、分类、阶梯式救助服务体系，并基于困难群体需求评估形成对应的"一般预防型"

---

① 《上海市长宁区建立主动发现、分层分类、综合高效救助格局》，中华人民共和国民政部，https://www.mca.gov.cn/n152/n166/c45438/content.html，最后访问日期：2024年6月15日。

"托底保障型""支持发展型""紧急保护型"等困境家庭服务模式,不断完善服务需求对接与服务项目精准实施。[1]

福建省上杭县探索建立特殊困难家庭集中托养救助制度,针对定点养护机构入住的特困、低保、低保边缘、农村防止返贫监测对象家庭成员中的失能人员,按照半失能、轻度完全失能、重度完全失能(全瘫)的困难等级分别给予每人每月600元、1000元、2000元的政府全额补助。这不仅填补了政策空白,还在实际上缓解了家庭成员的照料困境。截至2023年上半年,该政策共计救助特殊困难家庭失能人员161人次,其中半失能人员和轻度完全失能人员47人次,重度完全失能(全瘫)人员114人次。在制度建设上,上杭县民政局规范救助审核审批工作流程,构建家属申请、养护机构审查、乡镇政府审核以及县民政局把关的定期审批机制,按照救助资金合规使用原则对特殊困难家庭已入托的失能人员进行造册登记,建立工作台账,同时对享受集中托养救助的失能人员实施动态管理,定期调整救助对象的"进入与退出"。在政策宣传上,上杭县民政局借助乡镇与社工站工作力量入户摸排,以专业力量助力困难家庭开展失能等级精准识别;通过组织包村干部和村"两委"学习文件,对乡镇及下辖工作人员开展业务培训,优化干部层面的政策理解;利用广播、电视、网络等宣传载体提高群众层面的政策知晓度和参与率。[2]

海南省琼海市针对低保边缘群体"认定对象精准难、家庭收入界定难"问题,建立了全市城乡低保边缘家庭样本框,抽取了全市128户低保边缘家庭开展入户调查,发现低保边缘家庭具备以下特征:家庭规模大于市户均人口、没有稳定的收入来源、家庭负担系数高,以及医疗和教育是最主要的刚性支出。基于此,于2022年12月出台的《琼海市低边家庭刚性支出核减指标体系》涵盖医疗费用支出、教育费用支出、居住类支出、就业成本支出、交通和通讯类支出、农业生产成本6个一级指标及12个二级指标的刚性支出核减项。截至2023年上半年,该市纳入低保边缘家庭393户1607人,较

---

[1] 张粉霞、郭洋:《社会工作如何发挥专业优势建构服务类社会救助模式——以上海的实践为例》,《中国社会工作》2023年第10期。
[2] 《福建省上杭县三注重三强化 探索建立特殊困难家庭失能人员集中托养救助制度》,《中国社会报》2023年5月6日,第A3版。

2021年底增加170户793人，成为机制优化设计助力社会救助高质量发展的模范，这既有助于低保认定的"扩围增效"，也为社会救助兜底奠定了扎实的制度基础。①

（三）"党建+救助"实践模式

面向共同富裕的社会救助工作创新，更加强调通过强化基层治理完善主动发现机制和提升救助服务的效率。在后脱贫时代，多地形成了"党建+救助"的实践模式，通过统筹整合社会资源、主动发现、政策宣传、暖心服务等方式，多维一体推动党建引领与社会救助深度融合，促进社会救助服务方式创新，实现渠道畅通、精准认定、综合帮扶，让救助服务更加可及、精准、高效。

江苏省苏州市借助民政部社会救助试点，以"让无助者得到帮助，让无望者看到希望"为价值追求，打造"相帮扶·城温暖"困难群体帮扶服务品牌。在帮扶主体上，建立区、镇、村三级结对帮扶联动机制，由科级以上干部实施一对一"阳光惠农"结对帮扶，机关党员每人每年帮扶困难家庭至少1户，45家区级机关组建5个党建联盟，为促进困难群体脱困"找项目、想办法、拿措施"。依托网格化治理，形成"网格+管家"的常态化巡防与帮扶项目对接的团队模式，突出网格员摸排与"温情管家"团队两级队伍信息共享、合作联动的困难群体识别机制。在帮扶力量上，相城区民政局通过成立冠名基金、定向捐赠和企业结对等多元渠道充实社会救助力量，创新设立社区慈善基金，慈善组织共募集帮扶资金近1.1亿元，发动区内170多家社会组织及爱心团队开展活动400余次，惠及困难群体上万人次。此外，相城区民政局还通过专业社会组织集市、服务项目路演、供需集中洽谈等方式构建服务类救助项目体系，已形成由197个党员先锋团队、46个志愿者团队、1280家爱心企业和1812名专业社工等构成的救助帮扶共同体。②

广西壮族自治区钦州市灵山县民政局通过创建"党建+社会救助"模式，打造主动救助、精准救助和温暖救助的高质量社会救助的灵山模式，助力社会

---

① 刘操：《织密"保障网" 民生有温度》，《海南日报》2023年5月24日，第4版。
② 李雪、杨兰：《江苏省苏州市相城区 共筑"相帮扶" 打造"城温暖"》，《中国民政》2023年第3期。

救助高质量发展模式创新。在责任机制上，灵山县着力构建"三强化"的权责体系。该体系强调发挥党组织书记的"领头雁"作用，依托党组织优势。通过形成以党建为轴、团委发力、社工助力、多元吸纳辖区内外社会爱心人士的协作模式为困难群众排忧解难。其主要活动品牌包括"党建引领千社助航"行动、通过"党员+社工+志愿服务"等多种方式建立的"社会救助"党建联盟。在组织模式上，灵山县形成以党建为引领，以创新"网络覆盖"、"双线联动"和"帮办代办"为手段，将网格化管理压实镇村级网格员责任作为保障的响应班子，为困难群体监测提供有力的人力支持。2022年，灵山县开展"党员大走访"活动624人次，收集动态救助反映问题325个，临时救助61户172人，发放临时救助金19.9万元。[①]

（四）"慈善+救助"实践模式

社会慈善公益项目的救助具有创新性和政策灵活性特点，其在救助模式创新、疾病救助范围拓展等方面发挥着引领作用。社会慈善力量可以发挥更加积极的救助作用，提高救助效率，扩大救助范围。此外，社会慈善力量还利用互联网科技，在助力高效透明管理、创新公益理念、创新筹资机制等方面发挥着重要作用。为了适应后脱贫时代社会救助工作改革创新的要求，突破传统的政府主导型救助模式，多地深化"慈善+救助"实践模式，引入社会力量参与社会救助，充分发挥政府救助和慈善公益在扶危济困方面的社会保障功能。

广东省江门市江海区民政局坚持以习近平新时代中国特色社会主义思想为指导，坚持以人民为中心，畅通慈善救助渠道，链接社会慈善资源，打造慈善品牌项目，探索具有江海区特色的社会救助服务模式，打造"慈善+社会救助"新模式，以慈善事业促进高质量发展。据统计，近三年来，江海区慈善会共筹募社会捐赠款物价值近2600万元，实施各类慈善项目120多个，直接受益人数超过3万人次。如今，在江海区，慈善早已不是部分人的"小众"行为，凡人善举已经成为江海区的新风尚，成为筑牢民生底线的强大助

[①]《广西灵山：打造"党建+社会救助"新样板 实现主动精准温暖救助》，党建网，http://www.dangjian.cn/shouye/dangjiangongzuo/xianjirongmeizhongxin/202304/t20230419_6591923.shtml，最后访问日期：2024年6月15日。

力。江海区依照民法典、慈善法等相关法规要求，建立完善最低生活保障制度，建立健全生存救助、专项救助、临时救助和受灾人员救助等专项救助制度，理顺社会救助工作的管理体制和运行机制，构建以政府为主导、社会广泛参与的综合性、多层次社会救助体系，使弱势群体在实现共同富裕的道路上不掉队。江海区民政局以江海区慈善会为主要平台，推进慈善组织向基层延伸，先后成立外海、礼乐、江南3个街道级慈善会和41个村（社区）慈善联谊会。为探索新业态新就业群体服务新路径，让更多"新"力量参与基层治理，江海区民政局、江海区慈善会推出众多慈善品牌项目，通过开展多个"微项目"着力增强基层治理力量。激活村（社区）慈善力量也是社会救助的重要组成部分。近年来，江海区民政局以党建为引领，创新"五社联动"机制，调动社会力量，依托街道、村（社区）社工站引入多元主体，统筹完善社会救助体系，满足社会救助对象复杂多样的需求，实现社会救助主体多元化。①

山东省聊城市阳谷县基于社会慈善资源搭建慈善救助平台、畅通慈善救助渠道，通过健全机制、共建项目、服务救助创新等方式方法打造具有阳谷县特色的"政府救助+慈善救助"新模式，多措并举，以满足困难群众的救助需求。一是建立完善工作机制。为建立健全慈善救助机制，从而为低保、特困等困难群体提供持续、便捷、高效的慈善救助服务，阳谷县印发了《关于加强社会救助与慈善救助有效衔接工作实施方案》，将慈善组织参与政府救助的条件、程序、运行规范标准化。二是构建转办转介机制，推进行政化社会救助网络与慈善救助网络有机融合。这不仅实现了县、乡、村三级社会救助服务网络全覆盖，还建立了慈善衔接服务事项清单，有效完成了困难人员线上线下的社会救助需求到慈善组织的转介。三是通过搭建"需求+项目"平台的方式推动救助更具回应性。为了推动慈善救助有效对接民众需求，阳谷县开发以"康复助医"等为特色的系列救助帮扶项目。2022年初至2023年上半年，该项目对102名因患重大疾病而造成家庭困难的群众进行救助，共发放救助金55.01万元，

---

① 《江海区打造"慈善+社会救助"新模式-"三级慈善"网络体系汇聚向上向善力量》，江门市人民政府，http://www.jiangmen.gov.cn/home/sqdt/gxjhzx/content/post_2968247.html，最后访问日期：2024年6月15日。

依托社区基金为3个乡镇拨付资金23.90万元。其间，救助项目累计惠及困难群众近2万人次。①

三 变量操作化与研究方法

（一）变量操作化与描述性统计

本研究使用中山大学社会政策调查研究团队于2023年开展的"人民美好生活需要（福利态度）调查"当期数据。该调查面向18周岁及以上居民，覆盖广东省、福建省、海南省、湖南省、云南省、黑龙江省、新疆维吾尔自治区7个省份，最终回收15920个样本。经过数据清理，本报告使用的样本总量为10871。本次调查问卷设计了测量被调查者对困难群体的人群指向的态度题项。在"您认为下列哪些困难情境需要政府干预"这一题项中设置了"托幼托育困难"、"学龄儿童上学困难"、"无力照顾老人和病残家人"、"看病难看病贵"、"就业困难"、"缺乏收入来源和家庭支持"、"住房困难"和"遭遇急难"8类困难情境，允许被访者进行多选。因而，基于上文对困难类型的探讨，本报告进一步将困难群体的人群指向分为收入困难类、照顾困难类及能力困难类。其中，收入困难类包括"缺乏收入来源和家庭支持"，照顾困难类包括"托幼托育困难"、"学龄儿童上学困难"、"无力照顾老人和病残家人"、"看病难看病贵"及"住房困难"6类，能力困难类包括"就业困难"和"遭遇急难"2类。每一类别都由访员分别提问，最终被操作化为赋值0~1的二值变量。此外，本报告还将困难群体的保障措施分为物质保障、服务保障和能力培育三个类别，以李克特量表的形式要求被访者表达自身对困难群体的保障措施的支持态度（分别为"非常不同意"、"比较不同意"、"一般"、"比较同意"和"非常同意"），依支持程度由小到大分别赋值1~5。变量操作化如表1所示。

---

① 《阳谷县慈善总会捐赠资金使用情况（2022年1月—2023年7月）》，阳谷县人民政府，http://www.yanggu.gov.cn/site_ygxmzjx/channel_x_5706_10500/doc_65224952a61d83fe4520528a.html，最后访问日期：2024年10月11日。

表 1　变量操作化

变量	基本描述
人群指向	
缺乏收入来源和家庭支持	
托幼托育困难	
学龄儿童上学困难	人群指向分为8个维度，分别被操作化为8个虚拟变量，认同该困难情境需要政府干预=1，否则为0
无力照顾老人和病残家人	
看病难看病贵	
住房困难	
就业困难	
遭遇急难	
保障措施	
给予一定的物质保障和经济支持	
提供一些培训、就业机会和岗位	保障措施被操作化为李克特量表，非常不同意=1，比较不同意=2，一般=3，比较同意=4，非常同意=5
保障他们（包括其子女）的基本教育和健康权利	
控制变量	
地区	东部地区=1，中部地区=2，西部地区=3
年龄	被访者在被访当年的年龄
性别	男性=1，女性=2
受教育程度	未上过学=1，小学/私塾=2，初中=3，普通高中=4，职业高中=5，技校=6，中专=7，大专=8，大学本科=9，硕士=10，博士=11
婚姻状况	未婚=1，已婚=2，离婚=3
单位性质	无单位=1，体制外=2，体制内=3
3岁以下儿童数量	被访者家庭中3岁以下儿童数量
70岁以上老人数量	被访者家庭中70岁以上老人数量
过去一年房贷支出	无支出=1，1.2万元以下=2，1.2万~2.4万元=3，2.4万~6万元=4，6万~12万元=5，12万~15万元=6，15万元及以上=7
过去一年医疗支出	无支出=1，1000元以下=2，1000~2000元=3，2000~5000元=4，5000~10000元=5，1万~2万元=6，2万~5万元=7，5万元及以上=8

续表

变量	基本描述
过去一年照料费用支出	无支出=1，1000元以下=2，1000~2000元=3，2000~5000元=4，5000~10000元=5，1万~2万元=6，2万~5万元=7，5万元及以上=8
户口类型	农业户口=1，非农业户口=2，居民户口=3

本报告将个体的人口学特征和公众的社会经济地位等维度作为影响因素纳入分析。同时，本报告将此次调查所涉及的7个省份分别按照通行标准划分为东、中、西三个地区，其中东部地区包括广东省、福建省和海南省，中部地区包括湖南省、黑龙江省，西部地区包括云南省和新疆维吾尔自治区，并按照由东至西的顺序赋值1~3。描述性统计情况如表2所示。

表2 描述性统计情况

变量	均值	标准差	最小值	最大值
人群指向				
缺乏收入来源和家庭支持	0.292	0.455	0	1
托幼托育困难	0.305	0.461	0	1
学龄儿童上学困难	0.375	0.484	0	1
无力照顾老人和病残家人	0.478	0.500	0	1
看病难看病贵	0.572	0.495	0	1
住房困难	0.365	0.482	0	1
就业困难	0.386	0.487	0	1
遭遇急难	0.221	0.415	0	1
保障措施				
给予一定的物质保障和经济支持	3.882	0.989	1	5
提供一些培训、就业机会和岗位	4.294	0.805	1	5
保障他们（包括其子女）的基本教育和健康权利	4.357	0.753	1	5
控制变量				
地区	1.683	0.759	1	3
年龄	38.26	10.95	19	102

续表

变量	均值	标准差	最小值	最大值
性别	1.439	0.496	1	2
受教育程度	7.084	2.271	1	11
婚姻状况	1.773	0.484	1	3
单位性质	2.066	0.698	1	3
3岁以下儿童数量	0.181	0.446	0	6
70岁以上老人数量	1.064	1.041	0	6
过去一年房贷支出	5.110	2.251	1	7
过去一年医疗支出	3.986	2.144	1	8
过去一年照料费用支出	5.178	1.769	1	8
户口类型	1.686	0.689	1	3
样本量	10871	10871	10871	10871

（二）研究方法

基于因变量的特征，本报告主要采用 Logistic 回归模型和 OLS 模型对数据进行影响回归分析。首先，困难群体的人群指向被分为 8 个二值变量，因此本报告尝试使用 Logistic 回归模型探究困难群体人群指向的公众认知及其影响因素。此外，"保障措施"这一因变量采用 5 分量表的方式进行测量，因此，本报告将公众的支持态度近似看作连续变量，采用普通最小二乘法（OLS）进行影响因素分析。同时，由于 Logistic 回归模型是用于测算自变量对因变量选择的概率的效应，难以反映各自变量对因变量的真实影响，本报告借助数据分析工具分别计算出各个变量相应的优势比（odds ratio），并基于此对自变量的回归系数进行解释。

四 公众认知视角下困难群体的基本特征：人群指向与保障措施

（一）困难群体人群指向的公众认知

本次调查问卷设计了测量被调查者对需要政府干预的困难情境的态度的题

项。在"您认为下列哪些困难情境需要政府干预"这一题项中设置了"托幼托育困难"、"学龄儿童上学困难"、"无力照顾老人和病残家人"、"看病难看病贵"、"就业困难"、"缺乏收入来源和家庭支持"、"住房困难"和"遭遇急难"8类困难情境，允许被访者进行多选。根据不同困难情境的人群指向特征，本报告将上述8类困难情境整合为收入困难类、照顾困难类及能力困难类三种人群指向。通过对数据进行初步分析，本报告主要有以下发现。

首先，从整体来看，公众对困难情境人群指向的认知分布具有一定的均衡性。在托幼托育、老人和病患照顾、学龄儿童受教育、就医、就业、住房、收入来源与家庭支持匮乏以及突发困难8类困难情境的预设下，公众都倾向于支持政府对有关困难问题的干预。然而，从具体的项目上看，不同困难情境之间又存在差异性。从图1中可以看出，在所有困难情境中，选择"看病难看病贵"的人数占比最高，为19%；其次是"无力照顾老人和病残家人"，占16%；而后依次是"学龄儿童上学困难"与"就业困难"（均占13%）、"住房困难"（12%）、"托幼托育困难"与"缺乏收入来源和家庭支持"（均占10%），以及"遭遇急难"（7%）。

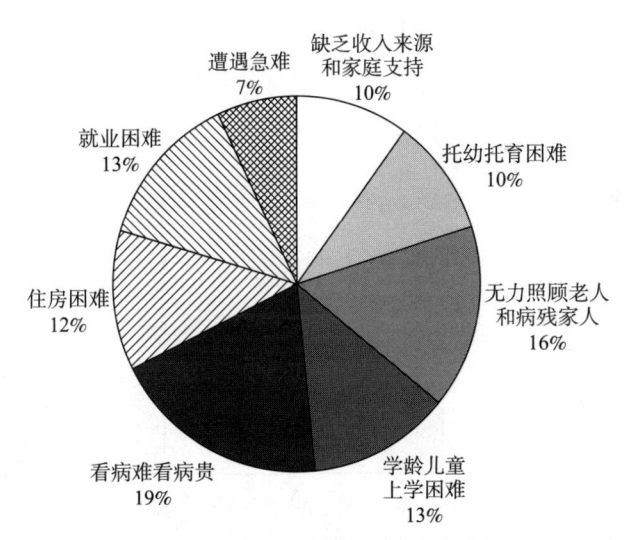

图1 困难群体人群指向的公众认知

这在一定程度上说明，就我国目前的情况而言，"看病难看病贵"问题仍然是公众的重大关切，也从侧面反映出我国医疗体制仍然有待进一步健全与完善。从照顾困难的视角出发可以发现，"无力照顾老人和病残家人"与"托幼托育困难"在所有困难类型中共占26%,其中"无力照顾老人和病残家人"在所有困难类型中的占比仅次于"看病难看病贵"。由此可见我国的照顾赤字问题在公众困难类型感知上的严重性。此外,除了"看病难看病贵",照顾困难类人群指向也占有较高的比重且分布均衡。

值得一提的是,在本次调查中,诸如"就业困难""遭遇急难"等能力困难类在所有困难情境中占比较低,出现这种情况是因为"遭遇急难"的情况在人口总量中处于较低水平。

其次,就照顾困难而言(见图2),所有选择了"托幼托育困难"、"学龄儿童上学困难"、"无力照顾老人和病残家人"、"看病难看病贵"及"住房困难"的受访者,对不同指向的照顾困难的关注程度也具有内部差异性。从占比来看,比重最高的仍然是"看病难看病贵",占比为27.30%,这与前面的分析具有一致性;其次是"学龄儿童上学困难",占比为22.81%。需要指出的是,2022年我国九年义务教育的普及率已经达到95.5%,基础教育普及进入世界中上水平行列。因此,就公众在"学龄儿童上学困难"的问题上呈现较高的比重而言,其原因或许更具复合性,既需要结合城市化进程持续加快带来的大规模人口迁移的背景进行理解,又需要注意到基本公共服务在全国范围内呈现不平衡不充分的问题。

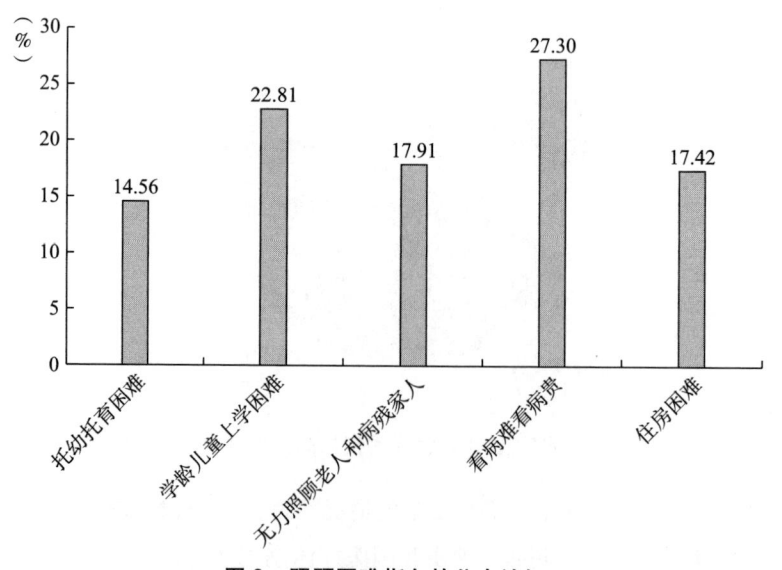

图2 照顾困难指向的公众认知

专题报告一　公众认知视角下困难群体的人群指向与保障措施

再次，为进一步探究不同家庭中"一老一少"的照顾资源分配对困难群体人群指向的公众认知的影响，本报告对"托幼托育困难"与"无力照顾老人和病残家人"两类照顾困难进行对比（见图3），发现在所有选择了"托育托幼困难"与"无力照顾老人和病残家人"的人群中，占比较高的是"无力照顾老人和病残家人"（26%），甚至高于同时选择了"托幼托育困难"与"无力照顾老人和病残家人"（19%），认为"托幼托育困难"问题需要政府干预的受访者占比最低，为9%。这从侧面反映出，相较于托幼托育，公众对养老与医疗照护的需求更加迫切。但是这也可能与我国目前持续走低的生育水平等有关。对于大多数生育意愿较弱的家庭来说，在家庭结构的核心化及照顾的家庭取向双重因素的影响下，养老与病患照护成为刚需。同时，从图3中不难发现，"托幼托育困难"、"无力照顾老人和病残家人"及"两者都有"三类选项的占比超过了"其他"。这在一定程度上反映出我国照顾赤字逐渐成为个人和家庭的突出问题，照顾的"去家庭化"比以往更具社会关切。

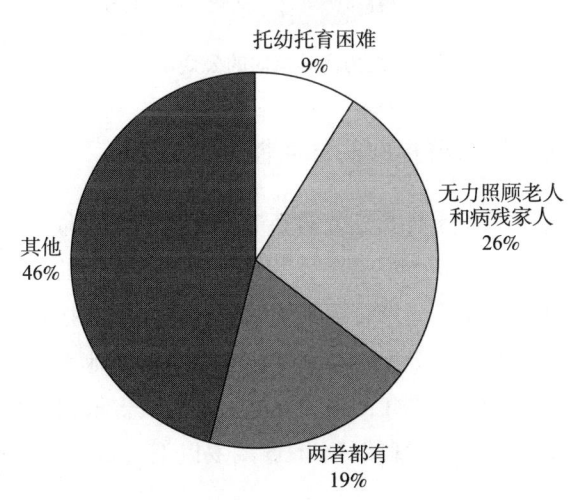

图3　照顾困难指向的公众认知（"一老一少"）

最后，从公众对能力困难指向的认知来看（见图4），"就业困难""遭遇急难"在所有困难类型中占较高比重。具体而言，选择"就业困难"、"遭遇急难"及"两者都有"的公众占47.19%。其中，认为"就业困难"的公众占比最高，为24.99%。对此，可以从两个角度进行解释。其一，随着我国经济社会的持续发展，民众的美好生活需要更加多元，也更加复杂，其对获得感、幸福感的追求更多源于政府"造血"式的帮扶，他们更希望从具有发展性的社会政策（如个体可持续发展能力得到提高、帮扶更加精准可持续）方面着手。其二，"遭遇急难"占比低的原因在于，从我国的差序格局来看，"遭遇急难"在绝大多数公众眼中属于个人问题，因此他们对政府干预导向的困难认知更倾向于其他类别。

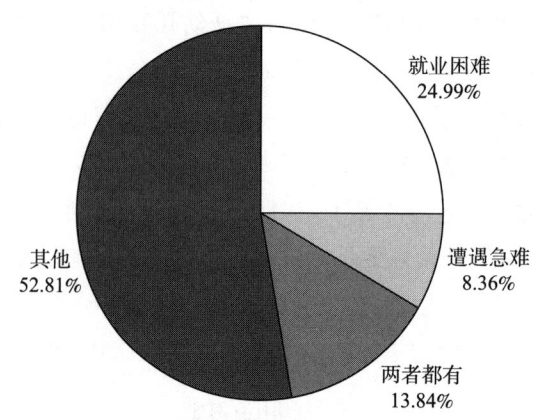

图 4　能力困难指向的公众认知

（二）困难群体人群指向的异质性分析

结合我国地域发展不平衡不充分的基本国情并借鉴生命周期视角对不同年龄段人口需要的分析思路，本部分对公众的困难类型认知进行地域和年龄的异质性分析。在地域分析维度，结合我国地区划分实际，本报告将广东省、福建省和海南省划为东部地区，湖南省和黑龙江省划为中部地区，云南省与新疆维吾尔自治区划为西部地区。在年龄段的划分上，本报告根据通行标准并结合数据分析的均衡性需求，将年龄段划分为 35 周岁以下、35~55 周岁及 55 周岁以上三个阶段。

从地域差异的维度来看（见图 5），三大地区公众的困难类型认知的频数分布总体一致。从东部地区来看，在所有困难类型中，"看病难看病贵"居于首位，是公众认为的政府最应该干预的困难情境；其次是"无力照顾老人和病残家人"，这与前文的数据讨论呈现同样趋势。就中部地区而言，民众对困难情境的认知与东部地区基本一致，但是相比于东部地区在"住房困难""缺乏收入来源和家庭支持"两类选择的占比上分布更加均衡，这从侧面显示出补缺型的社会救助与一些基本公共服务的健全完善在中部地区更受关注。从西部地区来看，其困难情境认知分布模式并没有太大变化。但是从图5中可以看出，虽然西部地区的样本量较小，但是对不同困难类型的选择与其他两个地区相比分布更为均衡，类型之间的数量差距并不大，这在一定程度上可以说明，对于相对封闭、经济较为落后且基本公共服务配套相对欠缺的西部地区来说，公众对政府对困难情境进行干预的需求更具系统性。

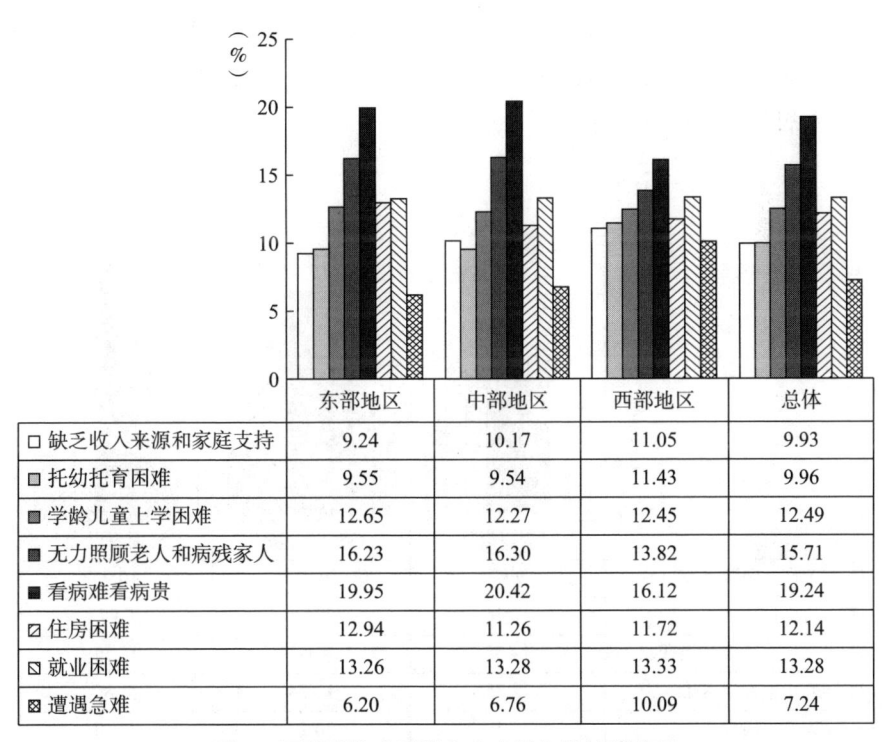

	东部地区	中部地区	西部地区	总体
缺乏收入来源和家庭支持	9.24	10.17	11.05	9.93
托幼托育困难	9.55	9.54	11.43	9.96
学龄儿童上学困难	12.65	12.27	12.45	12.49
无力照顾老人和病残家人	16.23	16.30	13.82	15.71
看病难看病贵	19.95	20.42	16.12	19.24
住房困难	12.94	11.26	11.72	12.14
就业困难	13.26	13.28	13.33	13.28
遭遇急难	6.20	6.76	10.09	7.24

图5 困难群体人群指向公众认知的地域差异

从年龄分析，总体而言，不同年龄段的受访者对困难类型的认知分布较为一致，都呈现"看病难看病贵"占比最高、"无力照顾老人和病残家人"次之、"就业困难"排在第三位的分布趋势。但是在不同困难类型的占比上，不同年龄段的受访者对不同困难类型的选择也有侧重。比如，"看病难看病贵"的问题虽然在所有年龄段中的关注度均最高，但在55周岁以上年龄段中占比最高，为24.12%，比35周岁以下年龄段高出约7个百分点。从"托幼托育困难"这一类型来看，随着年龄的增加，占比逐渐降低，其中35周岁以下人群更加关注这一问题。同样地,"无力照顾老人和病残家人"这一类型也呈现相似的规律,即中年人和老年人对这一困难类型的关注要高于青年人,其占比分别为16.67%和16.12%,而青年人在这一类型上的占比为14.58%。此外,从图6中不难发现,"就业困难"和"住房困难"也呈现明显的年龄特征。可能的解释是,对于青年人而言,适龄生育及其配套措施的完善程度是决策的重要依据,同时,身体机能良好也使这部分人对就医等问题的关注较其他年龄段人群略少一些;对于中年人和老年人而言,随着父母和伴侣年龄渐长,照顾的压力与日俱增,加之健康问题逐渐凸显,因而更加关注"无力照顾老人和病残家人""看病难看病贵"问题。

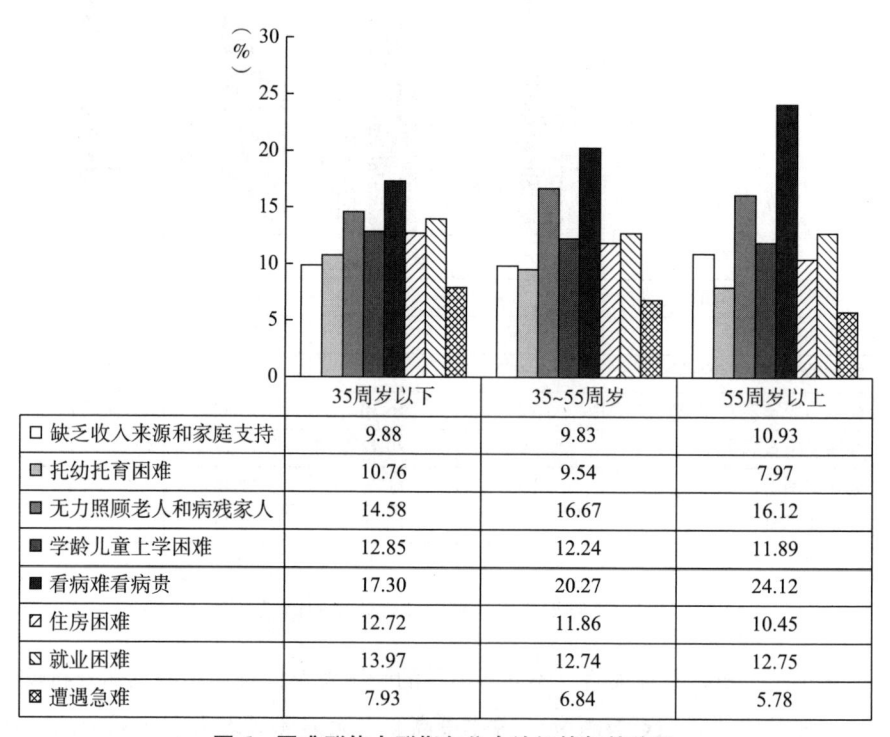

	35周岁以下	35~55周岁	55周岁以上
缺乏收入来源和家庭支持	9.88	9.83	10.93
托幼托育困难	10.76	9.54	7.97
无力照顾老人和病残家人	14.58	16.67	16.12
学龄儿童上学困难	12.85	12.24	11.89
看病难看病贵	17.30	20.27	24.12
住房困难	12.72	11.86	10.45
就业困难	13.97	12.74	12.75
遭遇急难	7.93	6.84	5.78

图6 困难群体人群指向公众认知的年龄差异

(三)困难群体保障措施的公众认知

本次调查在保障措施的态度测量上采用李克特量表(Likert Scale)的形式,以了解人们对保障措施的态度,下设三个题项,分别为"给予一定的物质

专题报告一　公众认知视角下困难群体的人群指向与保障措施

保障和经济支持"、"提供一些培训、就业机会和岗位"和"保障他们（包括其子女）的基本教育和健康权利"，并将态度从"非常同意"到"非常不同意"设置五个量级。为方便分析，本报告将上述三个类别的保障措施分别定义为物质保障、服务保障以及能力培育。

图 7 呈现了本次调查中受访者关于困难群体保障措施的态度。总体而言，受访者对困难群体的保障措施持较为积极的态度，尤其是在"能力培育""服务保障"这两项上，"非常同意"和"比较同意"的比重分别为 92.39% 与 90.70%。而在"物质保障"这一项上，受访者虽然也具有较高的支持度，但是与前面两种措施的支持模式存在较大差异。

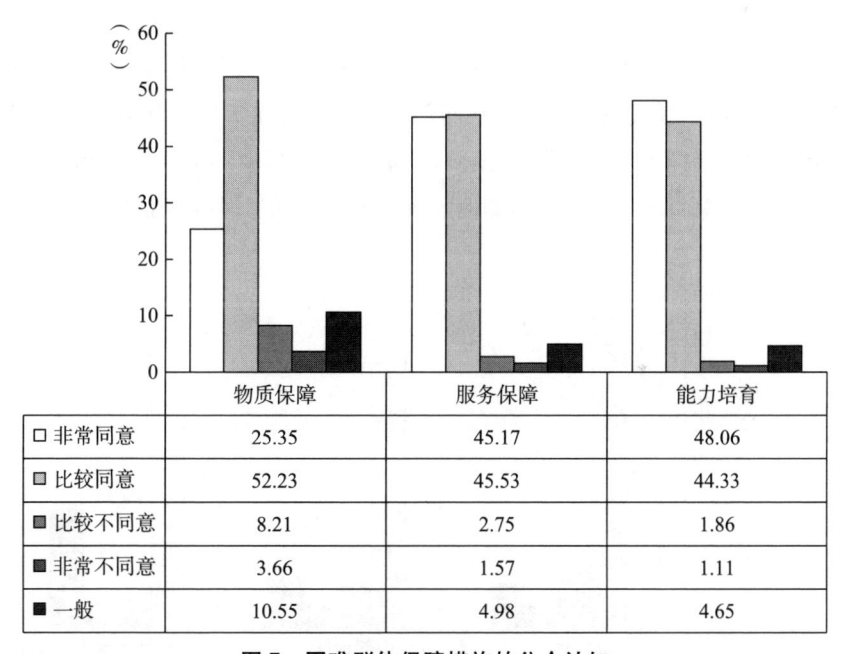

	物质保障	服务保障	能力培育
非常同意	25.35	45.17	48.06
比较同意	52.23	45.53	44.33
比较不同意	8.21	2.75	1.86
非常不同意	3.66	1.57	1.11
一般	10.55	4.98	4.65

图 7　困难群体保障措施的公众认知

首先，与另外两种保障措施在"非常同意"和"比较同意"选项上较为均衡的分布不同，受访者对提供物质保障的态度在"非常同意"和"比较同意"两个选项的占比上差异较大，分别为 25.35% 和 52.23%。其次，在提供物质保障上，选择"比较不同意"和"非常不同意"的受访者占比较能力培育和服务保障两种保障措施中持同样态度的受访者更高，为 11.87%，而服务保障和能力培育在这两个选项上的占比分别为 4.32% 和 2.97%。同时，

059

在为困难群体提供物质保障上选择"一般"的人数也比另外两项保障措施中选择该项的人多。虽然"一般"的态度指向不太明显，但是综合组内和组间对比结果仍然可以发现，总体而言，绝大多数公众都支持为困难群体提供保障，但是更多公众可能倾向于保障困难群体的基本权利并为其营造良好的社会政策环境，即采取"授人以渔"的帮扶模式，这一数据特点为未来如何实现社会救助的高质量发展提供了重要思路。

（四）困难群体保障措施的异质性分析

本部分同样采用地域和年龄两个维度对公众的保障措施认知进行异质性分析，图 8 是不同地区的受访者对提供物质保障的地域差异认知模式。从中可以发现，不同地区的受访者在这一题项上的态度趋同，即以"同意"为主，侧重于"比较同意"。值得注意的是，在西部地区，超过 1/5 的受访者在"物质保障"这一项上选择了"一般"，远远超过东部地区和中部地区。虽然"一般"的态度指向不太明显，但结合西部地区在过去数年间通过扶贫获得大量资源的

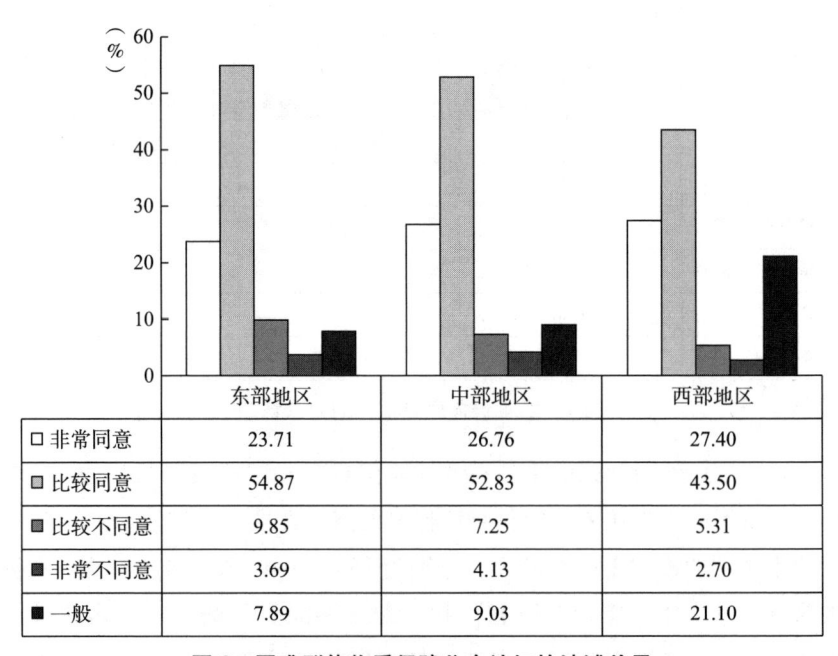

	东部地区	中部地区	西部地区
□ 非常同意	23.71	26.76	27.40
■ 比较同意	54.87	52.83	43.50
■ 比较不同意	9.85	7.25	5.31
■ 非常不同意	3.69	4.13	2.70
■ 一般	7.89	9.03	21.10

图 8　困难群体物质保障公众认知的地域差异

专题报告一　公众认知视角下困难群体的人群指向与保障措施

背景，可以解释为，"输血式"扶贫模式在给西部地区带来发展的同时，也在一定程度上滋生了"扶贫容易扶志难"问题。

对于服务保障和能力培育两项保障措施，受访者均持较为积极的态度。

首先，受访者对能力培育的积极程度略高于服务保障。在东部地区受访者中，选择"非常同意"能力培育的占比为50.26%，而选择服务保障的为45.99%。中部地区的情况与东、中部地区相似，但差异不如东部地区明显（见图9、图10）。

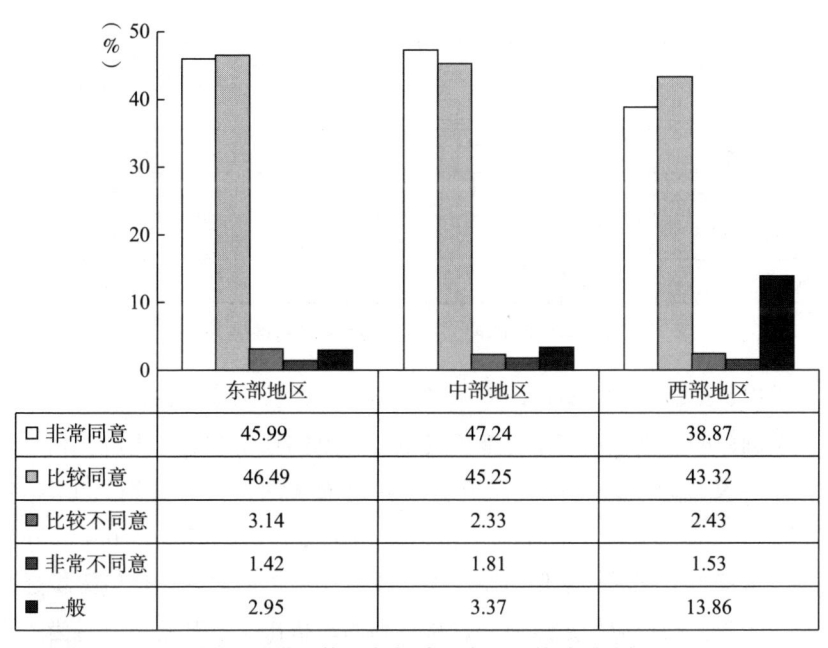

	东部地区	中部地区	西部地区
□ 非常同意	45.99	47.24	38.87
▨ 比较同意	46.49	45.25	43.32
▤ 比较不同意	3.14	2.33	2.43
■ 非常不同意	1.42	1.81	1.53
■ 一般	2.95	3.37	13.86

图9　困难群体服务保障公众认知的地域差异

其次，西部地区受访者的态度与东部地区和中部地区相比更为保守。例如，西部地区在服务保障上的"非常同意"占比为38.87%，中部地区则为47.24%；而在能力培育上，西部地区的"非常同意"占比仅为37.61%，远远低于东部地区和中部地区（见图9、图10）。此外，西部地区的总体态度有所保留仍然体现在"一般"选项上，虽然低于物质保障的占比，但是在上述两个题项中，"一般"在所有选项中的占比仍然远远高于东部地区和中部地区。

同样地，本部分对不同年龄段受访者的保障措施认知进行了比较。从图11

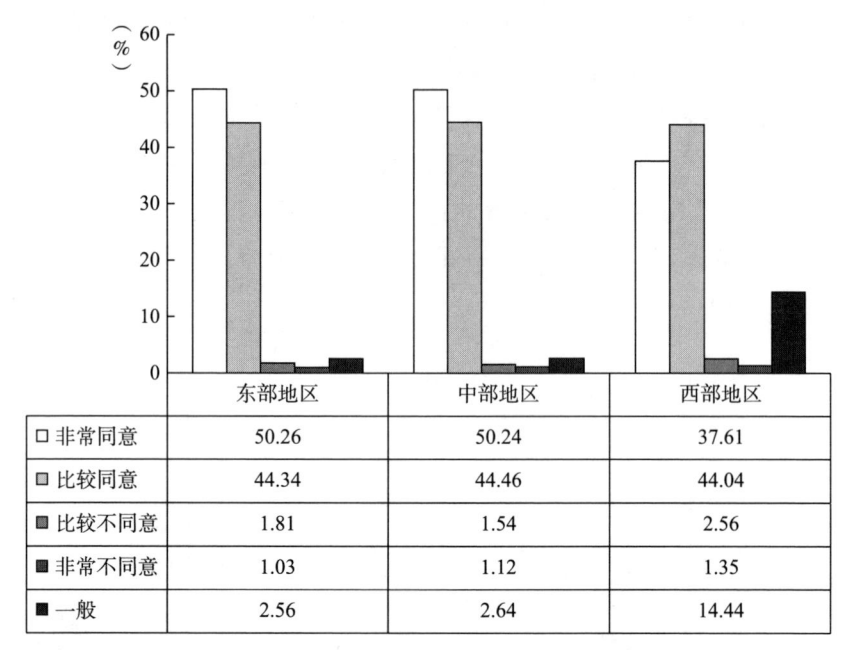

人民美好生活需要与社会政策创新（2023）

	东部地区	中部地区	西部地区
□非常同意	50.26	50.24	37.61
▨比较同意	44.34	44.46	44.04
▨比较不同意	1.81	1.54	2.56
■非常不同意	1.03	1.12	1.35
■一般	2.56	2.64	14.44

图 10 困难群体能力培育公众认知的地域差异

中可以看出，虽然各个年龄段的受访者都倾向于物质保障措施，但是其在支持程度上有细微的差别。从三个年龄段受访者"不同意"的占比来看，相较于青年人，中年人与老年人对物质保障的态度更加鲜明，占比分别为 13.82% 和 15.27%。这是因为相较于青年人更多依靠初次分配积累财富，中年人和老年人更多地依赖再分配和社会保障制度体系抵御风险，而对困难群体提供过多的补助则意味着社会资源的过度倾斜，从自利的动机出发，其更可能对为困难群体直接提供物质保障持消极态度。

最后，图 12 和图 13 分别呈现了受访者对服务保障和能力培育认知的年龄差异。比较两图可以发现，在这两项保障措施的支持程度上，不同年龄段的受访者的态度与物质保障略有不同。与中年人和老年人更多地支持服务保障与能力培育相比，青年人的态度虽然也集中在"同意"层面，但是其积极程度显然不及前二者。例如，在服务保障上，青年人在"非常同意"选项上的占比为 40.35%，而中年人和老年人分别为 48.63% 和 48.07%。此外，在能力培育上，青年人在"非常同意"选项上的占比为 44.06%，而中年人和老年人分别为 51.02% 和 49.95%。同时，三者在"不同意"选项上的占比并无太大差异。这可能更多地出于一种对

专题报告一 公众认知视角下困难群体的人群指向与保障措施

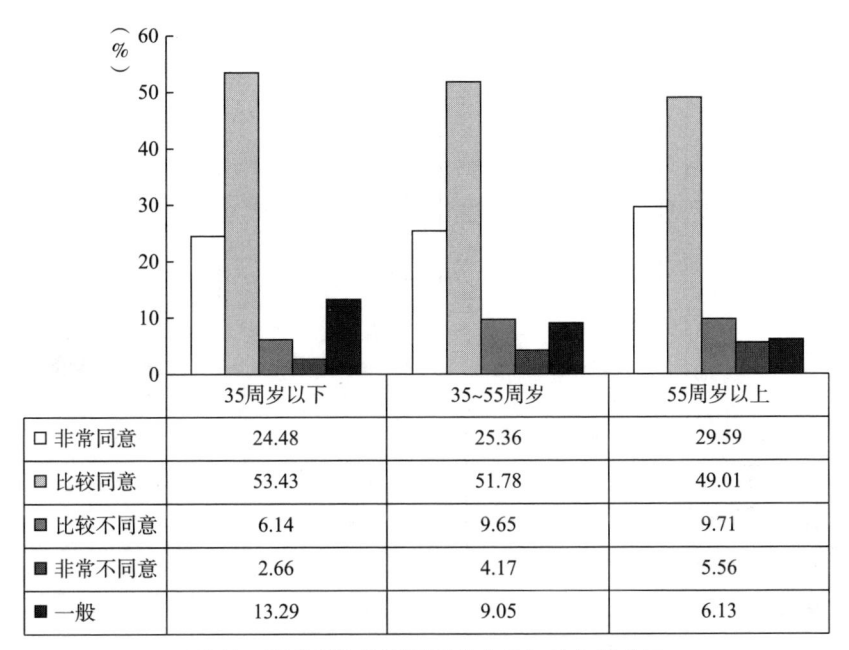

	35周岁以下	35~55周岁	55周岁以上
□ 非常同意	24.48	25.36	29.59
▨ 比较同意	53.43	51.78	49.01
▧ 比较不同意	6.14	9.65	9.71
■ 非常不同意	2.66	4.17	5.56
■ 一般	13.29	9.05	6.13

图 11 困难群体物质保障公众认知的年龄差异

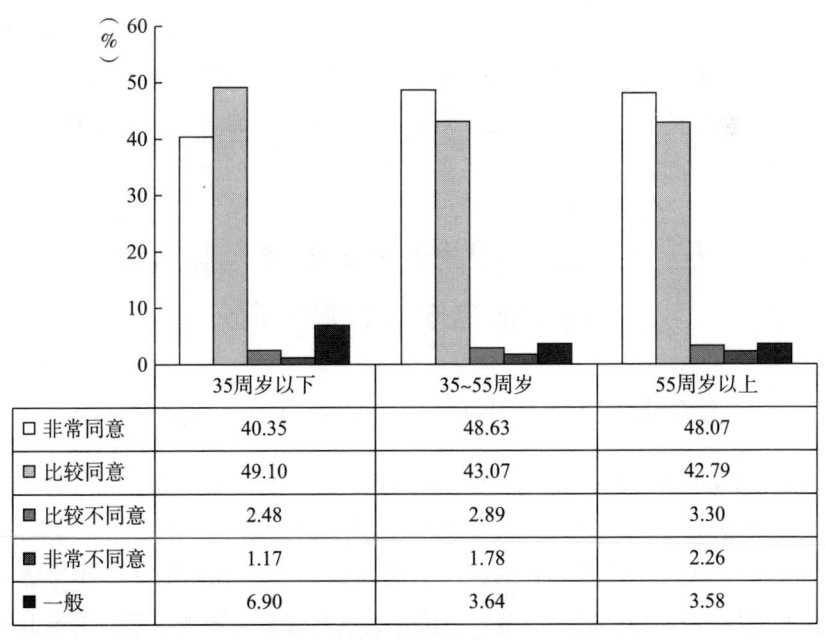

	35周岁以下	35~55周岁	55周岁以上
□ 非常同意	40.35	48.63	48.07
▨ 比较同意	49.10	43.07	42.79
▧ 比较不同意	2.48	2.89	3.30
■ 非常不同意	1.17	1.78	2.26
■ 一般	6.90	3.64	3.58

图 12 困难群体服务保障公众认知的年龄差异

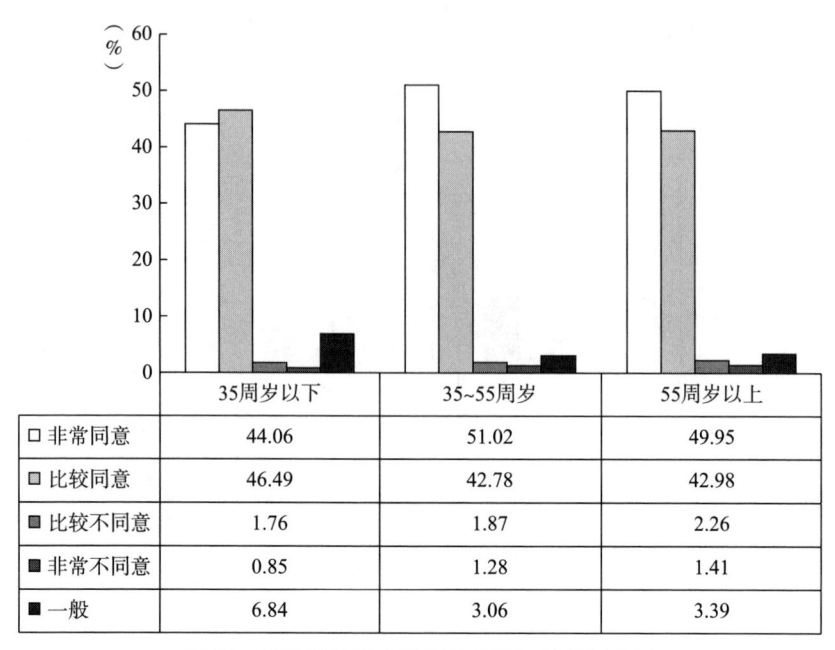

	35周岁以下	35~55周岁	55周岁以上
□ 非常同意	44.06	51.02	49.95
▨ 比较同意	46.49	42.78	42.98
▦ 比较不同意	1.76	1.87	2.26
■ 非常不同意	0.85	1.28	1.41
■ 一般	6.84	3.06	3.39

图13　困难群体能力培育公众认知的年龄差异

自身发展信心的个人主义倾向。由于青年群体普遍具有健壮的身体，其更希望通过自身努力获取社会资源，对政府导向的福利供给持谨慎态度。中年人和老年人由于经历了复杂的社会变迁，更可能对福利供给进行复合考量，也对困难群体境况有着更加包容的态度，更加支持发展型社会福利体系的构建。

五　公众认知视角下困难群体人群指向与保障措施的影响因素分析

（一）公众认知视角下困难群体人群指向的影响因素分析

本次调查将困难群体的人群指向分为3个维度8类困难情境，包括"缺乏收入来源和家庭支持"、"托幼托育困难"、"学龄儿童上学困难"、"无力照顾老人和病残家人"、"看病难看病贵"、"住房困难"、"就业困难"和"遭遇急难"。通过构建Logistic回归模型，本报告尝试对公众认知视角下的困难群体人群指向进行影响因素分析，具体结果见表3。

表 3　公众认知视角下困难群体人群指向的影响因素分析

变量	(1) 缺乏收入来源和家庭支持	(2) 托幼托育困难	(3) 学龄儿童上学困难	(4) 无力照顾老人和病残家人	(5) 看病难看病贵	(6) 住房困难	(7) 就业困难	(8) 遭遇急难
地区	1.455*** (0.042)	1.430*** (0.040)	1.270*** (0.034)	1.213*** (0.032)	1.212*** (0.033)	1.115*** (0.030)	1.292*** (0.035)	1.724*** (0.054)
年龄	0.993*** (0.002)	0.986*** (0.003)	0.983*** (0.002)	1.004* (0.002)	1.003 (0.002)	0.984*** (0.002)	0.991*** (0.002)	0.989*** (0.003)
性别	0.898** (0.040)	0.907** (0.040)	0.877*** (0.036)	1.319*** (0.053)	1.242*** (0.051)	1.083* (0.045)	0.98 (0.041)	0.946 (0.046)
受教育程度	0.996 (0.011)	1.045*** (0.012)	1.002 (0.010)	1.055*** (0.011)	0.985 (0.010)	0.998 (0.010)	1.039*** (0.011)	1.057*** (0.013)
婚姻状况	1.018 (0.055)	0.992 (0.053)	1.115** (0.057)	0.954 (0.047)	1.199*** (0.060)	1.057 (0.054)	0.868*** (0.044)	0.987 (0.059)
单位性质	0.800*** (0.027)	0.927** (0.030)	0.887*** (0.028)	1.022 (0.031)	0.877*** (0.027)	1.004 (0.031)	0.807*** (0.025)	0.866*** (0.032)
3 岁以下儿童数量	0.947 (0.047)	1.071 (0.051)	1.016 (0.047)	0.872*** (0.039)	0.912** (0.041)	0.932 (0.044)	0.909** (0.043)	0.956 (0.053)
70 岁以上老人数量	1.169*** (0.025)	1.083*** (0.023)	1.072*** (0.021)	1.128*** (0.022)	1.074*** (0.021)	1.018 (0.020)	1.127*** (0.022)	1.188*** (0.028)
过去一年房贷支出	1.006 (0.015)	1.058*** (0.015)	1.025* (0.014)	0.984 (0.013)	0.979 (0.013)	0.979 (0.014)	1.021 (0.014)	1.005 (0.017)

续表

变量	(1) 缺乏收入来源和家庭支持	(2) 托幼托育困难	(3) 学龄儿童上学困难	(4) 无力照顾老人和病残家人	(5) 看病难看病贵	(6) 住房困难	(7) 就业困难	(8) 遭遇急难
过去一年医疗支出	1.009 (0.013)	1.044*** (0.013)	1.019* (0.012)	1.066*** (0.012)	1.085*** (0.012)	1.028** (0.012)	1.012 (0.012)	0.994 (0.014)
过去一年照料费用支出	0.996 (0.012)	0.999 (0.012)	1.026** (0.011)	0.999 (0.010)	0.995 (0.010)	0.978** (0.011)	0.984 (0.011)	1.007 (0.013)
户口性质	0.864*** (0.028)	1.022 (0.032)	0.940** (0.028)	0.975 (0.029)	0.929** (0.028)	0.948* (0.029)	0.999 (0.030)	1.007 (0.035)
常数项	0.531*** (0.093)	0.264*** (0.046)	0.743* (0.121)	0.209*** (0.033)	0.545*** (0.087)	0.827 (0.134)	0.771 (0.125)	0.130*** (0.025)
样本量	10871	10871	10871	10871	10871	10871	10871	10871

注：括号内为标准误，*** $p<0.01$，** $p<0.05$，* $p<0.1$。

专题报告一　公众认知视角下困难群体的人群指向与保障措施

在收入困难类中，地区、年龄、性别、单位性质、70岁以上老人数量以及户口性质对受访者是否认为"缺乏收入来源和家庭支持"需要政府干预具有显著影响。首先，随地域由东至西推进，受访者更多认同"缺乏收入来源和家庭支持"是需要政府干预的困难情境。中部地区持支持态度的受访者人数是东部地区的0.455倍。其次，年龄每增加1岁，受访者对这一项目的支持比例大约下降0.7个百分点；女性对政府干预收入困难持更加保守的态度；体制内的受访者比体制外的受访者对收入困难情境政府干预的态度更为消极；家庭中70岁以上老人数量每增加1个，受访者对收入困难群体的支持比例可能提高16.9个百分点。最后，户口城市化程度越高的受访者越不认可收入困难情境的政府干预，非农业户口的受访者对这一项目持积极态度的比例比非农业户口低13.6个百分点。

就照顾困难而言，首先，随着地区逐渐向西部推进，对"托幼托育困难"、"学龄儿童上学困难"、"无力照顾老人和病残家人"、"看病难看病贵"和"住房困难"的政府干预持支持态度的受访者人数分别增加0.430倍、0.270倍、0.213倍、0.212倍和0.115倍。同时，年龄每增加1岁，受访者支持"托幼托育困难"和"学龄儿童上学困难"的比例大约会分别降低1.4个百分点和1.7个百分点，而对于"无力照顾老人和病残家人"的困难情境，持支持态度的受访者人数增加0.004倍，而"住房困难"情境的支持程度则较原来降低1.6个百分点。其次，女性更少将"托幼托育困难"和"学龄儿童上学困难"视为需要政府干预的困难情境，其支持比例较男性分别低9.3个百分点和12.3个百分点。究其原因，一方面，对于女性来说，与托幼托育的精力付出相比，社会的托幼托育质量是更重要的因素，因而在托幼托育模式不太健全的背景下，女性更加倾向于家庭照顾，从而对政府干预托幼托育困难持更为消极的态度；另一方面，目前我国义务教育普及率较高，从学校资源质量参差不齐的现实情况来看，优质教育资源意味着更高昂的教育支出，家庭教育支出压力较大，从而对政府干预学龄儿童上学困难持更为消极的态度。最后，女性在"无力照顾老人和病残家人"、"看病难看病贵"与"住房困难"三项上的人群指向支持程度均高于男性，其人数约增加0.319倍、0.242倍与0.083倍。受教育程度的提高会显著提高受访者对"托幼托育困难""无力照顾老人和病残家人"两类困难情境的支持程度，受教育程度每增加1个单位，受访者认可上述两类困难群体人群指向的人数大约增加0.045倍和0.055倍。而在婚姻状况中，对"学龄儿童上学困难"和"看病难看病贵"的人群指向持认可态度的已婚人士约为未婚人士的0.115倍和0.199倍。

此外，在单位性质的差异比较中，随着单位对个体保障能力的提高，体制内的受访者认同政府干预"托幼托育困难"、"学龄儿童上学困难"和"看病难看病贵"的比例分别降低约7.3个百分点、11.3个百分点和12.3个百分点。值得一提的是，随着家庭中3岁以下儿童数量的增加，受访者对"无力照顾老人和病残家人"与"看病难看病贵"两种困难群体人群指向的支持比例显著降低12.8个百分点与8.8个百分点，而家庭中70岁以上老人数量每增加1个，受访者对"托幼托育困难"、"学龄儿童上学困难"、"无力照顾老人和病残家人"、"看病难看病贵"以及"住房困难"的支持比例均有不同程度的提高。再次，房贷支出对受访者的"托幼托育困难"和"学龄儿童上学困难"两类人群指向的认可程度有显著的正向影响。房贷支出每增加1个单位，对上述困难群体人群指向持支持态度的受访者人数增加0.058倍和0.025倍；医疗支出的增加则对照顾困难类中5个项目的政府干预认同均有显著的正向影响，其中对"看病难看病贵"人群指向的作用最为明显，即医疗支出每增加1个单位，认同这一人群指向的受访者人数将增加0.085倍。最后，农业户口的受访者比非农业户口和居民户口的受访者更加支持"学龄儿童上学困难"、"看病难看病贵"以及"住房困难"的困难群体人群指向。

基于对能力困难类人群指向的分析可以看出，西部地区比中部地区和东部地区的受访者更加倾向于认同"就业困难"和"遭遇急难"的困难群体人群指向。同时，年长者比年轻者对"就业困难"和"遭遇急难"的困难群体人群指向更加消极，其比例分别降低0.9个百分点和1.1个百分点，而受教育程度越高的人越支持对"就业困难"和"遭遇急难"两类困难情境的政府干预，其人数分别增加0.039倍和0.057倍。此外，未婚人士比已婚人士更加支持"就业困难"的困难群体人群指向，已婚人士的支持比例比未婚人士低13.2个百分点，而在单位性质上，保障程度越高的受访者越倾向于减少对两类能力困难人群的认同，这与前面两大类的困难群体人群指向具有一致性。值得注意的是，虽然家庭中3岁以下儿童数量的增加显著降低了受访者对"就业困难"这一人群指向的认可程度，但是70岁以上老人数量的增加强化了受访者对这一人群指向的认同,对于"就业困难"和"遭遇急难",其人数分别增加0.127倍和0.188倍。

综合上述关于三大类困难群体人群指向的影响因素分析结果可以发现,首先,我国内陆地区的受访者普遍更加支持困难情境的政府干预,并呈现从东部向西部逐渐递增的趋势。其次,年龄越大、受教育程度越高的群体越倾向于减少对各类困难群体人群指向的支持。这是因为,对于年长者来说,对困难群体的政府干预意味着对该类群体再分配投入的增加,出于自利动机,其更加倾向于减少支持;对于受教育程度高的受访者而言,其自身抗风险能力较强,更加认可"自食其力"的人生观,并由此产生相较于受教育程度低的受访者更加消极的各类困难情境政府干预认同。最后,单位性质对各类困难群体人群指向的显著性影响从侧面反映出,就业的抗风险能力对受访者关于困难群体政府干预的支持具有重要影响。

户口性质在各类困难群体人群指向中呈现的数据也具有一定的思考意义。其中,受访者在"学龄儿童上学困难"、"看病难看病贵"和"住房困难"三类人群指向中的统计显著性结果在一定程度上反映了当前城市公共服务仍然存在供需失衡问题。整合各类困难群体的人群指向可以发现,从收入困难类来看,无单位、西部地区、年长的农村男性对该类困难群体人群指向的支持倾向最具统计显著性。而在照顾困难类中,相较于家庭中3岁以下儿童数量,家庭中70岁以上老人数量对困难群体的人群指向具有更加显著的正向影响,其中影响最大的就是"无力照顾老人和病残家人"困难情境,这进一步反映出我国照顾赤字难题在家庭的老人或者病患照顾中最为突出。在能力困难类中,受教育程度低、无单位、西部地区的男性更加支持该类困难情境的政府干预。这一发现对于从实证视野看待我国公众认知视角下的困难群体人群指向并反向识别困难群体的潜在对象具有重要意义。

(二)公众认知视角下困难群体保障措施的影响因素分析

本次调查中,公众认知视角下困难群体的保障措施分为三大类别,以1~5进行赋值,本报告遵循近似连续变量的假设,采用最小二乘法对物质保障、服务保障和能力培育三个类别进行影响因素分析,具体分析结果如表4所示。

就物质保障而言,该题项具体描述为受访者对为困难群体提供物质保障和经济支持的同意程度。从表4中可以看到，年龄、性别和受教育程度对公众看待为困难群体提供物质保障和经济支持具有显著影响。具体而言，随着年龄的增加，公众更倾向于减少为困难群体提供物质保障和经济支持；与男性相比，女性更加支持为困难群体提供物质保障和经济支持；受教育程度越高，公众对于为困难群体提供物质保障和经济支持的态度越消极。

从服务保障来看，这一维度具体的测量方式为询问受访者对于为困难群体提供培训、就业机会和岗位的认同程度。从表4中可以看到，地区、年龄、单位性质、3岁以下儿童数量、70岁以上老人数量、过去一年房贷支出、过去一年照料费用支出等因素在分析中呈现不同程度的显著性。随着地域由东向西逐渐深入，公众对于为困难群体提供培训、就业机会和岗位的认同程度逐步降低；年长者比年轻者更加支持这一项困难群体保障措施；从单位性质来看，随着单位保障程度的降低，公众更加支持政府为困难群体提供培训、就业机会和岗位等形式的保障；3岁以下儿童数量越多的家庭，受访者越不支持提供培训、就业机会和岗位的保障措施；70岁以上老人数量越多的家庭，受访者越支持为困难群体提供该项保障措施；房贷与照料费用支出的增加也会显著提高受访者对于为困难群体提供服务保障的认可程度。

能力培育聚焦受访者是否同意为困难群体及其子女的基本教育和健康权利提供保障。从表4中可以看到，随着地域由东向西部逐渐深入，受访者对于为困难群体提供能力培育的保障措施的认同程度越来越低；离婚群体比未婚和已婚群体更加支持保障困难群体及其子女的基本教育和健康权利。此外，家庭中3岁以下儿童数量的增加会显著降低受访者对该类保障措施的支持程度，而家庭中70岁以上老人数量的增加具有相反的作用，老人越多的家庭，受访者越支持保障困难群体及其子女的基本教育和健康权利。与没有房贷的受访者相比，房贷支出越多的受访者越认同能力培育保障措施。同时，照料费用支出越高的受访者也越支持能力培育保障措施。

表4 公众认知视角下困难群体保障措施的影响因素分析

变量	物质保障	服务保障	能力培育
地区	0.011	−0.052***	−0.094***
	(0.013)	(0.011)	(0.010)

续表

变量	物质保障	服务保障	能力培育
年龄	-0.002**	0.007*	0.001
	(0.001)	(0.001)	(0.001)
性别	0.105***	0.020	-0.018
	(0.020)	(0.016)	(0.015)
受教育程度	-0.011**	-0.001	-0.004
	(0.005)	(0.004)	(0.004)
婚姻状况	0.015	0.017	0.035*
	(0.024)	(0.020)	(0.018)
单位性质	0.001	0.031**	0.016
	(0.015)	(0.012)	(0.011)
3岁以下儿童数量	-0.005	-0.032*	-0.029*
	(0.022)	(0.018)	(0.017)
70岁以上老人数量	0.001	0.017**	0.014**
	(0.009)	(0.008)	(0.007)
过去一年房贷支出	-0.005	0.012**	0.011**
	(0.007)	(0.005)	(0.005)
过去一年医疗支出	0.007	-0.001	0.003
	(0.005)	(0.004)	(0.004)
过去一年照料费用支出	-0.007	0.009**	0.015***
	(0.005)	(0.004)	(0.004)
户口性质	-0.002	0.001	-0.007
	(0.014)	(0.012)	(0.011)
常数项	3.805***	4.166***	4.390***
	(0.092)	(0.075)	(0.069)
样本量	10871	10871	10871
R^2	0.005	0.009	0.020

注：括号内为标准误，*** $p<0.01$，** $p<0.05$，* $p<0.1$。

综上分析可以发现，诸如年龄、性别和受教育程度等人口学特征对区别公众是否支持为困难群体提供物质保障具有重要意义。关于培训、就业机会和岗位提供等公共服务供给与保障基本教育和健康权利等能力培育类保障措施的态度测量显示，地区、家庭人口结构以及家庭的公共服务支出总额对公众视角下的困难群体需要具有显著影响。就前者而言，年长者可能比年轻者更加依赖社会财富的再分配以保障个人权益，因而更倾向于减少对困难群体的物质保障类社会支持；而男性和受教育程度高的受访者由于在劳动力市场中占据优势地位以及对个体能力的信心，出于自利动机从而降低对该项保障措施的支持程度。就后者而言，由于能力培育依然有赖于地区的公共服务禀赋，由我国经济社会发展不平衡不充分导致的基本公共服务发展水平差异使地域因素对此类公众认知具有一定的影响。此外，家庭人口结构及其相应照顾支出的变动对这两类态度的显著影响一致也从侧面表明，公共服务的健全与完善对于减轻家庭照顾负担影响深远，这对营造良好的社会环境具有重要意义。

六　结论与建议

本报告基于困难群体概念演化、识别机制的文献梳理，以及帮扶体系典型案例的收集，聚焦共同富裕愿景下困难群体的人群指向与保障措施。基于2023年中山大学"人民美好生活需要（福利态度）调查"数据，本报告从公众认知视角出发对困难群体的人群指向与保障措施进行影响因素分析，主要的实证发现有以下几个。

第一，从宏观上看，困难群体人群指向与保障措施的公众认知具有明显的地域差异，内陆省份受访者对政府干预的困难情境及其对应的人群指向呈现更加显著的需求特征。

第二，从微观上看，年龄和受教育程度等"个体自利"因素对困难群体的人群指向与保障措施的公众认知具有显著的负向影响。

第三，实证分析呈现城市和农村显著分化的困难群体人群指向与保障措施的认知图像，这从侧面说明了我国户籍制度对公共服务的可及性与普惠性具有较为深刻的影响，在人口流动加剧的时代背景下这一问题更为突出。

第四，照料费用支出的相关变量表明，家庭中的儿童和老人数量对困难群体人群指向与保障措施的公众认知具有显著影响，这在一定程度上反映了照顾赤字问题的日益加剧，以及这一问题对老年人贫困和病患照顾问题的潜在影响。

据此，本报告提出以下建议。

首先，应进一步加快基本公共服务均等化进程，从加强顶层设计入手，完善发展型社会政策体系，形成政府主导、社会助推、个体自主的困难群体帮扶模式。这对形成向上向善的困难群体支持体系、营造良好的社会环境以及推动社会救助高质量发展具有重要意义。

其次，应基于后脱贫时代困难群体的基本特征和治理需求，构建相应的识别体系与机制。可通过探索家计调查法、代理家计调查法、区域定位法、社区评估法等瞄准方法，明确社会政策的对象范围和资格条件，实现从"人找政策"向"政策找人"的快速转变。

最后，应融入多层次、多类型、常态化的政策设计理念，完善困难群体的社会保障递送机制。其一，构建以回应困难群体多元化、异质性需求为导向的分层次政策保障响应机制；其二，对困难群众实施分类救助与帮扶，在政策措施、人员分类、资源递送等方面力求更准确、更清晰、更有针对性；其三，融入常态化的政策设计理念，对既有社会保障体系进行完善创新，并构建常态化帮扶机制。

专题报告二

个人社会支出与主观阶层认同

王海宁 聂 玥 吕诗颖

治国有常，利民为本。共创美好生活、不断实现人民对美好生活的向往是中国共产党的奋斗目标。党的十九大报告多次提到"人民对美好生活的向往"；中共十九届五中全会审议通过的《中共中央关于制定国民经济和社会发展第十四个五年规划和二〇三五年远景目标的建议》提出要坚持共同富裕方向，不断实现人民对美好生活的向往；党的二十大报告指出要在幼有所育、学有所教、劳有所得、病有所医、老有所养、住有所居、弱有所扶上持续用力，着力促进全体人民共同富裕，坚决防止两极分化。

人民期盼全方位地实现美好生活，住房、医疗与养育是人民高度关注的诉求。然而，我国的社会保障实际距离扎实推进共同富裕、实现人民对美好生活的向往的要求还存在一定的差距。不同维度的社会保障待遇差距依然存在，福利资源配置在城乡之间、不同职业和收入群体之间存在显著差异。[1] 同时，收入差距持续扩大的基础并未削弱，国家统计局《中国住户调查年鉴》数据显示，近十年全国居民收入的基尼系数基本维持在 0.47 左右。收入差距的扩大与社会保障待遇的不均等直接增加了个人，尤其是低收入群体在基本需要上的支出负担，制约了人民对美好生活的向往。当前，个人在住房、医疗、家庭照料等方面的支出不断攀升。借用公共社会支出的概念，本报告把个人用于满足教育、社保、住房、医疗、家庭照料等人类基本需要的支出称为"个人社会支出"。

在户籍、婚姻和子女教育的社会压力下，青年群体的住房需求旺盛，随之

---

[1] 岳经纶、方珂：《福利距离、地域正义与中国社会福利的平衡发展》，《探索与争鸣》2020年第6期。

而来的是住房支出负担的加重。随着中国商品房市场逐步完善,金融借贷成为青年购买住房的重要融资途径,青年的住房负债率逐渐攀升。[①] 中国人民银行调查统计司公布的《2019年中国城镇居民家庭资产负债情况调查》数据显示,城镇居民家庭负债参与率为56.5%,而房贷是家庭负债的主要构成部分,户均家庭住房贷款余额为38.9万元,占家庭总负债的比重为75.9%。购房吸纳了大量的家庭资金,必然会挤压家庭的其他支出,由此对婚育意愿产生明显的抑制作用。

婚育延迟意味着家庭照顾儿童与照顾老人的时间很可能出现重叠,相当数量的中国家庭未来可能会面临"一老一小"照顾需求叠加的压力,家庭照顾资源日益匮乏。[②] 金钱是重要的物质性照料资源。一方面,我国几乎未提供相对成熟的替代性公共照料服务,也很少提供相关的照料津贴;另一方面,"一老一小"的双重照料压力决定了家庭在照料费用上较高的支出水平。

此外,医疗是民生保障的重要组成部分,尽管医疗保障水平不断提升,但人们的医疗保健支出及其占总支出的比重却并未下降。《2022中国卫生健康统计年鉴》数据显示,从2015年到2021年,我国医院次均门诊医药费用由233.9元增长到329.1元,次均住院医药费用由8268.1元增长到11002.3元,城镇、农村居民医疗保健支出占消费性支出的比重分别由2015年的6.7%、9.2%增长到2020年的8.0%、10.3%,表明城乡居民的医疗保健支出有增加的趋势。[③]

总体来看,我国居民个人在住房、医疗、家庭照料等方面承受着较高的经济压力。一方面,个人在这些方面支出水平的提升必然影响共同富裕的进程,进一步抑制人民对美好生活向往的实现;另一方面,在主观层面上,个人社会支出会负向影响居民的社会公平感和主观幸福感,进而影响主观阶层认同。因此,深入了解我国个人社会支出的总体状况与差异分布,探究个人社会支出的决定因素及其与主观阶层认同的关系,对于推动我国共同富裕战略的实施、实

---

① 吴开泽:《房改进程、生命历程与城市住房产权获得(1980~2010年)》,《社会学研究》2017年第5期。

② 钟晓慧、彭铭刚:《养老还是养小:中国家庭照顾赤字下的代际分配》,《社会学研究》2022年第4期。

③ 《2022中国卫生健康统计年鉴》,中国政府网,2023年5月17日,http://www.nhc.gov.cn/mohwsbwstjxxzx/tjtjnj/202305/6ef68aac6bd14c1eb9375e01a0faa1fb.shtml。

现人民对美好生活的向往具有重要的现实意义。

本专题报告基于 2023 年中山大学"人民美好生活需要（福利态度）调查"数据，首先分析了 7 个省份 14117 名调查对象整体的个人社会支出情况，以及住房、医疗、家庭照料三个分维度的支出情况，进而从个体和家庭层面探究个人社会支出的主要影响因素；其次测算了不同收入群体之间、城乡之间以及不同省、市之间个人社会支出的差异；最后探究了个体主观阶层认同现状以及不同性别、年龄、收入、受教育程度、居住地群体之间主观阶层认同的差异性，并进一步分析个人社会支出水平对主观阶层认同的影响。

一　概念界定与文献综述

（一）个人社会支出的概念

社会保障关系亿万民众的切身利益，不仅影响国民经济的增长，还是维护社会稳定的关键因素。当前，我国的社会保障体系不断完善。党的二十大报告指出，十八大以来中国建成世界上规模最大的社会保障体系，人民群众获得感、幸福感、安全感更加充实、更有保障、更可持续，接下来要继续发挥社会保障人民生活安全网和社会运行稳定器的作用，健全覆盖全民、统筹城乡、公平统一、安全规范、可持续的多层次社会保障体系。随着共同富裕的不断推进以及人民对美好生活的进一步向往，社会保障需求急剧增加，这不仅给国家财政带来了巨大的压力，对于个人而言，社会支出水平也在不断提升。

中国政府的财政支出主要可以分为维持性支出、经济性支出以及社会性支出三大类，社会支出是政府进行社会需求总量调节的重要手段，是政府用于国家民生事业的财政支出。[①] 国际上通常将社会支出看作公共部门在医疗、养老金、失业津贴和各类其他社会政策等领域的投入总和。目前，学界对于社会支出类型的划分不一，有学者将社会支出分为现金转移支付和非现金转移支付两类，也有学者将社会支出分为普惠型支出、家计调查项目支出以及社

[①] 施巍巍：《社会支出与"中等收入陷阱"——基于国际比较的视角》，《中共中央党校学报》2015 年第 4 期。

会保险基金支出三大类进行探讨，指出社会支出涵盖教育、医疗、就业、社保等基础性内容。[①] 总体来看，我国的社会支出一般包括教育、医疗、养老、失业等多方面的财政支出。随着人民生活水平的显著提升，人民对美好生活的向往更加强烈，教育、住房、医疗、养老等是人民群众急难愁盼的关键民生问题，解决这些问题对整个社会以及个人都提出了更高的要求，造成了支出水平提升。而降低个人在这些方面的支出水平，对于推进"七有民生"建设、减少社会福利损失、推动美好生活需要的满足具有重要作用。

在此基础上，本报告提出个人社会支出这一概念。所谓个人社会支出，是指个人为了满足医疗、就业、社保等方面的基本需要而进行的投入，包括医疗支出、住房支出、教育支出、就业支出、养老支出等多方面内容。本报告提出个人社会支出这一概念的缘由是：第一，目前社会支出方面有政府部门的公共社会支出、企业的私人社会支出，以及政府与企业的总体社会支出，已有研究大多关注的是政府社会保障负担，主要是从政府支出角度进行探究。然而，个人也有社保负担，主要是指个人缴费部分，目前对这一视角的研究比较缺乏。因此，本报告建构一个"个人社会支出"概念，用来指个人在满足基本需要方面的支出。第二，本报告采用的问卷问题也主要涉及个人在满足住房、医疗和家庭照料需要方面的支出，这些属于个人支出而非政府支出。

（二）文献综述

针对个人社会支出的研究文献中，有学者基于国际视野比较提出社会支出与国内的消费需求存在正相关关系。[②] 但这些研究多从政府角度探究政府支出的影响，较少涉及个人社会支出及其影响因素。目前已有不少学者对个人医疗支出、住房支出、教育支出等方面进行了探究，提出了制度设计、个体状况、家庭特征、社会环境等方面的影响因素。

从制度设计来看，我国的社会保障制度、经济制度对个人社会支出有着重要影响。新医改从释放个人医疗需求以及推高个人医疗负担两方面推动了个人医疗

---

① 冯剑锋、岳经纶：《中国社会支出的空间收敛及其脱钩水平分析》，《贵州财经大学学报》2022年第6期。
② 施巍巍：《社会支出与"中等收入陷阱"——基于国际比较的视角》，《中共中央党校学报》2015年第4期。

支出的增加。① 有学者则提出医疗保险对个人医疗支出的影响呈现"倒 U 型"，只有当医疗保险达到一定水平后，才能冲破对个体医疗需求提升的释放效应，实现"减负效应"。基于 2014~2015 年中国教育追踪调查数据，发现异地中考政策限制对随迁子女家庭的教育支出存在显著负向影响。② 基于 2010~2012 年中国家庭追踪调查数据，发现个人所得税改革虽然显著增加了家庭教育支出，却能够减轻家庭教育负担，个人所得税改革可以调节收入分配差距，进而缩小教育差距。③

个体能动性因素是影响个人社会支出决策的关键因素。有学者基于全国流动人口动态监测调查数据，发现个体的受教育程度、收入水平、就业单位性质显著影响个人住房选择，具体来说，受教育程度越高、收入越高、工作越稳定，个体更有可能进行购房消费。④ 同时，不少研究发现个人特征因素也会显著影响个体医疗支出水平，年龄更大、受教育程度更高、自评健康状况更差、女性、已婚个体的医疗支出水平更高。⑤

从家庭特征来看，家庭规模、家庭经济资本、家庭文化资本等因素显著影响个人社会支出水平。从家庭资本视角切入，有学者基于 2018 年国内 10 个贫困县 4939 户家庭的实地调查数据，发现家庭经济资本和家庭文化资本显著影响家庭教育支出，其中，家庭人均收入以及父母受教育程度是影响教育支出的两个主要因素。⑥ 樊林峰利用多源数据实证分析中国家庭育儿成本，研究表明，家庭规模是影响家庭经济负担的重要因素，子女数量越多的家庭所面临的经济压力越大，育儿支出增加。⑦ 中国家庭经济脆弱性加剧的重要原因之一就在于

---

① 蔡晓珊、余灵红：《新医改以来政府医疗支出对个人医疗支出的影响研究——来自中国家庭追踪调查数据的经验证据》，《财政科学》2022 年第 2 期。
② 陈博欧、沈亚芳、胡雯等：《异地中考政策限制是否影响了随迁子女教育支出？——基于 2019 年千村调查及中国教育追踪调查的实证分析》，《复旦教育论坛》2023 年第 6 期。
③ 刘利利、刘洪愧：《个人所得税改革与家庭教育支出——兼论教育负担与教育差距》，《经济科学》2020 年第 1 期。
④ 宋全成、张露：《生命历程视角下的青年流动人口住房选择及其影响因素研究》，《东岳论丛》2023 年第 7 期。
⑤ 沈政、李军：《农民工医疗支出影响因素的实证分析——基于全国 3078 个农民工的调查数据》，《东岳论丛》2015 年第 12 期。
⑥ 樊晓杰、林荣日：《家庭文化资本和经济资本对家庭教育支出的影响实证研究——以我国东中西部 10 个贫困县为例》，《复旦教育论坛》2021 年第 5 期。
⑦ 樊林峰：《中国家庭育儿成本（1988~2018）：基于边际成本法的货币支出》，《消费经济》2023 年第 5 期。

医疗支出，有研究表明，家庭负债或多或少制约着医疗支出，家庭负债对医疗支出存在门槛效应。①也有研究指出，家庭照料显著影响老年人医疗负担，但研究结论尚未统一，有学者认为家庭照料对老年人医疗支出产生显著负向影响②，而有学者提出家庭照料显著增加了老年人的门诊医疗支出和住院医疗支出③。

虽然现有研究已经对个人的医疗支出、住房支出、家庭照料支出、教育支出等方面分别进行了探讨，但缺乏对个体满足这些基本需要的整体支出水平的深入研究，因此本报告提出从整体视角分析个人社会支出及其影响因素。同时，社会支出水平的提升是推动消费需求满足的重要条件，而消费是影响社会分层的重要因素，个人消费需求与资源供给的不匹配会导致个体阶层认同下移，这是中国社会面临的一个重大问题④，因此分析个体社会支出水平的影响效应，讨论其对阶层认同的影响具有重要意义。

个人社会支出是个体为满足自身医疗、住房、照料、教育等基本需求所进行的消费，可能影响着阶层认同。在有关阶层认同的研究文献中，有学者提出中国居民的阶层认同经历了从"向钱看"到"向教育、职业、收入看"，再到以资产来决定的不断转变⑤，有不少研究提出收入、住房、教育、职业、消费等人力资本因素共同影响着阶层认同。

张海东和杨城晨指出以住房为代表的阶层认同正在逐步形成，住房质量的提升带来了主观阶层认同的提高，但住房支出占家庭收入的比重对主观阶层认同没有显著影响。⑥教育是重要的人力资本，受教育程度的提升能够促进主观

---

① 李聪、刘喜华、姜东晖：《居民家庭负债如何影响医疗支出？——基于门限效应模型的经验分析》，《东岳论丛》2020年第10期。
② 陈丽强、宁满秀：《非正式照料对老年人医疗费用支出的影响及政策建议》，《中国卫生政策研究》2016年第6期。
③ 郑超、才学韬：《家庭照料、医疗支出与老年人生活满意度》，《山东大学学报（哲学社会科学版）》2020年第4期。
④ 赵卫华、汤溥泓：《消费对中国城镇居民阶层认同的影响研究——基于CSS 2013年数据分析》，《哈尔滨工业大学学报（社会科学版）》2019年第5期。
⑤ 李骏：《从收入到资产：中国城市居民的阶层认同及其变迁——以1991~2013年的上海为例》，《社会学研究》2021年第3期。
⑥ 张海东、杨城晨：《住房与城市居民的阶层认同——基于北京、上海、广州的研究》，《社会学研究》2017年第5期。

阶层认同水平的提高，受教育程度越高，自我认可水平越高。[①] 也有学者指出，中国已进入消费社会，消费这一行为正成为衡量个人生活品质的重要指标，住房消费、以医疗支出和饮食支出为主的生存性消费、以教育培训支出为主的发展性消费均会对主观阶层认同产生显著影响。[②] 还有研究指出，参与基本医疗保险能显著提高主观阶层认同；作为社会保障的有效调节手段之一，医疗保险充当了居民"安全网"，促进个体医疗需求释放，推动需求满足，实现自我认同的提升。[③]

总体来看，已有研究对中国居民阶层认同影响因素的探究虽然关注到了收入、住房、教育等多方面，但缺乏总体性概括，也较少关注个人社会支出水平与主观阶层认同之间的关系，而加大个人社会支出可能是提升主观阶层认同的一种有效手段，本报告接下来将对此进行探讨。

二　个人社会支出现状及其影响因素

本部分根据2023年中山大学"人民美好生活需要（福利态度）调查"数据，分析个人社会支出现状及其影响因素。

（一）个人社会支出现状

本报告对个人社会支出的测量主要利用问卷问题"请问您去年用于所有住房的房贷支出是（多少）""请问您去年用于医疗的支出是（多少）""请问您去年用于照顾老人、孩子及其他家庭成员的所有照料费用支出是（多少）"，从住房支出、医疗支出、家庭照料支出三个方面进行测量，再加和求平均值，测出个人社会支出。本报告对除开放区间外的选项的处理方法为取中间值，如0~1万取0.5万、1万~2万取1.5万；开放区间选项的处理方法为选项数值加上其自身的10%，如5万以上取5.5万，以此将原始选项转换为连

[①] 成旻昱、潘爱民、沈波澜：《受教育年限、阶层认同与幸福感——来自委托-代理理论和CGSS的证据》，《科学决策》2023年第7期。
[②] 赵卫华、汤溥泓：《消费对中国城镇居民阶层认同的影响研究——基于CSS 2013年数据分析》，《哈尔滨工业大学学报（社会科学版）》2019年第5期。
[③] 张寅凯、张雪、薛惠元：《基本养老保险和基本医疗保险对灵活就业人员阶层认同的影响》，《江西财经大学学报》2023年第4期。

续变量并取对数。表1为2023年个人社会支出总体及各维度情况，可以看出，调查中7个省份的个人社会支出总体均值为46383.33。分维度来看可以发现，家庭照料支出占比最大，占个人社会支出总体的43.30%，均值为20083.84；其次是住房支出，占38.95%；最后是医疗支出，占17.75%，不到家庭照料支出或住房支出的一半。

已有研究表明，家庭照料存在显性和隐性成本。一方面是金钱和时间上的直接付出，子女教育、父母养老、家庭成员生活等都需要持续花费大量时间和金钱[1]；另一方面是对就业的替代效应，照料家庭成员（尤其是儿童与老人）是一种劳动和时间密集型活动，这可能导致照料者时间稀缺性提高、心理压力增大，从而使其难以平衡工作和家庭双重负担，降低其劳动参与率，机会成本巨大。[2] 这就使得个体在家庭照料方面的负担沉重。

居民的大额支出主要包括一般生活消费支出、住房支出、教育支出、医疗保健支出等。由于房地产投资增速过快，部分省市房价上涨，过高的房价对家庭住房需求产生冲击，个体对住房的投资增大，住房支出水平提高。[3] 随着我国医疗保障体系的完善，大部分人能够享受到基础、实惠的医疗卫生服务，个体医疗服务可及性提高，医疗支出水平降低，有效减少了"因病致（返）贫"问题的发生。[4] 因此，在一定程度上，个人住房负担更重，医疗负担更轻。

表1 2023年个人社会支出总体及各维度情况

单位：元，%

	住房支出	医疗支出	家庭照料支出	总体
均值	18064.82	8234.68	20083.84	46383.33
占比	38.95	17.75	43.30	100

---

[1] 刘靖：《非农就业、母亲照料与儿童健康——来自中国乡村的证据》，《经济研究》2008年第9期。

[2] 彭荣：《医疗和养老保险与高龄失能老人长期照料支出——基于CLHLS数据的实证分析》，《中国卫生政策研究》2017年第1期。

[3] 赵家凤、朱韦康：《住房负担抑制了城市居民消费吗？——来自中国的微观证据》，《云南财经大学学报》2017年第3期。

[4] 郑超、王新军、孙强：《城乡医保统筹政策、健康风险冲击与精准扶贫绩效研究》，《公共管理学报》2022年第1期。

在个人社会支出占收入的比重方面，2023年的调查数据显示，个人社会支出占收入的86.50%（见图1），占比极大，说明个体将绝大部分收入用于住房、医疗、家庭照料三方面的支出，以维持家庭基本生活。为了测算个人社会支出占收入的比重在不同收入群体之间的分布情况，本报告以中等收入群体为参照，将收入群体划分为低、中、高三类，并运用分位数分组法对收入进行分样本处理。其基本原理是将家庭人均年收入值按从小到大的顺序排列，而后选取三等份的分位数为节点，将整体数据分为三组。33.33%分位点所对应的数值为80000，66.66%分位点所对应的数值为150000，以此为界对收入群体进行分组，样本中低收入群体、中等收入群体、高收入群体的人数分别为5051人、4582人、4121人，占比分别为36.72%、33.31%、29.96%。

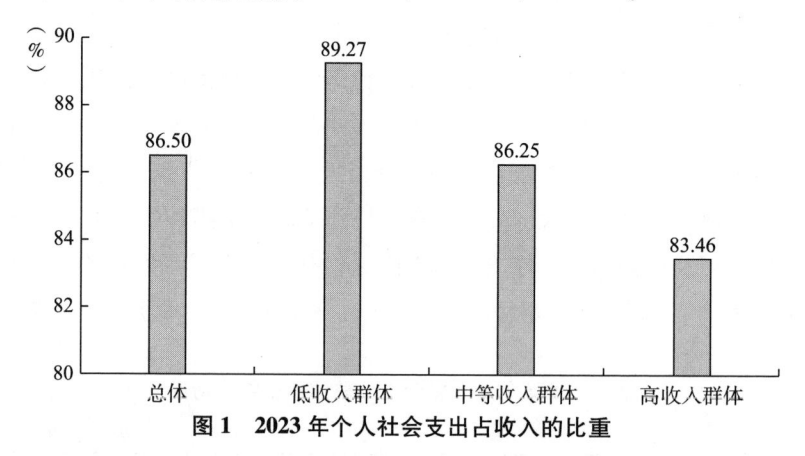

图1 2023年个人社会支出占收入的比重

随着收入的提高，个人社会支出占收入的比重不断下降。在低收入群体中，个人社会支出占收入的比重最大，为89.27%，而在高收入群体中，个人社会支出占收入的比重仅为83.46%。造成这一现象的原因可能在于，对于低收入群体来说，必须将大部分收入用于维持日常生活需要，他们仍以生存型消费为主，社会保障支出较大，个人其他方面的可支配收入较少。而对于高收入群体来说，收入的绝对值增速较快，虽然在住房、医疗等方面的社会支出水平可能上升，但他们的基本需求已经得到满足，继而追求发展型和享受型消费，其他方面的消费支出占比扩大，从而使得个人社会支出占收入的比重降低。①

---

① 刘寒松：《城乡收入差距对居民消费潜力的影响——来自31个省份的经验证据》，《商业经济研究》2024年第2期。

进一步分析不同个体特征下个人社会支出占收入的比重，表2报告了个人社会支出占收入的比重在不同个体特征群体中的分布情况。

在受教育程度方面，数据显示，受教育程度越高，个人社会支出占收入的比重越低。其中，小学及以下学历群体个人社会支出占收入的比重超过90%，而研究生学历群体的个人社会支出占收入的比重约为80%。一般来说，受教育程度的提高会增强个体在就业市场的竞争力，提升个体就业质量，具体表现为受教育程度的提高会提升个体的收入水平、减少个体工作时间，以及增强个体就业稳定性和社会保障参保率。[①] 这部分群体能够获得更高的收入以降低个人社会支出占收入的比重。

在户籍方面，表2的统计结果表明，农业户口居民个人社会支出占收入的比重为86.99%，非农业户口居民个人社会支出占收入的比重为86.51%，两者差距不大，说明户籍可能对个人社会支出占收入的比重没有太大影响。

从婚姻状况来看，可以发现，已婚群体的个人社会支出占收入的比重最大，为89.46%；其次为离婚群体，其个人社会支出占收入的比重为88.99%；个人社会支出占收入的比重最低的是未婚群体，为77.19%。相较于未婚群体，已婚和离婚群体已经或曾经建立了新的家庭，甚至可能有了自己的小孩，从而导致家庭照料支出水平提高。同时，由于家庭成员的增加，他们不得不购置或者租赁更好、更大的房子以供居住，住房支出显著增加。

表2 不同个体特征下个人社会支出占收入的比重

单位：%

	分类	个人社会支出占收入的比重
受教育程度	小学及以下	91.79
	中学	88.19
	大学	85.50
	研究生	82.49
户籍	农业户口	86.99
	非农业户口	86.51

[①] 王胜今、刘末：《受教育程度对流动人口就业质量的影响研究》，《人口学刊》2023年第3期。

续表

	分类	个人社会支出占收入的比重
婚姻状况	未婚	77.19
	已婚	89.46
	离婚	88.99

（二）个人社会支出的影响因素

本部分探究影响个人社会支出的因素，主要关注个体和家庭两个层面对个人社会支出的影响。

1. 模型设计

基于以下模型，本报告重点考察个体和家庭特征对受访者个人社会支出的影响。

$$Y_{ic} = \alpha + \beta P_{ic} + \theta F_{ic} + \gamma C_{ic} + \varepsilon_{ic} \qquad ①$$

其中，i 代表受访者个体，c 代表受访者所在的地区。Y_{ic} 为受访者个人社会支出。P 为个体特征变量，包括性别、年龄、受教育程度、婚姻状况、户口所在地、户籍、职业类型、个人年收入对数、城乡（目前居住地）。F 为家庭特征变量，主要包括家庭规模。C 为城市固定效应，以此来控制城市层面的不可观测因素对回归结果的影响。ε_{ic} 为误差项。其中，对于收入的测量，如前所述，将原始数据转换为连续变量并取对数。各变量的定义和描述性统计见表3。

表3 变量定义和描述性统计

	变量定义	均值	标准差
个体特征			
性别	男性=1，女性=0	0.55	0.50
年龄	年龄：岁	37.62	11.37
受教育程度			
小学及以下	小学及以下=1	0.03	0.17
中学	中学=1	0.34	0.47
大学	大学=1	0.61	0.49

续表

	变量定义	均值	标准差
研究生	研究生=1	0.02	0.15
婚姻状况			
未婚	未婚=1	0.25	0.43
已婚	已婚=1	0.72	0.45
离婚	离婚=1	0.03	0.17
户口所在地			
本县	本县=1	0.65	0.48
本市其他区县	本市其他区县=1	0.16	0.37
广东省其他城市	广东省其他城市=1	0.10	0.30
广东省外	广东省外=1	0.08	0.28
户籍	农业户口=1，非农业户口=0	0.51	0.50
职业类型			
职业1	国家机关、党群组织、企业、事业单位负责人=1	0.12	0.32
职业2	专业技术人员=1	0.17	0.37
职业3	办事人员和有关人员=1	0.11	0.31
职业4	商业、服务业人员=1	0.16	0.36
职业5	农、林、牧、渔、水利业生产人员=1	0.05	0.22
职业6	生产、运输设备操作人员及有关人员=1	0.05	0.21
职业7	网约车司机、外卖骑手等平台经济从业人员=1	0.02	0.12
职业8	其他从业人员=1	0.21	0.41
职业9	无工作=1	0.12	0.33
个人年收入对数	受访者年收入取对数	11.43	1.53
城乡（目前居住地）	城市=1，农村=0	0.68	0.47
家庭特征			
家庭规模	家庭成员数：人	4.41	1.69

2. 回归结果分析

回归分析结果如表4所示。

表4　个人社会支出的影响因素：OLS 模型

	模型（1）个人社会支出	模型（2）个人社会支出占收入的比重	模型（3）住房支出	模型（4）医疗支出	模型（5）家庭照料支出
性别（参照组：女性）					
男性	0.1060*** (0.0397)	0.0049 (0.0034)	0.2430** (0.0952)	−0.1187** (0.0574)	0.1885*** (0.0547)
年龄	0.0662*** (0.0115)	0.0053*** (0.0010)	0.0841*** (0.0276)	−0.0194 (0.0167)	0.1382*** (0.0159)
年龄平方项	−0.0008*** (0.0001)	−0.0001 (0.0000)	−0.0014*** (0.0003)	0.0002 (0.0002)	−0.0018*** (0.0002)
受教育程度（参照组：小学及以下）					
中学	0.2946** (0.1218)	−0.0225** (0.0105)	0.3482 (0.2846)	0.5394*** (0.1740)	0.2971* (0.1677)
大学	0.4827*** (0.1246)	−0.0274*** (0.0106)	1.5665*** (0.2917)	0.8755*** (0.1780)	0.3255* (0.1716)
研究生	0.6457*** (0.1917)	−0.0381** (0.0153)	1.7609*** (0.4588)	1.1494*** (0.2693)	0.7476*** (0.2574)
婚姻状况（参照组：未婚）					
已婚	1.1379*** (0.0605)	0.0887*** (0.0051)	1.6392*** (0.1456)	0.8536*** (0.0878)	1.6313*** (0.0837)
离婚	1.0256*** (0.1245)	0.0906*** (0.0104)	1.6423*** (0.2983)	0.6910*** (0.1802)	1.2166*** (0.1719)
户籍（参照组：非农业户口）					
农业户口	0.0495 (0.0466)	0.0006 (0.0020)	−0.0052 (0.1120)	0.1288* (0.0675)	0.1224* (0.0643)
收入水平（个人年收入对数）	0.1789*** (0.0140)	—	0.3227*** (0.0324)	0.1173*** (0.0195)	0.1693*** (0.0191)
城乡（参照组：农村）					
城市	0.2924*** (0.0460)	0.0076** (0.0036)	1.1805*** (0.1105)	0.1551** (0.0667)	0.1547** (0.0637)
家庭规模	0.1772*** (0.0126)	0.0133*** (0.0011)	0.2669*** (0.0302)	0.1893*** (0.0181)	0.2970*** (0.0173)

续表

	模型（1）个人社会支出	模型（2）个人社会支出占收入的比重	模型（3）住房支出	模型（4）医疗支出	模型（5）家庭照料支出
常数项	4.4569*** (0.3463)	0.6609*** (0.0267)	-5.3757*** (0.8235)	4.7219*** (0.4991)	1.2952*** (0.4789)
城市固定效应	控制	控制	控制	控制	控制
观测值	11127	12434	11432	11575	11495
R^2	0.1462	0.1191	0.1154	0.0636	0.1402

注：① *$p<0.05$，**$p<0.01$，***$p<0.001$；②括号内为标准误。

首先，我们考察个体特征对个人社会支出及个人社会支出占收入的比重的影响。

表4中模型（1）、模型（2）结果显示，在控制其他条件不变的情况下，性别对个人社会支出具有显著影响，但是对个人社会支出占收入的比重影响不显著。相较于女性，男性的个人社会支出高10.60%。基于中国传统思想，相对于女性来说，男性在住房等方面需要承担更大的经济压力，社会支出水平更高。[①] 同时，由于女性的社会经济地位相对较低，在劳动力市场上具有一定劣势，如较少的工作机遇、较低的工资水平等，女性的收入水平明显低于男性，两性收入差距显著存在，这在一定程度上抑制了女性的个人社会支出。[②] 因此，相对来看，女性的社会支出水平更低，但相应的收入也更低，故其个人社会支出占收入的比重与男性相比差异不大。

年龄对个人社会支出及个人社会支出占收入的比重均有显著的正向影响，年龄每增加1岁，个人社会支出水平提升6.62%。从年龄平方项来看，年龄对个人社会支出的影响是非线性的，呈倒"U"形分布，即年龄增加到一定程度后，个人社会支出水平反而会降低。可能的原因是：青壮年群体是社会主要劳动力，承担着家庭活动的大部分开支；青少年群体还在上学或者初入社会，缺

[①] 王敏：《社会阶层认同的性别差异研究——基于住房视角的实证分析》，《社会学评论》2021年第6期。

[②] 李春玲、李实：《市场竞争还是性别歧视——收入性别差异扩大趋势及其原因解释》，《社会学研究》2008年第2期。

乏稳定的收入来源，仍需依靠父母的帮扶；老年群体由于传统孝道观念，常常处于"被照顾者"的角色，在生活照料、经济支持、精神慰藉方面依靠子女的赡养照顾，个人社会支出水平降低。①

在受教育程度方面，个体受教育程度越高，其社会支出越多，具体表现为相较于小学及以下学历群体，中学、大学以及研究生学历群体的个人社会支出分别高29.46%、48.27%、64.57%。虽然教育人力资本投资对经济增长有着重要贡献，能够提升个体的收入能力和收入水平②，但随着受教育程度和收入的提升，个体的健康意识、健康投入③、育儿养老观念④、住房消费需求都在一定程度上有所提升，从而加大了个人社会支出。然而，相较于小学及以下学历群体，中学、大学以及研究生学历群体的个人社会支出占收入的比重更低，受教育程度的提升带来的个人社会支出的增长不及其带来的收入提升，因此出现了这样一种占比下降的情况。

在婚姻状况方面，相较于未婚群体，已婚和离婚群体的个人社会支出及个人社会支出占收入的比重均更高。婚姻是影响青年置业以及居住状况的重要因素，在三类住房刚性需求中，结婚带来的住房需求最高，青年人的房贷压力巨大。⑤ 同时，相较于未婚群体，已婚和离婚群体形成了较为稳定的新家庭关系，子女抚养、老人赡养成为担在他们肩上的重任，家庭支出增大。已有研究表明，婚姻显著增加了独生子女对父母的经济支持，加重了他们的经济负担。⑥

在收入水平⑦方面，个人收入每提高1个单位，个人社会支出便增加

---

① 丁志宏、土伟成：《城市青年孝道观念变化及其对代际支持的影响》，《中国青年社会科学》2022年第5期。
② 李任玉、杜在超、何勤英等：《富爸爸、穷爸爸和子代收入差距》，《经济学（季刊）》2015年第1期。
③ 程令国、张晔、沈可：《教育如何影响了人们的健康？——来自中国老年人的证据》，《经济学（季刊）》2015年第1期。
④ 赵锋：《子女教育对父母晚年幸福感的影响：结构效应与异质性分析》，《甘肃社会科学》2022年第5期。
⑤ 风笑天：《家安何处：当代城市青年的居住理想与居住现实》，《南京大学学报（哲学·人文科学·社会科学版）》2011年第1期。
⑥ 李薇、谢敏：《婚姻对城市第一代独生子女家庭养老功能的影响研究》，《西北人口》2013年第4期。
⑦ 模型中使用的数据为个人年收入对数。

17.89%。研究发现，随着个人收入的提高，家庭更倾向于购买住房。在房价不变的情况下，较低的收入水平会抑制居民的住房消费；随着家庭住房支付能力增强，人们将选择放弃租赁而买房，住房支出上升。① 同时，高收入家庭具有较低的脆弱性，收入的增加会使得家庭消费增加，以保障家庭在就业、医疗、教育等方面的支出。②

从城乡方面来看，相较于农村居民，城市居民的个人社会支出水平高29.24%；城市群体个人社会支出占收入的比重高0.76%。在城镇化快速推进的背景下，中国城乡收入差距仍然显著存在，从而导致城乡消费差距显著。③ 一方面，相较于农村居民，城市居民拥有更广阔的就业机会、收入水平更高，但与此同时，他们也面临着更高的房价、更高的医疗成本和更高的日常开销，个人基本消费水平更高。另一方面，城市居民所面临的子女教育竞争更激烈，且城市老年人的人均预期寿命更高、高龄老年人占比更大，而城市家庭子女数又相对较少，因此可利用的家庭照料资源少，家庭照料支出水平更高。④

其次，考察家庭特征对个人社会支出的影响。表4中模型（1）、模型（2）的回归结果显示，家庭规模会对个人社会支出及个人社会支出占收入的比重产生显著的正向影响。家庭成员每增加1人，个人社会支出便增长17.72%，个人社会支出占收入的比重亦增加1.33%。现有研究指出，家庭户规模变化是影响家庭消费的主要因素⑤，家庭成员数量越多，尤其是子女数量越多，养育子女的支出就越多，在家庭劳动力数量没有明显变化的情况下，进一步加重了家庭负担。

最后，考察个体特征及家庭特征对个人社会支出不同维度的影响，模型（3）、模型（5）结果与模型（1）结果基本一致。值得注意的是，模型（4）

---

① 黄玉屏、张曼：《居民家庭收入、住房租购与住房消费选择研究》，《湘潭大学学报（哲学社会科学版）》2018年第2期。
② 何平、高杰、张锐：《家庭欲望、脆弱性与收入-消费关系研究》，《经济研究》2010年第10期。
③ 余乐、贾康：《我国城乡居民收入差距与消费差距的考察》，《河北经贸大学学报》2022年第5期。
④ 伍海霞、王广州：《中国家庭养老照料能力状况评估——基于指数综合评价法的研究》，《社会科学》2023年第8期。
⑤ 傅崇辉、傅愈、伍丽群、魏倩、焦桂花：《中国家庭户规模结构变动及其对居民消费的影响》，《人口研究》2021年第1期。

中，性别对医疗支出的影响在0.01的水平上呈负向显著，即相较于女性，男性的医疗支出水平低11.87%。调查研究表明，男性的身体健康状况通常要好于女性，从而使男性的医疗服务利用率低于女性，医疗支出较低。[①] 从年龄来看，研究发现，年龄对医疗支出的影响呈"U"形，但是并不显著。可能的原因在于：一方面，青壮年时期一般个体的健康状况较好，而随着年龄增加，自身抵抗力降低，身体健康状况下降，导致个体对医疗卫生服务的投入加大；另一方面，正如前文所提到的，在老年和青少年时期，个体大部分的开支都依赖子女或父母的代际支持，从而对于个人来说，医疗支出水平没有显著提升。

三 个人社会支出的差异分析

本部分利用2023年中山大学"人民美好生活需要（福利态度）调查"数据，分析个人社会支出在不同收入群体之间、城乡之间以及不同省、市之间的分布情况，通过非参数检验得出个人社会支出的差异，并利用基尼系数的分解方法对差异的来源和影响做进一步分析，分别计算不同收入群体之间、城乡之间以及不同省市之间的个人社会支出差异对总体差异的贡献率。

基尼系数是一种常用的度量指标，一般认为，基尼系数小于0.2时分配过于平均，在0.2~0.3时较为平均，在0.3~0.4时比较合理，在0.4~0.5时差距过大，大于0.5时差距悬殊。不平等指数可分解为2个或3个部分，其中派亚特（Pyatt）的基尼系数分解方法比较具有代表性。[②] 因此，本报告采用派亚特的基尼系数子群分解法量化个人社会支出的群体差异和空间差异。根据派亚特的做法，总体基尼系数可表示为式②。

$$G = \frac{(1/2n^2) \sum_{i=1}^{n} \sum_{j=1}^{n} |y_i - y_j|}{\bar{y}} \quad ②$$

总体基尼系数可分解为三个部分。

[①] 王鸿儒、成前、倪志良：《卫生和计划生育基本公共服务均等化政策能否提高流动人口医疗服务利用》，《财政研究》2019年第4期。

[②] 原鹏飞、王磊：《我国城镇居民住房财富分配不平等及贡献率分解研究》，《统计研究》2013年第12期。

$$G = G_W + G_B + R \qquad ③$$

式③中，G 表示所有群体中个人社会支出的基尼系数，G_W 为组内差异（within-group inequality），G_B 为组间差异（between-group inequality），R 为各子群交叠而产生的剩余项（overlap-group inequality）。[1]

（一）不同收入群体之间个人社会支出的差异

关于收入群体的划分，常用的有五等分法和三等分法。在我国扎实推进共同富裕的进程中，关键的是扩大中等收入群体。学界针对中等收入群体的测定标准展开了一系列探讨。本部分与前一部分保持一致，采用三等分法将收入群体划分为低、中、高三类。图 2 横向比较了不同收入群体的个人社会支出均值，可以发现，随着收入的提高，个人社会支出水平也随之提升。其中，高收入群体的个人社会支出均值约为低收入群体的两倍。将个人社会支出进行分解，划分为用于住房的房贷支出、医保报销后的直接支付医疗支出以及照顾老人、孩子和其他家庭成员的照料费用支出，对其均值进行比较，可以发现三类支出的水平均随着收入的提高而提升。具体而言，在低收入和中等收入群体中，照料费用支出在个人社会支出中占比最高，均值分别为 15700.78 和 20566.10。造成这个情况的原因大致有二：一方面，照顾家庭成员是家庭生活中的主要活动，占据了日常生活的大部分时间；另一方面，市场无法提供充足的、价格可承受的替代性社会照顾服务，导致照顾儿童、老人的时间成本和经济成本较高。在房贷支出方面，高收入群体的房贷支出均值最高，达 30790.18；中等收入群体次之，为 17818.14。这个情况形成的原因可能是收入越高的人，其个人人力资本质量、受教育程度也越高，故而会在城市选择、住房环境、住房面积等方面表现出更高的追求，进而推高了房贷支出。不同收入群体在直接支付医疗支出方面的差异较小，这可归结于我国基本医疗保障制度日趋完善，缩小了各类群体在医保待遇方面的差异，切实减轻了居民医疗支出负担。

通过对个人社会支出均值进行横向对比，可以初步得出不同收入群体间个

---

[1] Pyatt, G., "On the Interpretation and Disaggregation of Gini Coefficient," *Economic Journal* 86 (1976): 243-255.

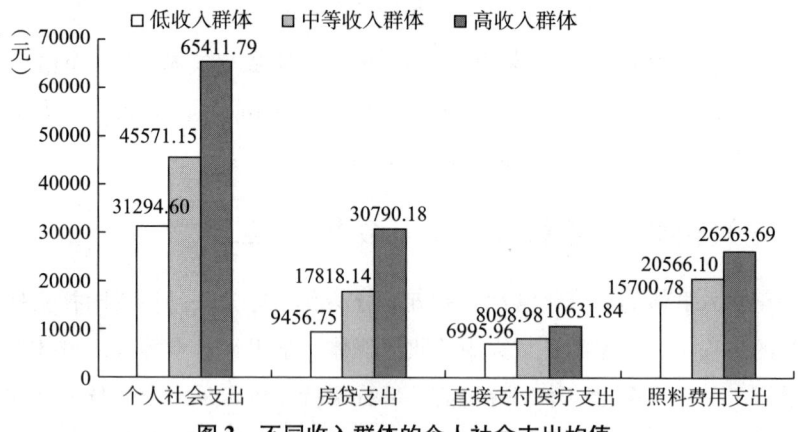

图 2 不同收入群体的个人社会支出均值

人社会支出的差异情况。为了进一步验证不同收入群体之间是否存在显著差异，本报告采用非参数检验的方法进行验证。先对不同收入群体的个人社会支出数据进行正态性检验和方差齐性检验。研究发现，三组数据不服从正态性分布且方差不齐，因此，可以采用非参数检验中多独立样本的 Kruskal-Wallis 进行检验。该统计方法拥有宽泛的检验条件空间，抵消了参数检验依赖样本分布的不足，具有更高的适用性。

解释变量为不同收入群体，被解释变量为个人社会支出，结果如表 5 所示。从表 5 可知，不同收入群体的个人社会支出差异显著（$\chi^2 = 1359.91$，$p < 0.001$），计算得出的秩均值结果也显示，个人社会支出最高的为高收入群体，其个人收入与个人社会支出基本上呈正相关关系，即个人收入越高，个人社会支出也越高。进一步，通过两两比较的 Kruskal-Wallis 检验，我们发现低、中、高收入群体之间均两两存在显著性差异。因此，个人社会支出在不同收入群体之间存在分布不均衡的情况。

表 5 不同收入群体个人社会支出的 Kruskal-Wallis 检验

	样本数	秩均值	Kruskal-Wallis 检验（$N = 13754$）
低收入群体	5051	5427.66	$\chi^2 = 1359.91$
中等收入群体	4582	7025.64	$p = 0.0001$
高收入群体	4121	8489.82	（$df = 2$）

为刻画低、中、高收入群体个人社会支出的群体差异情况,本部分根据基尼系数分解的原理,进一步将不同收入群体的个人社会支出差异分解为群体间差异和群体内差异,计算两部分差异对总体差异的贡献率。表6展示了不同收入群体个人社会支出的基尼系数及分解情况。可以发现,不同收入群体的总基尼系数为0.457,说明低、中、高收入群体的个人社会支出差距过大。三个收入群体中,低收入群体的基尼系数最大,为0.477,中等收入群体次之,高收入群体的基尼系数最小,即低收入群体内部的个人社会支出差异最大。这可能是因为低收入群体的可支配收入相对较少,他们需要在住房支出、医疗支出和家庭照料支出之间进行选择和权衡,所以不同个体在不同方面的支出有所侧重和差异。分解结果显示,个人社会支出的差异成因主要为不同收入群体的组间差异,不同收入群体的组间差异对总体差异的贡献率为35.367%,大于组内差异的贡献率(30.732%),说明各群体之间的收入差距是影响个人社会支出差异的主要原因。

表6 不同收入群体个人社会支出的基尼系数及其分解

单位:%

	总基尼系数及其分解				不同收入群体的基尼系数		
	基尼系数	组间差异	组内差异	超变密度系数	低收入群体	中等收入群体	高收入群体
系数	0.457	0.162	0.140	0.155	0.477	0.419	0.403
贡献率	100.000	35.367	30.732	33.901	—	—	—

(二)城乡之间个人社会支出的差异

为了比较城乡之间个人社会支出的分布差异,本部分根据受访者当前居住地,将总样本划分为城市样本和农村样本。图3呈现了城乡之间个人社会支出的分布情况。

通过比较发现,城市居民的个人社会支出水平更高,城乡之间个人社会支出的均值差异为11862.9,且在房贷支出、直接支付医疗支出、照料费用支出方面,城市的均值都比农村更高。该结果可利用城乡之间的经济发展水平差异进行解释,城市经济发达,决定了衣食住行等生活成本更高。城乡个人社会支出中，照料费用支出水平均最高，均值分别为21330.12和18545.28，均值差为2784.84。尽管城乡之间生活成本差异大，但照料费用支出差异较小。这是因为大部分城市老年人可以享受国家制度性的经济支持，减轻了家庭照顾老年人的负担。同时，城市的基本公共服务更健全，可帮助家庭解决部分照顾需求。而农村老年人的经济支持中没有离（退）休金这一部分，且农村生育观念较城市更为保守和传统，倾向于"多子多福""养儿防老"，因此农村家庭的规模更大，照顾家庭成员的费用也随之增加。

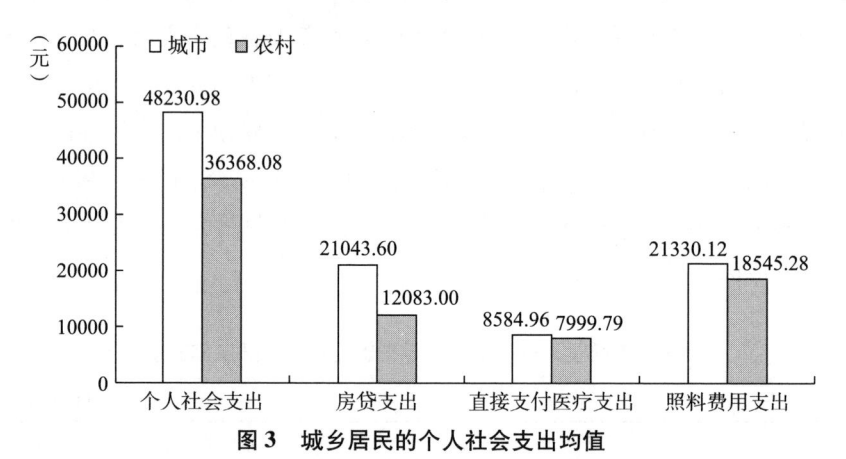

图3 城乡居民的个人社会支出均值

在房贷支出方面，城市居民的房贷支出均值近乎为农村居民的两倍。客观上，房地产具有较强的地域性，房地产行业的发达程度与地区的经济发展水平息息相关[1]，城市地区的房价水平普遍较高。出于城镇化进程、学历落户、城市教育资源偏好等因素，城镇将聚集更多的高技能劳动者、拥有更高的薪资水平，因此主观上城市居民会对住房条件有更高的要求，房贷支出随之增加。

城乡两地居民医保报销后的直接支付医疗支出均值差距较小，但应注意城乡居民收入存在较大差距，该结果提示我们要关注医疗保险制度覆盖面以及医疗资源配置的不平等。城镇职工基本医疗保险的报销水平高于城乡居民基本医疗保险的报销水平，使城镇职工的医疗服务利用率更高。[2] 服务利用

---

[1] 杨郁卓：《一线城市房价联动研究——基于VECM模型的实证分析》，《中国市场》2023年第36期。

[2] 廖朴、刘金浩、冯璐：《健康公平视角下的城乡居民医疗支出不平等研究——基于生命周期模型》，《当代经济科学》2024年第2期。

率本身为费用增长的一个显著因素,而医保覆盖面的扩大也抬升了医疗服务的平均价格[①],因此,城市居民的直接支付医疗支出随之增加。相比之下,农村地区医疗水平较低、医疗资源配置不完善,当面临"急危重症""疑难杂症"时,农村居民往往选择到医疗服务价格高的大城市寻求更好的治疗,而受限于城乡居民医保制度的报销水平,农村居民的直接支付医疗支出不断攀升。

城乡之间个人社会支出的均值差异初步说明了个人社会支出存在分布不均衡的情况,但该差异是否显著需要通过非参数检验进行分析。通过正态性检验和方差齐性检验,得出城乡两地个人社会支出的分布具有非正态性和方差不齐性,因此采用两独立样本检验方法的 Mann-Whitney 检验。解释变量为城乡地区,被解释变量为个人社会支出,结果如表 7 所示。通过观察分析,共 15650 个有效样本参与了假设检验,城乡之间的个人社会支出差异显著($p<0.001$)。对秩均值进行比较,发现城市居民的个人社会支出水平更高。个人社会支出在城乡的分布具有不均衡性。

表 7 城乡个人社会支出的 Mann-Whitney 检验

	样本数	秩均值	Mann-Whitney 检验（$N=15650$）
城市	10594	8238.76	Prob>|z| = 0.0000
农村	5056	6959.58	

基于以上的分析,本部分对城乡之间个人社会支出的差异进行了分解,表 8 展示了城乡居民个人社会支出的基尼系数的分解结果。城乡总基尼系数为 0.463,说明城乡两地的个人社会支出差异较大。具体来看,城市的基尼系数为 0.450,农村的基尼系数为 0.481,数值越大代表差异越大,所以农村居民的个人社会支出差异较城市居民更大。在各因素中,对城乡之间个人社会支出差异贡献最大的是组内差异,贡献率达 57.273%,远高于组间差异对总体差异的贡献率（12.626%）。该结果说明在个人社会支出差异中,城乡之间的地区差异并不是造成总差异的最主要因素,城乡之间个人层面的特征所发挥的作用更

---

① 刘军强、刘凯、曾益:《医疗费用持续增长机制——基于历史数据和田野资料的分析》,《中国社会科学》2015 年第 8 期。

大,如婚姻状况、受教育程度、年龄、收入等。过往的相关研究更多将重心放在了探讨城乡之间的客观差距上,而该结果提示我们在分析个人社会支出的分布时,除了关注城乡之间的客观经济差距,也应注意到城市和农村地区内部居民个人层面的因素。

表8 城乡居民个人社会支出的基尼系数及其分解

单位:%

	总基尼系数及其分解				城乡基尼系数	
	基尼系数	组间差异	组内差异	超变密度系数	城市	农村
系数	0.463	0.058	0.265	0.139	0.450	0.481
贡献率	100.000	12.626	57.273	30.101	—	—

(三)不同地区之间个人社会支出的差异

1. 广东省与其他省份之间个人社会支出的差异

图4呈现了不同省份个人社会支出的均值。结果表明,广东省、福建省、云南省的个人社会支出水平较高,湖南省的个人社会支出水平最低。

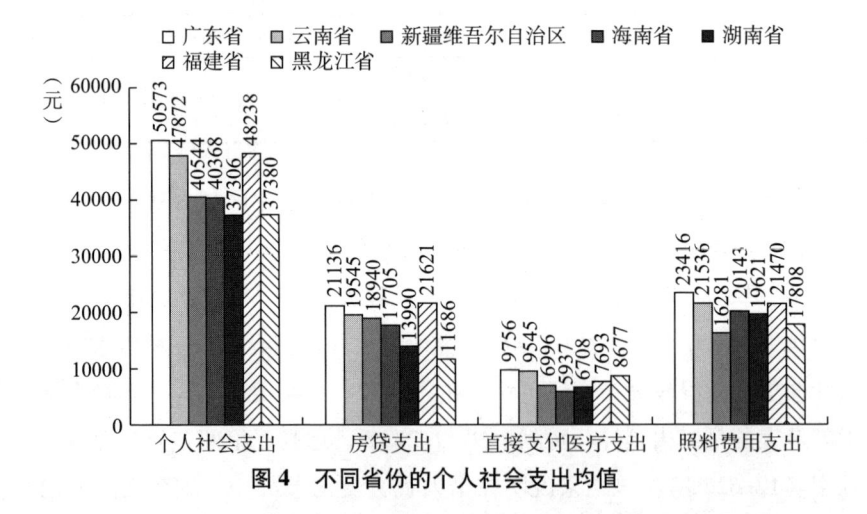

图4 不同省份的个人社会支出均值

根据分解结果可知,湖南省的房贷支出均值最低,照料费用支出均值较低。这可能是因为地区经济发展差异加速人口流动,湖南省毗邻广东,是广东省流入人口的主要来源地,湖南省大量年轻劳动力流出,人口老龄化相对加剧，住房支付能力减弱，从而抑制了居民住房消费。此外，湖南省的生活成本较低，而基础教育和高等教育的竞争优势强、医疗水平较高，因此家庭成员的照料费用支出较少。大部分省份的家庭成员照料费用支出在个人社会支出中的占比最大，其次为房贷支出。广东省、云南省、福建省的照料费用支出均值位居前三，新疆维吾尔自治区的照料费用支出均值最低。一方面，广东省和福建省家庭规模更大，且两地的物价较高，推高了家庭成员照料的标准和费用，而云南省的经济发展水平较为落后，其基本公共服务体系难以满足居民需求，由此提高了居民的照料和养育支出水平。另一方面，尽管新疆老龄化程度加深，但自治区政府出台多项政策应对养老压力，并鼓励社会资本进入养老服务业，切实降低了居民的照料费用支出水平。通过比较各省房贷支出的均值，可以发现福建省的住房负担最重，广东省、云南省次之，黑龙江省的房贷支出最低。该结果可以用地区经济发展水平进行解释。根据2023年各省政府工作报告中统计的地区生产总值（GDP）数据，可以发现广东省、福建省位列我国GDP十强。经济发达地区的居民收入水平相对于低经济发展地区较高，虽住房价格较高，但居民的住房支付能力也较强。[①] 广东省与福建省作为相邻省份，经济发展水平与居民住房支付能力差异相对较小，因此两地的房贷支出均值差异也较小。但同时应注意到，受地区经济发展水平、社会环境、住房消费者的购房意愿等因素的影响，城镇居民住房消费存在不确定性，这解释了为何经济发展程度不高的云南省房贷支出位列第三，云南省居民的房贷支出水平可能受到了当地旅游业发展情况的影响。直接支付医疗支出方面，各省之间的均值差异较小，为211~3819，其中广东省的直接支付医疗支出均值最高，而海南省均值最低。

进一步，我们对各省份之间个人社会支出的差异是否显著进行检验。先对样本数据进行正态性检验和方差齐性检验，发现其不满足进行方差分析的前置条件，因此采用非参数检验方法中的Kruskal-Wallis检验。解释变量为不同省份，被解释变量为个人社会支出，检验结果如表9所示。从表9可知，省份不同直接影响居民的个人社会支出，且他们的个人社会支出存在显著性差异

---

① 杨巧、陈诚：《经济集聚、住房支付能力与流动人口城市迁移意愿》，《现代财经（天津财经大学学报）》2019年第1期。

($\chi^2=252.32$,$p<0.001$)。

表9 不同省份个人社会支出的 Kruskal-Wallis 检验

省份	样本数	秩均值	Kruskal-Wallis 检验（$N=15650$）
广东省	4400	8462.84	
云南省	2550	8228.23	
新疆维吾尔自治区	2250	7265.14	$\chi^2=252.32$
海南省	600	7161.82	$p=0.0001$
湖南省	2250	7127.17	($df=6$)
福建省	1500	8208.51	
黑龙江省	2100	7265.73	

非参数检验只能说明至少有两个省份之间差异显著，但并不清楚具体是哪些省份之间存在差异，因此我们进行不同省份之间两两比较的 Kruskal-Wallis 检验，该检验提供了不同省份之间个人社会支出的统计量等级均值差（rank-means difference）、临界值（critical value）和 p 值。结果如表10所示，表格中呈现了不同省份之间的等级均值差以及 p 值。由表10可知，广东省与其他六个省份的个人社会支出差异具有统计学意义；云南省除与福建省的个人社会支出差异不显著，与其他五个省份的差异均显著；除广东省外，福建省还与新疆维吾尔自治区、海南省、湖南省、黑龙江省的个人社会支出存在显著性差异。

表10 不同省份之间个人社会支出差异的两两比较

	广东省	云南省	新疆维吾尔自治区	海南省	湖南省	福建省	黑龙江省
广东省	0						
云南省	234.61*	0					
新疆维吾尔自治区	1197.71***	963.09***	0				
海南省	1301.03***	1066.41***	103.32	0			
湖南省	1335.67***	1101.06***	137.96	34.65	0		
福建省	254.33*	19.72	943.37***	1046.69***	1081.34***	0	
黑龙江省	1197.11***	962.50***	0.60	103.91	138.56	942.78***	0

注：$N=15650$，* $p<0.05$，** $p<0.01$，*** $p<0.001$。

为考察各省份个人社会支出的空间分异情况，本部分测量了样本中七个省份的个人社会支出的基尼系数，测量结果见表11。各个省份的总基尼系数为0.463，说明不同省份之间个人社会支出差异较大。通过对基尼系数进行分解，得出各类差异对总差异的贡献率，可以发现组间差异和组内差异的贡献率较低，分别为14.722%和17.685%，而各子群交叠部分的贡献率较高，达67.594%，说明了不同省份间重叠的部分对总差异的影响作用较大，即各省份重叠部分的差异性较高，若重叠部分差异加剧，则会提高各省份的差异程度，进一步导致基尼系数的升高。横向对比各省份组内基尼系数可以看出，海南省个人社会支出的分异程度最高，基尼系数为0.498，接近代表差异悬殊的基尼系数分界值0.5；新疆维吾尔自治区次之，基尼系数为0.491；广东省的分异程度在七个省份中最小，但省内个人社会支出仍差距过大，基尼系数为0.438。该结果说明不同省份的个人社会支出在分布上存在不均衡的情况。

表11 不同省份个人社会支出的基尼系数及其分解

单位：%

	总基尼系数及其分解				不同省份的基尼系数							
	基尼系数	组间差异	组内差异	超变密度系数	广东省	云南省	新疆维吾尔自治区	海南省	湖南省	福建省	黑龙江省
系数	0.463	0.068	0.082	0.313	0.438	0.448	0.491	0.498	0.465	0.471	0.457
贡献率	100.000	14.722	17.685	67.594	—	—	—	—	—	—	—

2. 广东省内各城市之间个人社会支出水平的差异

对广东省内各城市的个人社会支出均值进行测算，结果如图5所示。根据上文对各省份个人社会支出水平的测算，广东省的个人社会支出均值为50573。在广东省21市中，东莞市、中山市、云浮市、佛山市、广州市、江门市、深圳市、清远市、湛江市、珠海市、茂名市11个城市的个人社会支出均值超过了广东省的均值，说明这些城市的个人社会支出水平过高，值得引起关注。

清远市的个人社会支出均值（58300）在21个城市中最高，汕头市的个人社会支出均值（36347.5）最低，二者相差21952.5。根据2023年广东省各市GDP数据排名可知，汕头市为第11名，清远市为第14名，两地的经济发展程度相近，但个人社会支出却呈现较大的差异。对清远市和汕头市的个人社会支

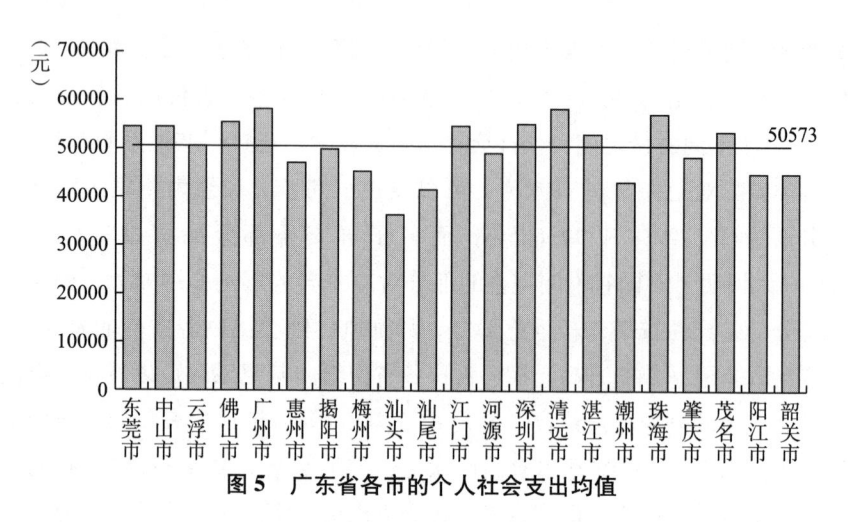

图 5 广东省各市的个人社会支出均值

出情况进行分解，结果如图 6 所示。由图 6 可知，两市在直接支付医疗支出、照料费用支出上的差异较小，但清远市居民的房贷支出均值近乎汕头市的三倍，该结果可以用住房消费的空间溢出效应解释。从地理位置看，清远市临近广州市，而我国省际城市居民住房消费有明显的正向空间相关性，一个区域城市居民的住房消费在一定条件下会受到其他区域的影响[①]，因此，清远市居民的住房消费受到了广州市的影响，表现出较高的住房消费水平，进一步增加了

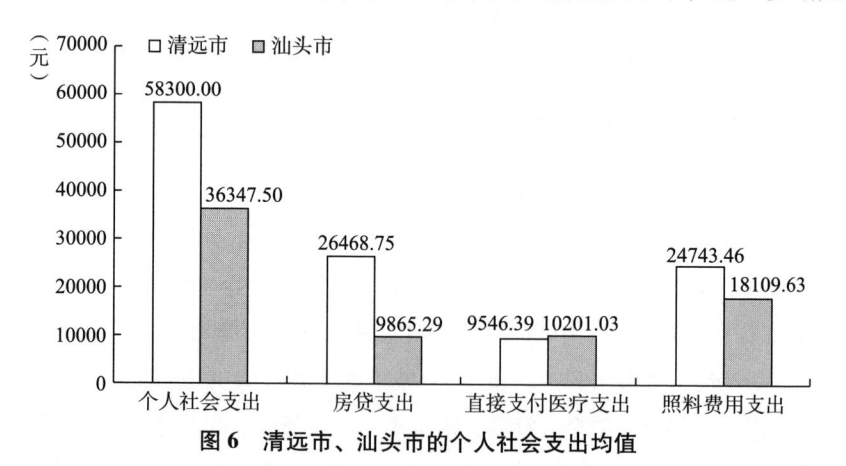

图 6 清远市、汕头市的个人社会支出均值

---

① 刘颜、周建军、傅贻忙：《人口老龄化、住房支付能力与城镇居民住房消费》，《财经科学》2023 年第 7 期。

其房贷支出。

下面对广东省各市之间的个人社会支出均值差异的显著性进行 Kruskal-Wallis 检验，解释变量为广东省各市，被解释变量为个人社会支出，检验结果如表12所示。结果显示，广东省各市的个人社会支出差异具有统计学意义（$\chi^2=73.021$，$p<0.001$），说明在广东省各个城市之间，个人社会支出存在分布不均衡的情况。

表 12　广东省各市个人社会支出的 Kruskal-Wallis 检验

	样本数	秩均值	Kruskal-Wallis 检验（$N=4400$）
东莞市	200	2306.70	
中山市	200	2346.44	
云浮市	200	2201.46	
佛山市	200	2307.65	
广州市	300	2354.02	
惠州市	200	2065.77	
揭阳市	200	2211.41	
梅州市	200	2086.99	
汕头市	200	1753.22	
汕尾市	200	1921.94	$\chi^2=73.021$
江门市	200	2383.86	$p=0.0001$
河源市	200	2194.48	（$df=20$）
深圳市	300	2298.11	
清远市	200	2468.64	
湛江市	200	2246.08	
潮州市	200	2021.68	
珠海市	200	2287.52	
肇庆市	200	2215.68	
茂名市	200	2271.31	
阳江市	200	2058.78	
韶关市	200	2083.20	

为了进一步探究广东省内各市个人社会支出的空间分异来源，本部分采用

基尼系数的分解方法进行研究，分解结果如表13所示。结果显示，广东省个人社会支出的分异主要来自省内各市的重叠部分，重叠部分的差异贡献率为80.358%，不同城市间重叠部分的差异对总差异的影响作用最大。各城市之间的重叠部分可能是同受广东省总体因素影响的部分，如出台的政策等。分异的另一个成因来自各市间的组间差异，贡献率为14.837%。该结果提示我们在降低个人社会支出水平时，应关注到省内各城市之间重叠因素的影响，同时尽力调控不同城市间的经济发展和物价水平差异。

表13 广东省内各市个人社会支出的基尼系数及其分解

单位：%

	总基尼系数及其分解			
	基尼系数	组间差异	组内差异	超变密度系数
系数	0.438	0.065	0.021	0.352
贡献率	100.000	14.837	4.805	80.358

下面对各城市个人社会支出的基尼系数进行测算，结果如图7所示。对各城市的基尼系数进行横向对比，测算数据显示，汕头市的不平等程度最高，市内的个人社会支出差异悬殊，基尼系数为0.506；珠海市的分异程度次之，基尼系数为0.473。中山市、清远市、深圳市的个人社会支出均衡程度较好，基尼系数较低，分别为0.391、0.394、0.399。

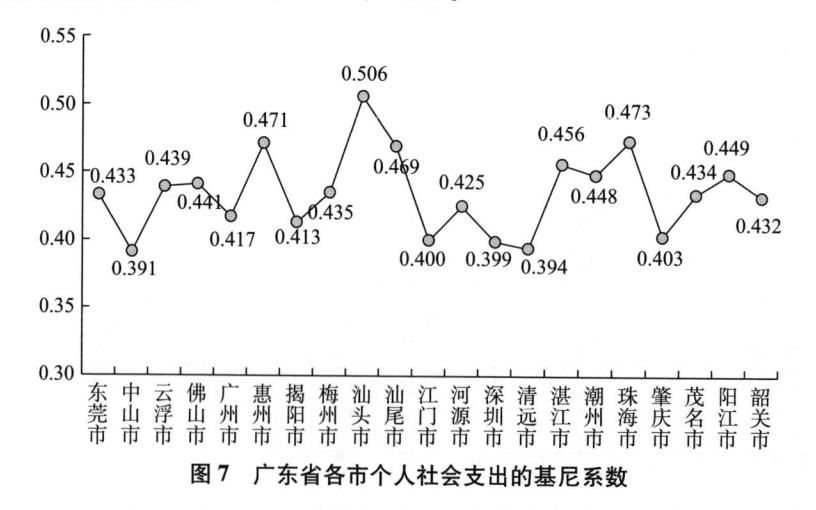

图7 广东省各市个人社会支出的基尼系数

四 居民主观阶层认同现状及其差异分析

改革开放以来,中国社会结构发生了巨大的变化,在建设共同富裕目标要求下的建构"橄榄型社会结构"中,中等收入群体的发展与壮大愈发受到关注。壮大中等收入群体,不仅要扩大在客观中等收入指标测定下达标的规模,而且要在主观上提升公众对自身中等收入阶层的认同感。主观阶层认同源于马克思在论述中发展出的"阶级意识"一词,按照杰克曼夫妇的定义,主观阶层地位指的是个人对自己在社会阶层结构中所占据的位置的感知[1],即个体如何认识自己在社会结构中的位置。然而,现有研究指出,目前中国城镇居民的主观阶层认同存在"认同下移"的情况,甚至近年来社会中有"被中产"的呼声出现[2],中产阶层在身份认同上往往处于认同偏低或模糊的状态[3]。客观阶层地位与主观阶层认同之间产生过大的差距,不仅不利于社会治理与稳定,而且不利于真实全面了解人民生活质量、实现共同富裕的目标。居民主观阶层认同的"向下偏移",反映了居民对自身所处阶层的"不配得感"和消极体验。

主观阶层认同偏差与过往研究中经典的"地位决定论"相悖,收入、受教育程度和职业地位等客观社会经济指标对主观阶层认同偏差的解释力有限,因此,学术界针对主观阶层认同展开了丰富的探讨。目前,共有三种理论被用来解释中国民众的主观阶层认同偏差。第一种是"地位决定论"的延续,即居民的主观阶层认同不仅受到居民微观层次收入、教育的影响,还受到宏观政策和制度的作用,如宏观层面的经济发展水平、社会保障水平、公共服务供给等。[4]且在现代社会,个体的受教育程度和收入可能存在不对等的现象,从而使得人

---

[1] Jackman J. R. W. , "An Interpretation of the Relation Between Objective and Subjective Social Status," *American Sociological Review* 5 (1973): 569–582.
[2] 赵卫华、汤溥泓:《消费对中国城镇居民阶层认同的影响研究——基于CSS 2013 年数据分析》,《哈尔滨工业大学学报(社会科学版)》2019 年第 5 期。
[3] 李春玲:《社会阶层的身份认同》,《江苏社会科学》2004 年第 6 期。
[4] 黄丽娜:《分层与重塑:青年的互联网使用与阶层认同——基于CGSS 2013 数据的实证研究》,《中国青年研究》2016 年第 12 期。

们身处多重叠加的社会群体中，进而导致阶层认同模糊。① 第二种理论可以归纳为"地位过程论"，即个体会综合其"过去"和"现在"的社会地位来评价其当前的社会地位。转型期中国民众的阶层认知并不是简单地取决于他们当下所处的社会经济地位，而是在很大程度上同他们的社会经济地位的"相对变动"有关。② 第三种理论从"参照群体"角度出发，不同阶层或群体的获益程度有很大差异，个人的主观阶层认同往往通过参照他人的社会地位而获得，这种局部比较的方式会影响居民的分配公平感，进而引发相对剥夺感③，而处于相对剥夺状态的个体倾向于低估其社会阶层地位④。

以上三种理论为我们理解中国居民的主观阶层认同偏差提供了丰富的解释，具有较强的概括力和启发性，但是目前较少有研究关注到居民的支出与阶层认同之间的关系，尤其是个人社会支出对主观阶层认同的影响。"支出"作为影响居民生活质量的重要因素，往往被"收入"这一指标所掩盖，但生活成本加剧会放大居民的相对剥夺感和对社会的不公平感，那么，个人社会支出是否会影响个人的主观阶层认同？二者之间具体是什么关系？

本部分探究居民主观阶层认同的状况，以及个人社会支出绝对水平和相对水平与居民主观阶层认同的关系。在这里，使用2023年中山大学"人民美好生活需要（福利态度）调查"中的H9问题："在我们的社会中，有些人在社会上层，有些人在下层，如果10分代表最上层，1分代表最下层，您给自己打几分"来测量居民的主观阶层认同，采用连续变量进行测量，选项1~10分分别代表居民阶层认同的不同层级。

（一）居民主观阶层认同现状分析

对居民的主观阶层认同情况进行统计，结果如图8所示。由图8可知，居民的主观阶层认同基本上呈钟形分布，表现出"两头小、中间大"的特征。居

---

① Hout M., "How Class Works in Popular Concepion: Most Americans Identify with the Class Their Income, Occupaion, and Education Implies for Them," in Annette Lareau & Dalton Conley eds., *Social Class: How Does It Work?* (New York: Russell Sage Foundation, 2008).
② 刘欣：《相对剥夺地位与阶层认知》，《社会学研究》2002年第1期。
③ 马磊、刘欣：《中国城市居民的分配公平感研究》，《社会学研究》2010年第5期。
④ 范晓光、陈云松：《中国城乡居民的阶层地位认同偏差》，《社会学研究》2015年第4期。

民主观阶层认同的均值为 5.41，即大部分受访者认为自己处于社会的中间阶层。其中，认为自己处于社会第五层的受访者最多，共计 4771 人，占比为 30.49%。而认为自己处于社会较高层的人数较少，其中，245 人认为自己处于社会的第九层，占比为 1.57%；432 人认为自己处于社会的最高层，占比为 2.76%。总的来说，居民的主观阶层认同"趋向中层"，但应注意的是，若将阶层划分为低、中、高三类，那么目前，居民主观阶层认同处于中间阶层的下限附近。该结论可以利用"参照群体"理论进行解释，即人们在衡量自己的阶层地位时，往往会选择现实交往圈中的其他人来进行定位，而交往圈与自身通常具有相似性或同质性，所以多数人都认为自己处于中间位置。① 因此，本报告认为，仅从某个时点来看，中国居民的主观阶层认同分布与其他国家类似，表现出"中产认同偏好"，即存在"趋中性"，但同时存在一定的"向下偏移"趋势。

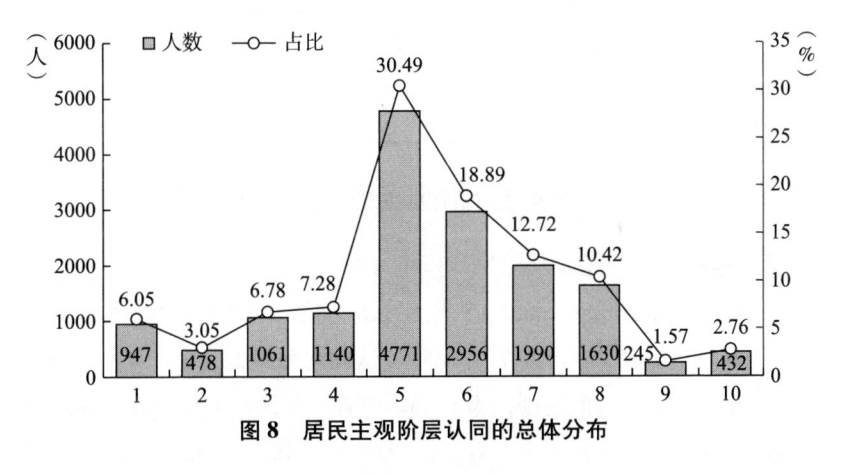

图 8　居民主观阶层认同的总体分布

（二）居民主观阶层认同的群体间差异

为了对居民主观阶层认同的分布情况有更加深入和全面的了解，本专题选取了性别、年龄、收入、受教育程度、不同居住地五个维度进行分析。

---

① Evans M. D. R. & Kelley J., "Subjective Social Location: Data from 21 Nations," *International Journal of Public Opinion Research* 16（2004）.

1. 不同性别群体之间主观阶层认同的差异

由图9可知，分性别来看，女性的主观阶层认同均值为5.61，大于男性的5.26，该结论与目前大部分研究的结果一致。对此现象的一种解释是，这可能与"男主外、女主内"的性别文化模式有关。[①] 目前，中国社会中男性更多进入劳动力市场承担着"养家糊口"的责任，面临着较高的经济压力和工作压力，使男性对其自身所处的阶层抱有消极的态度，影响其主观阶层认同。

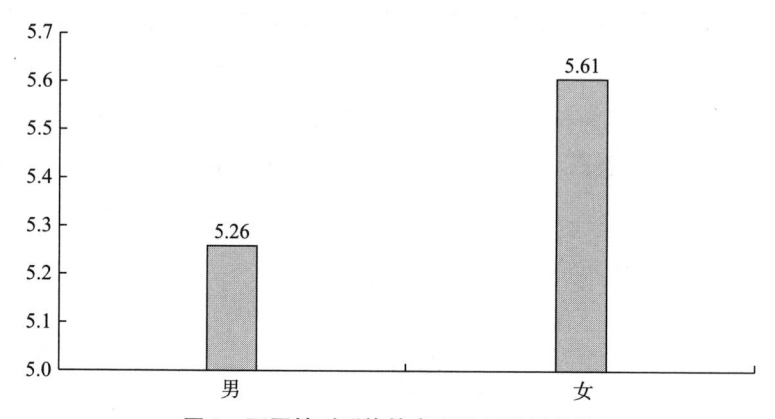

图9　不同性别群体的主观阶层认同均值

2. 不同年龄群体之间主观阶层认同的差异

图10展示了不同年龄群体的主观阶层认同均值。不同年龄群体的主观阶层认同差异性不大，26~35岁群体的主观阶层认同均值最高，为5.49，而65岁以上群体的主观阶层认同均值最低，为5.26。中青年群体作为劳动力市场的中坚力量，一方面，其职业发展正处于上升期，劳动收入和职场地位的提升提振了中青年群体的信心，进一步影响其主观阶层认同；另一方面，中青年群体处于"成家立业"和阶层流动的关键阶段，住房持有对青年群体的阶层认同具有显著正向影响，主要通过提升青年群体的公平感知影响阶层认同，住房成为青年人评价自身阶层地位的重要指标。[②] 但同时也要注意到，住房负债压力会在一定程度上削弱

[①] 王军：《中国多元城镇化路径对主观阶层认同的影响》，《中山大学学报（社会科学版）》2021年第3期。

[②] 郭小弦、周星辰：《住房产权与青年群体的阶层认同：三种效应的检验》，《中国青年研究》2023年第3期。

住房持有对青年主观身份认同的积极影响。① 对于65岁以上的老年群体，一方面，退休后的老年人面临着经济收入与社会地位的下降，不安全感和不公平感随之产生，老年人可能会对自身情况产生消极认知，进而导致其主观阶层认同下滑；另一方面，数字时代的加速到来促进了老年人对互联网的使用、扩大了参照群体的选择范围，同时互联网信息的易得性使老年人接触到越来越多的不平等信息，最终使其在比较中产生相对剥夺感，降低了其主观阶层认同。②

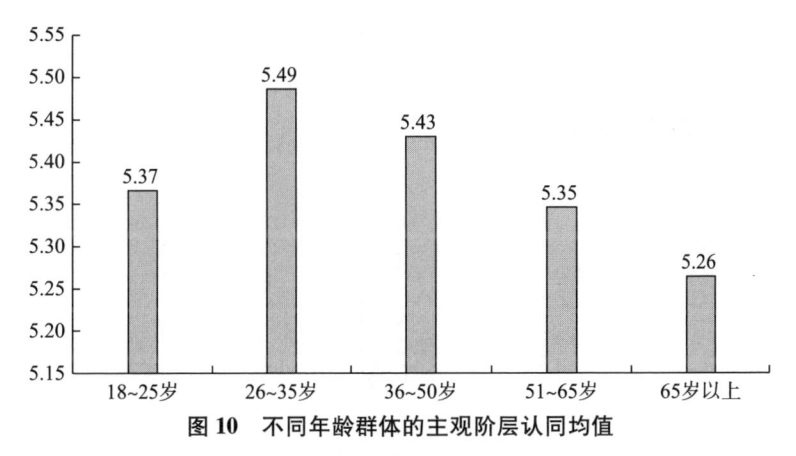

图10 不同年龄群体的主观阶层认同均值

3. 不同收入群体之间主观阶层认同的差异

图11显示的是不同收入群体的主观阶层认同均值。结果表明，受访者的主观阶层认同随着收入的增加而提升，高收入群体的主观阶层认同均值达5.87。根据地位获得理论，居民的社会阶层由两种因素共同决定，即先赋和获致。③ 收入水平的提升提高了居民的社会地位，也改变了居民的社会阶层，在阶层地位认同上，收入和职业地位越高，人们越不可能处于相对剥夺地位，其主观阶层认同就越高。④ 本部分对收入群体的处理参照前文，将所有受访者的收入排序进行三等分，然而，三类群体在主观阶层认同上的均值变化并不平均，与收入阶层的变化呈现不同步性。中等收入群体相较低收入群体，主观阶

---

① 陈潭、贺雯：《高房价压力下的城市青年心理焦虑及其调适》，《中国青年研究》2008年第4期。
② 封铁英、刘嫄：《数字时代互联网使用对老年人主观阶层认同的影响研究》，《西安交通大学学报（社会科学版）》2022年第2期。
③ 黄嘉文：《教育程度、收入水平与中国城市居民幸福感：一项基于CGSS 2005的实证分析》，《社会》2013年第5期。
④ 范晓光、陈云松：《中国城乡居民的阶层地位认同偏差》，《社会学研究》2015年第4期。

层认同提升了14.5%;高收入群体相较中等收入群体,主观阶层认同提升了3.5%。该结果再次说明了客观阶层地位与主观阶层认同之间存在偏差,以及在高收入群体中出现了主观阶层认同"向下偏移"的现象。一方面,随着绝对收入的增加和居民社会地位的提升,居民的社会生活空间和交往范围扩大,地位参考群体从"老乡"或同阶层的人转变为地位更高的居民,可能会增强相对剥夺感。当人们处于相对剥夺地位时,不论其所处的客观阶层地位是高还是低,都会倾向于做出社会不平等的判断。① 另一方面,这源于阶层认同偏差的"天花板效应",即社会上层的民众不可能向上偏移,而只能向下偏移;社会底层的民众不可能向下偏移,而只能向上偏移。

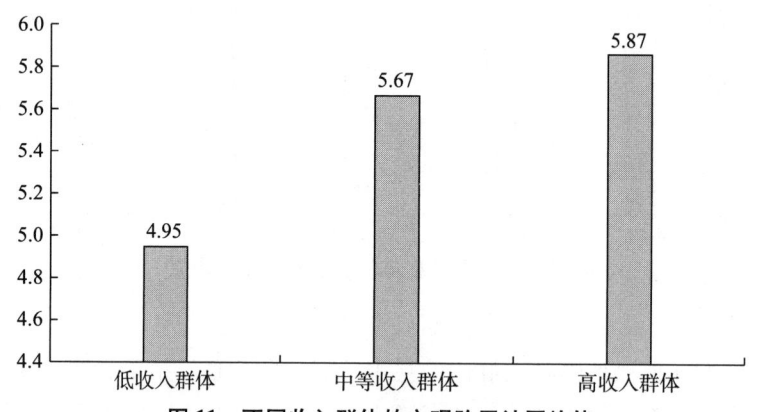

图11 不同收入群体的主观阶层认同均值

4. 不同受教育程度群体之间居民主观阶层认同的差异

从图12可知,居民的主观阶层认同随着受教育程度的提高而提升。受教育程度为小学及以下的群体的主观阶层认同均值为4.33,是四类群体中均值最低的;受教育程度为研究生的群体的主观阶层认同均值最高,为5.70,与最低值的差为1.37。对于受教育程度高的居民,研究者普遍认同接受高等教育是促进个人社会阶层向上流动的有效途径。其重要原因之一在于高等教育有助于个体获取知识、提升专业技能,从而获取高收入。② 此外,接受过高等教育的人

---

① 刘欣:《转型期中国大陆城市居民的阶层意识》,《社会学研究》2001年第3期。
② 何兴邦:《大学文凭还有助于农家子弟提升社会阶层认同吗?——以体制内身份获取优势为研究视角》,《山西财经大学学报》2023年第3期。

能够接触到更优秀、更高质量的社交圈,有助于个体累积更多的社会资本。社会资本能够为个体提供信息、人情、信任等资源,帮助个体实现更好的职业发展。[1] 而职业地位越高、收入越多,其主观阶层认同也越高。[2]

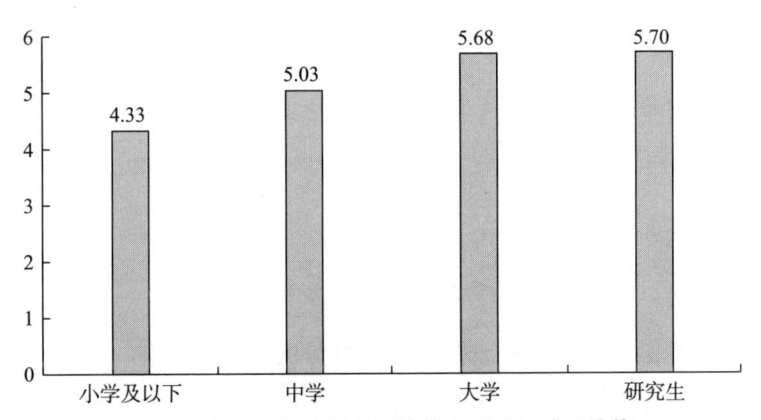

图 12　不同受教育程度群体的主观阶层认同均值

值得注意的是,主观阶层认同均值在大学、研究生两类群体之间的差异较小,仅为 0.02。这可能是因为尽管教育回报率会随着学历的提升而增加,但研究生学历群体的参照群体会根据环境进行变化,当他们选择与身边同等学历的人进行比较时,相对剥夺感会增强,从而抑制其高估自身的阶层地位。总的来说,研究生学历教育回报率的正向影响逐渐被高学历群体的相对剥夺感所抵消,因此研究生学历群体呈现与大学学历群体相近的主观阶层认同。

5. 不同居住地群体之间居民主观阶层认同的差异

图 13 展示了不同居住地群体的居民主观阶层认同均值。由图 13 可以看出,城市居民的主观阶层认同均值为 5.52,高于农村居民的 5.20,二者的差为 0.32。该结果可以用地位过程论和参照群体理论进行解释。

从地位过程论出发,过程视角强调"过去"对"现在"的社会化影响,重视阶层流动的过程。在流动过程中,主观的流动感知也发挥着重要的作用,对城市居民而言,由于城乡居民在收入、财产、消费和公共服务等多方面均存

---

[1] 蔡庆丰、程章继、陈武元:《社会资本、家庭教育期望与阶层流动——基于"中国家庭追踪调查"的实证研究与思考》,《教育发展研究》2021 年第 20 期。
[2] 周长城、王妙:《客观阶层地位与主观阶层认同:闲暇生活方式的中介效应考察》,《社会科学研究》2021 年第 3 期。

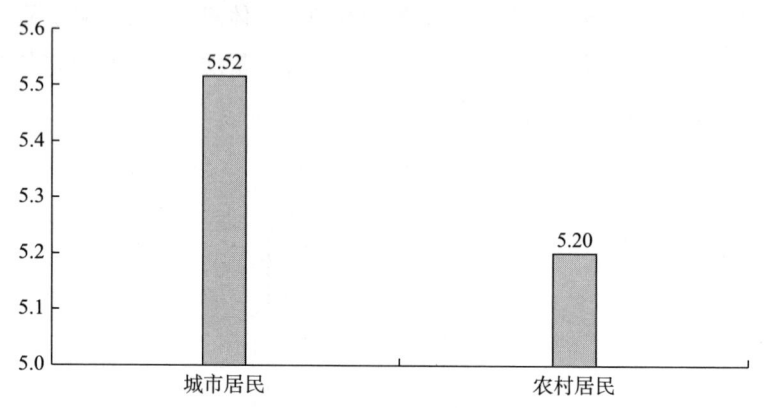

```
   5.6
         5.52
   5.5
   5.4
   5.3
   5.2                              5.20
   5.1
   5.0
         城市居民                    农村居民
         图13  不同居住地群体的主观阶层认同均值
```

在差距[①],其社会流动机遇一般要多于农村居民,会有更高的向上流动感知,故而对其自身社会阶层的认同不会过低。

为了缩小城乡差距、改善城乡关系,从2000年开始,政府一方面逐步推进农村税费改革来减轻农民负担,另一方面对农业生产进行直接补贴。2007年开始,政府陆续出台农村公共服务供给系列政策[②],进一步缩小了城乡之间的差距,但城乡不平衡问题依然存在。从参照群体理论出发,农村居民社会地位的提升带来了其所处环境社会交往圈的变化,农村居民的参照群体也从村民同乡转向城市居民或更高阶层的人,因此在社会比较的过程中易产生相对剥夺感,从而低估其自身社会地位。而城市居民自改革开放以来,收入水平有了显著提高,城市大都市化、国际化的过程更强化了城市居民对于外来流动人口的优越感,使其主观阶层认同更高。

五 个人社会支出对居民主观阶层认同的影响

本部分构建回归模型,探究影响居民主观阶层认同的因素,主要关注个人社会支出绝对水平、相对水平与居民主观阶层认同的关系。

---

① 高鸣、魏佳朔:《促进农民农村共同富裕:历史方位和实现路径》,《中国软科学》2022年第8期。
② 陈雪娟、胡怀国:《我国城乡基本公共服务的阶段性跨越——现代化进程中的透视》,《河北经贸大学学报》2022年第3期。

（一）模型设计

模型的表达式如下。

$$Y_{ic} = \alpha + \beta X_{ic} + \theta P_{ic} + \gamma W_{ic} + \lambda C_{ic} + \varepsilon_{ic} \qquad ④$$

其中，i 代表受访者个体，c 代表受访者所在的地区。被解释变量 Y_{ic} 为居民主观阶层认同。X_{ic} 为主要解释变量，即居民个人社会支出的绝对水平或相对水平，个人社会支出绝对水平的测量方法参见本专题报告第一部分，相对水平的计算方法为个人社会支出绝对水平/所在省份个人社会支出绝对水平均值。P 为个体特征变量，包括性别、年龄、受教育程度、婚姻状况、户籍、户口所在地等。W 为工作特征，包括职业类型和个人年收入对数。C 为受访者所在地区特征。在分析中，笔者控制受访者所在城市的固定效应，以此来控制地区层面影响居民阶层认同的可观测因素和不可观测因素。ε_{ic} 为误差项。各变量的定义和描述性统计见前述表3。

（二）回归结果分析

模型分析结果如表14所示。

表14 个人社会支出的绝对水平、相对水平对居民主观阶层认同的影响：OLS模型

	居民主观阶层认同			
	模型（1）	模型（2）	模型（3）	
	未标准化回归系数	未标准化回归系数	未标准化回归系数	标准化回归系数
个人社会支出绝对水平	-0.075*** (0.015)		-0.019 (0.026)	-0.012
个人社会支出相对水平		-0.111*** (0.019)	-0.087** (0.033)	-0.041**
收入水平 （个人年收入对数）	0.175*** (0.012)	0.179*** (0.012)	0.177*** (0.012)	0.131***
年龄	-0.021* (0.010)	-0.023* (0.010)	-0.020* (0.010)	-0.114*
年龄平方项	0.000** (0.000)	0.000** (0.000)	0.000** (0.000)	0.145**

续表

	居民主观阶层认同			
	模型（1）	模型（2）	模型（3）	
	未标准化回归系数	未标准化回归系数	未标准化回归系数	标准化回归系数
性别（参照组：女性）				
男性	-0.292*** (0.035)	-0.297*** (0.035)	-0.293*** (0.035)	-0.074***
受教育程度（参照组：小学及以下）				
中学	0.479*** (0.108)	0.510*** (0.105)	0.472*** (0.108)	0.114***
大学	0.884*** (0.111)	0.922*** (0.108)	0.882*** (0.111)	0.219***
研究生	0.912*** (0.158)	0.999*** (0.155)	0.919*** (0.158)	0.070***
婚姻状况（参照组：未婚）				
已婚	0.184*** (0.053)	0.159** (0.052)	0.183*** (0.053)	0.041***
离婚	-0.388*** (0.108)	-0.406*** (0.106)	-0.389*** (0.108)	-0.034***
职业状况（参照组：职业1）				
职业2	0.020 (0.063)	0.016 (0.063)	0.018 (0.063)	0.004
职业3	-0.191** (0.070)	-0.196** (0.069)	-0.194** (0.070)	-0.032**
职业4	-0.368*** (0.066)	-0.375*** (0.066)	-0.370*** (0.066)	-0.069***
职业5	-0.611*** (0.091)	-0.605*** (0.090)	-0.614*** (0.091)	-0.071***
职业6	-0.526*** (0.089)	-0.550*** (0.089)	-0.534*** (0.089)	-0.061***
职业7	-0.649*** (0.145)	-0.676*** (0.143)	-0.654*** (0.145)	-0.041***
职业8	-0.341*** (0.063)	-0.369*** (0.062)	-0.344*** (0.063)	-0.072***
职业9	-0.708*** (0.078)	-0.695*** (0.076)	-0.707*** (0.078)	-0.107***

续表

	居民主观阶层认同			
	模型（1）	模型（2）	模型（3）	
	未标准化回归系数	未标准化回归系数	未标准化回归系数	标准化回归系数
户籍（参照组：非农业户口）				
农业户口	-0.186*** (0.036)	-0.183*** (0.036)	-0.189*** (0.037)	-0.048***
户口所在地（参照组：广东省外）				
本县	0.132* (0.063)	0.160** (0.062)	0.130* (0.063)	0.031*
本市其他区县	-0.031 (0.073)	-0.001 (0.071)	-0.033 (0.073)	-0.006
广东省其他城市	-0.118 (0.080)	-0.080 (0.079)	-0.118 (0.080)	-0.017
城市固定效应	控制	控制	控制	控制
常数项	4.393*** (0.347)	3.732*** (0.320)	3.896*** (0.394)	—
R^2	0.100	0.101	0.101	
观测值	12733	13236	12733	

注：①* $p<0.05$,** $p<0.01$,*** $p<0.001$；②括号内为标准误。

首先，本报告分别考察个人社会支出绝对水平和相对水平对居民主观阶层认同的影响。表14中的模型（1）和模型（2）结果显示，个人社会支出的绝对水平、相对水平对居民主观阶层认同均有显著的负向影响。个人社会支出绝对水平对居民主观阶层认同的弹性为-0.075，即在其他条件不变的情况下，个人社会支出绝对水平每提升1个单位，居民主观阶层认同就降低0.075个单位；模型（2）中，在其他条件不变的情况下，个人社会支出相对水平每提升1个单位，居民主观阶层认同就降低0.111个单位。在本报告中，个人社会支出包括房贷支出、直接支付医疗支出和照料费用支出三部分，这些支出均为维系个人生存的生存性支出。客观层面上，个人社会支出的增加会对居民的发展性与享受性消费产生"挤出效应"，降低个人的生活品质和消费水平。根据本专题第一部分的分析，房贷支出占个人社会支出的比重较高，说明居民的住房负债水平过高，这会进一步降低居民家庭资金的流动性，削弱家庭应对不确定的财务风险的能力，提升家庭财务的脆弱性。① 主观层面上，个人社会支出水平的提升综合影响着居民的生活质量，降低了居民的主观幸福感，同时迫使居民家庭增加劳动力供给以承担日常生存性消费，加重了居民的失业焦虑和心理压力。② 在上述因素的作用下，个人社会支出水平的提升会放大居民的相对剥夺感和不公平感知，而居民的社会态度（如社会公平感和主观幸福感）也会对其主观阶层认同产生显著的影响③，因此个人社会支出水平高的居民更容易产生消极的阶层体验，从而低估自身的社会经济地位。

其次，模型（3）同时控制个人社会支出绝对水平和相对水平，以此来考察不同水平对居民主观阶层认同影响的强弱程度。回归结果显示，虽然个人社会支出绝对水平对居民主观阶层认同仍存在负向影响，但在加入了相对水平后，绝对水平对居民主观阶层认同的影响不再显著。而在其他条件不变的情况下，个人社会支出相对水平每提升1个单位，居民主观阶层认同便下降0.087个单位。个人社会支出绝对水平和相对水平的单位不同，因此需要对其标准化回归系数进行比较，绝对水平与相对水平的标准化回归系数的绝对值分别为0.012、0.041，说明相对水平对居民主观阶层认同的影响程度更大。该结果表明，居民对于个人社会支出相对水平的变动更加敏感，而相对水平的计算是以同省份的居民为参照的。根据社会比较理论，人们在评价自身地位、进行自我认同时，往往倾向于选择他人来做参照对象。④ 因此，居民在评价自身阶层地位时通常会比较同省份居民的收入及其个人社会支出水平，信息主要来源于社会网络和现实生活中居民的消费水平。由于社交网络内容存在"积极偏差"，即人们倾向于将自己积极向上、光鲜亮丽的一面展示给他人⑤，居民一般会进行"上行社会比较"，把生活水平高于自身的人作为比较对象，进一步降低对

---

① 李波、朱太辉：《债务杠杆、财务脆弱性与家庭异质性消费行为》，《金融研究》2022年第3期。
② 徐旻霞：《无债一身轻？——房产、住房负债与青年的主观阶层认同》，《中国青年研究》2023年第12期。
③ 韩钰、仇立平：《中国城市居民阶层地位认同偏移研究》，《社会发展研究》2015年第1期。
④ Festinger L.，"A Theory of Social Comparison Processes，" *Human Relations* 7（1954）.
⑤ Reinecke L. and Trepte S.，"Authenticity and Well-being on Social Network Sites：A Two-wave Longitudinal Study on the Effects of Online Authenticity and the Positivity Bias in SNS Communication，" *Computers in Human Behavior* 1（2014）：95-102.

自身的阶层认同。

再次，本报告比较居民的收入水平[1]对居民主观阶层认同的影响。模型（1）至模型（3）中，收入水平对居民主观阶层认同均产生显著的正向影响。在模型（3）中，收入水平对居民主观阶层认同的弹性为 0.177，即收入水平每提升 1 个单位，居民的主观阶层认同就提高 0.177 个单位。收入水平的标准化回归系数为 0.131，对居民主观阶层认同的影响约为个人社会支出相对水平（Beta = -0.041）的 3 倍，说明相较于个人社会支出相对水平，居民主观阶层认同主要受个体年收入的影响。该结论与目前的主流研究结论一致。第一，随着收入水平的提升，居民客观阶层地位也随之提高，地位决定论更多地认为个体的主观阶层认同是其客观政治经济地位的直接映射。[2] 第二，收入水平的提高意味着可支付能力的提高，只有当收入足够支撑消费时，释放消费潜能的可能性、合理性、可持续性才能同时得到兼顾。[3] 尽管生存性消费会对其他消费进行挤压，但收入水平的提升会带来享受性消费和发展性消费绝对数量和占比的增加，改善居民的消费结构。因此，收入水平的提升可以缓解个人社会支出对居民主观阶层认同的抑制作用。第三，收入水平越高，人们越不可能处于相对剥夺地位。既有研究发现，收入作为生活的物质基础，与生活满意度的关系是相对确定的，收入状况的改善有助于生活满意度的提高[4]，从而使居民对自身阶层地位的认同程度更高。

最后，对其他变量的分析如下。

年龄对居民主观阶层认同有显著负向影响，在模型（3）中，年龄每增加 1 岁，居民主观阶层认同就降低 0.020 个单位。年龄平方项对居民主观阶层认同有显著正向影响，初步说明年龄与居民主观阶层认同不是单一的线性关系。而后进行"U"形关系检验，发现年龄对居民主观阶层认同的影响呈先下降后上升的"U"形变化趋势，拐点在 33.4 岁。初入社会的青年群体大部分具有较

---

[1] 模型中使用的数据为个人年收入对数。
[2] Wright E. O., "Rethinking, Once Again, the Concept of Class Structure," in John R. Hall ed., *Reworking Class* (Ithaca, N.Y.: Cornell University Press, 1997), pp. 41-72.
[3] 邹宇春：《减少中等收入群体低位阶层认同偏差 推动消费升级》，《中央社会主义学院学报》2023 年第 6 期。
[4] 赵文龙、代红娟：《显现的张力：环境质量、收入水平对城镇居民生活满意度的影响》，《社会学评论》2019 年第 5 期。

高的受教育程度，因而会对自身人力资本质量和经济地位抱有较高期待，同时，代际交往研究发现，父母对成年子女的帮助在子女年轻时表现得更加明显，代际关系将子女与父母紧密联系在一起，因此父母的帮扶会提高他们的阶层认同[①]；对于老年群体，尽管其收入相比之前锐减，但老年群体常作为"被照顾者"接受子女孙辈的各类支持，且其个人社会支出水平较低，因此对自身阶层归属的主观认知较高；对于中年群体，其面临着"上有老、下有小"的双重照顾困境，同时需要对青年时期承担的债务进行偿还，家庭责任最重，背负着较高的个人社会支出，导致其主观阶层认同最低。

男性的居民主观阶层认同显著低于女性，低 0.292 个单位。这可能是因为女性具有"混合型"的主观阶层认同。[②] 戴维斯和罗宾逊将已婚女性的阶层认同总结为三个主要的假设：一是"独立假设"，即妻子的阶层认同仅由其自身地位决定；二是"依附假设"，即配偶的阶层地位决定妻子的阶层认同；三是"地位共享假设"，即妻子在评判自己所属的社会阶层时会综合考虑自己和配偶的社会经济地位。[③] 一方面，随着社会经济上的性别平等程度得到提高，女性的职业和经济更加独立；另一方面，女性在劳动力市场上仍处于相对不利的位置[④]，其配偶的经济地位往往高于其自身，女性的职业独立和配偶的经济地位使女性易产生较高的阶层认同。

受教育程度对居民主观阶层认同有显著正向影响，相较于小学及以下学历群体，中学学历、大学学历、研究生学历群体的主观阶层认同分别高 0.479 个、0.884 个、0.912 个单位。这与前文中的结论一致，教育是个体实现阶层向上流动的重要动力。

相较于未婚群体，已婚群体的主观阶层认同显著高 0.184 个单位，离婚群体的主观阶层认同显著低 0.388 个单位。相比处于非在婚状态的群体，处于在婚状态的群体形成了稳定的代内家庭共同体、步入了家庭化的生活，婚姻关系

---

① 许琪：《扶上马再送一程：父母的帮助及其对子女赡养行为的影响》，《社会》2017年第2期。
② 许琪：《"混合型"主观阶层认同：关于中国民众阶层认同的新解释》，《社会学研究》2018年第6期。
③ Davis N. J. and Robinson R. V., "Class Identification of Men and Women in the 1970s and 1980s," *American Sociological Review* 53 (1988).
④ 贺光烨、吴晓刚：《市场化、经济发展与中国城市中的性别收入不平等》，《社会学研究》2015年第1期。

的缔结同时意味着资源共享带来的财富积累，从而较易产生更高的主观阶层地位认同。[①]

在职业状况方面，相较于国家机关、党群组织、企业、事业单位负责人群体，专业技术人员的主观阶层认同与其差异不显著，而其他职业群体的居民主观阶层认同均显著低 0.191~0.708 个单位。其中，无工作者的主观阶层认同相比较而言最低。就业质量是影响青年群体阶层认同的有效预测变量，良好的工作满意度、缴纳公积金、不经常加班、合理的工作收入对青年阶层认同有正向促进作用。[②] 而国家机关、党群组织、企业、事业单位负责人由于工作单位性质为体制内，职业具有收入高、稳定性强、福利待遇好等特征，因此主观阶层认同较高。相比之下，体制外和无工作者常要面临经济波动和激烈的同行竞争，失业风险更高，因此阶层认同处于较低水平。[③]

在户籍和户口所在地方面，相比非农业户口，农业户口居民的主观阶层认同显著低 0.186 个单位；相比户口所在地在广东省外的居民，本县居民的主观阶层认同显著高 0.132 个单位，而户口所在地为本市其他区县、广东省其他城市的居民与广东省外的居民的主观阶层认同差异不显著。

六　结论与建议

（一）研究结论

第一，我国个人社会支出水平较高。2023 年中山大学"人民美好生活需要（福利态度）调查"数据显示，我国个人社会支出平均为 46383.33 元，占收入的 86.50%，说明个人社会支出水平较高，人们将大部分收入用于住房、医疗、家庭照料等基本生活支出方面。其中，家庭照料支出占比最大，其次是住房支出，最后是医疗支出。进一步，将收入群体划分为低、中、高三类，其

[①] 许弘、王天夫：《婚姻缔结、家庭财富积累与主观阶层认同的形成——基于中国家庭追踪调查数据的实证研究》，《中山大学学报（社会科学版）》2023 年第 3 期。

[②] 陈树志、肖小平、沈旭棋：《就业质量对我国青年群体阶层认同的影响研究》，《广东青年研究》2022 年第 3 期。

[③] 周扬、谢宇：《二元分割体制下城镇劳动力市场中的工作流动及其收入效应》，《社会》2019 年第 4 期，第 186~209 页。

中高收入群体个人社会支出占收入的比重最小，而低收入群体个人社会支出占收入的比重最大。从个体特征来看，受教育程度低、农业户口、已婚群体的个人社会支出占收入的比重最大。

第二，受访者的个人社会支出受到受访者个体特征、家庭特征的显著影响。具体来说，从个体特征来看，在其他条件不变的情况下，男性、高学历、已婚个体的个人社会支出水平更高。年龄对个人社会支出的影响则呈现倒"U"形，青少年阶段和老年阶段个人社会支出水平较低，青壮年阶段个人社会支出水平较高。在城乡方面，相较于农村居民，城市居民的个人社会支出水平高29.24%。收入水平在0.001的水平上显著正向影响个人社会支出。从家庭特征来看，家庭规模在0.001的水平上对个人社会支出有显著正向影响，家庭规模越大，个人社会支出水平越高。分维度看，男性的医疗支出显著高于女性，而年龄对医疗支出的影响呈正"U"形，但不显著。

第三，个人社会支出水平的分布在不同收入群体、城乡及不同省、市之间有差异。个人社会支出水平在高收入群体、居住地为城市地区、居住省份为广东省、福建省、云南省和经济相对发达的广东省内城市的群体中更高。为刻画不同群体个人社会支出的分异情况，本报告运用基尼系数分解的原理，将总体差异分解为组间差异和组内差异。根据基尼系数分解结果，不同收入群体的组间差异对总体差异的贡献率较大，低收入群体内部的差异最大；城乡居民个人社会支出的总体差异主要是由组内差异造成的，农村居民的个人社会支出差异大于城市居民。

第四，居民的主观阶层认同分布呈现"趋中性"特征。根据2023年中山大学"人民美好生活需要（福利态度）调查"问卷H9问题的数据，居民的主观阶层认同基本上呈现"两头小、中间大"的钟形分布特征，居民主观阶层认同的均值为5.41，大部分受访者认为自己处于社会的中间阶层，但仍存在一定的"向下偏移"趋势，即多数居民认为自己处于中间阶层的下限附近。居民的主观阶层认同在不同群体之间存在一定的差异。较高的居民主观阶层认同主要集中在女性、年龄在26~35岁的群体、中高收入群体、受教育程度较高的群体、居住在城市地区的群体中，且在这五个维度上，居民的主观阶层认同差异均显著。

第五，个人社会支出的绝对水平和相对水平对居民阶层认同有显著的负向影响。在其他条件不变的情况下,个人社会支出绝对水平每提升1个单位,居民主观阶层认同就降低0.075个单位;个人社会支出相对水平每提升1个单位,居民主观阶层认同就降低0.111个单位。当同时考察绝对水平和相对水平影响的强弱程度时,发现居民对于相对水平的变动更加敏感。收入水平对居民主观阶层认同产生显著的正向影响,收入水平每提升1个单位,居民的主观阶层认同就提高0.177个单位,其影响程度约为个人社会支出相对水平的3倍。其他控制变量如年龄、性别、受教育程度、婚姻状况、职业状况、户籍和户口所在地对居民的主观阶层认同也存在影响。其中,年龄对居民主观阶层认同的影响呈"U"形变化趋势,受教育程度对居民主观阶层认同有显著的正向影响,性别差异、婚姻状况差异、户籍和户口所在地差异对居民主观阶层认同的影响均显著。

(二)政策建议

本报告通过调查发现,当前我国个人社会支出总体水平较高、占收入的比重较大,群体之间差异性显著。个体对中间阶层认同度高,表现出"中产认同偏好",存在"趋中性"。降低个人社会支出水平,缩小群体间差异,避免主观阶层认同的"向下偏移"是维护社会稳定、实现共同富裕的有效路径。基于前文的分析,我们提出如下政策建议。

首先,从个体和家庭特征来看,受教育程度是影响个人社会支出的重要因素。受教育程度的提高会促进个体社会支出绝对水平的提升,而作为人力资本的重要表现形式,受教育程度的提高可以促进个体就业质量、收入水平的提升,降低个人社会支出占收入的比重,使消费结构由生存型逐渐向享乐型转变。由此,需要加大对个体教育人力资本的培养力度。第一,加大义务教育投入力度,推进全方面培养。随着经济、社会、文化的不断发展,国家越来越重视教育对人才成长的重要性,教育不仅是提高个人素质、促进个人成长的重要手段,也是促进经济发展、提升国家综合实力的重要支撑。应加大义务教育投资,在注重理论知识学习的同时,还要注重学科实践以及道德品质培养,提高学生责任感,促进全面发展。第二,推进职业教育发展,普及专业技术知识,开展就业培训。就业是民生之本,就业问题的解决离不开教育结构的调整。要在发展和完善普通教育的基础上,注重职业教育的内涵式发展,健全职业教育培养体系，构建理论与实践相配套的职业教育培养模式，推进普通教育与职业教育的有机衔接。第三，注重均衡协调发展，推进教育公平。推动教育资源在城乡、区域之间协调分配，促进教育资源分配公平，如推动互联网教育建设，发挥互联网的便利性和低成本优势，采取线上教育途径促进各地区教育资源平等。同时扩大教育资源覆盖面，让一些弱势群体、偏远山区学生能够有机会获得与发达地区学生同等优质的教育资源，提升整体教育公平性，进一步推动共同富裕。

其次，目前居民的个人社会支出分布存在不均衡的情况，部分群体的个人社会支出水平过高。一方面，个人社会支出的增加会加重居民的相对剥夺感，进而降低居民的主观阶层认同；另一方面，居民主观阶层认同的降低不利于实现共同富裕的目标，进一步抑制了人民对美好生活的向往。因此，现阶段要切实降低居民的个人社会支出水平，实现人民群众对美好生活的向往。具体措施有：①在住房方面，一是要合理调控房地产市场，多举措平抑房价，不仅要在需求端通过各种手段严厉调控，而且应在供给端增加住房和土地供应。政府应加大保障性租赁住房和共有产权住房供给，扩大居民的住房选择面。同时，土地的供应应该根据城市人口、产业做动态调整和监测，对于人口流入、房价高涨的城市，应该加大居住用地的供应。二是要减轻地方政府对土地财政的依赖程度，降低土地价格。地方政府所依赖的土地财政是推高居民房贷支出的重要因素之一，为此，应深化财税体制改革，合理设置中央与地方政府的财权事权范围，解决财权层层上收、事权层层下放的问题。同时，合理征收房产税，构建以房产税为主体的地方税收体系，解决地方政府的财源问题，以此降低土地价格，推动当地产业的发展和转型，进一步减轻对土地财政的依赖，形成良性循环。②在照料家庭成员方面，政府应完善政策支持系统，构建一个多主体参与的"多元照顾"体系。政府不仅要做好顶层设计，通过减免税收、提供财政补贴的方式减少居民的照料支出，同时，应鼓励、监督市场和社会价格可承受的、发育成熟的替代性照顾服务。另外，目前儿童照顾中的教育成本过高，这可能与优质教育资源的不均衡分布有关。政府应按照"弱势补偿"的公平理念，确保优质教育资源向落后地区、学校的倾斜和投入，同时打破教育资源的行政壁垒，破除户籍制度、学区制度等对流动人口入学的限制，提高教育公平程度，进一步降低儿童的教育费用。③在减轻居民直接支付医疗支出负担方面，政府应推动医疗公共服务的均等化，合理配置医疗资源，加大对基层医疗的财政投入和人才引进力度，完善基层首诊和分级诊疗体系，提升医疗的可及性，降低农村居民的医疗支出水平。同时，政府应尝试取消城乡居民医保"一制多档"，统一医保报销待遇，使资源向农村群体、老年群体、低收入群体等弱势边缘群体倾斜，并提高城乡居民医疗保险的报销比例，真正体现基本医疗保险制度的公平性和风险共担性。

最后，收入水平也是影响居民主观阶层认同及共同富裕实现的重要因素之一。应着力推进居民收入稳定增长，调整居民的收入分配结构，壮大中等收入群体，让发展成果更多更公平惠及全体人民。我国追求的共同富裕是精神富裕与物质富裕的统一，这一特点应该体现在财富创造与分配的全过程中。具体来说，可以采取以下措施。①提高劳动报酬在初次分配中的比重。劳动报酬是城乡居民收入的主要来源，需要提高最低工资标准、健全工资合理增长机制，同时注重在巩固脱贫攻坚成果的基础上多渠道促进农民增收，加快破除城乡二元结构，推动人才、资金、技术等资源要素在城乡之间合理自由流动，为农民增收提供支持。②扩大就业，通过稳岗位、促技能实现稳就业的目标。增加劳动报酬的前提是稳就业。在企业端，可以综合考虑企业和财政承受能力，进一步完善税费优惠政策，为企业"减负"，持续优化营商环境，加强对就业容量大的民营经济、中小微企业等各类经营主体的支持，大力培育数字经济、银发经济、绿色经济等就业新增长点，让企业释放更多的就业机会，增添更大的发展动力；在劳动者端，健全就业公共服务，聚焦重点需求领域，开展补贴性职业技能培训，不断提高劳动者的就业能力。③健全以税收、社会保障、转移支付等为主要手段的再分配调节机制，解决民众的后顾之忧。提高社会保险的覆盖率和参保率，稳步提高保障水平，各项保障措施要更加注重向农村、基层、欠发达地区倾斜。持续增加中央对地方的转移支付，完善对农村地区的直接补贴政策，缓解地区间、城乡间的贫富差距。④发挥第三次分配的作用，进而形塑扎实推动共同富裕的良好社会氛围。进一步理顺政慈关系，高度重视社区型慈善组织的培育，加强法定社会保障制度与慈善事业的有机衔接，真正实现"全民共享"。

专题报告三

公众偏好与延迟退休配套措施

钟晓慧 方诗琪 潘嘉琦

一 引言

开发利用老龄人力资源、促进老有所为是实施积极应对人口老龄化国家战略的重要路径。中国人口老龄化不断加剧，预计2025年60岁及以上老年人口将突破3亿人，2033年突破4亿人，2035年前后进入重度老龄化阶段。① 随着人口老龄化的加剧和人均预期寿命的延长，养老保险基金收支平衡压力加大，低龄、健康老人的经济社会价值未得到充分发挥，老年人的知识、经验、技能等银发资源存在大量闲置。国家"十四五"规划明确提出"按照小步调整、弹性实施、分类推进、统筹兼顾等原则，逐步延迟法定退休年龄，促进人力资源充分利用"。② 经过长时间的意见征集工作，山东省和江苏省于2022年作为试点地区开始实施延迟退休政策。③ 党的二十大报告明确提出要"实施渐进式延迟法定退休年龄"。④ 在人均预期寿命提高、人口老龄化趋势加快、受教育

---

① 《全国人民代表大会常务委员会专题调研组关于实施积极应对人口老龄化国家战略、推动老龄事业高质量发展情况的调研报告》，中国人大网，2022年9月2日，http://www.npc.gov.cn/npc/c2/c30834/202209/t20220902_319168.html。

② 《中华人民共和国国民经济和社会发展第十四个五年规划和2035年远景目标纲要》，中国政府网，2021年3月13日，https://www.gov.cn/xinwen/2021-03/13/content_5592681.htm?eqid=9bb919dd00014d6d0000000364953b44。

③ 于文广、管国锋、乔智：《延迟退休、个税递延对养老金替代率和社会福利的影响及政策优化研究》，《统计与信息论坛》2024年第3期。

④ 《习近平：高举中国特色社会主义伟大旗帜 为全面建设社会主义现代化国家而团结奋斗——在中国共产党第二十次全国代表大会上的报告》，中国政府网，2022年10月25日，https://www.gov.cn/xinwen/2022-10/25/content_5721685.htm。

年限增加、劳动力结构变化的现实背景下，现有法定退休年龄制度已然不适应时代步伐。为了深入贯彻落实党中央关于渐进式延迟法定退休年龄的决策部署，适应我国人口发展新形势，充分开发利用人力资源，全国人大常委会会议表决通过了关于实施渐进式延迟法定退休年龄的决定。[①] 延迟退休改革将有效优化人力资源结构，开发老年人力资源潜力，增强社会保障制度的可持续性，更好地促进经济社会长远发展。

然而，延迟退休改革绝非只是延长法定退休年龄，而是一项系统工程，与之相关的配套和保障政策措施非常多，需要统筹谋划、协同推进。一方面，过去的一些与退休相关的政策要进行相应调整，如法定退休年龄、养老保险、劳动权益保障等。另一方面，延迟退休改革也会带来一些新的问题和挑战，需要有相应的配套措施及时跟进，如失业保险、养老托育服务、大龄劳动者就业保障等。只有统筹兼顾，配套措施到位，才能提高延迟退休政策的社会支持度，确保延迟退休改革平稳实施、落实到位。

因此，本报告基于2023年中山大学"人民美好生活需要（福利态度）调查"数据，探讨不同群体的延迟退休配套措施偏好，同时通过对公众风险感知与配套措施偏好进行回归分析，理解不同风险感知程度的群体的配套措施偏好，为延迟退休政策及相关配套措施提出政策建议。

二 文献综述

（一）延迟退休配套措施偏好的多元化与群体性差异

关于延迟退休的相关配套措施，我国政府和学界已进行了较多的讨论和构想，结合国外实际经验，主要可以分为三类，分别是就业保障措施、社会服务措施、弹性工作措施。第一，就业保障措施包括对重点群体（如大龄劳动者、高校毕业生、就业困难人员等）的就业扶持、失业保险的完善、技能培训等，能够为劳动者创造就业条件、增加就业机会。第二，社会服务措施包括托幼服

[①] 《全国人民代表大会常务委员会关于实施渐进式延迟法定退休年龄的决定》，中国政府网，2024年9月13日，https://www.gov.cn/yaowen/liebiao/202409/content_6974294.htm。

务、老年护理服务等，能够减少工作与家庭之间的冲突，让劳动者没有后顾之忧。第三，弹性工作措施包括弹性工作时间、弹性退休年龄等，能够满足不同群体的工作需求和退休需求。其中，弹性退休的政策理念是通过设定退休年龄弹性选择区间，允许劳动者在达到领取养老金最低年龄后，可在一定时间范围内自主选择提前退休、正常退休或延迟退休，并相应地获得减额养老金、全额养老金或超额养老金待遇。

相关配套措施的偏好同样存在明显的群体性差异。对于大龄劳动者而言，"易失业难再就业"是其在劳动力市场面临的主要问题。[1] 因此，个体选择提前退休的一个重要原因是防范失业带来的收入下降风险，某种程度上其实是中国较低的失业保险费率使得本应由失业保险承担的压力转移给养老保险制度。[2] 并且，相比青年劳动者，大龄劳动者可能在技能提升和知识更新方面处于不利地位，影响其职业竞争力。[3] 因此，大龄劳动者对在职培训存在一定的偏好，培训的提供能显著提高大龄劳动者的忠诚度与增强其工作意愿。[4] 家庭照料和家务劳动时长与退休人员的劳动参与、劳动供给时间呈显著的负相关关系。[5] 但家庭照料责任会促使有家庭经济负担的男性退休人员再就业，而促使老年女性减少劳动参与，承担主要的家庭照料责任。[6] 因此，弹性退休政策对劳动供给规模有显著促进作用，尤其增强了老年女性劳动者的劳动意愿、提高了她们的劳动参与率。[7] 与此同时，面临隔代抚育的照顾负担，老年劳动者对于托幼

---

[1] 刘亚丽：《老龄化背景下中高龄劳动者失业再就业研究——基于企业用工偏好的数据分析》，《社会科学家》2018 年第 7 期。

[2] 封进、胡岩：《中国城镇劳动力提前退休行为的研究》，《中国人口科学》2008 年第 4 期。

[3] 王箐、李浩然、刘慧芳：《低龄老年人力资源开发再就业的可行性路径分析》，《中国就业》2024 年第 3 期。

[4] James, J. B., McKechnie, S. & Swanberg, J., "Predicting Employee Engagement in an Age-diverse Retail Workforce," *Journal of Organizational Behavior* 2（2011）: 173-196.

[5] 程杰、李冉：《中国退休人口劳动参与率为何如此之低？——兼论中老年人力资源开发的挑战与方向》，《北京师范大学学报》（社会科学版）2022 年第 2 期。

[6] 丛金洲、吴瑞君：《退休老年人再就业的实现机制——基于马斯洛需求层次理论的实证分析》，《西北人口》2022 年第 6 期。

[7] 满小欧、张艺佳：《弹性退休：政策设计、实施机制与政策效应——基于 OECD 国家多期双重差分的实证分析》，《西安交通大学学报》（社会科学版）2023 年第 5 期。

机构建设存在明显的政策偏好。[1]

（二）公众风险感知对延迟退休改革的潜在作用

风险感知源于心理学领域，是指人们对各种客观风险事件的主观感受和直觉判断。[2] 随着风险研究的深入，社会学和人类学学者进一步指出，风险感知不仅仅是行为主体的心理过程，也是被建构的社会过程。[3] 这也意味着，不同社会背景的群体的风险感知存在差异。而风险感知作为一种认知活动，是影响个体行为意愿与决策的重要因素。[4] 公众风险感知的相关研究主要集中在公共危机事件应对、政策接受度等方面，如突发公共卫生事件或极端灾害事件中的公众风险感知与应对研究、公众风险感知对宅基地退出意愿的影响等研究。[5]

期望理论和计划行为理论认为，认知理性下个体对成本和收益的期望值评估影响其对事物的态度，进而影响个体的行为意向。[6] 这种认知理性也体现在公众对某项政策的接受度上。[7] 一旦公众认为某一政策将致使个人产生较高的成本或风险时，该政策的接受度或支持度会较低。[8] 对延迟退休改革持反对态

---

[1] 徐彩琴：《渐进式延迟退休年龄的配套政策研究》，硕士学位论文，上海工程技术大学，2017年，第82页。

[2] Slovic, P., "Perception of Risk," *Science* 4799 (1987): 280-285.

[3] Mary, D., *Risk Acceptability According to the Social Sciences* (New York: Russell Sage Foundation, 1986).

[4] 宋金波、钱琛、冯卓、马亮：《征迁改造居民的"知情意"——风险感知、政府信任及焦虑情绪对政策支持意愿的影响》，《系统管理学报》2024年第1期。

[5] 褚万年、张伟、吴雪娇、张靖琳、刘世伟、王晓明：《公众对极端暴雨和洪水灾害的风险感知与保护行为关系研究——以新疆阿克苏地区为例》，《灾害学》2022年第3期；晋洪涛、刘巧娜、史清华：《风险感知、风险态度与农户宅基地退出意愿研究——以河北省唐山市郊区农户为例》，《农业现代化研究》2023年第1期；嵇艳、孙宏玉、徐鋆娴、时春红、周强、孙玉梅：《公众对重大突发公共卫生事件风险感知与应对的质性研究》，《解放军医学院学报》2023年第9期。

[6] Ajzen, I., "The Theory of Planned Behavior," *Organizational Behavior and Human Decision Processes* 2 (1991): 179-211.

[7] Lubell, M., Vedlitz, A., Zahran, S. & Alston, L. T., "Collective Action, Environmental Activism, and Air Quality Policy," *Political Research Quarterly* 1 (2006): 149-160.

[8] Stoutenborough, J. W., Sturgess, S. G. & Vedlitz, A., "Knowledge, Risk, and Policy Support: Public Perceptions of Nuclear Power," *Energy Policy* 62 (2013): 176-184.

度的部分公众认为延迟退休是政府面对巨额养老金亏空的一种应对策略，会对人们的福利造成损失，同时会对劳动力市场造成冲击，增加劳动者的就业压力与失业风险。[1] 并且，虽然延迟退休会增加养老金财富，但在工资增长率较低的情况下，延迟退休会减少养老金财富。[2] 而个体在非确定情况下对损失的敏感度会更高。[3]

有研究指出，个体对于工作和收入的风险感知会显著影响其离职意向。[4] 在实际的劳动力市场中，很多劳动者会为了防范失业带来的收入下降风险、降低收入的不确定性而选择提前退休，领取一份稳定的养老金。[5] 此外，个体对于未来工作和收入的预期越好，主观幸福感就越强。[6] 而劳动力的生活幸福感对于延迟退休政策的社会认同具有显著影响。[7] 这启示我们，延迟退休改革绝不能只是延迟法定退休年龄，而应该认真研究延迟退休改革对于不同群体的实际影响，通过制定完善的配套政策措施来降低公众风险感知，确保延迟退休改革平稳实施、落实到位。对于政策制定而言，公众风险感知会产生较大的实际影响或显著后果，应当将其作为风险管理和政策制定的重要依据。公共政策决策者要重视前置的政策评估，尤其是价值、态度和个人偏好等主观因素的评价，而不仅仅是基于成本效益分析的后期政策绩效评估。[8]

综上，既有文献已提出丰富的延迟退休配套措施，并提供了较为可靠的分析与论证，为本报告的研究提供了重要参考价值。但已有研究更多关注大龄劳

---

[1] 武俊伟：《延迟退休何以"延迟"？——基于多源流框架的决策议程分析》，《西南大学学报》（社会科学版）2021年第3期。

[2] 郑苏晋、王文鼎：《延迟退休会减少职工的养老金财富吗?》，《保险研究》2017年第5期。

[3] Kahneman, D. & Tversky, A., "Prospect Theory: An Analysis of Decision under Risk," Handbook of the Fundamentals of Financial Decision Naking: Part I, 2013, pp.99-127.

[4] 姜亚丽、陈海平、车宏生：《工作满意度变化与离职意向变化的动态关系模型简介》，《北京师范大学学报》（自然科学版）2016年第2期。

[5] 封进、胡岩：《中国城镇劳动力提前退休行为的研究》，《中国人口科学》2008年第4期。

[6] 张大帅：《家庭收入风险对家庭幸福感的影响——基于前景理论的实证分析》，《山西财政税务专科学校学报》2023年第1期；黄杏子、周云波：《贫困脆弱性对农村居民主观幸福感的影响——基于CFPS数据的实证分析》，《西北人口》2024年第1期。

[7] 于铁山：《延迟退休年龄政策的社会认同与影响因素——基于CLDS（2014）数据的实证研究》，《社会工作与管理》2017年第6期。

[8] 转引自黄杰、朱正威、王琼《风险感知与我国社会稳定风险评估机制的健全》，《西安交通大学学报》（社会科学版）2015年第2期。

动者如何延长劳动参与时间，对于其他群体的关注有限，缺乏认知视角下的风险感知对不同群体延迟退休配套措施偏好的相关研究。在风险社会，风险逻辑成为驱动现代社会的内在动力机制。[1]如何通过风险感知来理解公众对于不同延迟退休配套措施的偏好，对于推动延迟退休改革、充分开发利用老龄人力资源、促进老有所为具有重要意义。

三　研究设计

（一）数据来源

本报告使用的数据来源于中山大学"人民美好生活需要（福利态度）调查"，主要选取了问卷中"社会态度"、"延迟退休"和"被访者个人资料"的相关数据进行分析和讨论。在剔除无效回答或不回答的样本后，各个题目的有效样本数如表1所示。需要说明的是，在异质性分析和回归分析中加入性别、年龄、受教育程度、收入状况、婚姻状况、城乡状况、职业状况、工作单位性质和照顾负担等相关变量后，再一次剔除了相关变量的无效回答，因此有效样本有所变动，在此不一一列举。

（二）变量操作化

本报告试图研究公众风险感知对延迟退休配套措施偏好的影响。

1. 自变量：公众风险感知

心理测量学派认为风险是主观的，强调个体对外在环境的直观判断。[2]基于此，本研究的自变量公众风险感知选取题项"您认为您未来的工作和收入前景如何"进行测量，将选项"非常不好"、"比较不好"、"一般"、"比较好"和"非常好"分别赋值为5、4、3、2、1。自变量公众感知风险程度为定序变量，取值介于1~5分，得分越高，代表感知风险程度越高。

---

[1] 丁越峰、向家宇：《风险社会时代的中国城市贫困问题研究》，《湖南社会科学》2014年第2期。

[2] Slovic, P., "Perception of Risk," *Science* 4799 (1987): 280-285.

2. 因变量：公众的延迟退休配套措施偏好

因变量公众延迟退休配套措施偏好来自题项"关于推行延迟退休政策，您认为需要哪些配套措施"。答案选项包括"加大对大龄劳动者的就业保障（例如，避免年龄歧视、鼓励企业雇用大龄劳动者）"、"加大失业保险的力度和扩大其覆盖面"、"拓宽青年人就业空间（例如，鼓励新业态就业、扶持个人创业和灵活就业）"、"完善育婴、托幼及老人护理等社会服务"、"为企业提供支持，稳定劳动力市场的工作岗位供给"、"为劳动者提供终身学习和技能培训服务"、"允许劳动者自由选择退休时间点"、"缩短每周/日的工作时长"。这一变量为二分变量，如果公众选择该项，则视为公众偏好该配套措施，赋值为"1"；若未选，则视为公众对该配套措施没有偏好，赋值为"0"。

3. 控制变量

参考已有文献，在研究公众风险感知对延迟退休配套措施偏好的影响时，将基本人口特征（性别、年龄、受教育程度、收入状况、婚姻状况、城乡状况）、职业状况、工作单位性质、儿童照顾负担和老人照顾负担等作为控制变量。同时，为了提高结果的稳健性和可靠性，本报告中所有回归模型均控制了受访者所在地区的固定效应。

具体的测量指标设计与变量基本信息介绍见表1。

表 1　变量描述

	样本数	均值	标准差	最小值	最大值
因变量					
延迟退休配套措施偏好					
1. 加大对大龄劳动者的就业保障（例如，避免年龄歧视、鼓励企业雇用大龄劳动者）	15650	0.540	0.498	0	1
2. 加大失业保险的力度和扩大其覆盖面	15650	0.507	0.500	0	1
3. 拓宽青年人就业空间（例如，鼓励新业态就业、扶持个人创业和灵活就业）	15650	0.555	0.497	0	1
4. 完善育婴、托幼及老人护理等社会服务	15650	0.503	0.500	0	1

续表

	样本数	均值	标准差	最小值	最大值
5. 为企业提供支持，稳定劳动力市场的工作岗位供给	15650	0.382	0.486	0	1
6. 为劳动者提供终身学习和技能培训服务	15650	0.447	0.497	0	1
7. 允许劳动者自由选择退休时间点	15650	0.482	0.500	0	1
8. 缩短每周/日的工作时长	15650	0.436	0.496	0	1
自变量					
公众风险感知	15650	2.552	1.055	1	5
控制变量					
性别（1代表"男"，0代表"女"）	15650	0.553	0.497	0	1
年龄	15456	37.580	11.419	18	101
受教育程度（1代表"是"，0代表"否"）					
1. 小学及以下	15482	0.030	0.169	0	1
2. 初中	15482	0.122	0.327	0	1
3. 高中	15482	0.215	0.411	0	1
4. 大学本科或专科	15482	0.610	0.488	0	1
5. 硕士或博士	15482	0.024	0.153	0	1
收入状况	13754	157187.3	323016.2	0	30000000
婚姻状况（1代表"是"，0代表"否"）					
1. 未婚	15501	0.250	0.433	0	1
2. 已婚	15501	0.720	0.449	0	1
3. 离婚	15501	0.030	0.171	0	1
城乡状况（1代表"现居城市"，0代表"现居农村"）	15650	0.677	0.468	0	1
职业状况（1代表"是"，0代表"否"）					
1. 单位负责人	15649	0.117	0.322	0	1
2. "白领"	15649	0.277	0.448	0	1
3. "蓝领"	15649	0.255	0.436	0	1
4. 灵活就业者	15649	0.015	0.122	0	1
5. 其他从业人员	15649	0.215	0.411	0	1

续表

	样本数	均值	标准差	最小值	最大值
6. 无工作	15649	0.120	0.325	0	1
工作单位性质（1代表"是"，0代表"否"）					
1. 体制内	14931	0.230	0.421	0	1
2. 体制外	14931	0.481	0.500	0	1
3. 无单位	14931	0.289	0.453	0	1
儿童照顾负担（1代表"家中存在3岁以下儿童"，0代表"不存在"）	15514	0.159	0.365	0	1
老人照顾负担（1代表"家中存在60岁及以上老年人"，0代表"不存在"）	15543	0.597	0.491	0	1
每日工作时间（1代表"是"，0代表"否"）					
0~2小时	15650	0.050	0.219	0	1
2~4小时	15650	0.034	0.182	0	1
4~6小时	15650	0.078	0.268	0	1
6~8小时	15650	0.426	0.495	0	1
8~10小时	15650	0.287	0.452	0	1
10小时及以上	15650	0.124	0.330	0	1

（三）分析方法

在数据分析方面，基于变量的不同特征，本报告综合运用了描述性统计、卡方检验和二元Logistic回归（Binary Logistic Regression，BLR）的分析方法。首先，描述性分析运用于对变量均值、标准差等特征的描述；其次，卡方检验用于延迟退休配套措施偏好的异质性分析；最后，二元Logistic回归运用于探究公众风险感知对延迟退休配套措施偏好的影响。本报告使用STATA软件分析，对结果进行了解释、可视化处理和稳健性检验。

四 公众延迟退休配套措施偏好分析

（一）公众延迟退休配套措施偏好的总体特点与群体差异

1. 总特点：公众的配套措施偏好呈多样化，对就业支持类措施的偏好最强

对于公众对延迟退休配套措施的偏好，共有15650名受访者在八个答案选项中给予了答复，累计选择了60300次，平均每个人选择了3.85项。

具体而言，由图1可知，受访者选择"拓宽青年人就业空间（例如，鼓励新业态就业、扶持个人创业和灵活就业）"这一选项的频数最多，为8687人。接下来依次为"加大对大龄劳动者的就业保障（例如，避免年龄歧视、鼓励企业雇用大龄劳动者）""加大失业保险的力度和扩大其覆盖面"和"完善育婴、托幼及老人护理等社会服务"，频数分别为8451人、7936人和7878人，均超过了有效样本数的一半。这表明公众对于就业保障相关的配套措施具有强烈的偏好，同时对于社会保障和社会服务类配套措施也具有较高需求。选择其他配套措施的人数相对较少，但仍有7545人选择"允许劳动者自由选择退休时间点"这一弹性退休制度层面的配套措施，表明公众对延迟退休配套措施的需求是多样的。

首先，公众对青年人和大龄劳动者的就业保障措施需求较大，大概是因为延迟退休可能导致青年就业与大龄劳动者就业的双重困难。一方面，延迟退休可能对青年人的就业造成"挤出"，加剧目前的就业难问题，因为这一政策不仅延长了中老年人留在岗位上的时间，大量大龄劳动者的产生也加大了就业市场的竞争。另一方面，由于目前我国针对大龄劳动者失业再就业的法律激励机制不足，[1] 大龄劳动者在就业市场上面临着失业率高、就业率低、就业质量差、缺乏充足的就业保障和退休保障的问题，[2] 难以实现充分高质量的就业。因此，公众期望延迟退休政策配套出台鼓励创业、新业态就业等措施以及加大对大龄劳动者的就业保障，以进一步拓宽就业空间，并改变大龄劳动者在就业市场中的弱势地位。

---

[1] 刘亚丽：《老龄化背景下中高龄劳动者失业再就业研究——基于企业用工偏好的数据分析》，《社会科学家》2018年第7期。

[2] 余嘉勉、陈玲：《高龄劳动者就业保障的国际经验与借鉴》，《宁夏社会科学》2021年第3期。

```
人民美好生活需要与社会政策创新（2023）
```

选项	人数
3.拓宽青年人就业空间（例如，鼓励新业态就业，扶持个人创业和灵活就业）	8687
1.加大对大龄劳动者的就业保障（例如，避免年龄歧视，鼓励企业雇用大龄劳动者）	8451
2.加大失业保险的力度和扩大其覆盖面	7936
4.完善育婴、托幼及老人护理等社会服务	7878
7.允许劳动者自由选择退休时间点	7545
6.为劳动者提供终身学习和技能培训服务	7003
8.缩短每周/日的工作时长	6827
5.为企业提供支持，稳定劳动力市场的工作岗位供给	5973

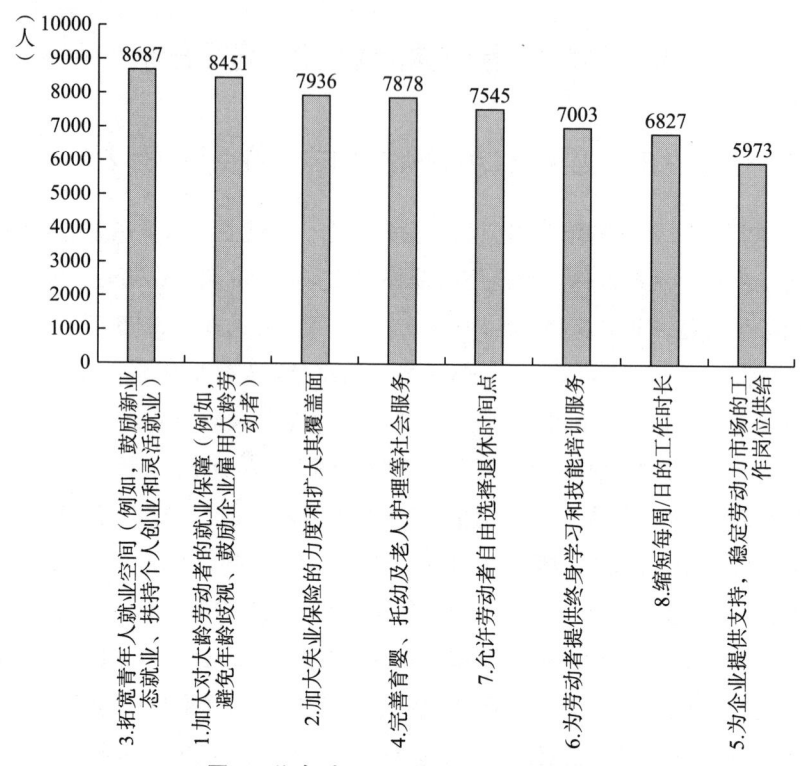

图1　公众对延迟退休配套措施的偏好

其次，公众对于加大失业保险的力度和扩大其覆盖面这一社会保障类措施也有较大的需求，可能同样源于对失业的忧虑及现行失业保险制度存在的问题。目前，我国的失业保险制度存在待遇水平较低、受益率和替代率过低等问题，难以为失业人员及其家庭提供有效的基础保障。[①] 因此，公众在失业危机感的影响下，期望进一步加大失业保险的力度和扩大其覆盖面，加强生活保障，以更好地应对失业对个人及家庭带来的冲击。

再次，公众具有较强的老人照料及儿童托育等社会服务偏好，可能与劳动参与和家庭照料之间的矛盾相关。在双职工家庭中，退休的健康成员在家庭照顾上发挥着重要作用。一方面，退休的父代成员承担着隔代抚育婴幼儿的任

---

① 李珍、王怡欢、张楚：《中国失业保险制度改革方向：纳入社会救助——基于历史背景与功能定位的分析》，《社会保障研究》2020年第2期。

务，为作为中青年劳动者的子代减轻抚育压力；① 另一方面，低龄老人照顾高龄老人的"老老照顾"模式在我国越来越普遍。② 延迟退休年龄意味着家庭中照料者的减少，家庭可以提供的照料支持减少，家庭照顾与劳动参与之间的冲突可能会加剧。因此，在延长退休年龄的基础上，公众需要更充足、更完善的老人照料托育服务，以缓解自身的照顾压力，满足家庭的照顾需求。

最后，公众对于"自由选择退休时间点"具有较强的偏好，表明相比直接提高法定退休年龄，公众倾向于弹性退休方案，以增加个人自主选择空间。由劳动者自主决定退休年龄，是一种更能为公众所接受的延迟退休方案，能够在一定程度上减少改革的阻力。

2. 群体性差异

为进一步了解配套措施偏好的群体性差异，本研究采用卡方检验方法，将八项配套措施分为就业支持类措施、失业保障类措施、社会服务类措施、弹性制度设计类措施，并从性别、年龄、受教育程度、抚赡压力与工作单位性质这五个维度对公众的配套措施偏好进行异质性分析。在这五个维度中，不同的配套措施具有不同的显著性，本研究仅选取具有显著性差异的配套措施偏好进行报告（如表2所示）。

表2 公众对配套措施偏好的群体性差异

人群分类标准	类别数	类别	群体性差异显著的配套措施类型
性别	2	男性	失业保障类措施； 社会服务类措施； 弹性制度设计类措施
		女性	
年龄	5	18~25岁	就业支持类措施； 失业保障类措施； 社会服务类措施； 弹性制度设计类措施
		26~35岁	
		36~50岁	
		51~65岁	
		65岁以上	

---

① 封进、艾静怡、刘芳：《退休年龄制度的代际影响——基于子代生育时间选择的研究》，《经济研究》2020年第9期。
② 梁文凤：《人口老龄化背景下农村养老的现实困境与路径选择》，《经济纵横》2022年第10期。

续表

人群分类标准	类别数	类别	群体性差异显著的配套措施类型
受教育程度	5	小学及以下	就业支持类措施；失业保障类措施；社会服务类措施；弹性制度设计类措施
		初中	
		高中	
		大学本科或专科	
		硕士或博士	
抚赡压力	2	有	社会服务类措施
		无	
工作单位性质	3	体制内	就业支持类措施；失业保障类措施；弹性制度设计类措施
		体制外	
		无单位	

首先，在性别层面，女性对于配套措施的需求明显强于男性（如图2所示）。在失业保障类措施、社会服务类措施和弹性制度设计类措施上，女性均表现出比男性显著更高的选择率。这表明在延迟退休的背景下，女性相比男性更担忧晚年失业的风险。同时，女性感知延迟退休带来的照顾负担更大，因此更需要政府提供的社会服务支持及通过弹性退休制度和弹性工作制度实现的时间支持。

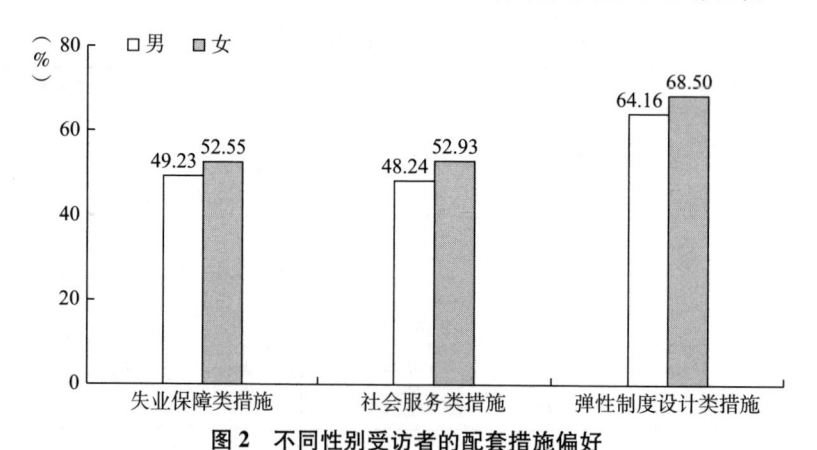

图2 不同性别受访者的配套措施偏好

其次，在年龄层面，各类配套措施均呈现显著差异（如图3所示）。具体而言，对于就业支持类措施和失业保障类措施，51~65岁及65岁以上受访者的需求均显著低于其他受访者群体。这可能是因为这一年龄段的受访者大多处于即将退休或已经退休的状态，劳动参与的意愿不强，因此，在这两类措施上表现出了明显的代际差异。对于社会服务类措施，26~35岁及36~50岁的受访者相比其他年龄段受访者表现出明显更强的需求，这可能是因为处在这两个年龄段的群体面临着工作与家庭平衡的问题，对于退休成员提供的家庭照顾支持有较大的依赖，如果延迟退休，则需要社会服务替代家庭成员满足其家庭照顾的需求。对于弹性制度设计类措施，中青年受访者相比大龄受访者表现出更高的需求，可能同样因为中青年劳动者与劳动参与的关系更加密切，因此会对工作制度的设计具有更高的敏感度。

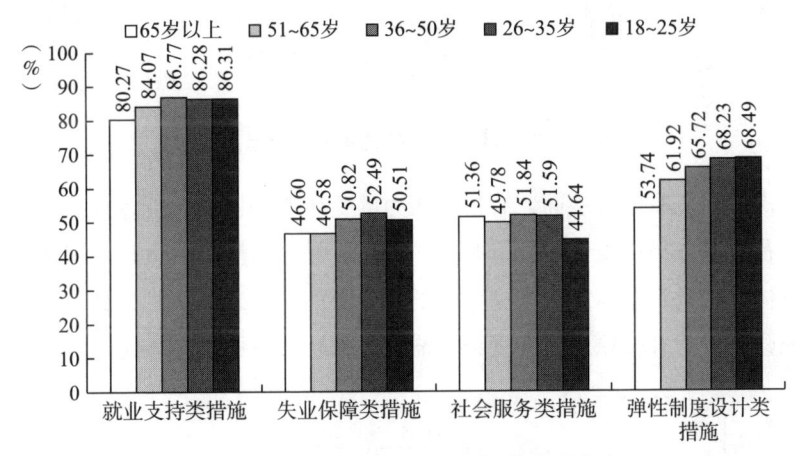

图3 不同年龄阶段受访者的配套措施偏好

再次，在受教育程度层面，各类配套措施也表现出显著差异（如图4所示）。高中学历及大学本科或专科学历的受访者对就业支持类措施、失业保障类措施和社会服务类措施的需求均显著高于其他群体。这可能是因为，相比较低学历层次的群体，他们的教育投资较大，积累了更多的人力资本，因此具有较强的劳动参与意愿；同时，相比更高学历层次的群体，他们更加担心失业的风险。另外，这也表明，这一学历层次的群体面临更加突出的工作-家庭冲突。在弹性制度设计类措施层面，大学本科或专科学历及硕士或博士学历的受访者表现出更高的需求，这可能是因为受教育程度越高，劳动者越注重生活质量，越追求自身的"闲暇"时间，[1] 因此，希望能弹性选择

---

[1] 牛建林：《受教育水平对退休抉择的影响研究》，《中国人口科学》2015年第5期。

退休时间或是缩短工作时长。

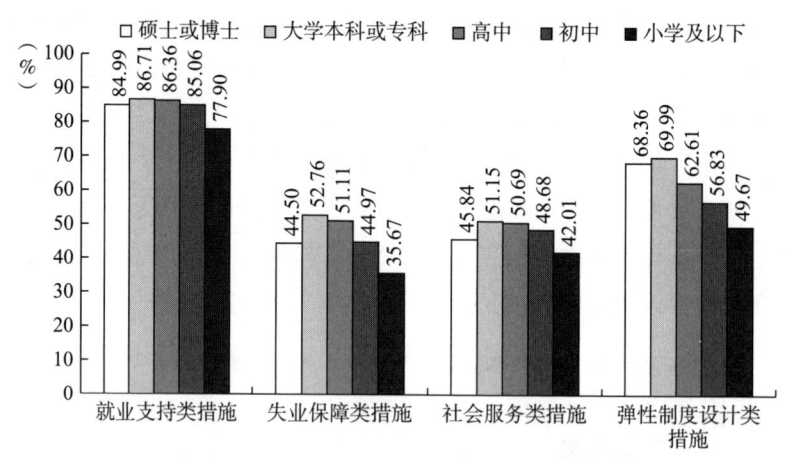

图4 不同受教育程度受访者的配套措施偏好

又次，在抚赡压力层面，有抚赡压力的受访者相比没有抚赡压力的受访者更需要社会服务类措施（如图5所示）。这表明有儿童照顾负担或老人照顾负担的群体担忧延迟退休对于家庭照顾的冲击，如果缺乏健康的退休家庭成员提供的照顾支持，有抚赡压力的受访者需要寻求社会服务作为替代。

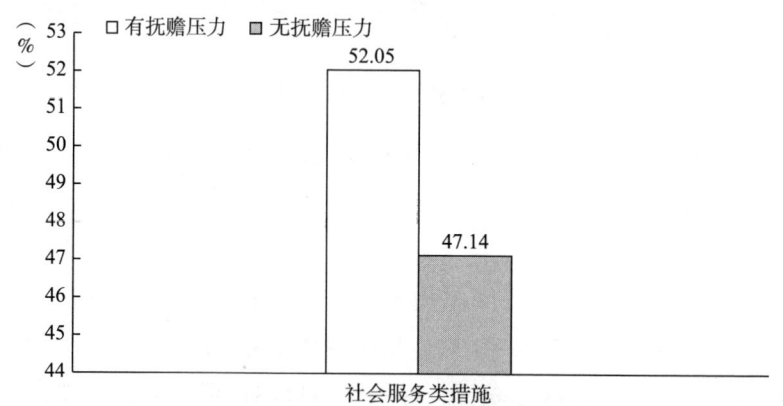

图5 不同抚赡压力受访者的配套措施偏好

最后，在工作单位性质层面，体制外受访者对于就业支持类措施和失业保障类措施表现出显著更高的需求（如图6所示）。这可能是因为体制外工作者的工作缺乏稳定性，失业的可能性较大，因此体制外受访者具有更高的就业支持需求和失业保障需求。而无单位群体可能需要自己缴纳社保，大部分参保意愿较低，因此不关注失业保障措施。对于弹性制度设计类措施，无单位受访者表现出相比其他两类群体显著更低的需求，可能与其工作性质比较灵活相关，受退休制度和工作制度的限制较小。

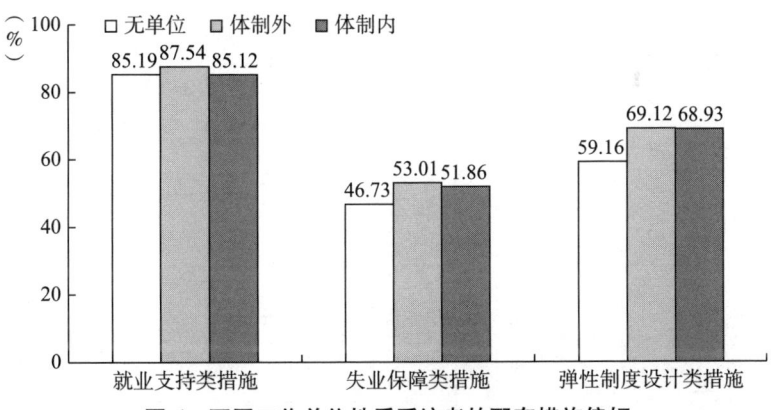

图6 不同工作单位性质受访者的配套措施偏好

（二）公众风险感知对延迟退休配套措施偏好的影响

本报告采用二元Logistic回归模型对公众风险感知对延迟退休配套措施偏好的影响进行实证分析，具体回归结果见表3。其中模型（1）到模型（8）分别是因变量为"加大对大龄劳动者的就业保障""加大失业保险的力度和扩大其覆盖面""拓宽青年人就业空间""完善育婴、托幼及老人护理等社会服务""为企业提供支持，稳定劳动力市场的工作岗位供给""为劳动者提供终身学习和技能培训服务""允许劳动者自由选择退休时间点""缩短每周/日的工作时长"的回归结果。

由表3结果可以看出，根据模型（2）、模型（4）和模型（6），公众风险感知对"加大失业保险的力度和扩大其覆盖面"、"完善育婴、托幼及老人护理等社会服务"和"为劳动者提供终身学习和技能培训服务"三项配套措施的偏好存在显著的负向影响。在其他条件不变时，公众感知的风险程度每上升一个单位，选择"加大失业保险的力度和扩大其覆盖面"的概率下降5.2%（$p<0.01$），选择"完善育婴、托幼及老人护理等社会服务"的概率下降4.3%（$p<0.05$），选择"为劳动者提供终身学习和技能培训服务"的概率下降5.4%（$p<0.01$）。也就是说，风险感知越强，对失业保障、老人照料和托育服务及劳

表 3 公众风险感知对配套措施偏好的影响

			模型（1）	模型（2）	模型（3）	模型（4）	模型（5）	模型（6）	模型（7）	模型（8）
因变量			加大对大龄劳动者的就业保障	加大失业保险的力度和扩大其覆盖面	拓宽青年人就业空间	完善育婴、托幼及老人护理等社会服务	为企业提供支持，稳定劳动力市场的工作岗位供给	为劳动者提供终身学习和技能培训服务	允许劳动者自由选择退休时间点	缩短每周/日的工作时长
自变量										
公众风险感知			−0.006 (0.018)	−0.052** (0.018)	−0.011 (0.018)	−0.043* (0.018)	0.008 (0.018)	−0.054** (0.018)	0.048** (0.018)	0.046* (0.018)
控制变量										
性别（女）			−0.112** (0.038)	−0.075* (0.038)	−0.054 (0.038)	−0.199*** (0.038)	0.032 (0.039)	−0.100** (0.038)	−0.087* (0.038)	−0.144*** (0.038)
年龄（以26~35岁为参照组）	18~25岁		0.012 (0.066)	−0.081 (0.066)	0.048 (0.066)	−0.108 (0.066)	−0.086 (0.069)	−0.058 (0.067)	0.026 (0.066)	−0.006 (0.065)
	36~50岁		−0.056 (0.047)	−0.129** (0.047)	0.068 (0.048)	−0.133** (0.047)	−0.016 (0.048)	−0.030 (0.047)	0.094* (0.047)	−0.339*** (0.047)
	51~65岁		−0.059 (0.065)	−0.246*** (0.065)	0.012 (0.066)	−0.191** (0.065)	0.011 (0.066)	−0.059 (0.065)	0.147* (0.065)	−0.457*** (0.066)
	65岁以上		−0.372* (0.149)	−0.222 (0.149)	0.097 (0.151)	−0.286 (0.148)	−0.217 (0.154)	−0.283 (0.150)	0.029 (0.149)	−0.809*** (0.162)
受教育程度（以大学本科或专科为参照组）	小学及以下		−0.389** (0.121)	−0.549*** (0.124)	−0.480*** (0.121)	−0.327** (0.121)	−0.380** (0.128)	−0.218 (0.123)	−0.593*** (0.124)	−0.625*** (0.131)

续表

		模型（1）	模型（2）	模型（3）	模型（4）	模型（5）	模型（6）	模型（7）	模型（8）
受教育程度（以大学本科或专科为参照组）	初中	-0.120 (0.065)	-0.166* (0.066)	-0.190** (0.066)	0.011 (0.065)	-0.014 (0.067)	0.175** (0.066)	-0.226*** (0.066)	-0.265*** (0.067)
	高中	-0.002 (0.048)	-0.006 (0.048)	-0.100* (0.049)	0.008 (0.048)	-0.010 (0.050)	0.108* (0.049)	-0.228*** (0.048)	-0.161*** (0.049)
	硕士或博士	0.249* (0.123)	-0.065 (0.122)	-0.140 (0.124)	-0.069 (0.124)	0.115 (0.128)	-0.192 (0.129)	-0.016 (0.124)	0.016 (0.121)
收入状况（取对数）		0.019 (0.014)	-0.004 (0.014)	-0.007 (0.014)	0.013 (0.014)	-0.018 (0.014)	-0.004 (0.014)	0.033* (0.014)	0.006 (0.014)
婚姻状况（以已婚为参照组）	未婚	0.049 (0.057)	-0.001 (0.057)	-0.113* (0.057)	-0.212*** (0.057)	-0.007 (0.058)	-0.045 (0.057)	-0.180** (0.057)	-0.051 (0.056)
	离婚	0.137 (0.106)	0.012 (0.105)	0.093 (0.107)	0.210* (0.106)	0.146 (0.106)	0.304** (0.105)	0.151 (0.105)	0.180 (0.105)
城乡状况（以农村为参照组）		0.064 (0.041)	-0.048 (0.041)	-0.063 (0.042)	-0.050 (0.041)	0.038 (0.042)	0.002 (0.041)	-0.024 (0.041)	-0.040 (0.041)
职业状况（以"蓝领"为参照组）	单位负责人	0.042 (0.068)	-0.108 (0.068)	0.070 (0.069)	0.114 (0.068)	0.070 (0.069)	0.051 (0.068)	-0.016 (0.068)	-0.083 (0.068)
	"白领"	-0.006 (0.052)	-0.063 (0.052)	-0.039 (0.052)	0.035 (0.052)	0.003 (0.053)	-0.020 (0.052)	0.052 (0.052)	-0.100 (0.052)
	灵活就业者	0.010 (0.146)	0.464** (0.148)	-0.136 (0.146)	-0.559*** (0.153)	-0.128 (0.153)	-0.259 (0.151)	-0.192 (0.148)	-0.177 (0.149)

139

续表

		模型（1）	模型（2）	模型（3）	模型（4）	模型（5）	模型（6）	模型（7）	模型（8）
职业状况（以"蓝领"为参照组）	其他从业人员	−0.045 (0.053)	−0.002 (0.053)	−0.028 (0.053)	−0.110* (0.053)	−0.103 (0.055)	−0.087 (0.053)	−0.095 (0.053)	−0.021 (0.053)
	无工作	−0.076 (0.084)	−0.033 (0.085)	−0.154 (0.085)	0.059 (0.085)	0.046 (0.088)	0.042 (0.086)	0.022 (0.085)	−0.066 (0.086)
工作单位性质（以体制内为参照组）	体制外	0.256*** (0.050)	0.032 (0.050)	−0.044 (0.051)	−0.054 (0.050)	0.157** (0.051)	0.136** (0.050)	0.001 (0.050)	−0.059 (0.050)
	无单位	0.122 (0.064)	−0.120 (0.065)	0.002 (0.065)	−0.057 (0.065)	0.083 (0.067)	0.073 (0.065)	−0.245*** (0.065)	−0.249*** (0.065)
儿童照顾负担		−0.091 (0.052)	−0.095 (0.052)	−0.004 (0.052)	0.051 (0.052)	−0.050 (0.054)	−0.043 (0.052)	−0.083 (0.052)	−0.165** (0.052)
老人照顾负担		−0.080* (0.038)	−0.011 (0.038)	0.143*** (0.039)	0.222*** (0.038)	0.264*** (0.040)	0.250*** (0.039)	0.113** (0.038)	0.080* (0.038)
城市固定效应		控制	控制	控制	控制	控制	控制	控制	控制
常数项		0.453 (0.259)	1.116*** (0.259)	0.995*** (0.262)	0.384 (0.252)	−0.784** (0.262)	−0.213 (0.252)	−0.171 (0.253)	−0.222 (0.257)
McKelvey and Zavoina's R^2		0.054	0.061	0.069	0.066	0.062	0.066	0.062	0.044
观测值		13065	13065	13065	13065	13065	13065	13065	13065

注：① $*p<0.05$，$**p<0.01$，$***p<0.001$，括号内为标准误。
②对于分类变量，括号内为基准组。

动技能培训服务的需求反而越低。

这是一个与经验常识相悖的结果。本报告认为，原因可能在于本研究采用个体对工作和收入前景的预期来测量风险感知。当风险感知较强时，公众的参保意愿可能下降，尤其是对于主观感知回报率较低的险种。有研究发现，不少用人单位和劳动者认为失业保险只是付出没有回报，[1] 农民工对失业保险的参保意愿也明显低于其他险种。[2] 因此，高风险感知的个体表现出对失业保障措施的低偏好，原因可能在于不认为失业保险有助于降低风险，反而认为由于参保缴费对当前消费的挤压而增加风险。[3]

另外，当个体感知风险较小，即工作和收入前景较好时，劳动参与的意愿更强，[4] 可能将工作发展放在主要地位，因此更需要老人照料和托育服务以提供家庭照顾支持，也更需要劳动技能培训服务来增强自身的人力资本水平，实现更好的职业发展。

根据模型（7）和模型（8），公众风险感知对"允许劳动者自由选择退休时间点"和"缩短每周/日的工作时长"两项配套措施的偏好存在显著的正向影响。在其他条件不变时，公众感知的风险程度每上升一个单位，选择"允许劳动者自由选择退休时间点"的概率上升4.8%（$p<0.01$），选择"缩短每周/日的工作时长"的概率上升4.6%（$p<0.05$）。也就是说，公众感知的风险程度越高，对于此类弹性制度设计的偏好越强。

Fischhoff等的研究发现，风险的可控性和结果的严重性是影响主观风险判断的重要因素。[5] 基于此，高风险感知的受访者之所以对弹性制度设计类措施

---

[1] 孙洁、高博：《我国失业保险制度存在的问题和改革的思路》，《西北师大学报》（社会科学版）2011年第1期。

[2] 谢勇、李放：《农民工参加社会保险意愿的实证研究——以南京市为例》，《人口研究》2009年第3期；顾永红：《农民工社会保险参保意愿的实证分析》，《华中师范大学学报》（人文社会科学版）2010年第3期。

[3] 康书隆、余海跃、王志强：《平均工资、缴费下限与养老保险参保》，《数量经济技术经济研究》2017年第12期。

[4] 王晓庄、孟鸿兴、李洪玉：《年长员工退休后继续工作动机的影响因素及群体间比较：基于网络分析法》，《中国人力资源开发》2023年第8期。

[5] Fischhoff, B., Slovic, P., Lichtenstein, S., Read, S., & Combs, B., "How Safe is Safe Enough? A Psychometric Study of Attitudes towards Technological Risks and Benefits," *Policy Sciences* 9 (1978): 127-152.

表现出强偏好,可能是因为弹性退休时间意味着公众对于延迟退休有一定的自主权,公众能够根据自身需求灵活选择退休时间,增强了公众对于风险的可控性,进而有效削弱了其风险感知。同时,缩短工作时长也在某种程度上减弱了延迟退休对人们的生活所造成的影响,降低了延迟退休消极后果的严重性,进而提升了风险的可接受性。

这一结果表明,高风险感知的群体更需要弹性制度设计类配套措施。因此,推进延迟退休改革需要采取弹性化的制度设计,例如灵活选择退休时间、缩短工作时间等,以满足高风险群体的需求,进而降低其风险感知,增强其延迟退休意愿,从而减小改革推行的阻力。

五 结论与建议

习近平总书记强调,有效应对我国人口老龄化,事关国家发展全局,事关亿万百姓福祉。[①] 延迟法定退休年龄,进行延迟退休改革,既是我国经济社会发展的需要,也是低龄老年人口自身发展的需要。延迟退休不仅是国家积极应对人口老龄化、应对劳动力减少的重要路径之一,而且有利于促进人力资源充分利用、推动经济社会协调发展,还有利于增强社会保障制度的可持续性、更好地保障人民群众基本生活。

应对人口老龄化是一项系统工程。要深入贯彻落实习近平总书记的重要指示精神和党中央决策部署,把积极老龄观、健康老龄化理念融入经济社会发展全过程。要抓住"十四五"时期我国从轻度老龄化进入中度老龄化的重要窗口期,把各方面责任主体统筹贯通起来,把近期和长期的各项任务统筹贯通起来,集中力量健全老龄工作体系,推动老龄事业高质量发展。

总的来说,本报告通过对受访者的延迟退休配套措施偏好进行分析得出了以下几个基本结论。

第一,公众的延迟退休配套措施偏好呈多元化。其中,对"拓宽青年人就业空间"配套措施的偏好最强,对"为企业提供支持,稳定劳动力市场的工作

[①] 《习近平对加强老龄工作作出重要指示强调:加强顶层设计完善重大政策制度及时科学综合应对人口老龄化》,中国政府网,2016年2月23日,https://www.gov.cn/xinwen/2016-02/23/content_5045223.htm。

岗位供给"配套措施的偏好最弱。

第二，公众的延迟退休配套措施偏好存在显著的群体性差异。女性、大学本科或专科学历的受访者对失业保障类、社会服务类、弹性制度设计类措施的需求显著高于其他群体。各年龄段的受访者对于就业支持类措施的需求都较高。36~50岁、有抚赡压力的受访者对于社会服务类措施的需求显著高于其他群体。体制外的受访者对于失业保障类措施的需求显著高于其他群体。相比体制内和体制外受访者，无单位受访者对于弹性制度设计类措施的需求明显更弱。

第三，公众风险感知会显著影响公众对于不同延迟退休配套措施的偏好。其中，公众风险感知程度对养老和托育服务偏好存在显著的负向影响，对弹性退休措施偏好存在显著的正向影响。换言之，个体对工作和收入前景的预期越好，感知风险程度越低，对养老和托育服务的需求越强烈；个体对工作和收入前景的预期越差，感知风险程度越高，对弹性退休制度的需求越强烈。

综上所述，我国延迟退休政策的具体细则和方案应充分考虑到不同群体的切身利益，应充分结合我国经济社会发展需要、劳动力市场态势和不同行业特征等因素进行政策设计。此外，延迟退休政策的实施可能带来多方面的社会影响，如对劳动力市场、家庭照顾资源、社会保障体系等的影响，因此，延迟退休政策应当是一项全方位的立体化的系统工程，并严格遵循"小步调整、弹性实施、分类推进、统筹兼顾"原则。结合习近平总书记的重要指示精神和党中央决策部署，本报告提出以下政策建议。

第一，应当完善弹性退休政策体系，建立融合部分退休与工作的弹性工作机制。[1] 本报告发现，不同群体对不同延迟退休配套措施存在差异化需求。因此，应该实行以弹性退休为核心的退休制度改革以适应人口老龄化社会背景下的劳动力供给状况与满足不同群体差异化需求，统筹兼顾多方主体利益诉求。其中，除了设置弹性退休年龄区间并辅之以弹性养老金机制，还可以引入"部分退休"的政策概念，允许在保有一定工作时间和工作收入的基础上领取部分养老金，激励老年劳动者延长劳动时间。

---

[1] 满小欧、张艺佳：《弹性退休：政策设计、实施机制与政策效应——基于OECD国家多期双重差分的实证分析》，《西安交通大学学报》（社会科学版）2023年第5期。

第二，应该加大对大龄劳动者的就业保障力度，营造老年就业友好型环境。有研究指出，实际年龄与能够接受的最大延迟退休年龄呈负相关关系。[①]这可能与劳动力市场中的年龄歧视、大龄劳动者工作竞争力不足与失业风险高等因素相关。因此，应该通过法律法规的完善来提高劳动力市场年龄歧视的违规成本，保障大龄劳动者的就业权益，实现就业公平。可以通过税收优惠、发放补贴等方式引导企业雇用大龄劳动者并为其提供在职培训，保障大龄劳动者的工作机会。同时，扩大失业保险的覆盖面，建立大龄劳动者再就业的特殊商业保险，鼓励灵活再就业，减轻用人单位经济负担，化解用工风险。

第三，应当加快推进"一老一小"养老托育服务体系建设，提高社会服务的供给和质量。本报告发现，个体对工作和收入前景的预期越好，感知风险程度越低，对养老和托育服务的需求越强烈。这可能是为了实现资源最优配置，个体将更多时间花在预期收益更多的工作上，而缺少对家庭照料和家务工作的投入，因而更需要育婴、托幼及老人护理等社会服务。因此，要规范社会化托幼机构建设，增加托幼保育服务的供给，并提高质量；同时，加强多元化养老服务体系建设，建设社区型机构养老服务体系，提高社会化养老服务的可及性，鼓励扶持养老服务业发展，从而缓解劳动参与和家庭照顾责任之间可能存在的冲突，解决劳动者延迟退休的后顾之忧。

第四，应当健全就业促进政策，加大社会保障尤其是失业保险的力度。本报告发现，公众对就业支持类配套措施的偏好最强。因此，应提供丰富的大龄劳动者就业指导、职业培训与职业评估等，同时将老年教育纳入终身教育体系，构建老有所学的终身学习体系，提高大龄劳动者的人力资源素质，充分发挥大龄劳动者的人力资源作用。延迟退休改革给新增就业人员带来的就业压力也不容忽视。必须加强对青年劳动者的职业教育、就业创业指导、技能培训等，增强青年劳动者的就业能力；同时有序引导青年劳动者就业，鼓励青年劳动者灵活就业和自主创业。要提高失业保险的保障水平，尤其要加大对大龄失业人员的保障力度，防止出现老年贫困。

总之，延迟退休政策是一项复杂的系统工程，要通过充分考虑不同群体的

---

① 李凯：《企业职工延长退休年龄影响因素实证研究——以W市为例》，《科学决策》2016年第4期。

实际需求,来制定完善的延迟退休配套措施,从而"助推"低龄、健康的老年人充分发挥其经济社会价值。"十四五"时期是我国从轻度老龄化进入中度老龄化的重要窗口期,在这一时期,延迟退休改革将减轻养老保险基金压力、促进社会保障体系可持续发展、充分开发利用老龄人力资源、促进老有所为,对推动经济社会高质量发展、全面建设社会主义现代化国家具有重要意义。

专题报告四

老人照顾服务利用与支持措施偏好

钟晓慧 刘 蔚 李鹤然

一 研究背景与研究问题

在少子老龄化背景下，家庭养老支持逐渐乏力。居家社区养老服务作为对家庭养老模式的社会支持，成为构建我国养老服务体系的关键部分。2019年，《中共中央 国务院印发〈国家积极应对人口老龄化中长期规划〉》中提出"健全以居家为基础、社区为依托、机构充分发展、医养有机结合的多层次养老服务体系"目标。[①] 2021年，《中共中央 国务院关于加强新时代老龄工作的意见》进一步明确要求"创新居家社区养老服务模式"，"地方政府负责探索并推动建立专业机构服务向社区、家庭延伸的模式""增加居家社区养老服务有效供给"。[②] 然而，目前我国居家社区养老服务体系仍存在一些问题，主要体现在服务供给端、服务配置过程与服务需求端三个方面。丁志宏和曲嘉瑶通过调查发现，老年人对居家社区养老服务的需求远大于服务供给，但服务供给量也远高于服务利用率。对此，有学者认为这可能与老年人的认知水平、习惯偏好、服务递送过程中的信息曝光程度、家庭或社区情境氛围等因素相关。[③]

尽管居家社区养老服务模式与家庭养老模式协调发展，但是家庭养老仍为

[①] 《中共中央 国务院印发〈国家积极应对人口老龄化中长期规划〉》，中国政府网，2019年11月21日，https://www.gov.cn/xinwen/2019-11/21/content_5454347.htm。

[②] 《中共中央 国务院关于加强新时代老龄工作的意见》，中国政府网，2021年11月24日，https://www.gov.cn/zhengce/2021-11/24/content_5653181.htm。

[③] 丁志宏、曲嘉瑶：《中国居家社区养老服务均等化研究——基于有照料需求老年人的分析》，《人口学刊》2019年第2期；曾起艳、何志鹏、曾寅初：《老年人居家养老服务需求意愿与行为悖离的原因分析》，《人口与经济》2022年第2期。

重要的养老模式。纪竞垚指出，老年配偶、成年子女是家中老人照顾的主体。[①]但是，在双薪家庭数量增多、"一老一小"照顾负担加重、个体化倾向显现等多重因素的影响下，家庭照顾者面临工作、家庭与个人生活之间的矛盾与冲突。因此，国家通过完善家庭照顾支持政策体系巩固家庭养老系统。既有研究将面向家庭照顾者的支持资源分为以下几类，即时间支持、经济支持、服务支持、就业支持、信息支持、技术支持、人力支持、教育支持、情感支持、社交支持和社会福利支持。具体类型及相应内容如表1所示。

表1 面向家庭照顾者的支持资源类型概览

支持资源类型	具体内容
时间支持	探索建立子女护理照料假制度，规定用人单位每年给予子女（独生子女和非独生子女）一定时长的护理假期，且护理假期内工资福利待遇不变；对有老人需要照料的员工，允许其有一定灵活的上下班时间，并提供灵活的休假选择
经济支持	加大对赡养老人的个人所得税专项扣除力度、提高税前扣除额度标准；建立家庭发展津贴制度，对履行老年人赡养责任与义务的家庭在付费型养老服务等方面给予一定津贴支持；建立家庭照顾者津贴制度，对长期照料失能老人的年轻人给予经济补贴或一次性奖励等；为家庭照顾者购买市场替代性服务提供适当支持，如补贴、优惠券；适度提高老年人的养老金待遇等
服务支持	提供替代性照顾服务，鼓励养老服务机构或社区照料中心定期以无偿或低偿日托服务的形式为长期照料老人的家庭成员提供临时性替代服务等
就业支持	通过投资基础设施建设等，加大以工代赈投入，扩大用工规模，提供充足的就业岗位；通过创业指导、创业补贴、担保贷款、税收优惠等手段，让家庭照顾者就地实现自主创业；为家庭照顾者提供继续教育和技能培训机会，增强就业能力，帮助其实现居家灵活就业等
信息支持	为家庭照顾者提供照料所需的技能知识，以及相关政策和法律知识等
技术支持	向有高血压、糖尿病、心脏病等慢性疾病的老年人家庭提供测量设备，并进行相应培训，及时关注老年人健康状况；向特殊老人提供智能设备，将其与医护中心、子女手机联网，提供全方位技术支持等
人力支持	提供照料技能培训，提升家庭照顾者的照料专业知识和技能；整合社会资源，充分发挥社会组织、志愿团体的作用，鼓励其他社会力量参与老年人照顾等

---

① 纪竞垚：《中国居家老年人家庭-社会照料模型》，《人口研究》2020年第3期。

续表

支持资源类型	具体内容
教育支持	加强对家庭照顾者的思想教育，促使他们积极履行赡养责任和义务，减少他们打骂老人的行为，形成积极的孝亲敬老风气等
情感支持	为家庭照顾者提供心理咨询、个案辅导、关怀陪伴等服务，帮助他们辨识心理需求，疏解内心负面情绪，释放压力，提升心理调适和情绪控制技巧，改善身心健康状况等
社交支持	为家庭照顾者提供户外文化娱乐活动，建立支持性小组或团体等
社会福利支持	完善老人同子女随迁的配套措施，对在异地工作并愿意接老人一同居住的子女，应降低其在低保、购房、教育、医疗方面的户籍门槛，让其能享受当地的社会保障待遇，减轻生活压力，增强赡养老人的能力；对愿意返乡并照顾老人的工作者，政府应畅通社保转移接续渠道等

资料来源：由作者收集并制作。

相关研究检验了包括中国在内的39个国家或地区的已婚男性与女性所面临的工作家庭冲突及其中的性别差异，结果发现，在中国男性和女性的工作家庭冲突处于中等地位。然而，男性更多感受到工作对家庭的干扰，女性则因家务分工和抚育责任而更多感受到家庭对工作的消极影响。[①] 此外，学者还从职业、社会阶层角度分析工作生活平衡问题，并讨论二者间的平衡关系对个体和组织的益处。[②] 基于此，为协调工作、家庭和个人生活，公众对正式支持措施有一定需求。综上所述，本专题报告将回答以下三个问题：居家社区养老服务存在哪些问题？公众对老人照顾支持措施存在哪些需求？工作与生活之间的关系将如何影响公众对照顾支持措施的偏好？

二 文献综述

（一）居家社区养老服务的问题

居家社区养老服务即社会为居住在家中的老人提供解决日常生活困难等内容的一种服务形式，可分为入户服务与户外服务。前者指由经过专业培训的服

[①] 张春泥、史海钧：《性别观念、性别情境与两性的工作-家庭冲突——来自跨国数据的经验证据》，《妇女研究论丛》2019年第3期。
[②] 魏翔、韩元君：《"工作-闲暇平衡"问题研究新进展》，《经济学动态》2009年第7期。

务人员为老年人提供上门养老服务，后者指在社区创办日间照料中心等，为老年人提供托管服务。[1] 现有研究已对居家社区养老服务问题做了一些讨论。许多学者指出，目前我国居家社区养老服务存在供需不平衡问题，体现为以下两种形式：服务供给量难以匹配对应的需求量、养老服务需求难以有效转化。

首先，居家社区养老服务供不应求的原因可能在于资金投入不足、基础设施建设不完善、专业服务人员匮乏和服务质量良莠不齐。居家社区养老服务体系建设的资金来源不仅包括政府，而且涉及市场组织。养老服务作为一项福利事业，政府部门应保障充足的资金供给，并且发挥主导性作用，积极调动市场和非营利机构的参与积极性。但是，提供市场化养老服务的企业规模较小、营收利润较低，市场主体的参与动力不足，这些问题限制了资金投入。[2]

同时，居家社区养老服务设施建设存在区域不平衡问题。一方面，相较于居住在城市的老人，居住在农村的老人在传统养老观念的引导下，更倾向于选择家庭养老和子女照顾方式，导致社区养老服务体系未充分发展。[3] 另一方面，受地理位置、交通状况、资金筹措等因素影响，农村地区居家养老服务建设起步较晚，存在服务设施简陋、惠及范围小、发展缓慢等问题。[4] 然而，赵青山、吕蕊蕊比较分析了城乡老年人对居家养老服务需求的差异，发现从整体上看，农村老人对生活照料、医疗保健等养老服务的需求程度较高。[5] 由此可见，居家社区养老服务供不应求问题显著。此外，居家社区养老服务的内容广泛，其对服务人员的技能要求多样。但是，我国老年学科和养老专业建设落后、服务人才市场与技能培训机制有待完善、从业人员流失率较高等问题导致专业化人力资源紧缺。[6] 并且，当前居家社区养老服务供给依照"市场生产—政府供给"模式运行，政府与市场主体间的利益关系、二者在合作过程中的信息差异

---

[1] 陈友华：《居家养老及其相关的几个问题》，《人口学刊》2012年第4期。
[2] 黄春梅：《福利多元主义视角下居家养老服务的问题及对策解析》，《社会福利》2018年第5期；蔡玉梅、陈功：《普惠型居家社区养老服务的模式创新——以北京市养老服务联合体为例》，《北京社会科学》2024年第1期。
[3] 范璐琪、刘素姣：《城乡居民养老观念差异及其影响因素分析——基于CGSS2017数据的实证研究》，《广西职业师范学院学报》2022年第2期。
[4] 赵娜：《居家社区养老服务存在的问题及其对策》，《经济研究导刊》2021年第8期。
[5] 赵青山、吕蕊蕊：《城乡老年人居家养老服务需求的比较分析》，《农村经济与科技》2016年第13期。
[6] 赵娜：《居家社区养老服务存在的问题及其对策》，《经济研究导刊》2021年第8期。

容易影响居家养老服务供给，导致养老服务质量参差不齐。①

其次，周建芳通过调查发现，在精神慰藉服务、助餐服务、生活照料服务、紧急救援服务这四项服务中，对它们有客观需要的老人在总人数的占比分别为80.47%、57.59%、68.72%、62.35%，但实际上愿意购买这些服务的老人占比分别只有6.78%、33.40%、14.27%、9.62%。② 这说明，老人对居家社区养老服务存在需求，但并不意味着他们会通过购买和使用服务来有效转化需求。针对此现象，学者提供了以下几种解释。其一，从居家养老服务供给端来看，服务内容繁多，老人可选择空间大，且同类服务间存在替代关系，故而部分服务未得到使用。③ 其二，从居家养老服务递送过程来看，社区所提供的养老服务类别和资源总量将成为影响服务可及性的重要因素。④ 同时，养老服务相关信息宣传不到位、老人对服务内容或功能的知晓率低则导致养老需求与服务使用间的差距。⑤ 其三，从居家养老服务需求端来看，老人的家庭因素（如代际支持、子女数量等）和个人因素（如健康状况、个体自尊心等）均会影响其服务使用率。⑥ 事实上，已有部分研究对不同地区存在的居家社区养老服务问题进行讨论，本报告也将基于七个省份的数据，分析我国在推进居家社区养老服务体系建设过程中面临的困境。

（二）老人照顾支持与公众对支持措施的偏好

尽管我国的老人照顾主体趋向多元化，但依旧有超八成的老人认为子女应

---

① 蔡玉梅、陈功：《普惠型居家社区养老服务的模式创新——以北京市养老服务联合体为例》，《北京社会科学》2024年第1期。

② 周建芳：《城市老人居家养老服务的有效需求及其影响因素》，《北京社会科学》2022年第11期。

③ 张思锋、张恒源：《我国居家社区养老服务设施利用状况分析与建设措施优化》，《社会保障评论》2024年第1期。

④ 马朵朵：《居家社区养老服务可及性及其影响因素——基于两省五市调研数据的实证分析》，《社会保障研究》2023年第2期。

⑤ 陈岩燕、陈虹霖：《需求与使用的悬殊：对居家社区养老服务递送的反思》，《浙江学刊》2017年第2期。

⑥ 林文亿：《影响老年人使用社区服务的因素：相关理论及国内外研究现状》，《社会保障研究》2015年第3期；曾起艳、何志鹏、曾寅初：《老年人居家养老服务的偏好模式与归因分析》，《西北人口》2023年第5期。

参与照料活动，家庭照顾模式仍占据重要地位。① 然而，家庭照料功能逐渐式微，照顾资源面临赤字问题。

第一，从社会结构角度看，一方面，市场经济发展促使社会转型与社会流动，成年子女向城市流动将使其难以满足老人的生活照料和精神慰藉需求，会部分弱化家庭养老支持。② 另一方面，家庭结构变迁导致家庭规模小型化、家庭类型多样化和家庭人口老龄化，夫妇核心家庭、纯老家庭等逐渐涌现，由子女提供家庭照顾资源的可及性降低。③ 此外，"男主外，女主内"的传统家庭分工模式在经济变革的影响下得以重构，女性进入劳动力市场，双薪家庭数量增多，从而减少了子女照顾老人的时间。④

第二，从家庭内部照顾资源配置角度看，在"一老一小"照顾资源代际竞争格局中，"儿童优先"被作为资源分配的准则，催生了养老端与育幼端资源失衡的问题。⑤ 老年抚养比扩大、养老需求个性化意味着成年子女需提供的照顾资源总量和类别增加。⑥ 然而，当代"密集型育儿"的养育方式同样促使"中间一代"需给予儿童足够的时间和经济资源支持。⑦ 在成年子女资源有限的情况下，老年配偶照顾、老人自身的经济储蓄和国家养老补贴可作为补充性资源，老人能够通过经济自给、生活自理、情感自抚的方式弥补子女照顾资源

---

① 纪竞垚:《我国养老服务资源配置机制研究》,《社会建设》2024 年第 1 期。
② 田北海、徐杨:《成年子女外出弱化了农村老年人的家庭养老支持吗？——基于倾向得分匹配法的分析》,《中国农村观察》2020 年第 4 期。
③ 胡湛、彭希哲:《中国当代家庭户变动的趋势分析——基于人口普查数据的考察》,《社会学研究》2014 年第 3 期；彭希哲、胡湛:《当代中国家庭变迁与家庭政策重构》,《中国社会科学》2015 年第 12 期。
④ 朱浩、郭秀云:《家庭性别分工模式变革与社会照顾政策体系重构：西方福利国家的经验及其启示》,《经济社会体制比较》2023 年第 3 期。
⑤ 钟晓慧、彭铭刚:《养老还是养小：中国家庭照顾赤字下的代际分配》,《社会学研究》2022 年第 4 期。
⑥ 杜鹏、孙鹃娟、张文娟、王雪辉:《中国老年人的养老需求及家庭和社会养老资源现状——基于 2014 年中国老年社会追踪调查的分析》,《人口研究》2016 年第 6 期；丁志宏、曲嘉瑶:《中国居家社区养老服务均等化研究——基于有照料需求老年人的分析》,《人口学刊》2019 年第 2 期。
⑦ 李珊珊、文军:《"密集型育儿"：当代家庭教养方式的转型实践及其反思》,《国家教育行政学院学报》2021 年第 3 期。

赤字的缺陷。①

第三，老年照料可能会加重家庭照顾者的经济、身心和情感负担，导致照顾者不愿意甚至不能够为家中老人提供照料资源。② 对此，完善家庭照顾者支持资源体系尤为重要。

有学者认为，如今工作与家庭、生活平衡问题已成为新的社会风险。③ 个体的活动时间可分为四类：用于满足基本生理需要的必要时间、用于从事有固定报酬工作的契约时间、用于经营家庭和照顾老人或小孩的承诺时间、用于投入个人兴趣爱好等的剩余自由时间。④ 但是，工作时间延长、养老及育幼负担加重、正式照顾支持体系尚未成熟等因素使兼顾工作者和照顾者双重角色的成年子女陷入时间贫困、压力及行为冲突困境，从而削弱了其家庭照顾能力。⑤ 工作与家庭、生活的影响是相互的。研究发现，工作生活冲突与工作满意度、工作动机呈负相关关系，家庭、生活压力会降低个体的工作满意度、期望和动力，导致工作效率与生产效益下降。⑥ 同时，因工作而产生的负面情绪也会对家庭福利及个人身心健康产生消极影响。⑦ 因此，本报告基于工作生活平衡视角，试图讨论个体在不同领域的时间投入、相互间的冲突或平衡关系及其对个人行为的影响。

在面向家庭照顾者的支持资源体系中，一方面，时间支持、经济支持和就

---

① 陈宁、石人炳：《中国高龄老人照料资源分布的变动趋势及照料满足度研究——基于CLHLS 2008—2018年数据的实证分析》，《学习与实践》2020年第7期；陈芳、方长春：《家庭养老功能的弱化与出路：欠发达地区农村养老模式研究》，《人口与发展》2014年第1期。

② 高秀文、唐咏：《居家失能老年人家庭照顾者照顾负担模式及影响因素分析》，《人口与发展》2024年第1期。

③ 岳经纶、朱亚鹏：《工作-生活平衡：社会政策的新课题》，《公共行政评论》2013年第3期。

④ Dagfinn As, "Studies of Time-use: Problems and Prospects", *Acta Sociologica* 21 (2) (1978).

⑤ 刘云香、朱亚鹏：《中国的"工作-家庭"冲突：表现、特征与出路》，《公共行政评论》2013年第3期；陈颖琪、林闽钢：《时间贫困研究进展综述》，《劳动经济研究》2023年第2期。

⑥ Nadeem M. S. and Abbas Q., "The Impact of Work Life Conflict on Job Satisfactions of Employees in Pakistan," *International Journal of Business and Management* 4 (5) (2009); Siddiqui M. N., "Impact of Work Life Conflict on Employee Performance," *Far East Journal of Psychology and Business* 12 (3) (2013).

⑦ Kossek E. E. and Lee K. H., "Work-family Conflict and Work-life Conflict," in *Oxford Research Encyclopedia of Business and Management* (2017), https://doi.org/10.1093/acrefore/9780190224851.013.52.

业支持等不仅能够给予工作者暂离岗位的机会，延长其居家照顾老人的时间，而且能够一定程度上减轻他们的经济负担。另一方面，为家庭照顾者提供替代性喘息服务、人力支持、情感和社交支持能够舒缓他们的照顾压力及负面情绪，令其转变环境和场景，保障其身心健康与良好生活状态。由此可见，在工作与家庭、生活冲突情境中，正式支持资源作为调节变量，可以帮助家庭照顾者协调时间安排，从而弱化三个不同领域间的矛盾。①

尽管现有文献大多聚焦于老年人的养老需求状况，但是仍有部分研究关注家庭照顾者的需要。张俊贤等分析了家庭照顾者对于喘息服务的需求情况，发现他们对此项服务支持具有较高需求，且倾向于选择非居家、专业化的替代性喘息服务。②杜娟等的研究则覆盖了多维度的社会支持需求，发现家庭照顾者不仅需要喘息服务支持，而且需要经济支持、信息支持等。③然而，上述文献将家庭照顾者默认为仅扮演一种角色，忽视了他们作为工作者或自由个体等多重角色的可能性，更多揭示的是正式支持资源对家庭这一单个领域的影响，鲜少讨论在工作、家庭与生活共存的情境下，家庭照顾者对正式支持资源的需求状况。基于此，本报告将以工作生活平衡作为切入视角，分析家庭照顾者在不同领域间的时间投入、他们关于工作与家庭或生活间关系状态的认知对其老人照顾支持措施偏好的影响。

三　研究设计

（一）数据来源

本报告使用中山大学政治与公共事务管理学院"人民美好生活需要（福

---

① 黄晨熹、汪静、王语薇：《长者亲属照顾者支持政策的国际经验与国内实践》，《华东师范大学学报》（哲学社会科学版）2019 年第 3 期；白维军、李辉：《"老有所养"家庭支持政策体系的构建》，《中州学刊》2020 年第 7 期；李志明、彭宅文：《构建居家养老友好型家庭支持政策体系——基于家庭照顾需要者和家庭照顾提供者双重视角》，《行政管理改革》2023 年第 1 期。
② 张俊贤、杨爱萍、岳娜、林少伟、张睿：《失能老年人家庭照顾者照顾负担及喘息服务需求调查》，《护理学杂志》2022 年第 21 期。
③ 杜娟、徐薇、钱晨光：《失能老人家庭照料及家庭照顾者社会支持需求——基于北京市东城区的实证性研究》，《学习与探索》2014 年第 4 期。

利态度）调查"数据。该调查面向18周岁及以上的居民，覆盖广东省、福建省、海南省、湖南省、云南省、黑龙江省、新疆维吾尔自治区七个省份，最终回收15920个样本。本报告基于问卷中"社会照顾（C）"和"工作生活平衡（G）"板块问题所得的数据进行分析，"社会照顾"板块数据主要用于回应"居家社区养老服务问题"及"公众对家中老人照顾支持措施需求偏好"两个问题，"工作生活平衡"板块数据主要用于讨论公众的工作与生活平衡状态对其照顾支持措施偏好的影响。在剔除不回答或无效回答的样本后，各项题目的有效样本为15650个，相关变量的描述性统计结果如表2所示。

表2 相关变量的描述性统计结果

相关变量	样本量	平均值	标准误	最小值	最大值
收费过高（C1-1）	15650	0.399	0.490	0	1
服务质量差（C1-2）	15650	0.326	0.469	0	1
服务站点布局不合理（C1-3）	15650	0.318	0.466	0	1
服务内容与老人的实际需求不适配（C1-4）	15650	0.374	0.484	0	1
服务站点的硬件和设施不佳（C1-5）	15650	0.322	0.467	0	1
对服务信息的宣传不足（C1-6）	15650	0.338	0.473	0	1
参与服务决策的话语权少（C1-7）	15650	0.495	0.500	0	1
为居家老人提供社区服务支持（例如陪同就医、送药上门）（C2-1）	15650	0.468	0.499	0	1
为居家或养老院的失能老人提供日常生活照料和医疗护理所需费用的补贴（C2-2）	15650	0.477	0.499	0	1
提高养老院的性价比/服务质量（C2-3）	15650	0.380	0.485	0	1
为照顾老人的子女提供社区喘息服务（例如临时看护）（C2-4）	15650	0.304	0.460	0	1
子女享有法定带薪陪护假（C2-5）	15650	0.381	0.486	0	1
对照顾老人的子女发放津贴或减免个税（C2-6）	15650	0.384	0.486	0	1
为照顾老人的子女推荐就业信息和工作岗位（C2-7）	15650	0.391	0.488	0	1
工作劳作（指从事的有报酬的活动）（G1-1）	15650	4.237	1.182	1	6

续表

主要变量	样本量	平均值	标准误	最小值	最大值
家庭参与（包括家务劳动、家庭游玩、照料老人小孩、陪伴配偶等活动）（G1-2）	15650	2.143	1.191	1	6
个人生活（包括个人休闲、学习锻炼、娱乐社交等活动）（G1-3）	15650	1.697	1.055	1	6
我常感到繁忙的工作使得我对家庭和个人生活的时间和精力投入不足（G2-1）	15650	2.651	1.230	1	5
我常因为家庭和个人的私事影响到工作的时间或效率（G2-2）	15650	3.230	1.281	1	5
我在工作中所做的事情、习得的技能有助于我更好地参与家庭生活、过好个人生活（G2-3）	15650	2.742	1.212	1	5
总的来说，我认为我的工作与生活领域是平衡的（G2-4）	15650	2.551	1.134	1	5

注：表中"C1-1"表示社会照顾（C）板块中第1题的第1个选项；"C2-1"表示社会照顾（C）板块中第2题的第1个选项，以此类推。

（二）变量操作化

首先在"社会照顾"板块，第一道题目为"您认为目前居家社区养老服务存在哪三项主要问题"，共有7个选项，被选中的选项赋值为1，未被选中的选项则赋值为0，相应选项内容及其统计情况如表3所示。

表3 居家社区养老服务问题统计情况

单位：人，%

您认为目前居家社区养老服务存在哪三项主要问题	频数	占比
收费过高	6238	15.51
服务质量差	5104	12.68
服务站点布局不合理	4972	12.35
服务内容与老人的实际需求不适配	5858	14.55
服务站点的硬件和设施不佳	5045	12.53
对服务信息的宣传不足	5285	13.13
参与服务决策的话语权少	7750	19.25
合计	40252	100

注：图中数值为选择频数及其占总数的百分比，表示在该题的各选项中，受访者选择某项且被赋值为1的次数。

第二道题目为"对于家里的老人照顾，您认为最需要哪三项支持措施"，共有7个选项，被选中的选项赋值为1，未被选中的选项赋值为0，相应选项内容及其统计情况如表4所示。需要说明的是，由于部分受访者在选择时并未选满3项，导致出现表4中总频次与表3不一致的情况。

表4 公众对老人照顾支持措施的需求偏好统计情况

单位：人，%

对于家里的老人照顾，您认为最需要哪三项支持措施	频数	占比
为居家老人提供社区服务支持（例如陪同就医、送药上门）	7331	16.81
为居家或养老院的失能老人提供日常生活照料和医疗护理所需费用的补贴	7468	17.13
提高养老院的性价比/服务质量	5944	13.63
为照顾老人的子女提供社区喘息服务（例如临时看护）	4765	10.93
子女享有法定带薪陪护假	5964	13.68
对照顾老人的子女发放津贴或减免个税	6006	13.78
为照顾老人的子女推荐就业信息和工作岗位	6122	14.04
合计	43600	100

其次在"工作生活平衡"板块，第一道题目为"以一天24小时计算，请问除去必要的生理时间（吃饭、睡觉）外，您用于以下领域的时间为"，公众需要分别计算在工作劳作、家庭参与、个人生活这三个领域中所投入的时间，包括"0~2小时"、"2~4小时"、"4~6小时"、"6~8小时"、"8~10小时"和"10小时及以上"6个选项。若选中"0~2小时"，赋值为1，依照逐级递增规律，投入时间每增加一个档次，赋值则加1，直至选项"10小时及以上"，赋值为6。公众在工作劳作、家庭参与和个人生活领域中的时间投入如图1所示。

第二道题目为"以下关于工作劳作、家庭参与和个人生活领域的说法，请问您的符合程度如何"，公众需要基于个体实际情况，针对有关工作劳作、家庭参与和个人生活间是否平衡、相互间有何影响等状态描述，在"完全不符合"、"比较不符合"、"一般符合"、"比较符合"和"完全符合"这5个选项中进行选择。若选中"完全不符合"，赋值为1，依照逐级递增规律，直至选项"完全符合"，赋值为5。公众对工作劳作、家庭参与和个人生活关系描述符合程度的认知如图2所示。

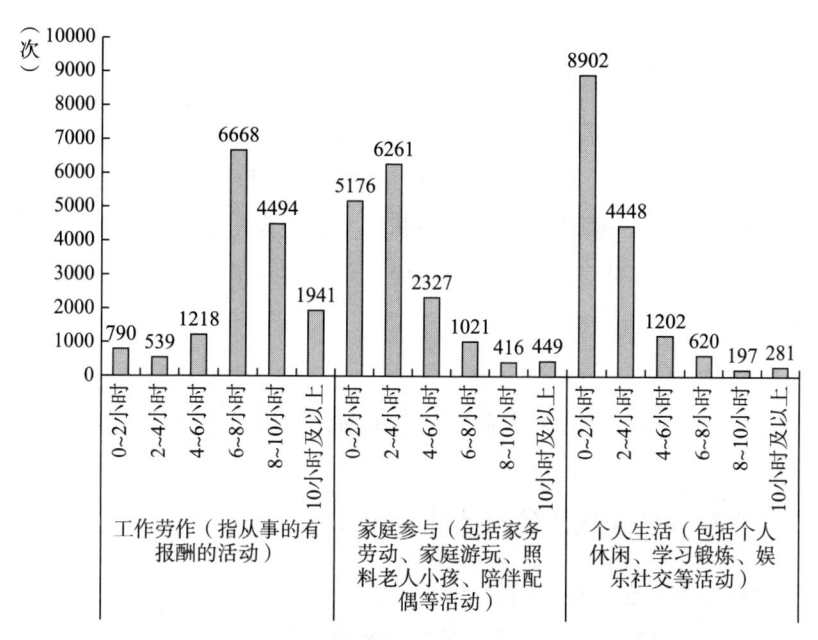

专题报告四 老人照顾服务利用与支持措施偏好

图1 公众在工作劳作、家庭参与和个人生活领域中的时间投入

说明：图中数值为选择频数，表示在该题的各选项中，受访者选择某项的次数。

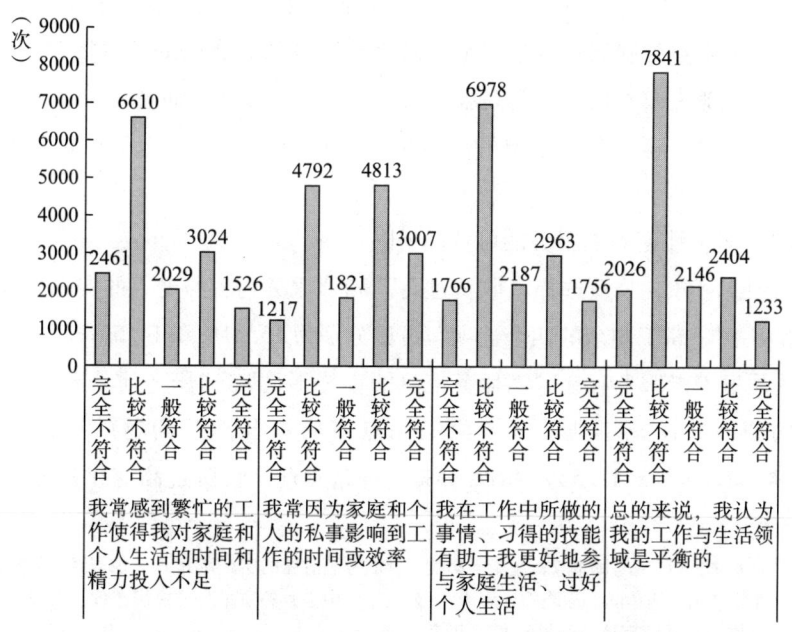

图2 公众对工作劳作、家庭参与和个人生活关系描述符合程度的认知

157

（三）数据分析方法

为回答"公众的工作与生活平衡状态对其照顾支持措施偏好影响"这一问题，本报告把"工作生活平衡"板块的第一道题目和第二道题目分别与"社会照顾"板块的第二道题目进行相关分析，前者为自变量，后者为因变量。考虑到自变量均为有序分类变量，因变量为二分虚拟变量，因此本报告采用二元Logistic回归模型进行分析。

四 老人照顾支持措施的偏好分析

（一）社会照顾板块的描述性统计分析

1. 居家社区养老服务的问题呈现

（1）公众难以参与养老服务决策的问题最显著

如图3所示，选择"参与服务决策的话语权少"的公众占比最大，为19.25%。这说明，公众很在意服务过程中的自主权与需求满足程度。已有文献表明，公众参与服务决策过程是提高服务质量和满意度的关键因素。[1] 公众参与养老服务决策不仅可以提高服务的个性化和适应性，而且可以提升其服务满意度。同时，建立多方参与的决策机制有利于更好满足公众对养老服务的需求。[2]

（2）居家社区养老服务的可及性受限

由图3可知，公众选择"收费过高"和"服务内容与老人的实际需求不适配"的比例略高于剩余的四个选项，占比分别为15.51%和14.55%。并且，公众认为居家养老服务存在"对服务信息的宣传不足"、"服务质量差"、"服务站点的硬件和设施不佳"和"服务站点布局不合理"问题的比例分别为13.13%、12.68%、12.53%和12.35%。研究发现，收费过高与供需不匹配会

---

[1] 官永彬：《民主与民生：民主参与影响公共服务满意度的实证研究》，《中国经济问题》2015年第2期；明承瀚、徐晓林、陈涛：《公共服务中心服务质量与公民满意度：公民参与的调节作用》，《南京社会科学》2016年第12期。

[2] 陈嘉琳：《多元主体参与居家养老服务的协同机制研究》，《生产力研究》2019年第12期。

减少公众对居家社区养老服务的使用。收费过高问题会影响服务的可负担性，老年人可能囿于个人经济能力而无法购买相应服务。[1] 此外，居家社区养老服务的基础设施条件、质量、信息宣传等方面的问题也将直接影响公众对服务的知晓率和可及性。[2]

类别	百分比(%)
参与服务决策的话语权少	19.25
收费过高	15.51
服务内容与老人的实际需求不适配	14.55
对服务信息的宣传不足	13.13
服务质量差	12.68
服务站点的硬件和设施不佳	12.53
服务站点布局不合理	12.35

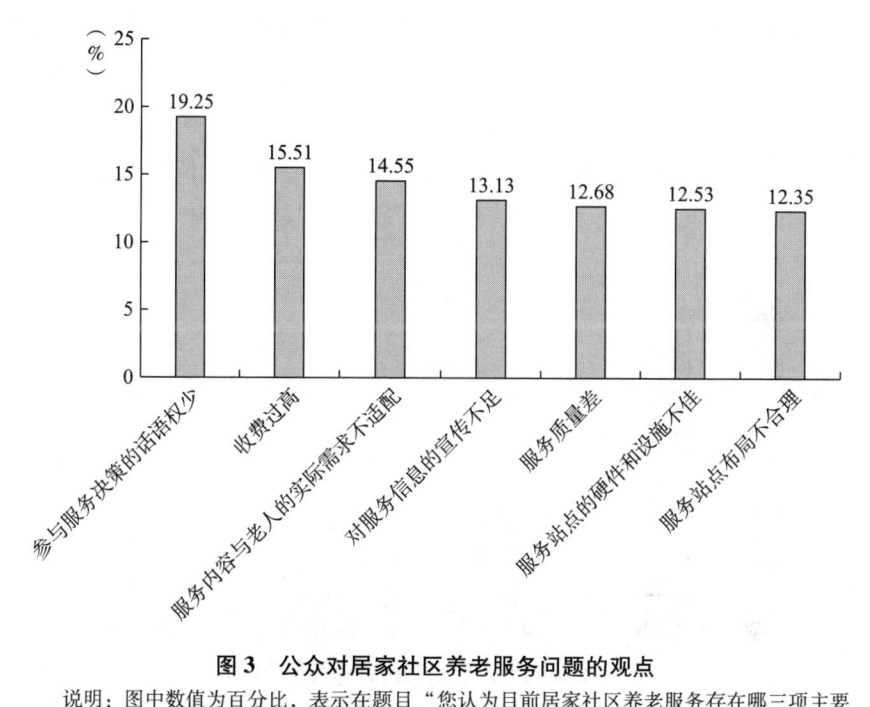

图3 公众对居家社区养老服务问题的观点

说明：图中数值为百分比，表示在题目"您认为目前居家社区养老服务存在哪三项主要问题"中，以上七个选项被受访者选择的频数占总频数的比例，比例越高表示被选择的次数越多。

2. 公众对老人照顾支持措施的需求偏好

（1）公众对服务类支持资源的偏好最强

既有文献指出，面向家庭照顾者的支持政策体系包括服务支持、时间支

---

[1] 孙兰英、苏长好、杜青英：《农村老年人养老决策行为影响因素研究》，《人口与发展》2019年第6期。

[2] 王莉莉：《基于"服务链"理论的居家养老服务需求、供给与利用研究》，《人口学刊》2013年第2期；陈岩燕、陈虹霖：《需求与使用的悬殊：对居家社区养老服务递送的反思》，《浙江学刊》2017年第2期；马朵朵：《居家社区养老服务可及性及其影响因素——基于两省五市调研数据的实证分析》，《社会保障研究》2023年第2期。

持、经济支持、就业支持等内容。① 图4显示，认为需要服务支持的公众占总人数的比例高达58.50%。这说明，相较于其他三类支持资源，公众更倾向于需要能够分担其照顾责任、有助于减轻其照顾负担的支持资源。一方面，由社区提供的陪同就医、送药上门等专业性居家养老服务能够为家中老人照顾带来较大收益，提高老人独立生活的能力，能够替代家庭照料，缓解家庭照料者的压力。② 另一方面，家中老人对非正式照顾模式的依赖性更强，对正式照顾模式的利用率较低。③ 在老人数量增多、照顾任务繁多、家庭照顾者角色冲突的情况下，机构照顾或喘息服务支持是调整照顾者身心疲惫、精神压抑等负面状态的长效措施。④

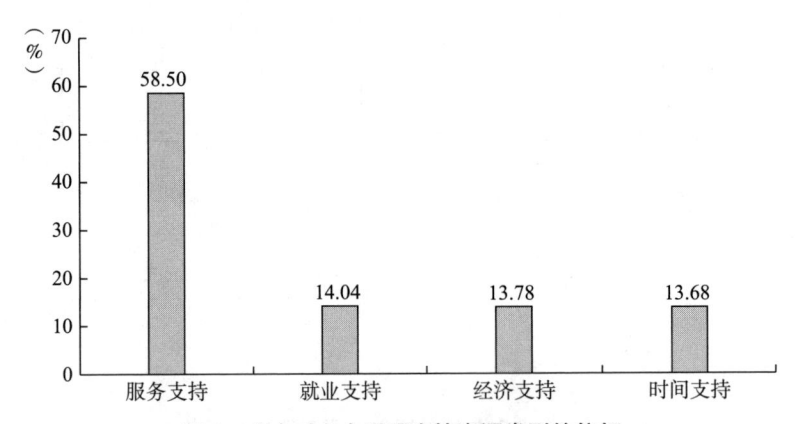

图4 公众对老人照顾支持资源类型的偏好

说明：根据已有文献，服务支持包括"为居家老人提供社区服务支持（例如陪同就医、送药上门）""提高养老院的性价比/服务质量""为照顾老人的子女提供社区喘息服务（例如临时看护）；就业支持包括"为照顾老人的子女推荐就业信息和工作岗位"；经济支持包括"为居家或养老院的失能老人提供日常生活照料和医疗护理所需费用的补贴""为照顾老人的子女发放津贴或减免个税"；时间支持包括"子女享有法定带薪陪护假"。

---

① 朱浩：《西方发达国家老年人家庭照顾者政策支持的经验及对中国的启示》，《社会保障研究》2014年第4期；郭林、高姿姿：《"老有所养"家庭支持政策体系的完善——基于"资源-服务"视域下的家庭养老功能》，《中国行政管理》2022年第10期。
② 黄枫、仲伟：《政府购买还是家庭照料？——基于家庭照料替代效应的实证分析》，《南开经济研究》2017年第1期。
③ 张瑞利、林闽钢：《中国失能老人非正式照顾和正式照顾关系研究——基于CLHLS数据的分析》，《社会保障研究》2018年第6期。
④ 查婷婷、李结华：《失能老年人居家照顾需求及照顾负担的研究进展》，《临床护理杂志》2021年第6期。

专题报告四 老人照顾服务利用与支持措施偏好

（2）公众更偏好契合生活照料和医疗照顾养老需求的支持措施，对喘息服务的需求最小

若对比每项服务支持措施，由图5可见，"为居家或养老院的失能老人提供日常生活照料和医疗护理所需费用的补贴"和"为居家老人提供社区服务支持（例如陪同就医、送药上门）"这两项措施的选择比例较高，分别为17.13%和16.81%。而公众对"为照顾老人的子女提供社区喘息服务（例如临时看护）"的需求最小，选择比例为10.93%。这表明，成年子女将家中老人的养老需求置于优先级。学者认为，养老需求包括经济供养、生活照顾、精神慰藉、健康保障、独立自理等需求。[①] 公众倾向于选择能够满足老人生活照料

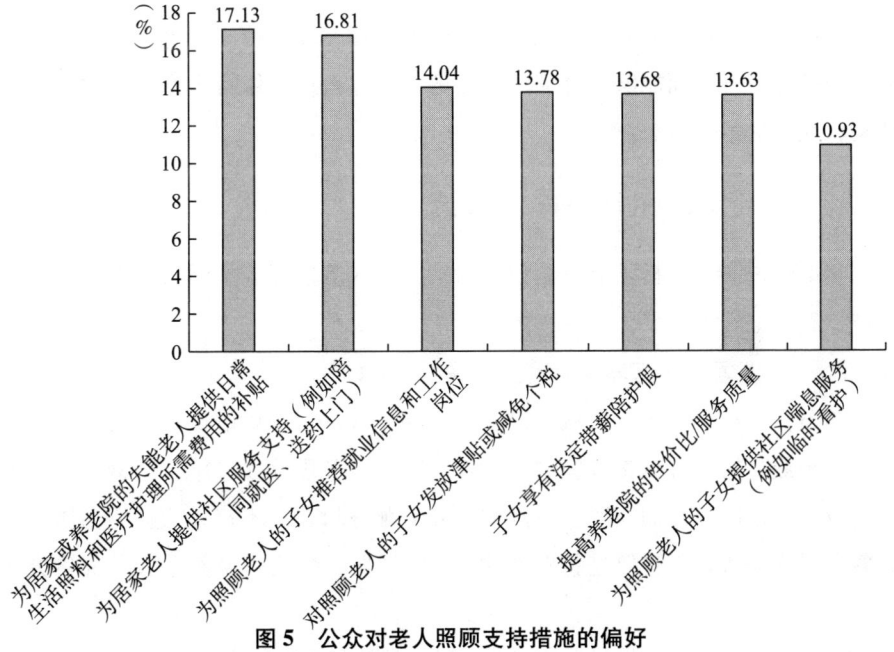

图5 公众对老人照顾支持措施的偏好

说明：图中数值为百分比，表示在题目"对于家里的老人照顾，您认为最需要哪三项支持措施"中，以上七个选项被受访者选择的频数占总频数的比例，比例越高表示被选择的次数越多。

[①] 翟振武：《"新一代"老年人呼唤养老政策设计新思路》，《探索与争鸣》2015年第12期；杜鹏、孙鹃娟、张文娟、王雪辉：《中国老年人的养老需求及家庭和社会养老资源现状——基于2014年中国老年社会追踪调查的分析》，《人口研究》2016年第6期。

和医疗照顾需求的支持措施，这与传统孝道文化相关。中国传统孝道包括相互性孝道与权威性孝道两种类型。相互性孝道源于代际互惠，权威性孝道源于角色伦理，而这两种孝道文化均会使长者处于优势地位，成为其获得照料的重要前提。①

相较于为子女提供替代性喘息服务，公众更需要面向老人的经济与服务支持措施。原因在于，在老人健康状况和经济条件向好、个体主义观念盛行的背景下，独居老人数量不断增加，父母与子女分居的情况日渐普遍。② 若为家中老人提供服务补贴，不仅有利于强化老人在服务购买决策上的自主性与养老服务供给的及时性，而且有利于提高服务的供需匹配程度。另外，家庭照料与医疗照顾服务间存在互补关系。社区医疗服务一方面能整合医疗资源和照料资源，形成老年照料体系和医疗服务体系间的合理互动，使家中老人享受综合性养老服务。另一方面能够弥补家庭照料的不足，有助于维持子女在家庭照顾和劳动就业间的平衡状态。③

（二）社会照顾板块的省际分析

本部分进一步分析了七省份公众对居家社区养老服务的看法与对老人照顾支持措施的偏好。

1. 公众对居家社区养老服务的看法

如图 6 所示，七省份公众中选择"参与服务决策的话语权少"选项的人数占比均是最高的，可见在各地的居家社区养老服务供给过程中，公众参与决策机会较少是普遍存在的问题。公众作为养老服务对象，不仅是服务受益者，还是养老服务消费者，需要进行购买决策。④ 目前，各地居家养老服务提供方忽

---

① 叶光辉、曹惟纯：《从华人文化脉络反思台湾高龄社会下的老人福祉》，《中国农业大学学报》（社会科学版）2014 年第 3 期；张晶晶：《中国式老年照护模式中的孝道文化传承与发展》，《东南大学学报》（哲学社会科学版）2024 年第 1 期。

② 风笑天：《2023—2032：第一代独生子女父母养老困境真正来临》，《江苏行政学院学报》2023 年第 1 期。

③ 曹艳春、卢欢欢：《替代还是互补：家庭照料与老年人医疗服务利用关系探究》，《老龄科学研究》2023 年第 2 期。

④ 王晓波、耿永志：《嵌入性视角下老年人养老服务消费影响因素研究》，《兰州学刊》2021 年第 4 期。

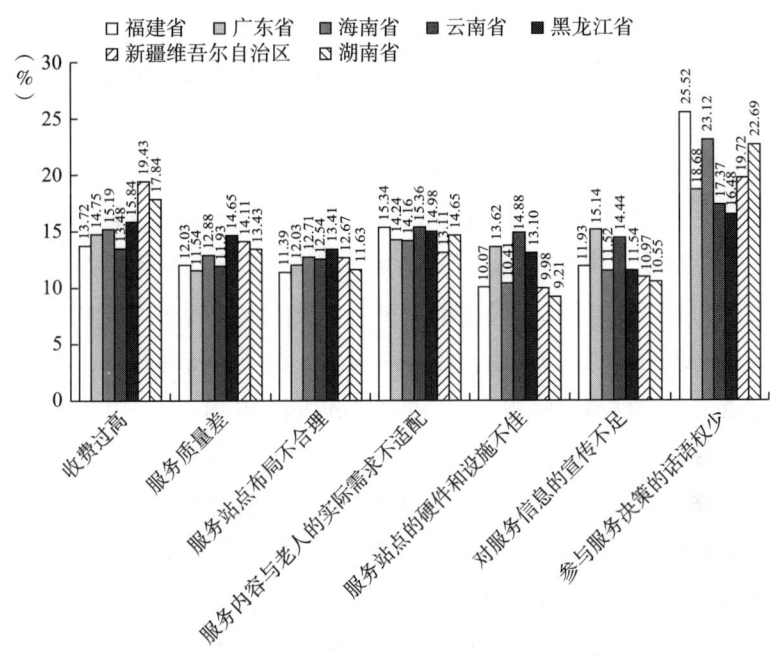

专题报告四　老人照顾服务利用与支持措施偏好

图6　公众对居家社区养老服务问题的看法

视了公众在服务递送过程中的主体性，需求表达机制缺失，这将导致服务投入与产出效率低的问题。[1] 其中，由图6可知，"参与服务决策的话语权少"这一问题在福建省、海南省、湖南省较为凸显。严志兰、李叔君发现，福建省依循自上而下路径推广居家社区养老服务，以层层发布文件通知、制定指标并验收绩效的方式递送养老服务。由此可见，养老服务系统呈现单向运作特征，缺乏自下而上的需求表达途径。[2] 雷丽华调研了海南省的居家社区养老服务状况，发现该地区的居家社区养老网络服务平台运营效果差、宣传不到位，导致老人不知道存在该服务平台，或清楚但不使用该平台，降低了老人的参与度。[3] 屈贞基于长沙市居家社区养老服务时间分析结果，认为欲解决老人参与不足问

---

[1] 郁建兴：《中国的公共服务体系：发展历程、社会政策与体制机制》，《学术月刊》2011年第3期；范柏乃、金洁：《公共服务供给对公共服务感知绩效的影响机理——政府形象的中介作用与公众参与的调节效应》，《管理世界》2016年第10期。

[2] 严志兰、李叔君：《居家社区养老服务递送与政策创新探析——基于福建的田野调查和个案研究》，《中共福建省委党校（福建行政学院）学报》2021年第3期。

[3] 雷丽华：《基于供给的社区养老服务现状研究——以海南为例》，《统计与管理》2016年第11期。

题，应进行"去行政化"改革，鼓励市场主体参与养老服务供给，发展以服务对象需求为中心的居家社区养老服务体系，并充分发挥社区居委会等基层组织的作用，连接资源供给主体和老年群体。[1]

新疆地区公众认为居家社区养老服务存在"收费过高"问题的比例高于其余六个省份，为19.43%，这可能与新疆养老产业发展受限相关。第一，新疆地区的老旧社区缺乏预先规划，导致养老设施的承载空间不足，养老需求与服务供给之间对接不畅。第二，新疆地区的养老护理人才和相关技术人才都相对短缺。养老护理行业工作负担重、劳动强度大，但收入待遇较低，从而造成从业人员匮乏、流动性高等问题。[2] 针对"服务质量差"问题，黑龙江与新疆两地的公众选择的比例较其他五省高，分别为14.65%和14.11%。这说明，相对而言，居住在北方的公众对居家社区养老服务的质量存在一定的担忧。黑龙江和新疆两地的经济发展水平较低，能够投入发展社会化养老的资金有限，且专业化服务人才稀缺，难以保障居家养老服务的质量。[3]

对于"服务站点布局不合理"和"服务内容与老人的实际需求不适配"这两个选项，七省份公众的观点相似，均认为是居家社区养老服务体系建设过程中的问题。一方面，养老服务站点不合理将降低服务的可达性。另一方面，在养老服务需求日渐多元的趋势下，养老服务供给难以匹配需求将影响服务的可用性，使得养老服务资源闲置。[4] 云南省公众认为居家社区养老服务存在"服务站点的硬件和设施不佳"问题的比例是七省份中最高的，为14.88%。这说明，云南省的社区养老服务基础设施条件较差。云南省集"少、边、山、穷"于一体，气候复杂、地貌条件差、灾害频发，加之当地有少数民族聚居，有着独特的人文背景，导致云南地区在基础设施建设上存在较大困难。[5]

---

[1] 屈贞：《居家社区养老社会化运营：基于长沙的经验总结与思考》，《中国集体经济》2017年第25期。

[2] 宋哲：《新疆养老产业发展对策建议》，《中国市场》2021年第6期。

[3] 荆文凤：《黑龙江省居家养老服务工作的现状分析》，《经济师》2011年第4期。

[4] 马朵朵：《居家社区养老服务可及性及其影响因素——基于两省五市调研数据的实证分析》，《社会保障研究》2023年第2期；杨宝、李万亮：《社区养老服务的可及性差异：基于"制度-网络-文化"整合性框架的实证分析》，《中国行政管理》2024年第2期。

[5] 焦振华：《云南省基本公共服务均等化实证研究》，博士学位论文，财政部财政科学研究所，2013年。

广东省和云南省两地公众认为在居家社区养老服务中,"对服务信息的宣传不足"问题较为严重(占比分别为15.14%和14.44%)。陈岩燕和陈虹霖指出,养老服务信息传递是导致服务有效需求难以转化、服务使用率低下的主要原因之一。研究指出,社区居委会在居家养老服务递送过程中会采用"运动式信息传播"的方式,即为应付上级下发的任务而敷衍了事,没有面向重点人群进行集中式信息输出,使服务宣传浮于表面,难以与真正有服务需求的老人建立联系。[1] 服务供给方与需求方之间的信息不对称问题将降低公众对养老服务的信任度,进而减少服务利用率。王莉莉通过调查发现,当政府对居家社区养老服务的宣传不足、老人不清楚居家养老服务的内容和功能益处时,他们会对无偿或收费性养老服务持有不信任或怀疑态度,从而弱化其使用意愿。[2]

2. 公众对老人照顾支持措施的偏好

图7显示,七省份公众对"为居家老人提供社区服务支持(例如陪同就医、送药上门)""为居家或养老院的失能老人提供日常生活照料和医疗护理所需费用的补贴"这两项照顾支持措施的需求均偏大。这说明,七省份公众不仅重视家中老人的身心健康状况,而且较为需要与医疗护理、保健康复等相关的服务支持和经济支持。家庭照顾者在医疗护理、保健康复等专业服务领域的知识与能力水平可能不如专门的从业人员,并且医疗护理等养老服务的费用较高,购买相关服务将增加金钱消耗,影响家庭储蓄水平。[3] 因此,为家庭照顾者提供服务支持和经济支持,一方面能够保证服务质量和效率,另一方面能够减少照料者的居家照顾时间、增加其工作时间,缓和其多重角色矛盾,减轻其经济负担,并有助于保障其身心健康。[4]

对于"提高养老院的性价比/服务质量"这一支持措施,黑龙江与新疆两

---

[1] 陈岩燕、陈虹霖:《需求与使用的悬殊:对居家社区养老服务递送的反思》,《浙江学刊》2017年第2期。

[2] 王莉莉:《基于"服务链"理论的居家养老服务需求、供给与利用研究》,《人口学刊》2013年第2期。

[3] 毛智慧、李魏、孙晓婷:《"喘息服务"对失能老人及其照护者生活质量和照护负担的影响》,《护理研究》2018年第19期;徐薇、钱晨光、杜娟:《城市失能老人家庭照顾者社会支持需求的质性研究》,《中国社会医学杂志》2014年第4期。

[4] 郭金来:《中国家庭养老服务支持政策:需求、评估与政策体系构建》,《广州大学学报》(社会科学版)2021年第2期。

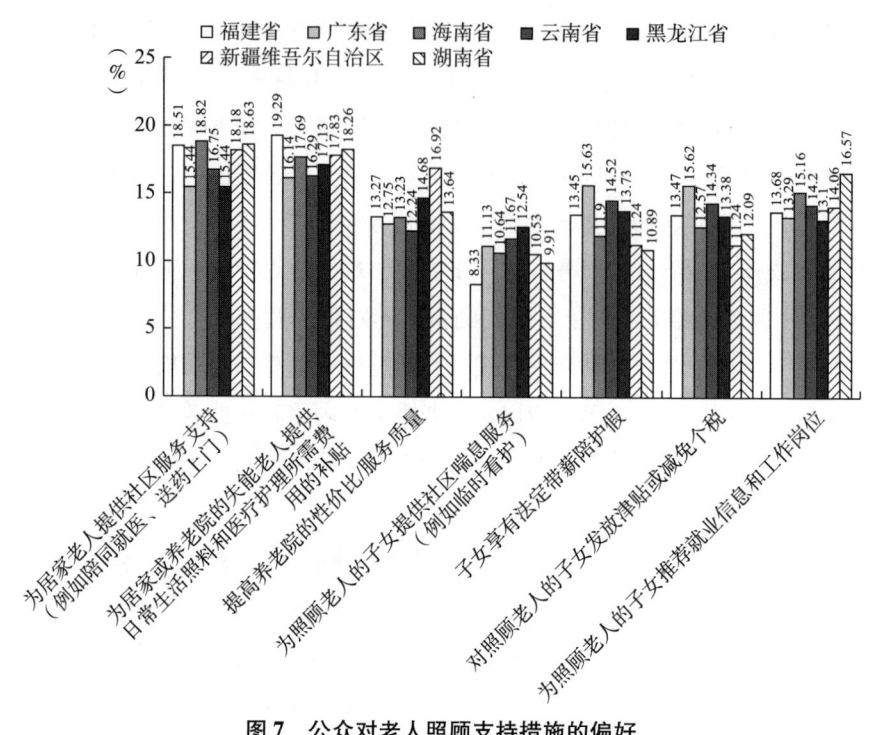

图 7 公众对老人照顾支持措施的偏好

地公众的偏好强于其他五个地区。由上述调查结果可知，黑龙江与新疆两地公众认为居家社区养老服务存在"服务质量差"问题的人数比例是七省份中最高的，因而提高养老服务质量成为他们的一项诉求。此外，目前仍有老年人对机构照顾模式有使用意愿。一方面，老人认为使用机构养老服务能够避免占用同住子女的生活空间，减轻子女住房负担。另一方面，对于自评健康水平较低或失能程度较高的老年群体，养老机构不仅能提供专业化服务，满足其养老需求，而且能提高其内心安全感。同时，机构照顾模式采用集中式照料和管理风格，令居住在其中的老人得以共同生活或活动，这在一定程度上可以契合老年群体的社交需求，为他们带来精神慰藉。①

无一例外，七省份公众对"为照顾老人的子女提供社区喘息服务（例如临时看护）"措施的需求最小。出现此种情况可能有以下几个原因。其一，目前

---

① 张文娟、魏蒙：《城市老年人的机构养老意愿及影响因素研究——以北京市西城区为例》，《人口与经济》2014 年第 6 期。

我国喘息服务正处于试点阶段，发展尚未成熟。根据服务对象，社区喘息服务可分为两类，分别为"以被照顾者为中心"和"以家庭照顾者为中心"的喘息服务。然而，我国的社区喘息服务内容主要以被照顾者为中心，提供家务劳动、专业照护等服务。① 尽管此类喘息服务旨在减轻老人照顾主体的负担，但是公众对于替代性喘息服务的内容、功能、目的、作用群体等方面的了解程度不深，从而导致需求较低。② 其二，家庭照顾者对社区喘息服务的需求具有家庭和个体异质性。一方面，对于双薪家庭而言，成年子女均外出工作，劳动时间增加会相应减少家庭照料时间，他们借助替代性喘息服务来排解照顾压力的需求不大。③ 另一方面，起居照料、上门看病、精神慰藉、聊天解闷等居家社区养老服务对子代照料强度和照料表现都具有显著调节效应，能够降低子代照料强度、优化其照料表现。④ 基于此，多样化的居家社区养老服务对喘息服务具有替代作用，公众对后者的需求较小。

由图7可知，广东省公众对"子女享有法定带薪陪护假"与"对照顾老人的子女发放津贴或减免个税"这两项支持措施的需求是七个省份中最大的，分别为15.63%和15.62%。这说明，广东省居民不仅需要时间支持，而且需要经济支持。广东省地处珠三角地区，人口流动参与度、流动人口能见度、大规模跨省迁移流等方面均位居前列。⑤ 在此情形下，老人与子女可能异地居住，若子女要居家照顾老人，则需缩短工作时间、增加交通时间，因此他们对时间支持资源的需求较大。此外，刘云香和朱亚鹏认为公众所面临的工作-家庭冲突问题不仅来自这两个领域中渐增的压力，而且来自双方均缺乏足够的支持资源。⑥ 在工作领域，职工福利水平较低，尽管相关法律法规都明确了员工福利

---

① 白文辉、丁金锋、唐四元：《居家喘息服务研究进展》，《解放军护理杂志》2017年第5期。
② 宋春妮、李海荣：《喘息服务的发展现状及改进路径》，《中共青岛市委党校·青岛行政学院学报》2021年第1期。
③ 柴化敏、蔡娇丽、李晶：《老年照料需求增加会减少中年劳动人口的劳动时间吗?》，《人口与发展》2021年第6期。
④ 孙金明、王健男、李肖亚：《"久病床前无孝子"？失能老人子代照料表现的追踪研究——兼论居家社区养老服务资源的调节效应》，《人口与发展》2021年第2期。
⑤ 段成荣、邱玉鼎、黄凡、谢东虹：《从657万到3.76亿：四论中国人口迁移转变》，《人口研究》2022年第6期。
⑥ 刘云香、朱亚鹏：《中国的"工作-家庭"冲突：表现、特征与出路》，《公共行政评论》2013年第3期。

内容，但在现实层面可能存在制度执行梗阻问题。在家庭领域，社会化照料服务体系尚未完善，老人照料需求扩大意味着子女需投入更多的照顾资源，从而减少子女的劳动时间和经济收入。因此，在市场竞争不断加剧、老人照料负担和成本增加的情境下，家庭照顾者需要时间支持和经济支持。①

七省份公众对"为照顾老人的子女推荐就业信息和工作岗位"支持措施的需求相当，其中，湖南省公众的偏好最强，占比为16.57%。公众期望获得就业信息资源或工作岗位支持的原因可能在于，前者能够保障家庭照顾者不至于与工作环境完全脱节，后者能够根据家庭照顾者的个体条件推荐有助于平衡其工作与家庭、重新盘活人力资源并增加家庭经济收入的工作岗位。柴化敏等指出，较高的家庭照料强度将导致女性和男性的非农就业率分别显著下降53.7%和4.8%，并且，随着照料强度的增加，其对中年女性和男性劳动人口非农就业率的负面影响将分别提高至77.4%和5.8%。② 基于此，家庭照顾者需要就业信息或工作岗位推荐来削弱老人照料造成的消极影响。

值得一提的是，由以上数据可以窥见老人照顾活动的影响存在性别异质性。吴帆总结了中国家庭老年人照料者的人群特征，即中年化和女性化。③ 受就业竞争、家庭制度、性别角色、个人生命历程等因素影响，中年女性劳动力会过早离开人力资源队伍，脱离工作环境。④ 同时，家庭照料任务的密集性、时间的碎片化与正式工作的规范性间存在矛盾。对此，有地区提出"部分工时"的工作，试图帮助老人照料者衔接就业与家庭。然而，此类工作有着工时不确定、工作稳定性低等问题，难以有效保障从业者的工作福利或合法权益。⑤ 因此，公众对"为照顾老人的子女推荐就业信息和工作岗位"的支持措施具有较高需求。

---

① 杨健萍、马颖颖：《家庭老年照料会影响子女就业吗？——基于CHARLS 2018年数据的实证分析》，《老龄科学研究》2023年第10期。

② 柴化敏、李晶、蔡娇丽、曾毅：《家庭照料强度与中年劳动人口非农就业的关系研究》，《人口学刊》2021年第3期。

③ 吴帆：《中国家庭老年人照料者的主要特征及照料投入差异——基于第三期中国妇女社会地位调查的分析》，《妇女研究论丛》2017年第2期。

④ 封婷、郑真真、马仲雁：《中国老年照料行业劳动力的需求与供给展望——以中老年女性为例》，《人口学刊》2023年第5期。

⑤ 刘梅君：《部分工时：工作家庭平衡？或性别陷阱？》，《中华女子学院学报》2010年第6期。

(三)公众的工作与生活平衡状态对其照顾支持措施偏好的影响

1. 公众客观时间投入的影响

关于公众在工作劳作、家庭参与和个人生活领域的时间投入对其照顾支持措施偏好影响的分析结果如表5所示。

表5 公众客观时间投入对其照顾支持措施偏好的影响

变量	模型(1) C2-1	模型(2) C2-2	模型(3) C2-3	模型(4) C2-4	模型(5) C2-5	模型(6) C2-6	模型(7) C2-7
G1-1=1	0.096 (0.093)	0.109 (0.080)	-0.079 (0.092)	—	-0.238*** (0.084)	-0.143 (0.090)	—
G1-1=2	0.065 (0.104)	0.105 (0.092)	0.414*** (0.101)	0.122 (0.126)	-0.244** (0.097)	-0.053 (0.102)	-0.099 (0.119)
G1-1=3	—	0.192*** (0.066)	0.281*** (0.078)	0.306*** (0.104)	-0.204*** (0.069)	-0.126 (0.077)	0.019 (0.097)
G1-1=4	0.066 (0.063)	0.025 (0.039)	0.188*** (0.056)	0.182** (0.088)	-0.134*** (0.040)	-0.098* (0.054)	0.179** (0.081)
G1-1=5	0.058 (0.066)	—	0.186*** (0.058)	0.140 (0.090)	—	-0.043 (0.056)	0.207** (0.083)
G1-1=6	0.126* (0.075)	0.042 (0.055)	—	0.158 (0.097)	-0.071 (0.056)	—	0.207** (0.090)
G1-2=1	0.018 (0.052)	0.235** (0.105)	0.428*** (0.111)	—	0.355*** (0.113)	0.122 (0.106)	—
G1-2=2	0.059 (0.049)	0.207** (0.104)	0.430*** (0.111)	0.021 (0.042)	0.305*** (0.112)	0.102 (0.106)	0.076* (0.040)
G1-2=3	—	0.209* (0.109)	0.380*** (0.116)	-0.015 (0.056)	0.325*** (0.117)	0.016 (0.111)	0.136** (0.053)
G1-2=4	0.013 (0.077)	0.201* (0.118)	0.248** (0.126)	-0.052 (0.079)	0.114 (0.128)	0.202* (0.121)	0.115 (0.073)
G1-2=5	-0.117 (0.108)	—	0.480*** (0.146)	0.018 (0.113)	—	-0.018 (0.144)	0.103 (0.106)

续表

变量	模型（1）C2-1	模型（2）C2-2	模型（3）C2-3	模型（4）C2-4	模型（5）C2-5	模型（6）C2-6	模型（7）C2-7
G1-2=6	0.058 (0.106)	0.179 (0.138)	—	-0.125 (0.114)	0.161 (0.149)	—	0.227** (0.103)
G1-3=1	-0.022 (0.064)	-0.198 (0.146)	-0.603*** (0.125)	—	0.462*** (0.163)	0.400*** (0.135)	—
G1-3=2	0.035 (0.066)	-0.184 (0.147)	-0.522*** (0.127)	-0.054 (0.041)	0.319* (0.164)	0.337** (0.137)	0.003 (0.039)
G1-3=3	—	-0.159 (0.155)	-0.601*** (0.136)	-0.117* (0.070)	0.327* (0.172)	0.251* (0.146)	-0.035 (0.065)
G1-3=4	-0.010 (0.100)	-0.176 (0.165)	-0.190 (0.147)	-0.298*** (0.099)	0.155 (0.183)	0.161 (0.158)	-0.040 (0.089)
G1-3=5	0.076 (0.155)	—	-0.376** (0.189)	-0.410** (0.173)	—	0.214 (0.199)	-0.182 (0.153)
G1-3=6	-0.115 (0.135)	-0.421** (0.188)	—	-0.180 (0.140)	0.013 (0.209)	—	-0.157 (0.130)
样本量	15650	15650	15650	15650	15650	15650	15650

注：*** $p<0.01$，** $p<0.05$，* $p<0.1$；参考"变量操作化"部分，"G1-1=1"指公众在工作劳作领域中投入的时间为0~2小时，以此类推表示不同分类。

模型（1）以公众在工作劳作、家庭参与和个人生活领域均投入4~6小时为参照，当公众在工作劳作中投入10小时及以上时，其对"为居家老人提供社区服务支持（例如陪同就医、送药上门）"措施的需求比在工作劳作中投入4~6小时更强，为参照组的1.13倍（$e^{0.126}$，$p<0.1$）。这说明，除去满足基本生理需求的时间，公众参加工作的时间延长将挤压其照料家中老人的时间。对此，居家社区养老服务作为家庭照顾的替代性资源，能够帮助工作者满足老人的疾病照顾等养老需求。①

模型（2）以公众在三个领域投入8~10小时为参照，若公众参与工作劳作时间达4~6小时，其对"为居家或养老院的失能老人提供日常生活照料和

---

① 刘柏惠、寇恩惠：《社会化养老趋势下社会照料与家庭照料的关系》，《人口与经济》2015年第1期。

医疗护理所需费用的补贴"措施的需求是参照组的 1.21 倍（$e^{0.192}$，$p<0.01$）。当公众在家庭参与领域投入的时间少于 8 小时的时候，其对该项支持措施的需求同样较参照组更强烈。这说明，尽管公众在工作劳作领域中的时间投入不多，且家庭参与的程度或深或浅，但是其都倾向于需要面向老人的服务补贴。原因在于，一方面，子女可能缺乏有关医疗护理等方面的专业知识或技能，老人可以通过服务补贴以较低成本购买专业服务。[1] 另一方面，养老服务补贴作为一种经济支持资源，能够转化为照料服务支持资源，从而减少子女照顾时间，增加子女劳动时间，降低家庭照顾的机会成本。[2]

由模型（3）可知，在工作劳作或家庭参与中投入的时间均小于 10 小时（0~2 小时除外）的公众，较之于投入时间达 10 小时及以上的参照组更倾向于选择"提高养老院的性价比/服务质量"这项支持措施。这说明，即使公众不需要在某个领域花费过多的时间，其依旧兼顾工作者与照顾者双重角色。成年子女作为照顾老人的主力军，能够通过机构照顾服务舒缓照顾压力、疏解消极情绪，抑或缓和工作和家庭间的冲突。然而，数据显示，无论公众在个人生活领域投入了多少时间，其对此项支持措施的需求均弱于参照组。这种情形可能与中国传统家庭文化相关。受家庭道德影响，父母应承担儿童抚养义务，而子女应承担赡养老人义务，从而形塑代际双向互动关系。[3] 基于此，尽管公众会将时间花在个人休闲、娱乐社交等活动上面，也难以完全区隔个人生活与家庭参与。同时，出于对机构照顾者虐待倾向及老人安全的顾虑，公众也不愿将家中老人安置在养老院。

模型（4）以公众在三个领域投入 0~2 小时为参照。数据表明，针对"为照顾老人的子女提供社区喘息服务（例如临时看护）"支持措施的需求，工作劳作时间为 4~6 小时和 6~8 小时的公众需求分别是参照组的 1.36 倍（$e^{0.306}$，$p<0.01$）和 1.20 倍（$e^{0.182}$，$p<0.05$）。在工作劳作时间延长、职

---

[1] 陈璐、文琬：《互补还是替代：家庭照料与居家社区养老服务》，《中国卫生政策研究》2021 年第 11 期。

[2] 张在冉、韩雅慧、赵云海：《老年人养老状况对其子女劳动时间影响的实证研究》，《晋中学院学报》2024 年第 1 期。

[3] 张岭泉、邬沧萍：《应对人口老龄化——对"接力"模式和"反哺"模式的再思考》，《北京社会科学》2007 年第 3 期。

工福利名存实亡、老人照顾压力增加、家庭照顾负担难以转化的情况下，公众面临工作与家庭冲突加剧的问题。[1]而喘息服务将提供时间、信息、情感等支持资源，使其能够暂离双重压抑的情境，有助于改善家庭照顾者的健康状况。[2]但是，当公众在个人生活领域中分别投入4~6小时、6~8小时、8~10小时的时候，其对替代性喘息服务的需求均小于参照组，原因在于，他们可以通过休闲娱乐、学习锻炼、社交等活动宣泄内心的负面情绪，以保障个人身心健康，故而对该支持措施的偏好不强。

模型（5）数据显示，若公众在工作劳作中投入的时间小于8小时（分别为0~2小时、2~4小时、4~6小时、6~8小时），其对"子女享有法定带薪陪护假"措施的需求均弱于工作劳作8~10小时的公众。这说明，当公众不需要在工作劳作领域中投入较多时间时，其对就业支持资源的需求较小。"带薪陪护假"既可以为家庭照顾者提供时间支持，又能够给予其经济资源和就业保障，这对于工作劳作时间较长的照顾者更为重要。同理，在家庭领域中投入时间为0~2小时、2~4小时、4~6小时的公众对此项支持措施的需求大于投入时间为8~10小时的公众。由此可见，家庭参与时间较短导致公众对时间支持资源偏好较强。出现此结果的原因可能在于，在工作与家庭矛盾深化的情况下，该措施有助于协调多重身份角色，且能够淡化女性职场劣势，释放性别红利。[3]

由模型（6）可知，在工作劳作中投入6~8小时的公众对"对照顾老人的子女发放津贴或减免个税"支持措施的需求比在工作劳作中投入10小时及以上的公众更小（$e^{-0.098}$，$p<0.1$）。这说明，工作劳作时间较短的公众对面向家庭照顾者的经济支持资源需求不大。研究发现，照顾老人会对子女就业产生抑制作用，使子女的劳动参与率下降22.59%，并且，照顾责任会使在职成年子女每年减少187.464个小时的工作时长。[4]若子女选择照顾老人，虽然可以获

---

[1] 刘云香、朱亚鹏：《中国的"工作-家庭"冲突：表现、特征与出路》，《公共行政评论》2013年第3期。

[2] 洪伊荣、何朝珠、谢春燕、胡婷婷、许娇、冯林美、肖林燕：《老年患者家庭照顾者喘息服务研究进展》，《中国老年学杂志》2022年第7期。

[3] 朱荟、陆杰华：《工作抑或家庭：多重角色视角下性别红利释放的理论探讨》，《中山大学学报》（社会科学版）2021年第5期。

[4] 杨健萍、马颖颖：《家庭老年照料会影响子女就业吗？——基于CHARLS 2018年数据的实证分析》，《老龄科学研究》2023年第10期。

得一定的经济补偿，但是这也意味着对他们的工作产生消极影响，导致其相对竞争优势减弱。老人照顾机会成本将促使公众权衡其对此项支持措施的需要。然而，在家庭参与中投入 6~8 小时与在个人生活中投入 0~2 小时、2~4 小时、4~6 小时的公众对给予家庭照顾者经济补偿这一措施的需求都强于参照组。这可能与个体经济理性和个体化倾向相关。家庭照顾不仅意味着公众从事的是无偿劳动，而且意味着其需时刻关注老人，导致其既无经济收入又无可自由支配的空闲时间。基于此，在自利性驱动和工作、个人生活优先的价值引导下，公众将该支持措施作为对个人损失的补偿。[①]

模型（7）以公众在三个领域投入 0~2 小时为参照，当公众在工作劳作领域中消耗的时间为 6~8 小时、8~10 小时、10 小时及以上时，其对"为照顾老人的子女推荐就业信息和工作岗位"支持措施的需求强于参照组，分别为参照组的 1.20 倍、1.23 倍和 1.23 倍（$e^{0.179}$、$e^{0.207}$、$e^{0.207}$，均为 $p<0.05$）。若公众在家庭参与领域中投入的时间为 2~4 小时、4~6 小时和 10 小时及以上，其对此项支持措施的偏好同样大于参照组，分别为参照组的 1.08 倍、1.15 倍和 1.25 倍（$e^{0.076}$，$p<0.1$；$e^{0.136}$，$p<0.05$；$e^{0.227}$，$p<0.05$）。这说明，无论是在工作劳作领域还是在家庭参与领域，公众投入的时间越长，其对就业信息和工作岗位支持的需求越大。研究发现，家庭照护者的个体需求包括但不限于维持原有生活习惯的需求、缓解经济压力的需求、爱与归属需求、活动参与需求等类型。[②]一方面，同为工作者与照顾者的公众可以通过了解工作相关信息保持原有生活方式。另一方面，从事无偿劳动的家庭照顾者能基于此途径增加收入、变换环境，提升自我效能感。

2. 公众主观关系认知的影响

关于公众对工作劳作、家庭参与和个人生活这三个领域间关系状态的认知对其照顾支持措施偏好影响的分析结果如表 6 所示。Hilgard 整合了"认知—情感—意动"理论，指出对事物形成的某种认知将引导其产生相应的情感或态

---

① 胡安宁：《比较框架下的家庭重要性评价：对个体化理论的再思考》，《上海大学学报》（社会科学版）2024 年第 1 期。
② 屈天歌、王珊、王克芳、毛付营、李明：《失能老年人主要照护者感受及需求层次的质性研究》，《医学与哲学》2022 年第 17 期。

度，进而影响其行为意愿或动机。① 唐咏、楼玮群发现，虽然成年子女都因照顾老人而承担时间、心理与经济压力，但受传统家庭分工和角色认知的影响，男性照顾者认为其在经济方面压力较大，而女性照顾者认为其在心理和时间方面压力较大，故而男性对经济支持需求较强，女性则倾向于需要情感和就业支持。② 基于此，公众对三个不同领域间冲突或平衡关系的认知将导致其对不同老人照顾支持措施产生差异性偏好。

表6 公众主观关系认知对其照顾支持措施偏好的影响

变量	模型（1）C2-1	模型（2）C2-2	模型（3）C2-3	模型（4）C2-4	模型（5）C2-5	模型（6）C2-6	模型（7）C2-7
G2-1=1	—	-0.017（0.053）	-0.005（0.063）	-0.020（0.066）	0.421***（0.076）	0.133*（0.074）	—
G2-1=2	-0.012（0.053）	—	0.012（0.048）	0.035（0.051）	0.354***（0.066）	0.121*（0.065）	0.001（0.054）
G2-1=3	-0.085（0.072）	-0.119*（0.062）	0.090（0.070）	-0.201***（0.076）	—	—	0.040（0.073）
G2-1=4	-0.068（0.061）	0.017（0.047）	—	—	0.239***（0.072）	0.103（0.071）	0.007（0.062）
G2-1=5	-0.008（0.071）	-0.040（0.065）	0.023（0.071）	0.037（0.075）	0.004（0.085）	-0.071（0.083）	0.133*（0.072）
G2-2=1	—	-0.050（0.072）	0.065（0.075）	0.083（0.078）	0.014（0.092）	0.037（0.090）	—
G2-2=2	0.043（0.072）	—	0.103**（0.045）	0.052（0.047）	0.140*（0.072）	0.092（0.070）	-0.006（0.073）
G2-2=3	0.018（0.087）	0.161**（0.067）	-0.069（0.068）	-0.124*（0.075）	—	—	-0.077（0.089）
G2-2=4	0.120*（0.073）	-0.002（0.044）	—	—	0.335***（0.071）	0.072（0.069）	-0.038（0.074）
G2-2=5	0.087（0.074）	-0.005（0.054）	-0.031（0.054）	-0.067（0.057）	0.266***（0.076）	0.129*（0.074）	0.004（0.076）

---

① Hilgard E. R., "The Trilogy of Mind: Cognition, Affection, and Conation," *Journal of the History of the Behavioral Sciences* 16 (2) (1980).
② 唐咏、楼玮群：《长期护理对老人居家和社区照顾的影响和挑战研究——以深圳为例》，《兰州学刊》2010年第7期。

续表

变量	模型（1） C2-1	模型（2） C2-2	模型（3） C2-3	模型（4） C2-4	模型（5） C2-5	模型（6） C2-6	模型（7） C2-7
G2-3=1	—	-0.059 (0.064)	-0.085 (0.075)	0.077 (0.078)	-0.061 (0.086)	0.063 (0.085)	—
G2-3=2	0.033 (0.064)	—	0.001 (0.049)	0.084 (0.052)	-0.032 (0.068)	0.149** (0.067)	-0.044 (0.065)
G2-3=3	-0.034 (0.081)	-0.129** (0.064)	0.072 (0.071)	-0.042 (0.077)	—	—	-0.167** (0.083)
G2-3=4	0.079 (0.072)	-0.014 (0.048)	—	—	0.038 (0.073)	0.143** (0.072)	-0.024 (0.074)
G2-3=5	0.140* (0.082)	-0.063 (0.067)	-0.131* (0.073)	-0.039 (0.076)	0.150* (0.085)	0.185** (0.084)	-0.114 (0.083)
G2-4=1	—	0.042 (0.059)	0.191** (0.074)	-0.086 (0.078)	0.252*** (0.082)	0.121 (0.081)	—
G2-4=2	-0.017 (0.059)	—	0.124** (0.054)	-0.007 (0.056)	0.309*** (0.067)	0.115* (0.065)	0.076 (0.061)
G2-4=3	-0.045 (0.078)	-0.109* (0.062)	0.139* (0.073)	-0.147* (0.079)	—	—	0.135* (0.080)
G2-4=4	-0.089 (0.072)	0.007 (0.051)	—	—	0.385*** (0.075)	0.226*** (0.074)	0.058 (0.074)
G2-4=5	-0.248*** (0.087)	-0.076 (0.076)	0.168** (0.082)	0.022 (0.086)	0.212** (0.093)	0.199** (0.091)	0.132 (0.089)
样本量	15650	15650	15650	15650	15650	15650	15650

注：*** $p<0.01$，** $p<0.05$，* $p<0.1$；参考"变量操作化"部分，"G2-1=1"指公众认为"我常感到繁忙的工作使得我对家庭和个人生活的时间和精力投入不足"的描述为"完全不符合"程度，以此类推表示不同分类。

模型（1）以公众认为对工作劳作、家庭参与和个人生活领域间关系的描述完全不符合为参照。当公众认为"我常因为家庭和个人的私事影响到工作的时间或效率"的描述为比较符合时，其对"为居家老人提供社区服务支持（例如陪同就医、送药上门）"措施的需求是参照组的1.13倍（$e^{0.120}$，$p<0.1$）。同时，当公众认为"我在工作中所做的事情、习得的技能有助于我更好地参与家庭、过好个人生活"的表述完全符合时，其对此项支持措施的需求同样大于参照组，为参照组的1.15倍（$e^{0.140}$，$p<0.1$）。出现此现象的原因可能在于，前者将居家社区养老服务视为替代性照顾资源，这能够帮助公众减轻照

顾负担，从而削弱家庭对工作的消极影响。而后者则将居家社区养老服务视为补充性照顾资源，即使公众认为其能够满足养老需求，但却难以覆盖疾病照顾、保健护理等需要专业知识和服务经验的需求，因此其仍要依赖专业性服务。① 然而，当公众认为"总的来说，我认为我的工作与生活领域是平衡的"表述完全符合时，他们对此项支持措施的偏好并不强（$e^{-0.248}$，$p<0.01$）。

模型（2）以公众认为有关三个领域间关系的描述比较不符合为参照。当公众认为"我常感到繁忙的工作使得我对家庭和个人生活的时间和精力投入不足"、"我在工作中所做的事情、习得的技能有助于我更好地参与家庭生活、过好个人生活"以及"总的来说，我认为我的工作与生活领域是平衡的"这三种表述都为一般符合时，他们对"为居家或养老院的失能老人提供日常生活照料和医疗护理所需费用的补贴"措施的需求不如参照组强烈（分别为 $e^{-0.119}$，$p<0.1$；$e^{-0.129}$，$p<0.05$；$e^{-0.109}$，$p<0.1$）。一方面，成年子女会为家中老人提供经济支持。另一方面，由于居家社区养老服务存在服务项目不完善、服务供给设施不健全、服务质量参差不齐等问题，老人对这类服务的利用率和可及性较低，故而为老人提供服务补贴支持的用处不大。② 相反，若公众认为"我常因为家庭和个人的私事影响到工作的时间或效率"的描述为一般符合时，他们对该项支持措施的需求强于参照组，为参照组的 1.17 倍（$e^{0.161}$，$p<0.05$）。这是因为家庭照顾责任与劳动参与率间存在负相关关系。对于家庭照顾者（尤其是女性照顾者），承担老人照顾责任将减少他们的工作劳作时间，这不仅会降低其收入报酬，而且将导致其处于职场劣势地位，影响职业发展前景。③

模型（3）以公众认为有关三个领域间关系的描述比较符合为参照。数据显示，当公众认为"我常因为家庭和个人的私事影响到工作的时间或效率"的表述比较不符合，抑或是"总的来说，我的工作与生活领域是平衡的"的描述为一般符合与完全符合时，其对"提高养老院的性价比/服务质量"支持措施

---

① 林晨蕾、郑庆昌：《替代抑或互补：社会养老与家庭养老协同性研究》，《统计与决策》2018年第22期；陈璐、文琬：《互补还是替代：家庭照料与居家社区养老服务》，《中国卫生政策研究》2021年第11期。
② 马朵朵：《居家社区养老服务可及性及其影响因素——基于两省五市调研数据的实证分析》，《社会保障研究》2023年第2期。
③ 刘成奎、林晓丹、王浩：《家庭责任、工作时间与性别收入不平等》，《劳动经济研究》2023年第2期。

的需求比参照组大（$e^{0.103}$，$p<0.05$；$e^{0.139}$，$p<0.1$；$e^{0.168}$，$p<0.05$）。这说明，在公众的认知中，即使他们能够管理好工作、家庭和个人生活，其仍倾向于选择使用机构照顾服务。这可能是家庭共同决策下的产物。购买养老服务不只是单方面牵涉老年人或成年子女，而是与家庭中的所有成员都相关。[1] 一方面，老年人自身的经济储蓄、受教育水平、养老观念等因素和子女自身的收入水平、照顾技能、工作家庭冲突等因素均会限制家庭对社会养老服务的需求和使用。另一方面，老人与子女的居住方式、代际关系、子女照顾资源递送、未成年孩子数量等方面也会影响家庭对社会养老服务的消费选择。[2] 上述客观条件区别于公众的主观认知，使公众对机构照顾服务有较大诉求。相反，若公众认为其难以平衡工作和生活，则对该支持措施的需求强于参照组，表明公众期望借助替代性照顾支持实现减负。

由模型（4）数据可知，首先，当公众认为"我常感到繁忙的工作使得我对家庭和个人生活的时间和精力投入不足"描述为一般符合时，其对"为照顾老人的子女提供社区喘息服务（例如临时看护）"支持措施的需求较参照组（指"比较符合"程度）更小（$e^{-0.201}$，$p<0.01$）。其次，当公众认为家庭或个人生活琐事会影响工作的时间和效率时，其对该项支持措施的需求仍比参照组小（$e^{-0.124}$，$p<0.1$）。这说明，若工作劳作与家庭参与、个人生活间的双向负面影响程度较弱时，公众对有助于排解消极情绪、缓解时间或压力冲突的喘息服务偏好不强。原因在于，喘息服务的服务对象为长期照顾者，目的是为家庭照顾者提供短暂性、临时性、替代性的照护服务，以使其获得短暂休息、恢复精力和重新提供护理服务的能力。[3] 基于此，在公众并未觉得其难以承受来自工作和家庭的双重负担时，其对替代性喘息服务的需求便不大。

模型（5）以公众认为有关三个领域间关系的描述一般符合为参照。一方面，当公众认为"繁忙的工作使得我对家庭和个人生活的时间和精力投入不

---

[1] 王晓波、耿永志：《嵌入性视角下老年人养老服务消费影响因素研究》，《兰州学刊》2021年第4期。

[2] 王晓峰、刘帆、马云博：《城市社区养老服务需求及影响分析——以长春市的调查为例》，《人口学刊》2012年第6期；赵怀娟、陶权：《失能老人家庭照护的现状及影响因素分析——对W市305名照护者的调查》，《老龄科学研究》2013年第3期。

[3] 陈际华、卞海琴：《社会支持理论下喘息服务介入失能老人家庭照顾问题研究》，《经济研究导刊》2018年第7期。

足"的描述为比较符合,或认为"家庭和个人的私事影响到工作的时间或效率"的描述为比较符合与完全符合时,他们对"子女享有法定带薪陪护假"措施的偏好比参照组大(前者为参照组的1.27倍,$e^{0.239}$,$p<0.01$;后者分别为参照组的1.40倍,$e^{0.335}$,$p<0.01$ 和 1.30 倍,$e^{0.266}$,$p<0.01$)。并且,当公众认为"总的来说,我认为我的工作与生活领域是平衡的"描述为完全不符合或比较不符合时,其对此项支持措施的需求也比参照组大($e^{0.252}$,$p<0.01$;$e^{0.309}$,$p<0.01$)。这是因为,成年子女扮演着工作者和照顾者双重角色,过长的工作时间、繁多的照护内容与有限的时间、精力间的矛盾塑造着他们对就业和经济支持的迫切需要。[1] 另一方面,若公众认为"我常感到繁忙的工作使得我对家庭和个人生活的时间和精力投入不足"的描述为完全不符合和比较不符合,或是认为"我常因为家庭和个人的私事影响到工作的时间或效率"的表述比较不符合时,其对"子女享有法定带薪陪护假"措施的需求比参照组更大(前者为 $e^{0.421}$,$p<0.01$;$e^{0.354}$,$p<0.01$;后者为 $e^{0.140}$,$p<0.1$)。

模型(6)以公众认为有关三个领域间关系的描述一般符合为参照。数据显示,当公众认为"我常感到繁忙的工作使得我对家庭和个人生活的时间和精力投入不足"的表述完全不符合与比较不符合,或是"我在工作中所做的事情、习得的技能有助于我更好地参与家庭生活、过好个人生活"的描述为比较符合和完全符合时,他们相较于参照组更需要"对照顾老人的子女发放津贴或减免个税"的支持措施(前者为 $e^{0.133}$,$p<0.1$;$e^{0.121}$,$p<0.1$;后者为 $e^{0.143}$,$p<0.05$;$e^{0.185}$,$p<0.05$)。同时,当公众认为"总的来说,我的工作与生活领域是平衡的"描述比较符合或完全符合时,他们同样更倾向于需要此项支持措施($e^{0.226}$,$p<0.01$;$e^{0.199}$,$p<0.05$)。这说明,即便工作劳作或家庭参与、个人生活带来的消极影响较小,且公众有精力处理工作、家庭或个人生活事务,他们仍需要社会提供的经济支持。从客观角度看,成年子女作为"中间一代",肩负着养老与育幼的责任,而在老年照料和抚幼育儿负担均加重的情况下,经

---

[1] 刘云香、朱亚鹏:《中国的"工作-家庭"冲突:表现、特征与出路》,《公共行政评论》2013 年第 3 期;赵怀娟、陶权:《失能老人家庭照护的现状及影响因素分析——对 W 市 305 名照护者的调查》,《老龄科学研究》2013 年第 3 期;Zegwaard M. I., Aartsen M. J., Grypdonck M. H. F., et al., "Differences in Impact of Long Term Caregiving for Mentally Ill Older Adults on the Daily Life of Informal Caregivers: A Qualitative Study," *BMC Psychiatry* 13 (2013).

济支持有助于减轻成年子女的经济压力,降低家庭脆弱性。然而,由模型(6)数据可知,若公众认为"我常因为家庭和个人的私事影响到工作的时间或效率"的描述为完全符合,且认为"我在工作中所做的事情、习得的技能有助于我更好地参与家庭生活、过好个人生活"的表述比较不符合时,其较参照组更倾向于选择"对照顾老人的子女发放津贴或减免个税"这项支持措施(前者为 $e^{0.129}$, $p<0.1$; 后者为 $e^{0.149}$, $p<0.05$),有助于其以较低的经济成本和机会成本为家中老人提供良好的照顾服务。

模型(7)以公众认为有关三个领域间关系的描述为完全不符合为参照。当公众认为"总的来说,我的工作与生活领域是平衡的"描述为一般符合,或认为"繁忙的工作使得我对家庭和个人生活时间和精力投入不足"的描述为完全符合时,其对"为照顾老人的子女推荐就业信息和工作岗位"支持措施的需求分别为参照组的 1.145 倍 ($e^{0.135}$, $p<0.1$) 和 1.142 倍 ($e^{0.133}$, $p<0.1$)。相反,若公众认为"我在工作中所做的事情、习得的技能有助于我更好地参与家庭生活、过好个人生活"描述为一般符合时,其对该项支持措施的选择偏好弱于参照组 ($e^{-0.167}$, $p<0.05$)。这说明,当公众在面对来自工作的负面冲击时,他们期望获得社会提供的就业支持和信息支持。

五 结论与建议

近年来,国家已在正式文件中多次提到"健全居家社区养老服务体系"。然而,解决居家社区养老服务现存问题还需从以下几个方面发力。第一,国家财政应设立养老服务津贴专项,为有照料需求的老年人提供居家养老服务消费补贴,减轻家庭经济负担。第二,完善居家养老服务专业人才发展和技能培养机制,与高校合作,为养老服务人员提供专业教育指导。第三,应以老人主体需求为核心,做好养老需求调查和服务站点选址工作,提高居家养老服务供需匹配程度与服务可及性。第四,国家应加大对居家养老服务基础设施的投入力度,并对养老设施简陋、配套设施不齐全的服务机构进行补建,或对小区进行适老化改造。第五,拓展服务信息宣传渠道,整合"线上+线下"多元宣传方式,同时建立服务反馈机制,将老年主体纳入服务决策过程。

为实现公众在工作劳作、家庭参与和个人生活领域间的平衡,相关政策应惠及三个领域。在工作劳作领域，一方面，国家应完善劳动法规并加强执法和监督力度，以强化对劳动者基本权益的保护。另一方面，鼓励用人单位为员工提供制度性支持，如设立带薪休假制度、弹性工作制度等。在家庭参与领域，国家应健全家庭支持政策体系，通过正式政策制度为身负多重角色的公众提供经济支持、就业支持、信息支持等支持资源。同时，国家应完善并发展养老和托幼服务系统，从而减轻"中间一代"的照顾负担。值得一提的是，男女两性在工作与家庭领域中感知到的压力和矛盾程度不同。因此，对于男性认为其工作干扰家庭的问题，国家可以通过增加男性陪产假、育儿假等方式为其提供时间支持。对于女性认为其家庭消极影响工作的问题，国家应坚持执行《女职工劳动保护特别规定》，为女性营造公平、友善的职场环境。在个人生活领域，国家不仅可以为工作者提供替代性照顾资源，而且可以为照顾者提供喘息服务、情感与社交支持、休闲娱乐活动等，促使他们逐步实现工作生活平衡。

专题报告五

公众对生育支持政策的态度及其影响因素

范 昕 屈泓希

一 引言

进入21世纪以来,我国人口形势呈现"老龄化"叠加"少子化"的发展趋势。第七次全国人口普查数据显示,2020年我国的总和生育率仅为1.3。这意味着作为世界人口大国的中国已经迈入极低生育水平的阶段,低生育已经成为我国社会最大的"灰犀牛"之一,如果不引起重视,大国人口危机所带来的社会风险将越来越大。为此,我国在生育政策层面进行了频繁调整和改革。

自1982年计划生育政策成为我国的基本国策以来,生育政策的调整业已经历了"双独二孩""单独二孩""全面二孩""三孩"的政策阶段。然而,以数量思维主导的人口政策调整并未取得理想的效果,我国的少子老龄化程度进一步加深,生育政策的密集调整和生育水平持续下降已成为当前我国生育领域的基本特点。[1] 由此可见,生育率不单单受人口政策的影响,还受到其他多种因素复合作用的影响。这启示我们,数量思维主导的人口政策并不能显著提升生育率,若不能以整体思维推进人口和生育政策体系建设,中国将会面临越来越大的人口压力,从而影响高质量发展的进程。

目前,我国社会在生育中主要存在"不想生"、"推迟生"和"不敢生"等问题,这些问题反映了影响中国生育率的价值观因素、社会经济因素、人口学因素等。首先,"不想生"体现了育龄群体的低生育意愿,与个体本位尤其

---

[1] 任远:《当前生育政策继续变革和调整完善的理论和实践问题》,《广州大学学报》(社会科学版)2022年第4期。

是女性自我意识的觉醒息息相关。在家庭层面，生育决策等重大家庭事务逐渐由"以夫为主"转变为"夫妻共商"。① 在社会层面，女性更加注重自我实现与自我完善，"多子多福"的催生逻辑在当代青年女性身上已经收效甚微。② 其次，"推迟生"反映了我国低生育率背后的人口学因素。多年来，我国推行的一系列生育政策，有效促进了"晚婚晚育"与"少生优育"生育文化及理念的广泛传播和深入人心。在这一生育文化的深远影响下，我国人口初婚年龄推迟的现象日益凸显，且处于生育旺盛期（20~30 岁）女性的在婚比例也呈现持续下降的态势。这一变化无疑预示着一胎生育时间的相应延后，对人们的生育规划产生显著影响，进而对生育率的提升形成不容忽视的制约。最后，"不敢生"则指向现实的社会经济条件对生育意愿的抑制。③ 近些年来，人们更加理性地对待生育行为，对生育成本的考量更多结合整个生命周期，④ 生育决策也更加具有反思性。有学者指出，相比生育问题本身，养育（儿童照顾）越来越成为更重要的社会问题。⑤ 这些情况表明，低生育率是现代社会转型时期家庭与社会、个人与集体、劳动与生活及传统与潮流等多种矛盾和冲突激烈碰撞的产物。

为了有针对性地解决上述问题，推动我国人口长期均衡发展，在习近平总书记关于"人口问题始终是我国面临的全局性、长期性、战略性问题"⑥ 的基本论述基础上，2022 年 7 月，国家卫健委联合 17 个部门发布的《关于进一步完善和落实积极生育支持措施的指导意见》明确提出，要"加快建立积极生育支持政策体系"。2023 年的《政府工作报告》又对该目标进行了强调。2024 年"两会"期间，关于"构建与完善生育支持政策体系"的讨论成为与会代表最为关心的民生议题和政策话题。

---

① 茅倬彦：《三孩政策下的生育支持政策体系构建——基于多重家庭均衡理论的思考》，《华中科技大学学报》（社会科学版）2023 年第 3 期。
② 陈晶莹、马建青：《三孩政策下青年低生育现象的成因及破解策略》，《中国青年研究》2022 年第 3 期。
③ 郑真真：《生育转变的多重推动力：从亚洲看中国》，《中国社会科学》2021 年第 3 期。
④ 穆光宗：《中国的人口危机与应对》，《北京大学学报》（哲学社会科学版）2019 年第 5 期。
⑤ 钟晓慧、郭巍青：《人口政策议题转换：从养育看生育——"全面二孩"下中产家庭的隔代抚养与儿童照顾》，《探索与争鸣》2017 年第 7 期。
⑥ 《习近平：人口问题始终是全局性、战略性问题》，澎湃新闻，2022 年 7 月 11 日，https:// www.thepaper.cn/newsDetail_forward_18960741。

已有相当多的研究证明,政治、经济和文化等因素对于建立符合一国国情的社会政策具有重要意义。就生育支持政策而言,除了以上客观因素,本报告认为,公众的主观福利态度也是构建具有中国特色的生育支持政策体系需要考虑的关键因素。[①] 福利态度指的是公众对国家/政府在福利领域应该承担何种责任的看法,包括对国家再分配、社会保障与社会福利政策的态度等,[②] 这些主观因素将对生育政策的实施和效果产生重要影响。有学者将无法凝聚公众共识的政策失败称为"低支持度型政策失败",认为没有民意基础的政策可能会销蚀公众对政府的信任,甚至带来民粹主义,影响政府政策执行的效率。[③] 随着社会经济的不断发展,女性地位不断提高,生育问题已成为家庭成员共同参与和协商的重要事务与关键决策议题。在此背景下,公众对生育支持政策的态度也愈发多样。因此,将公众福利态度作为政策制定与出台的重要考虑因素,对进一步构建和完善生育支持政策体系具有非凡意义。

在构建与完善生育支持政策体系的关键时期,本报告致力于从公众福利态度的角度了解公众对于生育配套政策的支持度,剖析政策支持度背后的影响因素,并提出一些政策建议,旨在从公众福利态度的角度推动生育友好型社会的建立与完善。

二 政策背景

本部分旨在梳理近些年来我国生育政策和生育配套政策发展的历程,主要从国家政策层面和省级政策层面两个维度进行梳理和阐述。

(一)全国性政策

长期以来,我国实行的是以控制人口为主要目标的紧缩生育政策。鉴于近

[①] 范昕、庄文嘉、岳经纶:《生,还是不生?——全面二孩时代生育配套政策调整的公众态度研究》,《学术研究》2019年第12期。
[②] Roller, E., "The Welfare State: The Equality Dimension," *Scope of Government*, 1998, pp. 165-198.
[③] 彭勃、张振洋:《公共政策失败问题研究——基于利益平衡和政策支持度的分析》,《国家行政学院学报》2015年第1期。

些年来人口形势发生的变化，计划生育政策逐渐松动。2011年11月，各地全面实施"双独二孩"政策，即"夫妻双方均为独生子女的可以生育第二个孩子"。紧接着，2013年中共十八届三中全会决定启动实施"单独二孩"政策。同年12月28日，《关于调整完善生育政策的决议》（以下简称《决议》）由十二届全国人大常委会第六次会议表决通过，"单独二孩"政策正式实施。尽管《决议》对"完善配套政策"做出了一些规定，但更多的政策文本内容还是强调计划生育政策的控制人口作用。此时，完善生育配套政策的目的是"做好相关经济社会政策与计划生育政策的有效衔接"，各项政策的生育支持性意味明显不足。

随着我国总和生育率的整体走低，2015年我国对生育政策进行了进一步的调整。12月27日，全国人大常委会通过了《中华人民共和国人口与计划生育法》修正案，"全面二孩"政策于2016年1月1日起正式实施。2015年12月31日，中共中央、国务院印发《关于实施全面两孩政策改革完善计划生育服务管理的决定》，提出要"改革完善计划生育服务管理"，并明确提出要"合理配置妇幼保健、儿童照料、学前和中小学教育、社会保障等资源，满足新增公共服务需求""引导和鼓励社会力量举办非营利性妇女儿童医院、普惠性托儿所和幼儿园等服务机构"，生育配套政策的生育支持性指向愈加明显。

从具体的政策安排来看，在学前教育层面，2017年3月1日，国务院印发的《"十三五"推进基本公共服务均等化规划》（以下简称《规划》）指出，要大力发展普惠性学前教育，"加强普惠性幼儿园建设，重点保障中西部农村适龄儿童和实施全面两孩政策新增适龄儿童入园需求"。在托育方面，党的十九大将"幼有所育"作为第一个民生目标提出。2019年5月，国务院办公厅印发的《关于促进3岁以下婴幼儿照护服务发展的指导意见》对促进婴幼儿照护服务发展提出总体规划和一系列发展意见。在生育保险方面，2017年1月，国务院办公厅印发了《生育保险和职工基本医疗保险合并实施试点方案》。在2018年12月的第十三届全国人民代表大会常务委员会第七次会议上，国务院对生育保险和职工基本医疗保险合并实施试点情况进行了总结，认为通过实施试点，达到了"生育保险覆盖面扩大，基金共济能力增强，监管水平提高，经办服务水平提升，享受待遇更加便利"的预期目标。

为了更加积极地应对我国新时代的人口发展新态势，2021年6月，中共中央、国务院印发《关于优化生育政策促进人口长期均衡发展的决定》（以下简称《决定》），决定实施一对夫妻可以生育三个子女的政策，并取消社会抚养费等制约措施，同时清理和废止相关处罚规定，配套实施生育支持措施。《决定》从提高优生优育服务水平、发展普惠托育服务体系、降低生养教成本等各个维度提出了政策目标和具体的实现手段，并强调"实施三孩生育政策及配套支持措施，有利于释放生育潜能，减缓人口老龄化进程，促进代际和谐，增强社会整体活力"，生育和各项配套政策的生育支持性功能与价值进一步增强。

以托育政策为例，继党的十九大将"幼有所育"作为重要的民生目标提出以来，有关托育的中央政策在2019年之后迎来了密集出台的阶段。2023年，国家卫生健康委办公厅、国家中医药局综合司、国家疾控局综合司三部门联合印发的《关于促进医疗卫生机构支持托育服务发展的指导意见》指出，积极鼓励医疗卫生机构支持托育服务发展，着力推动托育服务朝着专业化、科学化和精细化的方向发展。面对较为缺少专业性、安全性和规范性，但又为人民群众所需要的家庭托育点，国家卫生健康委等五部门也颁布了《家庭托育点管理办法（试行）》，强调要加强对于家庭托育点的管理。这体现了国家对于实现"幼有所育"目标的决心。除了托育政策，国家还在产假、生育津贴、医疗和住房等各个领域出台了一系列支持生育的配套政策。

总体而言，自党的十八大以来，我国根据人口发展态势，将应对人口问题及优化生育政策视为关键战略，各项举措成果显著。在从"双独二孩"和"单独二孩"到"全面二孩"，再到"三孩"生育政策的调适与变迁过程中，与之配套的各项措施也在持续出台和完善，其生育支持性质和功能愈发凸显。这说明了我国已将人口均衡发展视为重要的民生议题和发展目标，充分展现了我国在满足人民日益增长的美好生活需要方面的坚定决心。

（二）地方性政策

各地也积极响应中央号召，在结合具体省情的基础上努力探索与推动相关政策的出台。我们以2023年人民美好生活调查中所涉及的福建省、广东省、海南省、黑龙江省、湖南省、云南省和新疆维吾尔自治区等七个省份为例，总结和梳理党的十九大以来各地生育配套政策的发展。

福建作为我国东南沿海的代表性省份，在生育及配套措施的出台中投入力度较大，政策具有较强的创新性。2018年8月，福建省人民政府制定并印发了《福建省推进基本公共服务均等化行动计划》（以下简称《行动计划》）。《行动计划》对包含义务教育和普惠性学前教育在内的公共教育、包含生育保险在内的基本社会保险、包含儿童健康管理和孕产妇健康管理在内的基本医疗卫生，以及包含困境儿童保障在内的基本社会服务等各个民生问题做出了行动规划。在托育和学前教育方面，2020年，福建省人民政府办公厅印发的《福建省老旧小区改造实施方案》，将托育等服务设施建设纳入老旧小区改造计划。2020年12月，福建省人民政府办公厅印发的《关于提升大众创业万众创新示范基地带动作用进一步促改革稳就业强动能若干措施的通知》明确提出，"聚焦'互联网平台+创业单元'模式，进一步拓展互联网与托育、养老、家政、乡村旅游等领域融合的广度和深度，在公共服务领域打造一批行业平台、形成一批典型示范，推动社会服务创业带动就业"。除此之外，福建省人民政府办公厅还出台了《关于加快推进医养结合发展若干措施的通知》等若干政策文件，进一步推动托育服务健康发展。在生育假期方面，2022年3月，福建省人民代表大会常务委员会做出了关于修改《福建省人口与计划生育条例》的决定。《福建省人口与计划生育条例》对有关生育的方方面面做出了规定，明确提出对于符合条例的生育子女的夫妻，"女方产假延长为一百五十八日至一百八十日，男方照顾假为十五日，在其子女年满三周岁之前，每年给予夫妻双方各十天育儿假。婚假、产假、照顾假、育儿假期间，工资、福利待遇不变，不影响晋升"。福建省人民政府还在生育津贴、医疗服务和住房优惠等多层面做出利好生育的政策规定。

广东省作为我国人口大省和经济发展势头强劲的省份，近些年在生育及配套政策的制定和实施过程中也积累了丰富的实践经验。2023年6月，广东省卫健委、广东省发改委等17个部门联合印发的《关于进一步完善和落实积极生育支持措施的实施意见》指出，要将重点任务放在"优化生育全程服务""提升儿童健康服务能力""强化生殖健康服务""提高婴幼儿家庭照护能力""支持普惠托育服务壮大发展""降低托育机构运营成本""促进托育服务提质培优""实施精准购房租房倾斜政策""强化税收、经济补助等支持政策"等方面，覆盖人群广、政策类型多样成为广东省生育配套政策的主要特点。在住房优惠方面，2023年6月，广州住房公积金管理中心发布的《关于贯彻落实二孩及以上家庭支持政策的通知》提出,"生育二孩及以上的家庭(至少一个子女未成年)使用住房公积金贷款购买首套自住住房的,住房公积金贷款最高额度上浮30%"。该政策以贷款额度提升的方式,助力建立积极生育支持政策体系,营造良好生育支持氛围。在生育津贴方面,2021年11月,广东省人民政府办公厅印发的《广东省公共服务"十四五"规划》明确提出,"将积极吸纳国际社会有益经验,探索对生养子女给予普惠性经济补助"。在托育服务层面,2023年3月,广东省发改委会同省妇儿工委办公室等单位联合印发的《广东省儿童友好城市建设实施方案》明确提出,到2025年,构建全省统筹规划、全域系统推进、全程多元参与的儿童友好城市工作格局,全面推动珠江三角洲地区城市和粤东粤西粤北地区中心城市开展儿童友好城市建设。通过这些政策努力,广东省积极树立生育友好的大省形象。

海南省在制定与推行生育配套政策方面也取得了一定成果。在托育方面,2021年10月,海南省人民政府办公厅印发的《促进养老托育服务健康发展实施方案》指出,要以"健全优化养老托育政策体系"、"强化养老托育供给保障能力""着力提升医养康养服务水平"、"优化养老托育发展消费环境"和"提升养老托育综合监管水平"为主要任务,着力建设与海南自由贸易港相适应的养老托育服务体系。2022年6月,中共海南省委、海南省人民政府又印发了《关于优化生育政策促进人口长期均衡发展的实施方案》。海南省将托育服务作为重点工作纳入海南国民经济和社会发展规划、妇女儿童发展规划、卫生健康"十四五"规划,同部署同考核。在学前教育方面,2020年2月,海南省人民政府办公厅印发的《海南省学前教育发展布局规划(2020—2035年)》明确指出,要多措并举补齐学前教育总量不足、质量不高、配置不均的短板,彻底解决"入园难""入园贵"难题,为海南实现教育现代化打下重要基础。2022年9月,海南省人民政府印发《海南省妇女发展规划(2021—2030年)》和《海南省儿童发展规划(2021—2030年)》,对妇女儿童工作进行了规划与指导,切实保障妇女儿童权益。除此之外,海南省还在住房补贴、生育津贴层面出台政策,进行积极的政策探索。

黑龙江省作为全国人口出生率相对较低的北方省份,在推进和实施生育配套政策方面持续发力。2020年11月,黑龙江省人民政府办公厅出台《关于促进3岁以下婴幼儿照护服务发展的实施意见》,结合具体省情,就有关婴幼儿照顾提出一系列目标和具体实施策略。作为黑龙江的省会城市,2022年11月,哈尔滨印发的《哈尔滨市优化生育政策促进人口长期均衡发展的实施方案》明确提出，"建立育儿补贴制度，减轻家庭育儿负担，按政策生育第二个子女的家庭，每孩每月发放500元育儿补贴；按政策生育第三个子女的家庭，每月每孩发放1000元育儿补贴，直至子女3周岁"，以"真金白银"的生育津贴，减轻人民群众的养育负担。

湖南省也出台了一系列生育配套相关措施。在生育假期方面，2019年11月出台了《湖南省女职工劳动保护特别规定》，其中第十一条规定："产假期满，经本人申请，用人单位批准，可以请假至婴儿1周岁，请假期间的待遇由双方协商确定。"在生育津贴方面，2021年8月，湖南省卫生健康委、湖南省财政厅、湖南省医保局出台的《关于做好三孩生育服务登记及落实生育医疗待遇政策有关事项的通知》明确规定：各地医疗保障部门要积极支持三孩生育政策的落地实施，确保参保女职工生育三孩的费用纳入生育保险待遇支付范围，及时、足额给付生育医疗费用，落实生育津贴待遇，切实保障参保人员相关权益。在托育方面，2022年6月，湖南省卫生健康委出台了《湖南省托育机构设置标准细则（试行）》和《湖南省托育机构管理规范细则（试行）》等系列文件，关注托育民生领域的方方面面，进一步规范托育机构设置，加强为3岁以下婴幼儿提供全日托、半日托、计时托、临时托等托育服务的机构专业化、规范化建设。

云南省也在生育配套政策制定和出台的过程中，进行了一些有益的尝试。2022年1月，云南省十三届人大常委会第二十八次会议通过了关于修改《云南省人口与计划生育条例》的决定。《云南省人口与计划生育条例》明确提出，对子女在3周岁以下的父母，增加每年累计10天的育儿假，对有两个以上3岁以下子女的，再增加5天育儿假。2022年10月，云南省人民政府办公厅印发了《关于建立云南省优化生育政策工作部门联席会议制度的通知》，建立联席会议制度领导和统筹协调全省优化生育政策工作，这进一步推动了云南省鼓励生育工作的规范性和积极性。同年11月，云南省财政厅、卫生健康委、公安厅等5个省级部门联合印发《云南省生育支持项目实施方案的通知》，对全省实施一次性生育补助、育儿补助、婴幼儿意外伤害险参保补贴项目予以指导，将生育补贴进一步细化并落实到位。在云南省政府的积极推动下，全省各地也在陆续推出具体实施细则，以确保生育配套政策能够更好地落地实施。

新疆维吾尔自治区在生育配套政策出台与实施中也取得了一些成绩。2022

年12月，新疆维吾尔自治区卫健委制定并印发了《关于贯彻自治区妇女儿童发展规划（2022—2025年）的实施方案》。这是在医疗保健服务、儿童健康服务和管理、建立完善女性全生命周期健康管理模式和支持家庭与妇女全面发展等妇女儿童发展的各个方面制定的具体方案。2022年5月新修订的《新疆维吾尔自治区人口与计划生育条例》明确提出，"符合规定生育的夫妻，在子女零至三周岁期间，每年各享受不少于十天的父母育儿假"。除了生育假期之外，在学前教育方面，2022年12月，新疆维吾尔自治区教育厅等9部门联合印发的《自治区"十四五"学前教育发展提升行动计划》提出，到2025年，自治区学前三年毛入园率保持在98%以上，普惠性幼儿园覆盖率保持在90%以上，城市公办园在园幼儿占比在50%以上。

自党的十九大以来，我国各地区在生育配套政策方面进行了积极的探索与实践。表1对党的十九大以来七省份在生育配套方面的部分相关政策文件进行了整理。

表1 党的十九大以来七省份在生育配套方面的部分相关政策文件

省份	时间	政策文件
福建省	2018年8月	《福建省推进基本公共服务均等化行动计划》
	2020年9月	《福建省老旧小区改造实施方案》
	2020年12月	《关于提升大众创业万众创新示范基地带动作用进一步促改革稳就业强动能若干措施的通知》
	2021年9月	《关于加快推进医养结合发展若干措施的通知》
	2022年3月	《福建省人口与计划生育条例》
广东省	2021年11月	《广东省公共服务"十四五"规划》
	2023年6月	《关于进一步完善和落实积极生育支持措施的实施意见》
	2023年3月	《广东省儿童友好城市建设实施方案》
	2023年6月	《关于贯彻落实二孩及以上家庭支持政策的通知》
海南省	2020年2月	《海南省学前教育发展布局规划（2020—2035年）》
	2021年10月	《促进养老托育服务健康发展实施方案》
	2022年6月	《关于优化生育政策促进人口长期均衡发展的实施方案》
	2022年9月	《海南省妇女发展规划（2021—2030年）》《海南省儿童发展规划（2021—2030年）》

续表

省份	时间	政策文件
黑龙江省	2020年11月	《关于促进3岁以下婴幼儿照护服务发展的实施意见》
	2022年11月	《哈尔滨市优化生育政策促进人口长期均衡发展的实施方案》
湖南省	2019年11月	《湖南省女职工劳动保护特别规定》
	2021年8月	《关于做好三孩生育服务登记及落实生育医疗待遇政策有关事项的通知》
	2022年6月	《湖南省托育机构设置标准细则（试行）》《湖南省托育机构管理规范细则（试行）》
云南省	2022年1月	《云南省人口与计划生育条例》
	2022年10月	《关于建立云南省优化生育政策工作部门联席会议制度的通知》
	2022年12月	《云南省生育支持项目实施方案》
新疆维吾尔自治区	2022年5月	《新疆维吾尔自治区人口与计划生育条例》
	2022年12月	《自治区卫生健康委关于贯彻自治区妇女儿童发展规划（2022—2025年）的实施方案》
	2022年12月	《自治区"十四五"学前教育发展提升行动计划》

综上所述，各省份在生育配套政策的制定与实施过程中，充分发挥了自己的优势，形成了各具特色的政策体系。这些政策的实施不仅有助于提升我国的生育水平，还能为经济社会的持续健康发展提供有力支撑。展望未来，我们期待各省份能够继续深化生育政策改革，为实现人口长期均衡发展做出更大贡献。

三 文献综述

福利态度是公众对政府福利政策以及资源和生活机会的分配与再分配的态度，反映的是他们对政府再分配政策的偏好。[1] 有学者认为，中国的福利态度可以理解为公众对相关政策措施以给予支持或不支持的方式做出回应的一种倾向。[2] 福利态度的研究最早可以追溯到20世纪50年代的选举研究和公

---

[1] 范梓腾、宁晶：《技术变革中的福利态度转变——自动化替代对个体养老责任偏好的影响》，《社会学研究》2021年第1期。

[2] 范昕、庄文嘉、岳经纶：《生，还是不生——全面二孩时代生育配套政策调整的公众态度研究》，《学术研究》2019年第12期。

共调查,[①] 经过几十年的发展,相关研究已经涉及社会政策领域的方方面面。总结国内外有关福利态度调查的文献,可以将解释福利态度差异的路径概括为以下三种。

(一)个人自利

个人自利的解释路径认为,在理性选择逻辑的支配下,福利的接受者和潜在接受者更倾向于支持相关的福利政策和社会政策,[②] 可以简单概括为,"谁获益,谁支持"。以生育配套政策为例,其政策目标群体多为已育或有生育计划的女性,受惠人群具有很强的边界性和排他性。在某些社会政策领域,个人特征是识别政策受惠者和解释不同群体福利态度差异的重要因素。例如,在失业政策领域,失业的个人特征是失业政策目标群体的主要界定因素,而失业者也更可能对与失业相关的福利政策持积极态度。[③] 同样,在主要有利于年青一代的政策中,老年人由于不可能成为主要受惠者,因此更有可能反对增加有利于年青一代的政策投资(例如教育政策、托育服务)。[④][⑤][⑥][⑦] 除了上述个人特征因素以外,个人自利假设也被证明与感知到的脆弱有关。[⑧] 也就是说,那些

---

① 岳经纶:《专栏导语:福利态度:福利国家政治可持续性的重要因素》,《公共行政评论》2018年第3期。
② Hasenfeld, Y. & Rafferty, J. A., "The Determinants of Public Attitudes Toward the Welfare State," *Social Forces* 67 (4) (1989): 1027-1048.
③ Jaeger, M., "What Makes People Support Public Responsibility for Welfare Provision: Self-interest or Political Ideology?" *A Longitudinal Approach. Acta Sociologica* 49 (3) (2006): 321-338.
④ Busemeyer, M. R., Goerres, A. & Weschle, S., "Attitudes Towards Redistributive Spending in an Era of Demographic Ageing: The Rival Pressures from Age and Income in 14 OECD Countries," *Journal of European Social Policy* 19 (3) (2009): 195-212.
⑤ Ladd, H. F. & Murray, S. E., "Intergenerational Conflict Reconsidered: County Demographic Structure and the Demand for Public Education," *Economics of Education Review* 20 (4) (2001): 343-357.
⑥ Sanz, I. & Velázquez, F. J., "The Role of Ageing in the Growth of Government and Social Welfare Spending in the OECD." *European Journal of Political Economy* 23 (4) (2007): 917-931.
⑦ Goerres, A. & Tepe, M., "Age-based Self-interest, Intergenerational Solidarity and the Welfare State: A Comparative Analysis of Older People's Attitudes Towards Public Childcare in 12 OECD Countries," *European Journal of Political Research* 49 (6) (2010): 818-851.
⑧ Wu, A. M. & Chou, K. L., "Intergenerational Conflict or Solidarity in Hong Kong? A Survey of Public Attitudes Toward Social Spending," *Social Indicators Research* 158 (2) (2021): 775-798.

主观认为自己属于社会较低阶层的群体倾向于支持社会再分配,而不管他们实际上是否属于较低的社会阶层。① 然而,也有研究揭示出在社会投资政策中,阶级的影响并非与社会再分配政策如出一辙,中产阶级选民比工人阶级选民更关心包含托育服务、高等教育政策在内的社会投资政策。②

(二)价值观念

部分研究认为个人的自利行为动机始终是复杂多变的,因此价值观念对个人自利的解释路径进行了修正,并在个人自利之外开辟了第二条理解福利态度差异的路径。不同于个人自利变量,价值观念变量对不同社会政策态度的影响呈现较强的内部一致性和稳定性,③ 一经形成就比个人自利更稳定持久。社会价值观念会使得人们独立于当前的经济状况,影响人们对于再分配的看法。④ 以社会公平感为例,对社会公平现状感知越积极的个体越不倾向于将福利责任归为政府,反之,则越认可政府应当为社会福利负责。⑤ 实证经验也表明,将贫困归于社会结构性问题的人相比将贫困归因于个人的人更有可能支持福利支出。⑥

(三)预期风险

第三条解释路径是预期风险。该路径对个人自利进行了补充,认为个人的福利态度不仅取决于当期的福利状况,还取决于未来可能面临的风险,可以将其简单理解为"谁恐慌,谁支持"。具体来说,在经济不稳定、失业率上升或

---

① Svallfors, S., "Class, Attitudes and the Welfare State: Sweden in Comparative Perspective," *Social Policy & Administration* 38 (2) (2004): 119-138.

② Häusermann, S., Pinggera, M., Ares, M., et al., "Class and Social Policy in the Knowledge Economy," *European Journal of Political Research* 61 (2) (2022): 462-484.

③ 范昕、庄文嘉、岳经纶:《生,还是不生——全面二孩时代生育配套政策调整的公众态度研究》,《学术研究》2019年第12期。

④ Wu, A. M. & Chou, K. L, "Intergenerational Conflict or Solidarity in Hong Kong? A Survey of Public Attitudes Toward Social Spending," *Social Indicators Research* 158 (2) (2021): 775-798.

⑤ 肖越:《社会公平感、再分配偏好与福利态度——基于CGSS 2015数据的实证分析》,《大连理工大学学报》(社会科学版) 2021年第3期。

⑥ Fong, C., "Social Preferences, Self-interest, and the Demand for Redistribution," *Journal of Public Economics* 82 (2) (2001): 225-246.

社会动荡的时期，人们往往对未来的风险更加担忧。这种担忧可能导致他们更倾向于支持政府承担更多的福利供给责任，因为他们相信政府有能力为他们提供必要的保障。[1] 相反，在经济繁荣、社会稳定的时期，人们对于未来的风险预期可能会降低，从而更加倾向于支持福利制度的改革或削减。以职业风险为例，抗风险能力较弱的职业群体会对未来的潜在风险更为敏感。[2] 除了职业风险，未来工作和收入的预期也是衡量未来风险的一个重要维度。对于那些对未来工作和收入持悲观态度的人来说，他们可能更加倾向于依赖政府的福利制度来保障自己的生活。而对于那些对未来持乐观态度的人来说，他们可能更加倾向于通过自己的努力来创造更好的生活。

综上所述，福利态度研究经过长久的发展，业已取得了丰硕的研究成果。通过对国内外文献进行回顾，本报告归纳了解释不同群体福利态度差异的三条路径。首先，个人自利的解释路径认为公众福利态度取决于个人当期经济状况和福利待遇，同时包含目前感知到的脆弱；其次，社会价值的解释路径认为个人自利存在解释力不足的问题，社会价值观念会使人们独立于当前的经济状况，影响人们对于再分配的看法；最后，预期风险的解释路径认为未来面临的风险也可能会导致个人向政府寻求庇护，激发再分配偏好。本文借鉴西方福利态度研究的相关理论，对2023年中山大学"人民美好生活需要（福利态度）调查"的数据进行分析，以了解"三孩"政策实施以来公众对生育配套政策的态度。接下来的部分将对本报告的数据和方法进行介绍。

四　数据和方法

（一）数据来源与样本状况

本部分根据2023年中山大学"人民美好生活需要（福利态度）调查"问卷对总体、各项生育配套政策支持度及其差异进行数据分析。首先，根据调查

---

[1] Alesina, A. & La Ferrara, E., "Preferences for Redistribution in the Land of Opportunities," *Journal of Public Economics* 89 (5-6) (2005): 897-931.
[2] 范梓腾、宁晶：《技术变革中的福利态度转变——自动化替代对个体养老责任偏好的影响》，《社会学研究》2021年第1期。

数据从总体支持度和各项政策支持度两个方面，考察公众对生育配套政策的支持度及其在省级层面上的差异。其次，对不同利益群体在生育配套政策支持度上的差异，进行详细的异质性描述统计和分析，旨在探索可能影响政策支持度的关键要素。最后，为了考察生育配套政策支持度的影响因素，本报告结合经验和文献，选取了个人自利、价值观念和预期风险三类自变量，与生育配套政策总体支持度和各项政策支持度做回归分析，以了解具体的影响机制。

在政策支持度的测量方面，各项生育配套政策基本可以划分为假期政策、托育服务、津贴政策、医疗服务、教育服务和住房政策。每一个具体政策题项得分均为1~5，"1"表示受访者对该项政策"非常不满意"，"5"代表受访者对该项政策非常满意。在总体政策支持度方面，则直接采用"题项得分加总"的方式进行测量。

调查问卷原始问卷为15650份。本报告删除遗失变量的问卷后，进入分析的问卷为14750份。

（二）变量选择和研究方法

本报告的因变量是实施全面三孩政策以来，公众对于各项生育配套政策的支持度和生育配套政策总体支持度。该变量来源于问卷"社会照顾部分"的C5题项"全面三孩政策以后，您对增加以下配套措施的支持程度如何"。该题项又分为六个小项，包含了公众对假期政策、托育服务、津贴政策、医疗服务、教育服务和住房政策等六项生育配套政策的支持度。为了更好地了解全面三孩政策实施以后公众对于生育配套政策的总体态度，本报告将C5题项中的六个小项进行了加总，得到了公众对生育配套政策的总体支持度。C5题项中对于各项生育配套政策支持度调查使用的是李克特量表，取值"1~5"体现了公众对于某一项政策由非常不支持到非常支持的态度转变。需要说明的是，李克特量表的变量本质上是定序变量，当类别变量超过五个，也可以当作连续变量来处理。Brown提出李克特量表作为区间尺度在调查上是很有效率的，但至少要5点，7点尺度尤佳。[1]为了方便解释研究假设和进行有意义的分析，本报告借鉴已有文献[2]的做法，

---

[1] Brown, J. D., "Likert Items and Scales of Measurement," *Statistics* 15（1）(2011): 10–14.
[2] 刘欣、胡安宁：《共同富裕愿景下的幸福感提升：双重公平论的视角》，《社会学研究》2023年第1期。

将各项生育配套政策支持度作为连续变量进行处理，克服了次序逻辑斯蒂回归模型的回归系数在不同模型间缺乏可比性的缺陷。

参考国内外已有研究，本报告选取了三类自变量。第一类自变量是个人自利，包括个人特征中的性别、年龄、学历背景（按是否受过高等教育进行分类）、婚姻状况（是否结过婚）、工作（有无工作）等变量以及主观阶层感知变量（以主观阶层感知为较低阶层的样本为参照组）；第二类变量是价值观念，本报告选取社会公平感变量；第三类借鉴了预期风险的解释路径，主要考察受访者的未来工作和收入预期。此外，本报告对政治面貌（是否为党员）和省份（以福建省的样本为参照组）等变量进行了控制。本报告分析所使用变量的描述性统计结果如表2所示。为了了解和探索实施全面三孩政策以后公众对于各项生育配套政策的支持度和生育配套政策总体支持度，以及影响政策支持度的因素，基于文献回顾和经验推测，本报告提出如下研究假设。

H1：个人自利因素对生育配套政策支持度（包括生育配套政策总体支持度和各项生育配套政策支持度，下同）有影响。根据个人自利解释路径的含义，可以细化为以下两个假设。

H1.1：福利受益者和潜在受益者更有可能支持政府的福利支出。遵循该逻辑，女性、年轻、结过婚、在职的群体更可能倾向于支持相关政策。学历对政策支持度的影响不明显。

H1.2：主观认为自己属于社会较低阶层的群体倾向于支持社会再分配。遵循该逻辑，主观上认为自己处于较低社会阶层的群体更可能倾向于支持相关政策。

H1.3：相较于较低阶层群体，中产阶层群体更倾向于支持社会投资政策。遵循该逻辑，主观上认为自己属于中产阶层的群体更可能支持托育服务政策。

H2：价值观念因素对生育配套政策支持度有影响。对社会公平感知越消极的群体越认可政府应当为社会福利负责。遵循该逻辑，将贫穷归因于社会不公平，也就是社会公平感越消极的群体越可能倾向于支持相关政策。

H3：预期风险因素对生育配套政策支持度有影响。个人如果预期未来可能遭受较大的风险，更倾向于支持社会福利支出。遵循该逻辑，对个人未来工作和收入预期越消极的群体越可能倾向于支持相关政策。

五 公众对生育政策的态度分析

（一）变量的描述性统计结果

表2显示了主要的描述性统计结果。因变量为各项生育配套政策支持度以及生育配套政策总体支持度。可以看到，各项生育配套政策支持度均值为4.20及以上，生育配套政策总体支持度均值为26.45，说明公众对生育配套政策持有比较支持的态度。主观阶层感知的均值为2.39，中位数为2，说明公众多数认为自己处于社会的中间阶层，这符合中国人"中庸"的思想。未来工作和收入预期均值为3.46，中位数为4，说明公众认为未来工作和收入预期较好。对其他自变量的分析显示，样本在性别、学历、婚姻状况等方面具有较大的差异，为本报告的研究和解释提供了空间。本报告还对自变量之间的相关关系和多重共线性进行了分析，模型不存在显著共线性问题，各变量不存在严重的多重共线性。相关关系和多重共线性检验为后文的回归分析奠定了基础。

表2 主要变量的描述性统计结果

变量名称	样本量	最小值	最大值	均值	中位数	标准差
因变量						
假期政策支持度	14750	1	5	4.42	5	0.76
托育服务支持度	14750	1	5	4.20	4	0.89
津贴政策支持度	14750	1	5	4.40	5	0.74
医疗服务支持度	14750	1	5	4.49	5	0.66
教育服务支持度	14750	1	5	4.55	5	0.65
住房政策支持度	14750	1	5	4.40	5	0.79
生育配套政策总体支持度	14750	6	30	26.45	27	3.26
自变量						
个人自利						
性别（1=男 2=女）	14750	1	2	1.45	1	0.50
年龄	14750	18	101	37.59	36	11.32

续表

变量名称	样本量	最小值	最大值	均值	中位数	标准差
学历（1=没有受过高等教育 2=受过高等教育）	14750	1	2	1.33	1	0.47
婚姻状况（1=未婚 2=非未婚）	14750	1	3	1.78	2	0.48
工作情况（1=有工作 2=无工作）	14750	1	2	1.11	1	0.32
主观阶层感知（1=较低阶层 2=中间阶层 3=较高阶层 4=高阶层）	14750	1	4	2.39	2	0.99
价值观念						
社会公平感（越高越觉得公平）	14750	2	10	5.33	5	2.11
预期风险						
未来工作和收入预期（越高预期越好）	14750	1	5	3.46	4	1.05
控制变量						
政治面貌（1=党员 2=非党员）	14750	1	2	1.84	2	0.37
省份（1=福建省 2=广东省 3=海南省 4=黑龙江省 5=湖南省 6=新疆维吾尔自治区 7=云南省）	14750	1	7	4.01	4	2.05

（二）公众对生育配套政策的支持度及其差异

1. 公众对生育配套政策的支持度

表3呈现了2023年调查问卷中公众对于各项生育配套政策的支持度。该题项的测量采用李克特量表，最小值1表示公众对该项政策"非常不支持"，最大值5表示公众对该项政策"非常支持"。由表1均值部分的数据可知，各项生育配套政策支持度得分为4.20及以上，这说明公众对于各项生育配套政策均持有比较支持的态度。其中，教育服务的支持度最高，托育服务的支持度最低。按照均值大小，可以将各项生育配套政策的支持度由高到低排列为：教育服务>医疗服务>假期政策>津贴政策/住房政策>托育服务。

表3　公众对各项生育配套政策的支持度

	最小值	最大值	样本数	均值	标准差
1. 假期政策	1	5	14750	4.42	0.76

续表

	最小值	最大值	样本数	均值	标准差
2. 托育服务	1	5	14750	4.20	0.89
3. 津贴政策	1	5	14750	4.40	0.74
4. 医疗服务	1	5	14750	4.49	0.66
5. 教育服务	1	5	14750	4.55	0.65
6. 住房政策	1	5	14750	4.40	0.79
生育配套政策总体支持度	6	30	14750	26.45	3.26

2. 不同群体对生育配套政策的支持情况

（1）性别

表4呈现了不同性别受访者的各项生育配套政策支持度差异。除教育服务外，女性受访者的生育配套政策总体支持度和各项生育配套政策支持度均高于男性，并且男女政策支持度存在显著差异（$p<0.05$）。这说明，女性对于各项生育配套政策的诉求高于男性，这可能与女性长期以来在社会与家庭中形成的生育和照顾主体角色有关，女性相比于男性对于实施和完善生育配套政策存在更高的需求和期待。对于教育服务而言，男女的差异并不显著。

关注女性受访者各项生育配套政策支持度均值，由高到低可以排序为：教育服务>医疗服务>假期政策>住房政策>津贴政策>托育服务；男性受访者各项政策支持度由高到低为：教育服务>医疗服务>假期政策>津贴政策>住房政策>托育服务。

表4 不同性别受访者的政策支持度差异

	性别	均值	标准差	样本数	T	显著性
1. 假期政策	男	4.40	0.788	8163	-4.021	0.000***
	女	4.45	0.734	6587		
2. 托育服务	男	4.12	0.943	8163	-11.517	0.000***
	女	4.29	0.805	6587		
3. 津贴政策	男	4.39	0.763	8163	-2.476	0.013**
	女	4.42	0.720	6587		

续表

	性别	均值	标准差	样本数	T	显著性
4. 医疗服务	男	4.48	0.682	8163	-2.662	0.008**
	女	4.51	0.640	6587		
5. 教育服务	男	4.54	0.661	8163	-0.333	0.739
	女	4.55	0.639	6587		
6. 住房政策	男	4.37	0.835	8163	-5.211	0.000***
	女	4.43	0.740	6587		
生育配套政策总体支持度	男	26.30	3.298	8163	-6.483	0.000***
	女	26.65	3.205	6587		

注：***$p<0.001$。

（2）年龄

以育龄年龄为分类依据，将问卷中18~49岁的受访者分为育龄群体，50岁及以上的群体分为非育龄群体。表5呈现了育龄群体和非育龄群体受访者的各项生育配套政策支持度差异。由表5的数据可知，育龄群体和非育龄群体在托育服务和教育服务的政策支持度上存在显著差异（$p<0.05$）。非育龄群体托育服务政策和教育政策支持度高于育龄群体，这与我们的假设有一定出入，这可能与隔代照料有关，具体表现为非育龄群体普遍参与育儿。

根据各项政策的支持度均值，育龄群体的各项生育配套政策支持度由高到低为：教育服务>医疗服务>假期政策>津贴政策/住房政策>托育服务，非育龄群体的各项生育配套政策支持度为：教育服务>医疗服务>假期政策>津贴政策>住房政策>托育服务。

表5 育龄群体和非育龄群体受访者的政策支持度差异

	群体	均值	标准差	样本数	T	显著性
1. 津贴政策	育龄群体	4.40	0.740	12344	-1.157	0.247
	非育龄群体	4.42	0.766	2406		
2. 托育服务	育龄群体	4.19	0.886	12344	-3.493	0.000***
	非育龄群体	4.25	0.896	2406		
3. 假期政策	育龄群体	4.42	0.761	12344	0.581	0.561
	非育龄群体	4.41	0.781	2406		

续表

	群体	均值	标准差	样本数	T	显著性
4. 医疗服务	育龄群体	4.49	0.657	12344	0.026	0.979
	非育龄群体	4.49	0.695	2406		
5. 教育服务	育龄群体	4.54	0.648	12344	-3.333	0.001***
	非育龄群体	4.59	0.667	2406		
6. 住房政策	育龄群体	4.40	0.782	12344	1.830	0.067
	非育龄群体	4.37	0.855	2406		
生育配套政策总体支持度	育龄群体	26.44	3.239	12344	-1.265	0.206
	非育龄群体	26.53	3.375	2406		

注：*** $p<0.001$。

（3）政治面貌

表6呈现了不同政治面貌受访者的各项生育配套政策支持度差异。由表6均值的数据可知，中共党员对各项生育配套政策的支持度高于非党员，且二者之间具有显著差异（$p<0.05$），这可能与中共党员的政治和社会生活参与的积极性相关。

根据各项政策的支持度均值，党员各项生育配套政策支持度由高到低为：教育服务>医疗服务>假期政策/津贴政策>住房政策>托育服务，非党员为：教育服务>医疗服务>假期政策/津贴政策>住房政策>托育服务。

表6 不同政治面貌受访者的政策支持度差异

	政治面貌	均值	标准差	样本数	T	显著性
1. 假期政策	党员	4.54	0.727	2363	8.419	0.000***
	非党员	4.40	0.769	12387		
2. 托育服务	党员	4.36	0.828	2363	9.601	0.000***
	非党员	4.17	0.896	12387		
3. 津贴政策	党员	4.54	0.679	2363	10.710	0.000***
	非党员	4.37	0.753	12387		
4. 医疗服务	党员	4.62	0.607	2363	11.249	0.000***
	非党员	4.47	0.671	12387		
5. 教育服务	党员	4.67	0.604	2363	10.757	0.000***
	非党员	4.52	0.657	12387		

续表

	政治面貌	均值	标准差	样本数	T	显著性
6. 住房政策	党员	4.50	0.774	2363	6.702	0.000***
	非党员	4.38	0.797	12387		
生育配套政策总体支持度	党员	27.22	3.043	2363	13.281	0.000***
	非党员	26.30	3.281	12387		

注：*** $p<0.001$。

(4) 工作性质

表7呈现了不同工作性质受访者的各项生育配套政策支持度差异。由表7的结果可知，体制内受访者的各项生育配套政策支持度高于体制外和无单位受访者，且三类群体的均值存在显著差异（$p<0.05$）。这说明不同工作性质的群体对于各项生育配套政策具有不同的诉求。

根据各项政策的支持度均值，体制内群体各项生育配套政策支持度由高到低为：教育服务>医疗服务>假期政策>津贴政策>住房政策>托育服务。体制外群体为：教育服务>医疗服务>假期政策/津贴政策>住房政策>托育服务。无单位群体为：教育服务>医疗服务>假期政策>住房政策>津贴政策>托育服务。

表7 不同工作性质受访者的政策支持度差异

	工作性质	均值	标准差	样本数	显著性
1. 假期政策	体制内	4.51	0.701	3249	0.000***
	体制外	4.40	0.773	6860	
	无单位	4.40	0.778	4050	
2. 托育服务	体制内	4.32	0.810	3249	0.000***
	体制外	4.20	0.864	6860	
	无单位	4.12	0.961	4050	
3. 津贴政策	体制内	4.49	0.700	3249	0.000***
	体制外	4.40	0.722	6860	
	无单位	4.35	0.789	4050	
4. 医疗服务	体制内	4.57	0.615	3249	0.000***
	体制外	4.48	0.653	6860	
	无单位	4.46	0.695	4050	

续表

	工作性质	均值	标准差	样本数	显著性
5. 教育服务	体制内	4.60	0.617	3249	0.000***
	体制外	4.52	0.653	6860	
	无单位	4.54	0.657	4050	
6. 住房政策	体制内	4.47	0.757	3249	0.000***
	体制外	4.38	0.783	6860	
	无单位	4.37	0.826	4050	
生育配套政策总体支持度	体制内	26.96	3.056	3249	0.000***
	体制外	26.38	3.265	6860	
	无单位	26.24	3.284	4050	

注：*** $p<0.001$。

（5）有无工作

表8呈现了有无工作受访者的各项生育配套政策支持度差异。由表8的结果可知，有工作的受访者的各项生育配套政策支持度高于无工作的受访者，且两类群体的均值存在显著差异（$p<0.05$）。这说明有工作和无工作的群体对于各项生育配套政策具有不同的诉求。

根据各项政策的支持度均值，有工作群体各项生育配套政策支持度由高到低为：教育服务>医疗服务>假期政策>津贴政策>住房政策>托育服务。无工作群体为：教育服务>医疗服务>假期政策>住房政策>津贴政策>托育服务。

表8 有无工作受访者的政策支持度差异

	有无工作	均值	标准差	样本数	T	显著性
1. 假期政策	有工作	4.43	0.758	13091	3.022	0.001***
	无工作	4.37	0.809	1659		
2. 托育服务	有工作	4.21	0.883	13091	3.545	0.000***
	无工作	4.12	0.920	1659		
3. 津贴政策	有工作	4.41	0.734	13091	4.433	0.000***
	无工作	4.32	0.816	1659		
4. 医疗服务	有工作	4.50	0.657	13091	11.249	0.000***
	无工作	4.44	0.711	1659		

续表

	政治面貌	均值	标准差	样本数	T	显著性
5. 教育服务	有工作	4.55	0.643	13091	2.867	0.004**
	无工作	4.51	0.715	1659		
6. 住房政策	有工作	4.40	0.789	13091	2.548	0.011*
	无工作	4.35	0.833	1659		
生育配套政策总体支持度	有工作	26.50	3.230	13091	4.279	0.000***
	无工作	26.11	3.481	1659		

注：* $p<0.05$，** $p<0.01$，*** $p<0.001$。

（6）学历层次

表9呈现了受过高等教育的受访者和没有受过高等教育的受访者的各项生育配套政策支持度差异。由表9的数据可知，两类受访者在各项生育配套政策上均存在显著差异（$p<0.05$）。受过高等教育的受访者相比没有受过高等教育的受访者对各项政策的支持度更高，这说明受过高等教育的受访者对各项生育配套政策拥有更高的政策诉求。

根据各项政策的支持度均值，受过高等教育的群体各项生育配套政策支持度由高到低为：教育服务>医疗服务>假期政策>津贴政策>住房政策>托育服务。没有受过高等教育的群体为：教育服务>医疗服务>假期政策>住房政策>津贴政策>托育服务。

表9 是否受过高等教育的受访者的政策支持度差异

	学历	均值	标准差	样本数	T	显著性
1. 假期政策	没有受过高等教育	4.40	0.77	10346	-5.956	0.000***
	受过高等教育	4.47	0.75	5136		
2. 托育服务	没有受过高等教育	4.16	0.92	10346	-8.444	0.000***
	受过高等教育	4.28	0.81	5136		
3. 津贴政策	没有受过高等教育	4.38	0.75	10346	-4.332	0.000***
	受过高等教育	4.44	0.72	5136		
4. 医疗服务	没有受过高等教育	4.47	0.68	10346	-5.400	0.000***
	受过高等教育	4.53	0.63	5136		
5. 教育服务	没有受过高等教育	4.54	0.66	10346	-2.974	0.003**
	受过高等教育	4.57	0.63	5136		

续表

	学历	均值	标准差	样本数	T	显著性
6. 住房政策	没有受过高等教育	4.39	0.80	10346	-2.412	0.016*
	受过高等教育	4.42	0.79	5136		
生育配套政策总体支持度	没有受过高等教育	26.33	3.28	10346	-6.856	0.000***
	受过高等教育	26.71	3.17	5136		

注：* $p<0.05$，** $p<0.05$，*** $p<0.001$。

（7）婚姻状况

表10呈现了不同婚姻状况受访者的各项生育配套政策支持度差异。由表10数据可知，两类婚姻状况的受访者各项生育配套政策支持度均存在显著的群体差异（$p<0.05$）。非未婚的受访者在各项生育配套政策支持度和生育配套政策总体支持度上的均值显著高于未婚群体。这可能与不同婚姻状况下的生育计划有关，非未婚群体更有可能成为生育配套政策受众群体，非未婚和未婚群体在生育配套政策上具有不同的诉求。

根据各项政策的支持度均值，未婚群体各项生育配套政策支持度由高到低为：教育服务>医疗服务>假期政策>住房政策>津贴政策>托育服务。非未婚群体为：教育服务>医疗服务>假期政策/津贴政策>住房政策>托育服务。

表10 不同婚姻状况受访者的政策支持度差异

	婚姻状况	均值	标准差	样本数	T	显著性
1. 假期政策	未婚	4.39	0.749	3704	-2.955	0.003**
	非未婚	4.43	0.769	11046		
2. 托育服务	未婚	4.11	0.848	3704	-7.199	0.000***
	非未婚	4.23	0.899	11046		
3. 津贴政策	未婚	4.32	0.752	3704	-7.981	0.000***
	非未婚	4.43	0.739	11046		
4. 医疗服务	未婚	4.43	0.664	3704	-6.474	0.000***
	非未婚	4.51	0.662	11046		
5. 教育服务	未婚	4.47	0.668	3704	-7.754	0.004**
	非未婚	4.57	0.644	11046		

续表

	婚姻状况	均值	标准差	样本数	T	显著性
6. 住房政策	未婚	4.36	0.790	3704	-3.085	0.002**
	非未婚	4.41	0.796	11046		
生育配套政策总体支持度	未婚	26.08	3.229	3704	-8.067	0.000***
	非未婚	26.58	3.263	11046		

注：** $p<0.01$，*** $p<0.001$。

(8) 主观阶层感知

表11呈现了不同主观阶层感知受访者的各项生育配套政策支持度差异。由表11数据可知，四类主观阶层感知的受访者各项生育配套政策支持度均存在显著差异（$p<0.05$）。主观认同自己是社会中层的群体的各项生育配套政策支持度均高于其他几类阶层的群体，不同主观社会阶层感知的群体各项生育配套政策支持度具有显著差异，这说明这些群体的政策诉求不一致。

根据各项政策的支持度均值，主观阶层感知为较下层的群体各项生育配套政策支持度由高到低为：教育服务>医疗服务>假期政策>津贴政策>住房政策>托育服务，主观阶层感知为中层的群体为：教育服务>医疗服务>假期政策>津贴政策>住房政策>托育服务。主观阶层感知为较上层的群体为：教育服务>医疗服务>假期政策>津贴政策>住房政策>托育服务。主观阶层感知为上层的群体为：教育服务>医疗服务>住房政策>假期政策/津贴政策>托育服务。

表11 不同主观阶层感知受访者的政策支持度差异

	主观阶层感知	均值	标准差	样本数	显著性
1. 假期政策	较下层	4.42	0.831	3354	0.000***
	中层	4.46	0.718	4503	
	较上层	4.43	0.727	4701	
	上层	4.34	0.821	2192	
2. 托育服务	较下层	4.07	1.036	3354	0.000***
	中层	4.22	0.856	4503	
	较上层	4.27	0.780	4701	
	上层	4.20	0.903	2192	

续表

	主观阶层感知	均值	标准差	样本数	显著性
3. 津贴政策	较下层	4.39	0.811	3354	0.001***
	中层	4.42	0.716	4503	
	较上层	4.41	0.708	4701	
	上层	4.34	0.766	2192	
4. 医疗服务	较下层	4.49	0.736	3354	0.000***
	中层	4.51	0.630	4503	
	较上层	4.50	0.633	4701	
	上层	4.44	0.673	2192	
5. 教育服务	较下层	4.56	0.709	3354	0.000***
	中层	4.55	0.641	4503	
	较上层	4.55	0.615	4701	
	上层	4.49	0.654	2192	
6. 住房政策	较下层	4.38	0.897	3354	0.000***
	中层	4.42	0.766	4503	
	较上层	4.40	0.748	4701	
	上层	4.36	0.779	2192	
生育配套政策总体支持度	较下层	26.30	3.554	3354	0.000***
	中层	26.59	3.109	4503	
	较上层	26.56	3.051	4701	
	上层	26.18	3.503	2192	

注：*** $p<0.001$。

（9）不同省份的生育配套政策的支持情况

表12为问卷中七个省份的生育配套政策的支持度差异。由表12数据可知，七个省份在各项政策支持度中均存在显著差异（$p<0.001$）。假期政策的支持度由高到低依次是云南省、福建省、海南省、湖南省、广东省、黑龙江省和新疆维吾尔自治区；托育服务的支持度由高到低依次是广东省、黑龙江省、云南省、湖南省、新疆维吾尔自治区/海南省和福建省；津贴政策的支持度由高到低依次是云南省/福建省、广东省/海南省、湖南省、黑龙江省、新疆维吾尔自治区；医疗服务的支持度由高到低依次是云南省、福建省、海南省、广东省、湖南省、黑龙江省和新疆维吾尔自治区；教育服务的

专题报告五　公众对生育支持政策的态度及其影响因素

支持度由高到低依次是云南省、福建省、海南省、湖南省、广东省、黑龙江省和新疆维吾尔自治区；住房政策的支持度由高到低依次是云南省、海南省、福建省、广东省、湖南省、黑龙江省和新疆维吾尔自治区。生育配套政策总体支持度由高到低依次为：云南省、福建省、广东省、海南省、湖南省、黑龙江省和新疆维吾尔自治区。

不同省份的受访者对各项政策的支持程度不同，各项生育配套政策支持度具有明显的地区差异。

表12　不同省份的政策支持度差异

	省份	均值	标准差	样本数	显著性
1. 假期政策	福建省	4.47	0.746	1404	0.000***
	广东省	4.43	0.774	4236	
	海南省	4.45	0.773	537	
	黑龙江省	4.37	0.714	1997	
	湖南省	4.44	0.807	2076	
	新疆维吾尔自治区	4.30	0.808	2161	
	云南省	4.52	0.698	2339	
2. 托育服务	福建省	4.11	0.946	1404	0.000***
	广东省	4.25	0.840	4236	
	海南省	4.13	0.963	537	
	黑龙江省	4.23	0.772	1997	
	湖南省	4.17	0.961	2076	
	新疆维吾尔自治区	4.13	0.893	2161	
	云南省	4.22	0.929	2339	
3. 津贴政策	福建省	4.48	0.669	1404	0.000***
	广东省	4.44	0.728	4236	
	海南省	4.44	0.741	537	
	黑龙江省	4.37	0.699	1997	
	湖南省	4.41	0.786	2076	
	新疆维吾尔自治区	4.19	0.856	2161	
	云南省	4.48	0.662	2339	

续表

	省份	均值	标准差	样本数	显著性
4.医疗服务	福建省	4.56	0.570	1404	0.000***
	广东省	4.52	0.653	4236	
	海南省	4.53	0.619	537	
	黑龙江省	4.45	0.621	1997	
	湖南省	4.51	0.732	2076	
	新疆维吾尔自治区	4.30	0.761	2161	
	云南省	4.59	0.576	2339	
5.教育服务	福建省	4.63	0.576	1404	0.000***
	广东省	4.57	0.636	4236	
	海南省	4.61	0.620	537	
	黑龙江省	4.48	0.628	1997	
	湖南省	4.58	0.710	2076	
	新疆维吾尔自治区	4.36	0.738	2161	
	云南省	4.64	0.560	2339	
6.住房政策	福建省	4.43	0.793	1404	0.000***
	广东省	4.40	0.804	4236	
	海南省	4.44	0.817	537	
	黑龙江省	4.37	0.742	1997	
	湖南省	4.39	0.860	2076	
	新疆维吾尔自治区	4.30	0.802	2161	
	云南省	4.49	0.736	2339	
生育配套政策总体支持度	福建省	26.67	2.918	1404	0.000***
	广东省	26.61	3.145	4236	
	海南省	26.59	3.022	537	
	黑龙江省	26.25	3.015	1997	
	湖南省	26.51	3.750	2076	
	新疆维吾尔自治区	25.58	3.657	2161	
	云南省	26.94	2.885	2339	

注：*** $p<0.001$。

(三)回归结果分析

本报告采用了逐步回归的方法,将控制变量和三类变量依次加入回归方程。从表13可知,随着三组变量的依次加入,模型的解释力度(R^2)从模型一的2.4%上升为模型四的4.2%。个人自利因素对模型的解释力最大,说明在该问卷中个人自利对于生育配套政策支持度的影响最大。

通过表13具体观察回归模型的系数,本报告可以得到如下结果。

第一,个人自利因素对生育配套政策总体支持度的影响非常显著。本报告将个人自利因素分成个人特征类和主观阶层感知类,并分别阐述其影响作用:首先,性别、学历、婚姻状况和工作情况对生育配套政策总体支持度具有非常显著的影响,年龄的作用并不显著。具体来说,女性、受过高等教育、结过婚的群体更倾向于支持生育配套政策。其次,主观阶层感知对生育配套政策总体支持度也具有显著影响。以主观认为自己属于较低阶层的群体为参照组,主观认为自己属于较高阶层和高阶层的群体倾向于不支持生育配套政策。主观阶层感知为高阶层的群体相比于较低阶层的群体,生育配套政策主体支持度会下降0.584。

以上分析结果表明,依据个人自利解释路径提出的假设H1.1成立,不过其中年龄的影响作用并不显著,学历的影响作用显著,H1.2成立。

第二,价值观念因素对生育配套政策总体支持度的影响也非常显著。越不认可个人的贫困是由社会不公平造成的群体,越认可目前的社会是公平的,越不倾向于支持生育配套政策。社会公平感每增加1,生育配套政策总体支持度会下降0.053。

以上分析结果表明,依据价值观念解释路径提出的假设H2成立。也就是说,对社会公平感知越积极的群体越不认可政府应当为社会福利负责。

第三,预期风险因素对生育配套政策总体支持度的影响同样非常显著。未来工作和收入预期越高的群体,越倾向于支持生育配套政策。具体来看,未来工作和收入预期每提升1,生育配套政策总体支持度将增加0.281。

以上分析结果表明,依据预期风险解释路径提出的假设H3不成立。

第四,在控制变量中,政治面貌中非党员相比于党员更不支持生育配套政策,具体而言,非党员比党员的生育配套政策总体支持度低0.768;省份以福建省为参照组,除云南省的政策支持度略高于福建省以外,其余省份的生育配套政策总体支持度均低于福建省。

表13 生育配套政策总体支持度的回归结果

	变量名称	模型一	模型二	模型三	模型四
	生育配套政策总体支持度				
自变量	个人自利				
	性别		0.477***	0.462***	0.452***
	年龄		0.001	0.001	0.002
	学历		0.266***	0.272***	0.255***
	婚姻状况		0.359***	0.365***	0.363***
	工作情况		-0.297***	-0.294***	-0.219**
	主观阶层感知(以较低阶层为参照组)				
	中间阶层		0.153*	0.162*	0.02
	较高阶层		0.020	0.035	-0.173*
	高阶层		-0.311***	-0.296***	-0.584***
	价值观念				
	社会公平感			-0.041**	-0.053**
	预期风险				
	未来工作和收入预期				0.281***
控制变量	政治面貌	-0.832***	-0.791***	-0.812***	-0.768***
	(省份:以福建省为参照组)				
	广东省	-0.067	-0.133	-0.143	-0.236*
	海南省	-0.115	-0.144	-0.152	-0.231
	黑龙江省	-0.384***	-0.41***	-0.423***	-0.548***
	湖南省	-0.224*	-0.264**	-0.266*	-0.363**
	新疆维吾尔自治区	-1.055***	-1.054***	-1.059***	-1.19***
	云南省	0.215*	0.174	0.169	0.062
	观测值	14750	14750	14750	14750
	R^2	0.024	0.036	0.036	0.042

注:*$p<0.05$,**$p<0.01$,***$p<0.001$。

接下来,本报告将三类影响因素与C5题项下的六个小项,也就是公众对各项生育配套政策的支持度分别做了回归,以了解不同生育配套政策的公众支持度受各因素影响的差异。如表 14 所示,模型一到模型六分别是假期政策、托育服务、津贴政策、医疗服务、教育服务和住房政策支持度的影响因素回归结果。可以看出,不同政策支持度的影响因素存在比较显著的差异。

第一是个人自利因素的影响。可以看到,性别和婚姻状况对各项生育配套政策支持度均具有显著的正向影响作用,具体来说,女性比男性对各项生育配套政策的支持度依次高 0.061、0.177、0.055、0.048、0.030、0.080,其中性别对托育服务的支持度影响最大;年龄仅在托育服务中具有显著的正向影响作用,具体而言,年龄每提升 1,托育服务支持度提升 0.005;学历对除住房政策以外的其他生育配套政策支持度具有显著的正向影响,受过高等教育的群体相比于未受过高等教育的群体,对假期政策、托育服务、津贴政策、医疗服务、教育服务的政策支持度分别提高 0.040、0.099、0.042、0.040、0.028;无工作对假期政策、托育服务和津贴政策的负向影响非常显著,具体来看,无工作的群体相比于有工作的群体在这些政策上的支持度依次降低 0.029、0.049、0.062。以托育服务为例,可以得知女性、年长、受过高等教育、结过婚、有工作的群体更倾向于支持托育服务。紧接着,是个人自利因素中的主观阶层感知变量,可以从表 14 中看到,主观认为自己属于较高和高阶层的群体相比于主观认为自己属于较低阶层的群体,更倾向于不支持各项生育配套政策。但在托育服务中存在例外,相比于主观阶层感知为较低阶层的群体,主观阶层感知为中间阶层和较高阶层的群体更倾向于支持托育服务,托育服务的支持度依次提高 0.074 和 0.077,尽管高阶层对托育服务的支持度具有负向影响,但是影响并不显著。

以上个人自利因素对生育配套政策的影响分析验证了假设 H1.1、H1.2 和 H1.3。但假设 H1.1 中年龄的负向影响并不显著,且在托育服务支持度中具有显著的正向影响;学历对除住房政策以外的政策支持度具有显著的正向影响;工作情况仅对假期政策、托育服务和津贴政策支持度具有显著的负向影响。在 H1.2 中,主观阶层提升一个单位对生育配套政策的显著负向影响基本成立。在托育服务中,中间阶层和较高阶层相比于较低阶层更倾向于支持托育服务,H1.3 成立。

第二是价值观念因素的影响。从表 14 中可以看到,除了教育服务外,社会公平感对生育配套政策具有负向影响，具体而言，社会公平感越高对于假期政策、托育服务、津贴政策、医疗服务、住房政策的政策支持度依次降低0.007、0.016、0.011、0.007、0.007。也就是说，越认可社会是公平的群体，越倾向于不支持生育配套政策。

以上价值观念因素对生育配套政策的影响分析验证了假设H2。

第三是预期风险因素的影响。从表14中可知，未来工作和收入预期与各项生育配套政策均具有显著的正向影响关系，未来工作和收入预期增加1，假期政策、托育服务、津贴政策、医疗服务、教育服务和住房政策的支持度将依次提升0.067、0.081、0.027、0.037、0.025、0.044，其中未来工作和收入预期对托育服务政策支持度提升的影响最大。也就是说，个人未来工作和收入预期越好，越倾向于支持各项生育配套政策。

以上预期风险因素对生育配套政策的影响分析验证了假设H3。

最后是控制变量。政治面貌与各项生育配套政策支持度具有显著的负向影响关系。具体来看，非党员相比于党员，对假期政策、托育服务、津贴政策、医疗服务、教育服务和住房政策的支持度依次降低0.122、0.145、0.140、0.131、0.115、0.116，其中非党员对于托育服务政策支持度减少的影响最大。

省份以福建省的样本为参照组，在假期政策支持度上，广东省、黑龙江省的政策支持度显著低于福建省，政策支持度分别降低0.065和0.122，云南省则显著高于福建省，政策支持度提升0.215；在托育服务政策支持度上，广东省的政策支持度显著高于福建省，政策支持度提升0.075；在津贴政策、医疗服务和教育服务的支持度上，除云南省和海南省以外，其余省份均显著低于福建省；在住房政策支持度上，除广东省、海南省和云南省，其余省份均显著低于福建省。

表14 各项生育配套政策支持度的回归结果

	变量名称	模型一 假期政策	模型二 托育服务	模型三 津贴政策	模型四 医疗服务	模型五 教育服务	模型六 住房政策
自变量	个人自利						
	性别	0.061***	0.177***	0.055***	0.048***	0.030**	0.080***
	年龄	-0.002	0.005***	0.000	-0.001	0.001	-0.001
	学历	0.040**	0.099***	0.042**	0.040***	0.028**	0.006

续表

	变量名称	模型一 假期政策	模型二 托育服务	模型三 津贴政策	模型四 医疗服务	模型五 教育服务	模型六 住房政策
	婚姻状况	0.055**	0.056**	0.085***	0.068***	0.055***	0.043**
	工作情况	-0.029**	-0.049*	-0.062**	-0.020	-0.023	-0.036
	主观阶层感知（以较低阶层为参照组）						
	中间阶层	-0.014	0.074***	-0.006	-0.007	-0.030*	0.004
	较高阶层	-0.075***	0.077***	-0.035*	-0.050***	-0.053***	-0.037*
	高阶层	-0.174***	-0.009	-0.101***	-0.104***	-0.110***	-0.085***
	价值观念						
	社会公平感	-0.007*	-0.016*	-0.011***	-0.007*	-0.005	-0.007*
	预期风险						
	未来工作和收入预期	0.067***	0.081***	0.027	0.037*	0.025	0.044*
控制变量	政治面貌	-0.122***	-0.145***	-0.140***	-0.131***	-0.115***	-0.116***
	（省份：以福建省为参照组）						
	广东省	-0.065**	0.075***	-0.067**	-0.061**	-0.075***	-0.058
	海南省	-0.051	-0.036	-0.064	-0.047	-0.034	-0.015
	黑龙江省	-0.122***	0.053	-0.132***	-0.126***	-0.157***	-0.084**
	湖南省	-0.052	-0.007	-0.097***	-0.074***	-0.064**	-0.065*
	新疆维吾尔自治区	0.015	-0.029	-0.294***	-0.268***	-0.268***	-0.152***
	云南省	0.215***	0.039	-0.026	0.003	-0.002	0.027
	观测值	14750	14750	14750	14750	14750	14750
	R^2	0.025	0.0037	0.029	0.032	0.031	0.014

注：* $p<0.05$，** $p<0.01$，*** $p<0.001$。

六 结论与建议

中国人口转变所带来的"老龄化"叠加"少子化"的人口发展新态势，引发了全社会关于如何有效提升生育率的思考。在国家层面，为了应对人口发展形势，业已出台了涵盖假期、托育、津贴、医疗、住房等不同层面的生育配套政策。为了更好地推动生育配套政策供给侧与需求侧接榫，发挥政策实效，本报告利用2023年"人民美好生活需要（福利态度）调查"所收集到的数据，对我国生育配套政策的公众福利态度及其影响因素进行了分析。通过上文的分析，得到了如下的研究结论。

第一，公众对于生育配套政策总体支持度较高，但是各类政策的支持度以及不同省份受访者的政策支持度存在一定差异。首先，公众对生育配套政策的总体支持度均值为 26.45，各类政策支持度均值均在 4.20 及以上，这说明公众对于对生育配套政策持有比较支持的态度。具体来看，公众对于教育政策的支持度最高，对于托育服务的支持度最低，这与我们以往的研究结论一致，说明公众的政策支持偏好具有相对稳定性。其次，不同省份的政策支持度存在明显差异。某些省份对于一些生育配套政策较为支持，因此在政策出台和实施时可以考虑结合本地区的生育配套政策支持度差异。

第二，学历和政治面貌对生育配套政策的支持度具有显著的正向影响。受过高等教育并不在本报告个人自利的假设范围内，却对生育配套政策支持度产生了显著的正向影响。控制变量中的政治面貌也对生育配套政策支持度具有显著的正向影响关系。

第三，本报告借鉴西方福利态度研究的三种解释路径对影响生育配套政策公众福利态度的因素进行了分析和验证。其中，个人自利和价值观念的解释路径被证实具有合理性和解释力，基于以上两种解释路径的实证分析，可以将生育配套政策支持度高的群体基本刻画为：女性、受过高等教育、结过婚、有工作、主观阶层感知为非高阶层的这样一类群体。然而，预期风险的解释路径在本报告实证研究中被发现和理论预期设想存在差异，甚至出现了影响方向完全相反的结果，表现为未来工作预期更积极的群体，对生育配套政策的支持度越高。

第四，部分因素对托育服务的政策支持度具有特别的影响作用。基于个人自利的假设，本报告预期年龄将会对生育配套政策的支持度产生负面影响。在实证中，本报告并没有发现年龄显著的负向影响作用，单在托育服务的支持度上发现了年龄存在显著的正向影响作用，这与研究假设不一致。除了年龄变量，主观阶层感知变量在影响托育服务支持度方面，其效果也与其他政策支持度呈现显著不同的作用方向。主观阶层感知提高一个单位会对除托育服务以外的其他政策造成一定的负向影响，却并不会对托育服务造成负向影响。主观上认为自己属于中间阶层和较高阶层的群体对托育服务的政策支持度更高，这也与本报告的研究假设一致。

习近平总书记强调,"人口问题始终是我国面临的全局性、长期性、战略性问题"。[①] 党的二十大报告也明确提出:"优化人口发展战略,建立生育支持政策体系,降低生育、养育、教育成本。"[②] 目前,距离实现《中共中央 国务院关于优化生育政策 促进人口长期均衡发展的决定》中所规划的2025年基本建立积极生育支持政策体系的目标还剩下一年多的时间。时不我待,在建立和完善生育支持政策体系的关键时刻,了解和把握公众对于我国生育配套政策的福利态度具有重要意义。结合习近平总书记对人口问题的论断和党的二十大精神,基于上述研究结果,本报告提出如下政策建议。

第一,建立完善生育支持政策体系需要注重地区差异。本报告发现,公众对生育配套政策的支持度非常高,这说明完善生育配套政策已经成为共识,政策制定和推行具有非常坚实的群众基础。但不同省份公众对生育配套政策的支持度具有显著差异,我国幅员辽阔,生育配套政策如果"一刀切"可能会引发公众的抵触情绪,进而造成政策执行阻滞,使政策实施事倍功半。因此,各省份在制定生育配套政策时需要结合具体省情,因地制宜地发展好、落实好各项生育配套政策。

第二,营造性别友好的生育环境,形塑男女平等在生育中的价值指向。本报告发现,女性相比男性在各项生育配套政策上的支持度更高,性别对生育配套政策支持度产生了显著的影响。这和我国以女性为主的生育主体角色分不开,女性在生育和家庭中承担了诸多责任,面临家庭和工作"蜡烛两头烧"的困境,这也是中国儿童照顾赤字和生育率降低的主要原因。已有学者利用国际生育数据发现,相较于支持"男性单职工模式"的政策组合,支持"双职工模式"的政策组合更有利于总和生育率的提升,这有助于育龄家庭(尤其是育龄女性)平衡工作与家庭之间的关系。[③] 因此,从长期来看,生育配套政策应

[①] 《习近平:人口问题始终是全局性、战略性问题》,澎湃新闻,2022年7月11日,https://www.thepaper.cn/newsDetail_forward_18960741。

[②] 《习近平:高举中国特色社会主义伟大旗帜 为全面建设社会主义现代化国家而团结奋斗——在中国共产党第二十次全国代表大会上的报告》,中国政府网,https://www.gov.cn/xinwen/2022-10/25/content_5721685.htm,最后访问日期:2024年3月9日。

[③] 张洋、李灵春:《生育支持政策何以有效:性别平等视角下的27国生育支持政策组合与生育率反弹》,《人口研究》2023年第4期。

超越短期生育数量的思维局限，强化性别平等在生育配套政策中的价值指向。

第三，促进经济发展和完善生育配套政策同频共振。不同于预期风险的解释路径，本报告发现公众对未来工作和收入的预期越乐观，对生育配套政策的态度越积极。这说明，大众对未来生活有信心，可能会对形成积极的政策态度起到重要作用。习近平总书记强调，"把高质量发展同满足人民美好生活需要紧密结合起来"。[1] 因此，政府要在促进经济高质量发展中增强公众对未来生活的信心和底气，因为发展经济的根本目的是更好地保障和改善民生，最终满足人民群众不断增长的美好生活需要。

第四，加快托育服务供给侧改革，逐步建立和完善种类丰富、形式多样的托育服务体系。本报告的数据分析发现，年龄对托育服务具有显著正向影响，这说明托育服务作为一种社会服务机制能在家庭育儿功能不足时发挥效用，缓解祖辈参与隔代育儿的压力，因此受到年长人群的青睐。当前，我国家庭面临"一老一小"照顾需求叠加的压力，隔代照顾模式作为一种家庭策略通过代际合作的方式解决儿童照顾问题，[2] 已经成为中国儿童照顾最主要的形式之一。这种隔代照顾在短暂弥补"儿童照顾赤字"的同时，也可能会带来一系列的不良后果。例如，老年人儿童照顾负担过重带来的"天伦之累"[3]、代际剥削[4]和严重的家庭冲突[5]，造成了不少老年人在孙辈照顾上的"主动退出"。相比于西方的全日托、半日托、计时托、临时托、晚间托等种类丰富、形式多样的托育服务，我国目前托育服务的主要类型仍是全日托，不能满足家庭多样化的托育需求[6]，使得祖辈仍不能从孙辈照顾中完全"松绑"。因此，在接下来的时

---

[1] 习近平：《论把握新发展阶段、贯彻新发展理念、构建新发展格局》，中央文献出版社，2021，第533页。
[2] 钟晓慧、郭巍青：《人口政策议题转换：从养育看生育——"全面二孩"下中产家庭的隔代抚养与儿童照顾》，《探索与争鸣》2017年第7期。
[3] 何庆红、谭远发、谢鹏鑫：《天伦之乐还是天伦之累？——照料孙子女与中老年人幸福感》，《中国经济问题》2020年第3期。
[4] 杨华、欧阳静：《阶层分化、代际剥削与农村老年人自杀——对近年中部地区农村老年人自杀现象的分析》，《管理世界》2013年第5期。
[5] 钟晓慧、郭巍青：《人口政策议题转换：从养育看生育——"全面二孩"下中产家庭的隔代抚养与儿童照顾》，《探索与争鸣》2017年第7期。
[6] 吴玉锋、苏翊铭、聂建亮：《"三孩政策"背景下城市托育服务的高质量发展研究》，《江汉学术》2022年第6期。

间里，政府发展托育服务应从供给侧的角度入手，注重托育服务类型的多样化，使得家庭能够放手、敢于放手将儿童照顾交由专业的托育机构，切实从托育供给端解决公众"不敢生"的问题。

第五，扭转家庭化的传统育儿观，接轨去家庭化的国际趋势。本报告发现，尽管在社会层面上，公众普遍表现出对育儿问题的焦虑，但根据具体数据分析，公众对于儿童照顾政策的需求在各类生育配套政策中位列最末。这一发现揭示了公众的实际需求与政策选择之间的明显矛盾，这可能是受到中国以家庭为主的传统育儿观的影响。有学者分析，近年来，我国的家庭政策与国际"去家庭化"潮流背道而驰，朝着"隐形家庭化"方向演进，[①] 这可能不利于应对当前照顾赤字问题和提升生育率。为此，应当重塑中国社会育儿价值观，推动相关政策和社会育儿理念与去家庭化的国际趋势接轨，更好地发挥去家庭化政策为家庭照顾赤字纾困的作用。

总的来说，生育配套政策是国家公共政策体系的重要组成部分，政策体系内涵丰富且层次复杂。继党的十九大将"幼有所育"作为第一个民生目标提出后，党的二十大报告指出："优化人口发展战略，建立生育支持政策体系，降低生育、养育、教育成本。"[②] 这一重要论述，为我们进一步完善生育配套政策指明了方向。相关政策的持续出台，进一步显示了党和政府对促进人口长期均衡的重视。如何建立与完善生育支持体系？历史经验和生动实践告诉我们，既需要全面考虑国情，又需要深刻体会民意，是我国发展与完善生育配套政策的必由之路。本报告正是从公众福利态度的角度入手，了解生育配套政策的公众支持度及其影响因素，希望在生育支持政策体系发展的关键时期，为推动生育友好型社会提出有益的政策建议，使全体人民在共建共享发展中有更多获得感。

---

① 岳经纶、范昕：《中国儿童照顾政策体系：回顾、反思与重构》，《中国社会科学》2018年第9期。
② 《习近平：高举中国特色社会主义伟大旗帜 为全面建设社会主义现代化国家而团结奋斗——在中国共产党第二十次全国代表大会上的报告》，中国政府网，https://www.gov.cn/xinwen/2022-10/25/content_5721685.htm，最后访问日期：2024年3月9日。

专题报告六

公众对流动儿童教育政策的态度及其影响因素

申梦晗　郑尹婷　肖倩怡

我国有着数量庞大的流动儿童。教育政策主要是依据一个孩子是否拥有本地户籍来决定其是否能够入读当地公立小学，因此，大部分流动儿童面临着"入学难"、"上好学难"和"升学难"的困境。本专题报告利用2023年中山大学"人民美好生活需要（福利态度）调查"数据进行实证分析，考察了我国公众对流动儿童教育的权利保障、经济影响、文化影响、政策支持的基本认知，进一步对涉及的福利态度现状影响因素进行探究。研究结果表明，我国公众普遍认同需要保障流动儿童在当地入学，认为政府需要采取相应政策措施保障流动儿童接受义务教育。作为城市未来发展的重要人力资源，流动儿童的教育问题不仅涉及教育公平，还直接关系到社会的和谐有序发展，以及中国未来经济发展和社会文明进步。

一　研究背景与研究问题

根据第七次全国人口普查数据，2020年全国流动人口为3.7582亿人，占全国总人口的26.62%。[①] 与2010年第六次全国人口普查数据相比，流动人口增加1.5439亿人，增长69.73%。在这庞大的流动人口中，流动儿童作为一个特殊群体备受关注。2020年0~17岁流动儿童7109万人，占儿童总数的比例为23.9%，意味着每4名儿童中就有1名是流动儿童。他们随父母在城乡间、不同城市间迁徙，面临着诸多教育保障不足问题。一是流动儿童"入学难"，

---

① 参见《第七次全国人口普查公报》，国家统计局，2021年5月11日，https://www.gov.cn/guoqing/2021-05/13/content_5606149.htm。

专题报告六 公众对流动儿童教育政策的态度及其影响因素

留在城市就读比例低。在流入地政府对外来务工人员子女学位有限开放的情况下，流动儿童面临较高的教育政策门槛，主要体现在对家长购房、社保、稳定就业等多个方面的要求，入学竞争激烈。二是流动儿童"上好学难"，多数就读的学校教学质量不高。在有限学位下，流动儿童大多选择民办义务教育学校就读，其环境、师资水平与"好学校"有一定差距。三是流动儿童"升学难"。流入地的门槛限制，加上每个阶段对户籍和非户籍差异化的录取政策，多数流动儿童被迫流动回乡与父母分离，成为"留守儿童"。针对这一群体的教育政策备受关注，关乎每个流动儿童的成长和未来，也关系着整个社会的可持续发展和社会公平的实现。

流动儿童教育政策与公众对教育福利的态度紧密相连，这种态度不仅与社会再分配和不平等问题密切相关，而且通过反馈机制对政策制定者的决策产生影响。鉴于社会福利资源的有限性，公众对流动儿童应享有的教育保障的看法和评价，将直接决定政府对这一群体教育项目的投入和支持力度。现有研究表明，公众对流动儿童教育政策的态度涉及教育公平、城乡差距、社会包容等多个方面。一方面，有观点主张加大对流动儿童的教育支持，提高他们的教育机会和质量，以促进教育公平。另一方面，也有人担心流动儿童教育政策的实施可能会加剧城乡教育差距，导致资源分配不均。公众的态度受到教育观念、经济状况、地域差异等多种因素的影响。随着城乡差距和教育不平等等问题的日益凸显，公众的态度反映社会对教育公平和流动儿童权益的关注程度。

实现教育公平是我国政府为广大人民群众做出的承诺，是我国和谐社会的评判标准和重要尺度。因此，实现流动儿童教育公平，是一项长期的、系统的、综合的任务，是推动我国社会发展和城镇化的重要保障。解决流动儿童入学问题，不仅能减轻流动家庭的后顾之忧，而且对于满足企业用工需求、稳定劳动力市场具有积极作用。流动儿童在城镇接受义务教育，不仅有利于稳定农村劳动力在城镇的发展，也有助于维护社会的和谐与进步。在我国当前出生率下降和人口结构变化的背景下，保障流动儿童的入学权利，对于进一步优化教育资源配置、助力教育强国建设具有重要意义。

本专题报告旨在深入探讨我国公众对流动儿童教育政策态度及其影响因素。首先，报告通过全面分析公众对流动儿童教育权利保障、经济与文化影响以及政策支持等方面的基本认知，总结我国公众对流动儿童教育保障权益的态度现状，揭示公众福利态度的分化情况。其次，报告通过探究影响福利态度现状的多种因素，特别是关注政策支持观点的异质性差异，剖析这些差异背后的深层原因，为未来制定更加科学、有效的教育政策提供实证参考和策略借鉴。

二 文献综述

（一）公众福利态度的影响因素

已有研究从不同的理论路径和视角对公众福利态度的影响因素做了梳理，本报告主要从个体层面因素和情境性因素进行梳理。

1. 个体层面因素

总体来说，影响福利态度的个体因素有社会身份、社会价值观、社会流动等因素。第一是社会身份的影响。自利理论认为，个体都是理性的决策者，能考虑利益最大化，因此能从福利国家制度安排中获利的公众持有更积极的福利态度。[1] 该理论阐述了社会身份与福利支持态度之间的关系。通常来说，面临社会风险较大的蓝领阶级、低收入者、福利接收者（失业、残疾人、部分长者）等处于社会劣势的群体更为支持福利国家安排，而处于社会优势地位的白领、高收入者和受教育程度高的群体则持有"经济个人主义价值"的观点，反对依赖政府提供的社会福利。然而，处于社会优势地位的群体也会表现出对福利国家制度安排的支持，这可能是受到某些价值观的影响。[2] 此外，这种社会身份还表现于特定的个体差异，包括性别、年龄、婚姻状况、就业状况等。女性往往比男性更加支持福利国家。[3] 受到个人生命周期影响，老年人比年轻人更加需要福利制度安排提供的保障网。已婚群体抵御社会风险能力较强，因此已婚人士对福利安排没有那么积极。第二是社会价值观的影响。公众的福利态

---

[1] Bean, C. and Papadakis, E., "A Comparison of Mass Attitudes Towards the Welfare State in Different Institutional Regimes, 1985–1990," *International Journal of Public Opinion Research* 10 (3) (1998): 211–236.

[2] Gelissen, J., "Popular Support for Institutionalised Solidarity: A Comparison Between European Welfare States," *International Journal of Social Welfare*, 2002, 9: 285–300.

[3] Arts, W. and Gelissen, J., "Welfare States, Solidarity and Justice Principles: Does the Type Really Matter?," *Acta Sociologica* 44 (4) (2001): 283–299.

度不仅受到经济因素的驱动，还会受到福利价值和意识形态的影响。社会态度嵌套在更为普遍的社会组织观念当中，这些观念是关于政府、市场、组织、个体的相互关系。经济个人主义观念、个人成就与需要等原则都在一定程度上解释了人们为什么支持或反对某些福利制度安排。显著影响其福利态度的社会价值还有收入不平等、机会不平等、分配不公平、贫穷形成原因的观念。社会不平等感越强的公众，越倾向于将贫困归因于不公正等结构性因素，从而越支持政府履行福利责任。第三是社会流动的影响。社会流动性较高的群体往往持有更为消极的福利态度。[1] 主观层面的代际流动比客观层面的代际流动对福利态度的影响更大，主观上经历阶级流动的个体更加认同个体应对生活负责，因此更不认同政府的福利制度安排。[2]

2. 情境性因素

情境性因素包括福利制度路径、福利文化和宏观环境因素。第一，福利制度路径呈现集体性偏好，反映了对福利国家整体制度的整体性看法，通常用"福利体制"这一概念表示，即福利态度生成的制度主义路径。[3] 公众的福利态度会被某一种福利体制的制度安排、社会政策和意识形态所影响。经典的福利体制理论根据去商品化程度，把福利资本主义划分为自由主义、保守主义、社会民主主义三种类型。第二，福利文化中的意识形态及宗教因素也会影响公众的福利态度。比如，在更为强调社会公正、平等、社会秩序及集体福利的社会中，公众更加倾向于支持政府的福利供给，对政府政策具有更为积极的评价。[4] 研究发现，香港地区和台湾地区的居民受到长期的儒家主义文化影响，其福利态度呈现较强的个体和家庭福利责任，特别在养育儿童和赡养老人这两个方面。第三，则是宏观环境因素。国家的经济时期、社会收入不平等现

---

[1] Linos, K. and West, M., "Self-interest, Social Beliefs, and Attitudes to Redistribution: Re-addressing the Issue of Cross-national Variation," *European Sociological Review* 19 (4) (2003): 393-409.

[2] Gugushvili, A., "Intergenerational Objective and Subjective Mobility and Attitudes Towards Income Differences: Evidence from Transition Societies," *Journal of International and Comparative Social Policy* 32 (3) (2016): 199-219.

[3] Jaeger, M., "United but Divided: Welfare Regimes and the Level and Variance in Public Support for Redistribution," *European Sociological Review* 25 (2009).

[4] Arikan, G. and Ben-Nun Bloom, P., "Social Values and Cross-national Differences in Attitudes Towards Welfare," *Political Studies* 63 (2014).

状、政府社会支出占 GDP 的比例、贸易开放程度等都会对公众福利态度造成影响。

（二）流动儿童教育保障公众态度研究梳理

针对流动儿童的教育保障，国内外学界主要围绕着流动儿童教育保障的现存问题和对策建议两个方面来讨论。需要指出的是，国际文献中的"流动儿童"这一研究对象主要指的是国际移民儿童，而我国的"流动儿童"这一研究对象主要指的是境内流动儿童。

1. 流动儿童是否享受流入地的"受教育权"

流动儿童的受教育权利存在应然和实然的问题，法律层面上流动儿童受教育权应然存在，而在实践层面上流动儿童在流入地入学存在诸多困难。在国际上，受教育权在《世界人权宣言》、《经济、社会和文化权利国际公约》和《儿童权利公约》等国际条约中被确认和保障，如美国与英国承认移民儿童享有免费接受义务教育的权利，可以就读公立学校，入学条件通常基于居住地而非移民身份。而在国内，尽管《中华人民共和国义务教育法》[①] 保障适龄儿童、少年接受义务教育的权利，《国务院关于基础教育改革与发展的决定》提出流动儿童少年接受义务教育由流入地政府管理和全日制公办学校为主，[②] 但由于国情复杂，各地在落实保障流动儿童入学时因地制宜施策，存在不同程度的门槛。

2. 流动儿童教育保障存在的问题

国外研究主要关注流动儿童的融入困难与学业成绩。流动儿童无法享受到充分的教育资源和受教育权利，这种不公平容易产生社会潜在的隐患。在融入方面，流动儿童往往存在个体文化适应、语言沟通障碍与身份认同压力的问题。而在学业成绩方面，流动儿童与本地儿童存在明显差距，更易导致其辍学。[③]

---

① 参见《中华人民共和国义务教育法》，中华人民共和国中央人民政府，2018 年 12 月 29 日，https://www.gov.cn/guoqing/2021-10/29/content_5647617.htm。
② 参见《国务院关于基础教育改革与发展的决定》，中华人民共和国教育部，2001 年 5 月 29 日，http://www.moe.gov.cn/jyb_xxgk/moe_1777/moe_1778/201412/t20141217_181775.html。
③ Steinbach, A. and Nauck, B., "Intergenerationale transmission von kulturellem kapital in migrantenfamilien", *Zeitschrift für Erziehungswissenschaft* 7 (2004): 20-32.

国内流动儿童教育保障的障碍在流动儿童受教育的起点、过程和结果等方面都有不同程度的体现。在起点上，最大障碍表现为户籍制度对流动儿童入学的门槛限制。[1] 近一半的流动儿童无法在流入地就读，而且往往难以公平获取同样的教育资源。即使能够在流入地就读，随迁子女也与户籍儿童存在差距，处于社会弱势地位的随迁子女只能就读较差的公办学校或民办学校。[2] 在过程中，就读面临的障碍体现在两个方面，一是流入地教育经费保障不均和民办学校收费不均可能导致流动儿童家庭经济负担加重；[3] 二是流动儿童就地入学面临教育融入和社会融入的难题。具体来说，在教育融入上，随迁子女难以适应新的教学形式和教学评价；在社会融入上，随迁子女与户籍学生的社会交往较少，在文化和心理融入方面也因为存在社会歧视而有所不足。在结果上，主要体现在学业成绩不理想和难以进一步升学。流动儿童的学业表现往往与户籍儿童有一定的差距，这也导致他们难以升入本地较好的学校。[4]

3. 保障流动儿童受教育权的对策

国外流动儿童教育保障的对策主要从教育政策制定者和教育政策执行者两个维度讨论。首先，教育政策制定者有责任保障移民儿童的受教育平等机会。[5] 政策制定者还可以通过制度改革，如实施"教育券"等措施，促进教育服务提供者之间的竞争，减少移民学生在入学上面临的不平等问题。其次，在教育政策执行者方面，学校可以通过加强对师资队伍的培养和建设，为流动儿童提供更加优质的教育，帮助其更好地融入学校，教师则可以通过加强与流动儿童家庭的交流和联系来促进流动儿童的教育融入，同时还要关注流动儿童的情绪及

---

[1] 路锦非：《城市流动儿童的融入困境与制度阻隔——基于上海市的调查》，《城市问题》2020年第5期。

[2] 李晓琳：《进一步完善农民工随迁子女教育政策——基于对46个地级及以上城市的问卷调查》，《宏观经济管理》2022年第6期。

[3] 王慧：《我国流动儿童义务教育经费制度对国际人权公约义务的背离与修正》，《暨南学报》（哲学社会科学版）2015年第8期。

[4] 张绘：《义务教育阶段提高流动儿童学业成绩所面临的障碍——基于北京市的调查研究》，《教育科学研究》2017年第9期。

[5] Mahoney, J. L. and Zigler, E. F., "Translating Science to Policy Under the No Child Left Behind Act of 2001: Lessons from the National Evaluation of the 21st-Century Community Learning Centers," *Journal of Applied Developmental Psychology* 27 (4) (2006): 282-294.

心理问题。[1]

国内流动儿童教育保障的对策可以分为"有得上""上得起""融得入""学得好"四个层面。在"有得上"的入学门槛方面，一是要从制度层面不断改革户籍制度和完善入学政策；二是通过调整教育资源供给的方式，实现教育保障制度的高覆盖，降低户籍身份对入学的影响，进行信息化教育管理，合理分配教育资源，以保障随迁子女的教育公平；[2] 三是综合权衡不同主体的利益关系，对弱势人群进行补偿或适用逆向歧视策略帮助流动儿童获取更加公平的教育机会。在"上得起"方面，要深化经济体制和财政制度改革，合理划分中央和地方在随迁子女教育权益上的财政支出责任，为流动儿童教育提供物质保障。在"融得入"方面，可以通过混合班制的教学安排来促进流动儿童的教育融入，改善流动儿童对环境的不适应问题。在"学得好"方面，既需要改善流动儿童的家庭环境以降低对子女学业的不利影响，也需要提升流动儿童就读的民办学校的教育质量。

三 流动儿童教育保障现状

保障随迁子女在流入地平等接受义务教育，事关教育公平和人民群众切身利益，也是我国城镇化发展战略、促进社会公平的迫切要求。本部分主要梳理近年的国家和地方政策实践，以期为加强流动儿童入学保障提供思路。

（一）政策背景：流动儿童入学教育政策仍有诸多限制门槛

1. 国家层面

在国家层面，随迁子女就地入学政策经历了从严格控制到逐步放开的转变。20世纪90年代，随着国内经济快速发展，大量人口往大城市聚集，流动人口子女获取教育等公共服务问题显露。尽管问题突出，但国家主要采取严格

---

[1] Spilt, J. L., Bosmans, G. and Verschueren, K., "Teachers as Co-regulators of Children's Emotions: A Descriptive Study of Teacher-child Emotion Dialogues in Special Education," *Research in Developmental Disabilities* 112（2021）：103894.

[2] 尤明慧、王子璇：《进城务工人员随迁子女教育公平保障探讨》，《经济研究导刊》2022年第14期。

专题报告六　公众对流动儿童教育政策的态度及其影响因素

控制流动人口子女外流的做法。如1998年《流动儿童少年就学暂行办法》规定,凡常住户籍所在地有监护条件的,流动儿童少年应在常住户籍所在地接受义务教育;常住户籍所在地没有监护条件的,可在流入地接受义务教育。[①] 2001年国务院出台文件要求重视解决流动人口子女接受义务教育问题,提出了"两为主"策略[②],明确了流动人口子女义务教育的责任主体和就学途径。2014年,《国家新型城镇化规划（2014~2020年)》进一步提出"将农民工随迁子女义务教育纳入各级政府教育发展规划和财政保障范畴,合理规划学校布局,科学核定教师编制,足额拨付教育经费,保障农民工随迁子女以公办学校为主接受义务教育。对未能在公办学校就学的,采取政府购买服务等方式,保障农民工随迁子女在普惠性民办学校接受义务教育的权利。逐步完善农民工随迁子女在流入地接受中等职业教育免学费和普惠性学前教育的政策,推动各地建立健全农民工随迁子女接受义务教育后在流入地参加升学考试的实施办法"。[③] 它标志着随迁子女义务教育政策转向"两纳入"[④] 阶段。

基于"两为主""两纳入"的原则,为确保流动人口子女享受公平而有质量的教育,教育部出台了以下四个方面的政策措施。

一是完善入学政策,保障入学机会。2016年,《国务院关于统筹推进县域内城乡义务教育一体化改革发展的若干意见》印发,明确提出改革随迁子女就学机制,强化流入地政府责任,坚持"两为主""两纳入",建立以居住证为主要依据的随迁子女入学政策,依法保障随迁子女平等接受义务教育。[⑤] 教育

---

① 参见《流动儿童少年就学暂行办法》,中华人民共和国教育部,1998年3月2日,https://baike.baidu.com/item/%E6%B5%81%E5%8A%A8%E5%84%BF%E7%AB%A5%E5%B0%91%E5%B9%B4%E5%B0%B1%E5%AD%A6%E6%9A%82%E8%A1%8C%E5%8A%9E%E6%B3%95/9383110?fr=ge_ala。
② "两为主"策略是指以流入地区政府管理为主,以全日制公办中小学为主,采取多种形式,依法保障流动人口子女接受义务教育的权利。参见《国务院关于基础教育改革与发展的决定》,中华人民共和国教育部,2001年5月29日,http://www.moe.gov.cn/jyb_xxgk/moe_1777/moe_1778/201412/t20141217_181775.html。
③ 参见《国家新型城镇化规划（2014~2020年)》,中共中央国务院,2014年3月16日,https://www.gov.cn/gongbao/content/2014/content_2644805.htm。
④ "两纳入"指的是"将随迁子女义务教育纳入城镇发展规划和财政保障范围"。
⑤ 参见《国务院关于统筹推进县域内城乡义务教育一体化改革发展的若干意见》,2016年7月11日,https://www.gov.cn/zhengce/content/2016-07/11/content_5090298.htm。

部要求，从2021年起，各地均不得要求家长提供计划生育、超龄入学、户籍地无人监护等证明材料，精简不必要的证明材料，鼓励有条件的地方仅凭居住证入学。2022年，《教育部办公厅关于进一步做好普通中小学招生入学工作的通知》要求加快推进随迁子女在公办学校或以政府购买民办学校学位方式入学就读，除了落实居住证入学政策和全面清理不合规证明材料及要求外，要求实行积分入学的地方要完善积分规则，切实保障符合《居住证暂行条例》规定的随迁子女能在流入地接受义务教育。[①]

二是扩大资源供给，推进就读公办。2021年，中共中央办公厅、国务院办公厅印发《关于规范民办义务教育发展的意见》强调各级党委和政府要坚持国家举办义务教育，确保义务教育公益属性，各地要完善政府购买学位管理办法，优先将随迁子女占比较高的民办义务教育学校纳入政府购买学位范围。[②] 2021年，中华人民共和国教育部基础教育司印发《关于督促进一步做好进城务工人员随迁子女就学工作的通知》[③]，要求学位资源相对紧张的人口集中流入地区，按照常住人口增长趋势，进一步加强城镇学校建设，扩大学位供给，满足当地户籍适龄儿童和随迁子女入学需求，确保"应入尽入"、就近入学。

三是规范民办义务教育发展，强化教育公平。2019年，中共中央和国务院发布《关于深化教育教学改革全面提高义务教育质量的意见》，强调民办义务教育学校招生纳入审批地统一管理，与公办学校同步招生；对报名人数超过招生计划的，实行电脑随机录取。从2020年起，按照"全部、齐步、稳步"要求全面推进"公民同招"政策平稳有序落地，符合条件的随迁子女与当地户籍学生都可以报名民办学校，录取机会均等。[④]

四是加强关心关爱，促进健康成长。自2020年以来，国家先后印发《关

[①] 参见《教育部办公厅关于进一步做好普通中小学招生入学工作的通知》，中华人民共和国教育部，2022年3月28日，https://www.gov.cn/zhengce/zhengceku/2022-04/01/content_5682919.htm。

[②] 参见《关于规范民办义务教育发展的意见》，中共中央办公厅 国务院办公厅，2021年5月16日，http://www.nanxian.gov.cn/jc_nx/187/213/content_11540.html。

[③] 参见《关于督促进一步做好进城务工人员随迁子女就学工作的通知》，中华人民共和国教育部基础教育司，2021年。

[④] 参见《关于深化教育教学改革全面提高义务教育质量的意见》，中共中央、国务院，2019年6月23日，https://www.gov.cn/zhengce/2019-07/08/content_5407361.htm。

于进一步做好随迁子女接受义务教育有关工作的通知》①《关于督促进一步做好进城务工人员随迁子女就学工作的通知》等文件,② 要求各地各校加强教育关爱和人文关怀,对随迁子女和当地户籍学生实行混合编班、统一管理,在教育教学、日常管理和评优评先中一视同仁、平等对待,并强调各地各校要加强学籍管理,切实做好随迁子女控辍保学工作,建立健全随迁子女关爱帮扶机制,加强对其在情感上、学习上、生活上的关心帮助,使他们更好融入学校学习生活,促进其全面健康成长。

在综合政策出台后,我国进城务工人员随迁子女入学总体呈现保障"应入尽入"的现状。在近年来随迁子女人数不断增加的情况下,2020年,全国进城务工人员随迁子女达1429.7万人,在迁入地公办学校就读(含政府购买学位)的比例达85.8%,与整个义务教育阶段学生在公办学校就读比例(89.2%)大体相当。③ 2021年,全国义务教育阶段进城务工人员随迁子女共1372.4万人,在公办学校就读和享受政府购买民办学校学位服务的随迁子女占比达90.9%,比2020年提高5.1个百分点。④⑤ 同时,保障义务教育随迁子女与当地户籍学生同等享受"两免一补"政策,基本实现符合条件"异地升学"。2022年,义务教育阶段进城务工人员随迁子女在公办学校就读和享受政府购买学位服务的比例达95.2%,比2021年提高4.3个百分点。⑥ 从官方数据来看,近年来我国保障义务教育随迁子女入学的总体比例较高。

---

① 参见《关于进一步做好随迁子女接受义务教育有关工作的通知》,中共中央 国务院,2020年。
② 参见《关于督促进一步做好进城务工人员随迁子女就学工作的通知》,中华人民共和国教育部基础教育司,2021年。
③ 参见《教育部:2020义务教育阶段随迁子女人数达到1429.7万》,北京青年报,2021年3月31日,https://new.qq.com/rain/a/20210331A03BUA00。
④ 参见《总体实现随迁子女符合条件"应入尽入"》,法治日报,2022年10月18日,http://epaper.legaldaily.com.cn/fzrb/content/20221018/Articel05004GN.htm#：~：text=2021%E5%B9%B4%E5%85%A8%E5%9B%BD%E4%B9%89,5.1%E4%B8%AA%E7%99%BE%E5%88%86%E7%82%B9%E3%80%82。
⑤ 参见《以党的二十大精神为统领 全面推进新时代基础教育高质量发展》,中国教育报,2022年11月11日,http://www.moe.gov.cn/jyb_xwfb/xw_zt/moe_357/jjyzt_2022/2022_zt17/xxgc/xxgc_bt/202211/t20221111_984008.html。
⑥ 参见《义务教育阶段进城务工人员随迁子女在公办学校就读比例达95.2%》,中华人民共和国教育部,2023年3月28日,https://www.gov.cn/zhengce/zhengceku/2022-04/01/content_5682919.htm。

2. 地方层面

由于我国人口基数大，国情复杂，地方政府在相关法律法规的具体落实中扮演着关键角色。在相同的顶层设计和政策方针下，各地因其政治、经济和文化发展水平的不同而出台了差异化的政策执行措施，导致实践上存在巨大的灵活性和差异性。在保障流动儿童入学的政策措施上，各地也具有差异化特点。本部分主要梳理广东省的广州市和深圳市，以及北京市和上海市四个特大城市的相关政策措施和实践情况。

（1）广东省

广东是教育大省，教育总量位居全国前列，同时也是异地务工人员大省，务工人员总量超过3100万人。广东基础教育体系生态独特，呈现民办补足公办、公办民办协同发展的教育格局。广东教育体系呈现鲜明分层：高端民办校和"公参民"学校①择优而录，公办学校保障本地户籍并向长居的外来人口开放小部分名额，而规模庞大的打工子弟学校，则成为吸收非户籍学生的主力军。2021年9月1日，修订后的《中华人民共和国民办教育促进法实施条例》（以下简称《民促法》）明确，各地民办义务教育在校生省级占比不得超过5%，县级占比不得超过15%。② 应对指挥棒的转变，2021年9月18日，广东省政府印发《广东省推动基础教育高质量发展行动方案》，指出到2025年，全省要新增375万个义务教育公办学位。③

①广州市

在《民促法》实施前，广州市涉流动儿童的教育体系分为三个层级：优质"公参民"和民办学校、提供部分名额给外来人口的公办学校，以及主要服务非本地户籍学生的打工子弟学校。"十三五"期间，广州来穗人员随迁子女义

---

① 根据教育部印发的《教育部等八部门关于规范公办学校举办或者参与举办民办义务教育学校的通知》（教发〔2021〕9号），"公参民"学校主要包括以下三类：公办学校单独举办的义务教育学校；公办学校与地方政府及相关机构（含具有财政经常性经费关系的其他单位、政府国有投资平台、政府发起设立的基金会、国有企业等，下同）合作举办的义务教育学校；公办学校与其他社会组织、个人合作举办（含公办学校以品牌、管理等无形资产参与办学）的义务教育学校。

② 参见《中华人民共和国民办教育促进法实施条例》，中共中央国务院，2021年5月14日，https://www.gov.cn/zhengce/content/2021-05/14/content_5606463.htm?_zbs_baidu_bk。

③ 参见《关于印发广东省推动基础教育高质量发展行动方案的通知》，广东省人民政府，2021年8月16日，https://www.gd.gov.cn/zwgk/wjk/qbwj/yf/content/post_3532325.html。

务教育阶段以积分制入学等方式入读公办学校和以政府补贴民办学校学位的比例从 2015 年的 42.33% 提升到 2020 年的 81%。① 在《民促法》出台之后，为应对公办义务教育长期供给不足的现状，广州"十四五"规划计划新增基础教育学位 40 万个、新增公办基础教育学位 30 万个，明确各区通过公办学校和政府补贴的民办学校学位方式解决符合条件的随迁子女义务教育阶段入读比例。2021~2022 年，广州市通过新改扩建等多种方式新增公办基础教育学位约 23 万个。

目前，广州市非户籍学童入学方式主要有两种：一是积分入读公办学校；二是通过政府购买学位的方式入读民办学校。

第一种为积分入读公办学校模式。根据《广州市人民政府办公厅关于进一步做好来穗人员随迁子女接受义务教育工作的实施意见》要求，各区以保障性入学和积分制入学的方式，努力做好来穗人员随迁子女接受义务教育工作。对符合广州市义务教育阶段学校招生政策性照顾条件的随迁子女，或符合申请所在区确保统筹安排学位条件的随迁子女，由区教育局在辖区内以公办学校为主统筹安排学位。目前，广州市来穗人员随迁子女接受义务教育全面实施积分制入学制度逐步放松简化，报考公办普通高中从"四个三"简化为"两个有"。②

第二种是通过政府购买学位方式入读民办学校模式。2022 年 7 月 6 日，广州市教育局明确将"政府购买民办学位"的方式作为过渡性手段，将购买的民办学位数计入公办学位数。③ 其中，小学最低补贴 5000 元/（年·人），初中最低补贴 6000 元/（年·人）。然而，政府购买民办学位只是过渡手段。2023 年 5 月，《关于做好来穗人员随迁子女接受义务教育工作的通知》指出，从 2024 年起，各区购买民办学校学位服务总数原则上不超过当年辖内在读随迁子女总

---

① 参见《关于印发广州市教育事业发展"十四五"规划的通知》，广州市人民政府办公厅，2021 年 10 月 26 日，https://www.gz.gov.cn/zwgk/fggw/sfbgtwj/content/post_7914662.html。

② 根据《广州市人民政府办公厅关于印发广州市教育事业发展"十四五"规划的通知》（穗府办〔2021〕13 号），"四个三"简化为"两个有"。"四个三"是指"三年合法稳定职业、三年合法稳定住所并持有《广东省居住证》、三年参加社会保险、三年初中完整学籍"；"两个有"是指"有广州三年初中完整学籍、父母一方或其他监护人持有在广州市办理且在有效期内的《广东省居住证》"。

③ 参见《印发广州市购买民办义务教育学校学位服务实施意见的通知》，广州市教育局，2022 年 9 月 1 日，https://www.gz.gov.cn/gfxwj/sbmgfxwj/gzsjyj/content/post_8392681.html。

数的50%。① 要根本解决随迁子女入学难的问题，广州市仍需要推进公办扩容。

截至2023年3月，广州市义务教育在籍随迁子女共有53.85万人，其中在公办学校就读的有24.98万人，占义务教育在籍随迁子女人数的46%，其余就读民办学校的随迁子女均享受购买学位服务，全市在籍随迁子女就读公办学位（含政府购买学位服务）达100%。符合条件的随迁子女入读小学一年级和初中一年级人数，2017~2020年，各区都超过既定目标，2021年和2022年的比例超过80%。②

整体而言，广州市流动儿童入学政策逐步规范，入学资格不断放宽，公办积分入学的名额主要面向稳定居住和就业的流动人口子女，同时通过政府购买民办学位的方式予以补充。不过，目前的入学安排还存在以下两点不足。

一是公办学位供给仍显不足。目前，随迁子女就读公办学校比例低于50%，反映出对"两为主""两纳入"政策的落实有待进一步深化。公办学位的供需缺口导致只有少数随迁子女能通过积分入学制度等层层筛选标准进入公办学校。欠缺物质资本可能成为入学的主要障碍。同时，公办扩容还存在区域差异。以黄埔区为例，2021年，作为黄埔发展中枢的科学城共增加了6所公办学校。而同在黄埔，务工人员聚集、劳动密集型制造业聚集的永和街道云埔工业区，5所公办学校积分入学学位不升反降；而仅存的一所民办小学，2023年只有4个班额的招生指标。

二是民办义务教育从扮演提供基础教育的主要角色转型为公办义务教育外的补充选择，中低阶层流动子女就地入学困难程度提高。一方面，低质、同质学校退场，留存的打工子弟学校学费涨幅提高。据《羊城晚报》统计，2022年，广州有116所、占比近45%的民办小学都提高学费。如黄埔东晖学校学费上调至9000元/学期，涨幅超155%。

②深圳市

作为全国最大的人口流入城市，深圳非户籍人口占常住人口的66.6%，比例在全国一线城市中最高，2022年随迁子女已达86万人。深圳作为全国人口

---

① 参见《关于做好来穗人员随迁子女接受义务教育工作的通知》，广州市教育局，2023年5月25日，https://gz.bendibao.com/life/2023525/341613.shtml。

② 参见广州市人民政府答复省人大代表王斌提出的《关于做好来穗人员随迁子女接受义务教育工作的建议》，广州市人民政府，2023年6月30日，https://www.gz.gov.cn/zwfw/zxfw/jyfw7/content/post_9082460.html。

净流入第一的城市,每年人口净流入近50万人,基础教育学位压力巨大。

深圳市政府主要选择通过学位购买和教育补贴等一系列民办教育促进政策推动以民办教育增加教育供给为主、以增加公办学位推动积分入学政策为辅的方式满足流动人口享受义务教育的需求。截至2021年底,深圳义务教育阶段58.7%的学位提供给随迁子女,规模和占比均为全国一线城市最高,有力保障超大规模人口流入城市的适龄人口入学需求。[1]

第一种方式是推行户籍和符合条件非户籍儿童公办积分入学。2013年,深圳市在全国率先实施义务教育阶段公办学校积分入学政策,统一纳入户籍和非户籍儿童的学位安排。[2] 2018年,深圳进一步明确以居住证为主要入学依据,[3] 保障非户籍随迁子女享受义务教育,统一程序、统一学籍管理、统一教育教学管理。[4] 深圳义务教育阶段随迁子女就读学生由2015年的80.8万人增加到2021年的83.85万人。全市义务教育阶段随迁子女在公办就读的人数占比保持在45%~46%。深圳市也采取新改扩建公办义务教育学校方式[5][6]来增加公办学校学位供给,发展优质特色中小学教育,加大义务教育学位建设。尽管如此,2021年,深圳市仍有超过30%的义务教育阶段公办学位缺口。[7] 为此,深圳"十四五"规划计划到2025年继续新增67.3万个公办义务教育学位。[8]

第二种方式是政府购买民办学位和地方财政学费补贴。深圳市依托民办学

---

[1] 参见《深圳:全力保障随迁子女接受优质义务教育》,人民网,2021年11月17日,http://edu.people.com.cn/n1/2021/1117/c1006-32284501.html。

[2] 参见《关于义务教育公办学校试行积分入学办法的指导意见》,深圳市教育局,2019年12月19日,https://www.gd.gov.cn/zwgk/wjk/zcfgk/content/post_2723454.html。

[3] 参见《关于印发非深户籍人员子女接受义务教育管理办法的通知》,深圳市人民政府,2018年1月29日,https://www.sz.gov.cn/gkmlpt/content/7/7786/post_7786635.html#749。

[4] 参见《深圳:全力保障随迁子女接受优质义务教育》,人民网,2021年11月17日,http://edu.people.com.cn/n1/2021/1117/c1006-32284501.html。

[5] 参见《2020年工作思路》,深圳市教育局,2020年3月5日,http://szeb.sz.gov.cn/home/xxgk/flzy/ghjh/gzjhjzj/content/post_6765667.html。

[6] 参见《2021年工作总结》,深圳市教育局,2022年2月9日,http://szeb.sz.gov.cn/home/xxgk/flzy/ghjh/gzjhjzj/content/post_9559418.html。

[7] 参见《关于印发深圳市教育发展"十四五"规划的通知》,深圳市人民政府,2022年2月21日,https://www.sz.gov.cn/zfgb/2022/gb1230/content/post_9582949.html。

[8] 参见《深圳市国民经济和社会发展第十四个五年规划和二〇三五年远景目标纲要》,深圳市人民政府,2021年6月9日,https://www.sz.gov.cn/cn/xxgk/zfxxgj/ghjh/content/post_8854038.html?/。

校来增加教育供给，也就是购买民办学校的教育服务，以应对因流动人口不断流入以及随迁子女逐年增加而带来的入学需求。

一是学位购买：在资源紧缺的情况下，深圳市政府通过向民办学校购买教育服务这一合作方式，把原本直接提供的服务事项交给具备条件的社会力量承担，并根据服务数量与质量付费。通过对供给任务与教育财政的重新分配，深圳有效调动了现有民办学校承接随迁子女的教育服务供给，不仅优化了教育资源配置，而且提升了服务效率。

二是教育补贴：随迁子女凭补贴资格证明获得学费减免或学费补助，而减免与补贴部分由广东省政府和深圳市政府、区政府共同拨款承担。同时，通过购买学位的方式，政府与民办学校协定将其部分民办学位变更为公办性质，用于积分入学的学位供给，而政府则向以这种方式入读民办学校的随迁子女进行学费补贴。2012~2021年，深圳市率先为民办义务教育学校学生发放学位补贴，累计141.8亿元，2020年财政购买学位资金达34.5亿元。①② 除在广东省内就读民办义务教育阶段学校的学生享有生均公用经费补贴外，③④ 随迁子女享受到的流入地政府供给的政策红利还包括地级政府的补贴额度。深圳市的补贴额度为珠三角地区最高，随迁子女可获得小学7000元/年、初中9000元/年的教育补贴。广州、中山、东莞的补贴标准略低于深圳。

整体而言，深圳户籍与非深圳户籍人口实施统一的积分入学制度，政府通过购买学位和财政补贴弥补义务教育供给不足。该制度有利于在深圳长期稳定居住和就业的群体，但也存在以下两点不足。

一是深圳公办学位的增加是以民办学位数量的下降为代价的，对于非户籍

---

① 参见《聚焦深圳多措并举、全力保障随迁子女接受优质义务教育》，深圳市教育局，2022年1月18日，http://szeb.sz.gov.cn/home/jyxw/jyxw/content/post_9525082.html。
② 参见《深圳：全力保障随迁子女接受优质义务教育》，人民网，2021年11月17日，http://edu.people.com.cn/n1/2021/1117/c1006-32284501.html。
③ 参见《省财政厅、教育厅印发城乡义务教育补助经费管理办法》，广东省人民政府，2018年3月21日，https://www.gd.gov.cn/gdywdt/zwzt/gdjyqsjs/ywjy/content/post_2386941.html#:~:text=%E8%BF%91%E6%97%A5%EF%BC%8C%E7%9C%81%E8%B4%A2%E6%94%BF%E5%8E%85%E3%80%81,%E7%94%A8%E7%BB%8F%E8%B4%B9%E8%A1%A5%E5%8A%A9%E5%9C%A8%E6%B0%B4%E5%B9%B3%E3%80%82。
④ 参见《关于进一步完善城乡义务教育经费保障机制的通知》，广东省人民政府，2016年7月11日，https://www.gd.gov.cn/zwgk/wjk/zcfgk/content/post_2711546.html。

家庭意味着孩子上学难问题的加剧。学校总量增幅较小，这可能导致无法有效地缓解深圳义务教育阶段学位的供需矛盾，并且在一定程度上会导致部分无法上公办学校的随迁子女失去了就读民办学校的机会。2021 年，深圳提出"到 2025 年我市民办义务教育阶段学校数量将从目前占比的 33.6% 下降至 15% 左右，民办学校定位将发生较大变化，亟须转型走优质特色发展道路"。①

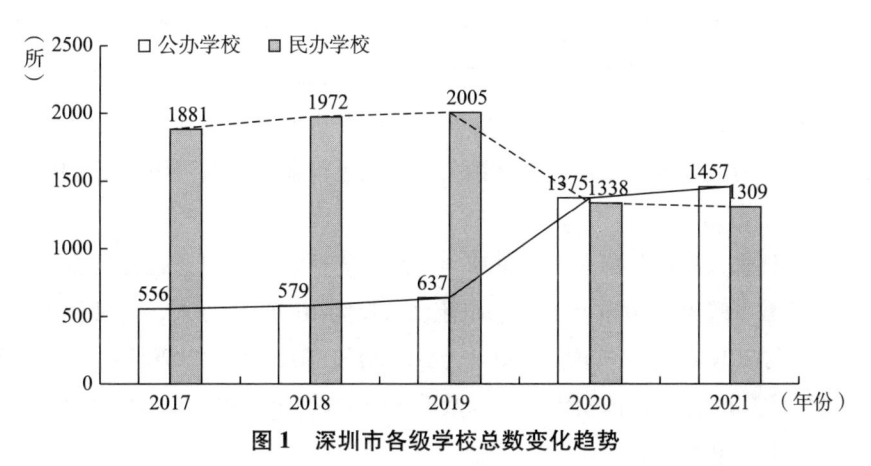

图 1 深圳市各级学校总数变化趋势

二是在积分入学上，户籍仍是随迁子女入学的一大阻碍。深圳户籍学生在公办学校招生时享有优先权，能享受更优质的教育资源和较低的中考录取分数。非深圳户籍学生面临民办学校高学费和积分入学高门槛的问题，积分受多种因素影响，低积分可能导致无法录取或被分流到较差学校。但目前深圳市入户政策门槛也在逐渐升高，入户难度有所增加。2021 年的《深圳市户籍迁入若干规定（征求意见稿）》及 2023 年的《深圳市积分入户办法》，②③ 在一定程度上提升了入户门槛，如完善人才引进积分指标，调整老人、夫妻随迁条件等。

---

① 参见《关于印发深圳市教育发展"十四五"规划的通知》，深圳市人民政府，2022 年 2 月 21 日，https://www.sz.gov.cn/zfgb/2022/gb1230/content/post_9582949.html。
② 参见《关于公开征求〈深圳市户籍迁入若干规定（征求意见稿）〉意见》，深圳市发展和改革委员会，2021 年 5 月 25 日，http://fgw.sz.gov.cn/hdjlpt/yjzj/answer/12202。
③ 参见《关于印发〈深圳市积分入户办法〉的通知》，深圳市发展和改革委员会、深圳市公安局、深圳市人力资源和社会保障局，2023 年 2 月 8 日，https://fgw.sz.gov.cn/gkmlpt/content/10/10414/post_10414976.html#25135。

(2) 北京市

作为国家首都，北京流动人口规模庞大，流动人口子女入学受到政策的严格限制。根据第七次全国人口普查数据，2020年，北京市流动人口为841.8万人，占常住人口的38.5%，与2010年相比，增加了137.3万人，增长19.5%。2020年，北京市流动儿童为69.7万人，占全市儿童人数的24.23%，与2010年相比，增加5.76万人，增长9.01%。[①] 2014年3月，中央要求"严格控制城区人口500万以上的特大城市规模"[②]，北京采取"以房管人""以业控人"等人口调控措施。[③] 在人口调控背景下，北京市不少面向流动儿童的低端无证民办学校纷纷被关停、取消，而就读公办学校也设置了更为严格的条件限制。

(3) 上海市

作为外来人口数量最多的大都市，上海市同样实行了以居住证为主的随迁子女义务教育政策。2020年，上海市流动人口为1047.97万人，占常住人口的42.1%，与2010年相比，增加150.3万人，增长了16.7%。2020年，上海市流动儿童为97.14万人，占全市儿童人数的34.94%，与2010年相比，增加0.63万人，增长了0.65%。

上海市通过"合法稳定就业"和"合法稳定居住"来限定流动儿童的入学。2013年，《上海市人民政府办公厅转发市教委等四部门关于来沪人员随迁子女就读本市各级各类学校实施意见的通知》，规定流动儿童的入学要求从原有的"临时居住证"提高到父母一方需持有"居住证"或连续两年的"灵活就业登记"。居住证的办理条件增加了合法居住的要求。在2018年发布的《关于来沪人员随迁子女就读本市各级各类学校的实施意见》中，文件的实质条件基本与2013年的一致，但根据新旧《上海市居住证》申办条件的变化进行了

[①] 参见《第七次全国人口普查公报》，国家统计局、国务院第七次全国人口普查领导小组办公室，2021年5月21日，https://www.gov.cn/guoqing/2021-05/13/content_5606149.htm。

[②] 参见《中共中央 国务院印发〈国家新型城镇化规划（2014—2020年）〉》，中国政府网，2014年3月16日，https://www.gov.cn/gongbao/content/2014/content_2644805.htm#:~:text=%E5%9B%BD%E5%AE%B6%E6%96%B0%E5%9E%8B%E5%9F%8E%E9%95%87%E5%8C%96%E8%A7%84,%E6%80%A7%E3%80%81%E5%9F%BA%E7%A1%80%E6%80%A7%E8%A7%84%E5%88%92%E3%80%82。

[③] 参见《北京市国民经济和社会发展第十三个五年规划纲要》，北京市人民政府办公厅，2016年3月28日，https://www.beijing.gov.cn/gongkai/guihua/wngh/qtgh/201907/t20190701_99981.html。

相应的调整。① 这些调整主要涉及义务教育阶段、高中教育阶段和高等教育阶段。

2017年12月,上海市针对来沪随迁子女入学确定更加细化的程序步骤,随后每年政策调整幅度不大。② 来沪人员适龄随迁子女需在本市接受义务教育的,适龄儿童须持有效期内《上海市居住证》或《居住登记凭证》,父母一方满足两个条件:一是持有《上海市居住证》且参加本市职工社会保险满6个月;③ 二是父母一方或监护人要持有《上海市居住证》且连续3年在街镇社区事务受理服务中心办妥灵活就业登记的。在此基础上,经由随迁子女父母或监护人申请,教育主管部门审批,学校具体操作,多方共同努力,实现随迁子女就近择优入学。

一般来说,各区教育行政部门可结合本区实际情况,统筹安排适龄随迁子女入学。来沪人员随迁子女在小学阶段,主要安排进入公办学校就读。如果部分地区确实无法安排进入公办学校,则应统筹安排这些学生进入政府购买服务的、以招收随迁子女为主的民办小学就读。初中则统一安排至公办学校就读,入学后,学校应告知学生及家长完成义务教育后报考本市高中阶段学校的相关规定和政策。

整体而言,上海流动儿童就地入学公办学校的门槛较高,而民办学校的选择减少。在教育资源获取、教育评价和资源配置上,随迁子女就地入学对户籍有较为严格的限制。

(二)现实背景:解决流动儿童入学教育保障不足问题"迫在眉睫"

本节通过梳理我国总体的及随迁子女数量较多的广东省和一线城市(北京市、上海市)的流动人口数量、流动儿童数量、流动儿童入读比例、入读公办占比和教育质量情况,以反映目前我国几大人口主要流入地的流动儿童入学教育保障情况。

---

① 参见《上海市人民政府办公厅转发市教委等四部门关于来沪人员随迁子女就读本市各级各类学校实施意见的通知》,上海市人民政府办公厅,2023年4月12日,https://edu.sh.gov.cn/xxgk2_zdgz_rxgkyzs/20230412/2a794a9a23a44ca39dad30ee3848bb27.html。

② 参见《延长〈关于来沪人员随迁子女就读本市各级各类学校的实施意见〉有效期的通知》,上海市人民政府办公厅,2023年1月8日,https://www.shanghai.gov.cn/nw12344/20230117/c6901f98d48748be9bed2479c5914227.html。

③ 不含补缴,有关政策允许补缴的除外。

1. 2010~2020年流动人口数量

根据第七次全国人口普查数据，2020年我国总人口达到141178万人，其中流动人口占全国总人口的26.0%。相比2010年人口普查时的16.5%，流动人口占比增加了9.5个百分点。十年内流动人口数量年均增长率高达6.97%。

根据各地方统计局官方网站公布的本地区第七次全国人口普查信息（见图2），我国流动人口占常住人口比例最高的6个省区市依次为：上海市（42.1%）、广东省（41.3%）、浙江省（39.6%）、北京市（38.5%）、福建省（32.9%）和江苏省（27.9%）。

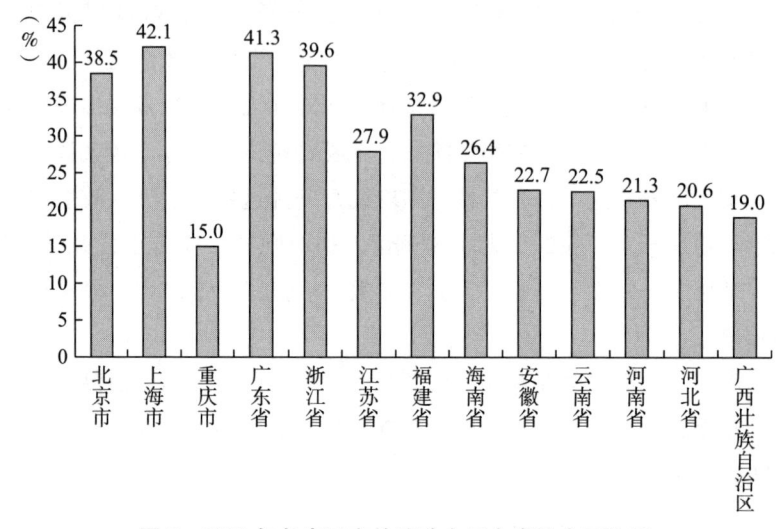

图2　2020年各省区市的流动人口占常住人口比重

2. 分省市流动人口规模和流动儿童总体情况

根据表1可知，2020年北京市的流动人口规模达到841.8万人，占常住人口的38.5%。相比2010年，增加137.3万人，增长率为19.5%。同年北京市流动儿童规模为69.7万人，占全市儿童人数的24.23%，与2010年相比，增加了5.76万人，增长9.01%。

2020年，上海市的流动人口规模达到1047.97万人，占常住人口的42.10%。相比2010年，增加150.3万人，增长率为16.7%。同年上海市流动儿童规模为97.14万人，占全市儿童人数的34.94%，与2010年相比，增加了0.63万人，增长率为0.65%。

2020年，广东省的流动人口规模达到5206.62万人，占常住人口的

41.32%。相比 2010 年，增加 1774.69 万人，增长率为 51.71%。同年，广东省流动儿童规模为 766.58 万人，占全省儿童总数的 27.96%，与 2010 年相比，增加 361.13 万人，增长率为 89.07%。

2020 年，浙江省的流动人口规模为 2555.75 万人，占常住人口的比例为 39.58%；流动儿童规模为 363.88 万人，占儿童总数的比例为 35.20%。

综上所述，北京市、上海市、浙江省流动儿童增长速度低于流动人口增长速度，广东省、江苏省流动儿童增长速度高于流动人口增长速度。2020 年，江苏省的流动人口规模达到 2366.38 万人，占常住人口的 27.92%，相比 2010 年，增加 799.75 万人，增长率为 51.05%。同年，江苏省流动儿童规模 377.54 万人，占全省儿童总数的 25.07%，与 2010 年相比，增加 163.7 万人，增长率为 75.56%。

表 1　2020 年各省市流动人口和流动儿童规模

单位：万人，%

	2020 年流动人口规模	占常住人口的比例	2020 年流动儿童规模	占儿童总数的比例
北京市	841.80	38.50	69.70	24.23
上海市	1047.97	42.10	97.14	34.94
广东省	5206.62	41.32	766.58	27.96
浙江省	2555.75	39.58	363.88	35.20
江苏省	2366.38	27.92	377.54	25.07

3. 2010~2022 年我国流动儿童数量及就读情况

根据我国全国教育事业发展统计公报[1]和教育统计数据[2]中全国义务教育阶段在校生中进城务工人员随迁子女数量和就读比例数据，本报告绘制图 3。

进城务工人员随迁子女在公办学校就读的比例，长期以来一直是衡量流动儿童教育状况的关键指标。从 2010 年的 1167 万人起，这一数字稳步增长，至 2020 年达到 1430 万人。然而，2021 年出现了转折，就读人数降至 1372 万人，并在 2022 年进一步减少至 1365 万人，回落至七年前的水平。这一变化表明，

---

[1] 参见《教育发展统计公报》，中华人民共和国教育部，http://www.moe.gov.cn/jyb_sjzl/sjzl_fztjgb/。

[2] 参见《教育统计数据》，中华人民共和国教育部，http://www.moe.gov.cn/jyb_sjzl/moe_560/2022/。

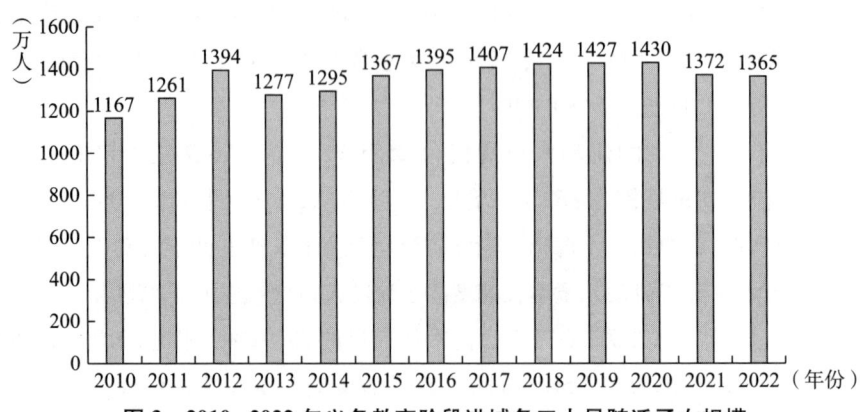

图3　2010~2022年义务教育阶段进城务工人员随迁子女规模

近几年政策调整对流动儿童在城市公办学校的入学机会产生了显著影响，导致能够留在城市就读的流动儿童数量逐渐减少。这一趋势暗示着流动人口家庭中父母与子女分离的现象正在加剧，流动儿童在城市入学的难度日益增加。

根据《中国流动人口子女发展报告2023》计算，进城务工人员随迁子女在公办学校就读比例一直在80%左右，但80%入读比例难以反映真实状况："虽然在一些城市公办学校就读随迁子女人数没有增加，由于接收随迁子女就读的民办学校被关闭，随迁子女在公办学校就读比例提升了，但是流动人口子女教育的整体状况反而在下降。"①②

2021年和2022年的数据显示，进城务工人员随迁子女在公办学校就读的比例虽然有所提高，但背后的实际情况却更为复杂。2021年，尽管就读比例较2020年上升了1.8个百分点，随迁子女的总数却减少了57.3万人。到了2022年，尽管比例又增加了0.9个百分点，随迁子女的规模再次减少了相同的数量。这一现象表明，尽管公办学校就读比例的提升看似积极，但实际上却掩盖了流动人口子女教育保障的整体恶化。政策实践的梳理揭示了一个更深层的问题：公办学校就读比例的提高，并非意味着有更多的随迁子女获得了公办学校的教育机会。相反，这一变化主要是由于民办学校招生限制、学校关闭、升学困

---

① 参见《中国流动人口子女发展报告2023》，新公民计划，2023年11月20日，https://www.163.com/dy/article/IK19OCKC05560ZWH.html。
② 参见《流动人口子女占中国儿童四成，"流动""留守"两难之中怎么上学》，财新网，2022年1月26日，https://mini.caixin.com/2022-01-26/101835006.html。

难等因素，导致许多随迁子女被迫离开民办学校，而转向公办学校。因此，这一比例的提升并不能真实地反映出流动人口子女在教育平等方面所取得的进展。

此外，该报告通过"在一起"指数①（流动人口子女的随迁率）来估计流动人口子女与父母"在一起"居住生活的情况。2020 年，小学阶段流动人口子女的"在一起"指数不高于 50.28%；初中阶段流动人口子女的"在一起"指数不高于 41.88%，近一半义务教育阶段流动人口子女与父母分离。其中，"在一起"指数最低的三个城市分别为：北京市（24.38%）、广州市（25.35%）和上海市（27.03%），而数值基本相当的有深圳市（34.16%）、天津市（33.88%）和成都市（31.21%）。流动人口家庭与子女的分离形势仍然严峻。

4. 流动儿童学校就读质量与教育补贴成效

除了流动儿童在城市入读率较低的问题，流动儿童入学教育质量和保障不足也是重要问题。对于那些能够在城市就读的流动儿童来说，家庭往往需要承担一定的经济压力，这表明流入地政府在承担流动儿童教育责任方面仍有不足。目前，各人口流入大城市主要依赖民办学校补充公办学校数量的不足，而政府则采取了一种过渡性措施，通过对民办学校提供学位补贴短期内增加公办学位的供给。这种补贴机制在一定程度上缓解了教育资源的紧张，但也暴露了教育保障体系中的一些深层次问题。例如，补贴的发放可能存在不均等性，一些家庭可能因为复杂的申请流程或信息不对称而未能获得应有的支持。此外，民办学校的质量参差不齐，影响到流动儿童的教育质量和未来发展。

教育补贴成效可以通过随迁子女能够享受到的流入地政府提供的政策红利程度与其就读民办学校的学费支出比较来体现。随迁子女教育补贴由省级与市县级政府按照规定比例分担。目前在广东省内就读民办义务教育阶段学校的学生都可以享有生均公用经费补贴，②③ 小学为 1150 元/（生·学年），初中为

---

① 计算公式=流动儿童/（流动儿童+城镇留守儿童+农村留守儿童）。
② 参见《省财政厅、教育厅印发城乡义务教育补助经费管理办法》，广东省人民政府，2018 年 3 月 21 日，https://www.gd.gov.cn/gdywdt/zwzt/gdjyqsjs/ywjy/content/post_2386941.html#:~:text=%E8%BF%91%E6%97%A5%EF%BC%8C%E7%9C%81%E8%B4%A2%E6%94%BF%E5%8E%85%E3%80%81,%E7%94%A8%E7%BB%8F%E8%B4%B9%E8%A1%A5%E5%8A%A9%E5%8A%A9%E6%B0%B4%E5%B9%B3%E3%80%82。
③ 参见《关于进一步完善城乡义务教育经费保障机制的通知》，广东省人民政府，2016 年 7 月 11 日，https://www.gd.gov.cn/zwgk/wjk/zcfgk/content/post_2711546.html。

1950元/（生·学年）。在地市层面，以广州市为例，广州市实施的学位补贴标准规定，小学生每人每年的补贴不低于5000元，初中生不低于6000元，并且这笔补贴经费已纳入财政补助的范围。如果学生就读的民办义务教育学校的收费标准等于或低于财政补助标准，按学校收费标准进行补贴；学生就读的民办义务教育学校的收费标准高于财政补助标准的，差额部分由家长缴交。① 但据《羊城晚报》统计，2022年，广州有116所、占比近45%的民办小学都提高了学费。如黄埔东晖学校学费上调至9000元/学期，涨幅超155%；白云区江南明珠小学8000元/学期，涨幅122%。这些数据显示，即便是广州市内教育质量较为普通的民办义务教育学校，其学费也超过省市的补贴总额。这意味着，即使流动儿童能够通过教育补贴享受到流入地政府提供的教育服务，大多数外来务工家庭仍然需要额外负担几千元的费用。如果选择入读教育质量更好的学校，则补缴的金额更多。尽管政府提供了一定的教育补贴，但对于许多流动儿童家庭来说，教育的经济负担依然沉重。这不仅影响了流动儿童接受教育的质量，也可能加剧教育不平等的问题。

四　数据来源和研究设计

本报告使用2023年中山大学"人民美好生活需要（福利态度）调查"数据。相应的因变量为公众对保障流动儿童在当地入学的支持态度、经济和文化效应感知、相应政府配套措施。这三个变量分别来源于问卷中B部分"社会团结与社会风险"的：第一道题："有人认为，要保障流动儿童在当地入学，您认同这种观点吗？"该题的选项中包括：（1）非常认同；（2）比较认同；（3）一般；（4）比较不认同；（5）非常不认同。第二道题："以下关于流动人口的观点，您在多大程度上认同？"（1）流动儿童入学会加剧本地教育资源紧张和分配不平等；（2）保障流动儿童当地入学能够提升流动人口素质。该题的选项中包括：①非常认同；②比较认同；③一般；④比较不认同；⑤非常不认同。第三道题："您认为政府可以如何保证流动儿童接受义务教育呢？（多

---

① 参见《〈广州市民办义务教育学校学位补贴工作方案（征求意见稿）〉编制说明》，广州市教育局，2022年3月15日，https://jyj.gz.gov.cn/yw/tzgg/content/post_8135664.html。

专题报告六 公众对流动儿童教育政策的态度及其影响因素

选)"该题的选项中包括:(1)建立"钱随人走"的稳定教育经费保障机制;(2)增加公办学位供给;(3)扶持民办学校建设;(4)增加政府购买学位;(5)不需要提供政策支持;(6)其他。

本报告分别采用 Logistic 和 OLS 回归法对公众对保障流动儿童在当地入学的支持态度、经济和文化效应感知、相应政府配套措施影响因素进行实证分析。

表2 各变量说明及描述性统计

变量层次	变量		平均值	标准差	说明
因变量	保障流动儿童就地入学支持态度		1.73	0.89	1=非常认同 2=比较认同 3=一般 4=比较不认同 5=非常不认同
	流动儿童就地入学影响感知	正面经济影响	1.86	0.85	
		负面经济影响	2.96	1.33	
		正面文化影响	1.99	0.95	
	保障流动儿童入学政策支持	建立"钱随人走"的稳定教育经费保障机制	0.52	0.50	0=不需要,1=需要
		增加公办学位供给	0.68	0.47	
		扶持民办学校建设	0.50	0.50	
		增加政府购买学位	0.33	0.47	
		不需要提供政策支持	0.23	0.15	
		其他	0.15	0.12	
控制变量					
个人特征	性别		0.55	0.50	0=女,1=男
	年龄		37.62	11.37	18~89岁
	受教育水平		3.48	0.85	1=小学及以下,2=初中,3=高中(普高、职高、技校、中专),4=大学本科及专科,5=硕士及以上
	婚姻状况		0.78	0.48	0=未婚,1=非未婚
	政治面貌		2.40	1.10	0=非党员,1=党员

续表

变量层次	变量		平均值	标准差	说明
个人特征	收入区间		3.20	1.18	1=低收入（30000元以下），2=中低收入（30000~60000元），3=中收入（60000~120000元），4=中高收入（120000~240000元），5=高收入（240000元以上）
	户口类型		0.55	0.50	0=非农业户口，1=农业户口
	是否本地户籍		0.18	0.39	0=本地户籍，1=外地户籍
	职业类型		2.06	0.72	1=体制内工作，2=体制外工作，3=非正式工作
	社会经济地位感知		5.41	2.00	十分变量，分值越高则认为所处社会经济地位越高
	家庭未成年子女规模		3.97	0.83	数值越大，家庭未成年子女数量越多
	福利距离		1.52	0.50	是否有外来务工的朋友，1=有，0=没有
	居住时长		20.45	14.41	数值越大，在城市居住的年限越长
价值特征	收入差异感知		3.35	1.19	五分变量，分值越高则认为收入差异越大
	生活幸福感知		3.97	0.83	五分变量，分值越高则认为生活幸福差异越大
	贫困归因	因为命运不公	3.37	1.30	五分变量，分值越高则归因程度越强，最大值为5，最小值为1
		因为懒惰	2.90	1.47	
		因为缺乏教育和技能	2.51	1.21	
		因为缺乏机会	2.58	1.21	
		因为社会保障不完善	2.74	1.26	

五 公众对流动儿童教育的态度

(一) 公众对流动儿童教育保障权益的福利态度

1. 保障流动儿童就地入学支持态度总体情况

整体而言,受访者对保障流动儿童就地入学支持态度均值为1.73,这表明,绝大多数受访者普遍赞同需要保障流动儿童在当地入学。具体而言,根据图4的描述性统计,调查中受访者选择"非常认同"这一选项的最多,在15598位有效受访者样本中,有7245位选择了"非常认同",占比达到了46.45%。与此同时,有6731位受访者选择"比较认同",占比为43.15%。相对而言,而受访者选择"比较不认同"以及"非常不认同"这两个选项的占比较低,分别只有3.69%和2.46%的受访者选择。

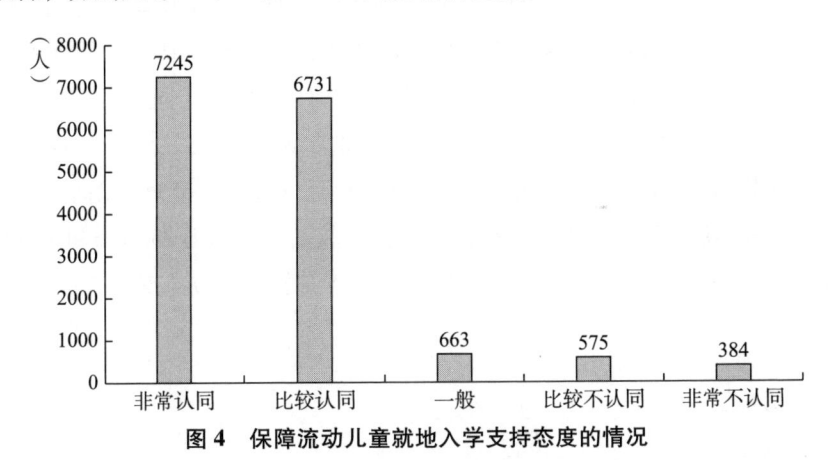

图4 保障流动儿童就地入学支持态度的情况

2. 公众对认同流动儿童就地入学经济和文化影响感知

整体而言,受访者对"流动人口有助于为当地提供更多劳动力资源"这一观点的认同均值为1.86,这表明受访者普遍认可流动儿童教育保障权益对当地经济的积极影响。具体来看,根据图5的描述性统计,调查中"比较认同"这一选项的选择率最高,在15650位有效受访者样本中,有8265位选择了"比较认同",占比达到了52.81%。同时,有5382位受访者选择"非常认同",占比为34.39%。相比之下,"一般"、"比较不认同"及"非常不认同"这三个选项的选择率较低，分别只有6.50%、4.60%和1.70%的受访者选择。

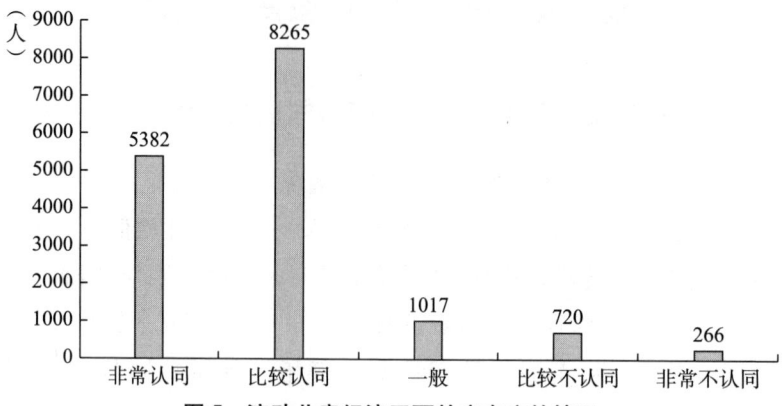

图5 流动儿童经济正面效应态度的情况

在经济负面效应方面，受访者对认同"流动儿童入学会加剧本地教育资源紧张和分配不平等"这一观点持有相对均衡的意见，平均得分为2.96。具体而言，根据图6的描述性统计，调查中受访者选择"比较认同"所占比重最高，在15650位有效受访者样本中，有5861位选择了"比较认同"，占比达到了37.45%。与此同时，有1909位受访者选择"非常认同"，占比为12.20%。选择"比较认同"和"非常认同"的受访者接近一半，总计49.65%。然而，受访者选择"比较不认同"和"非常不认同"占比也较高，分别为25.86%和16.06%，合计41.92%的受访者对流动儿童可能产生的经济负面效应持反对态度。此外，

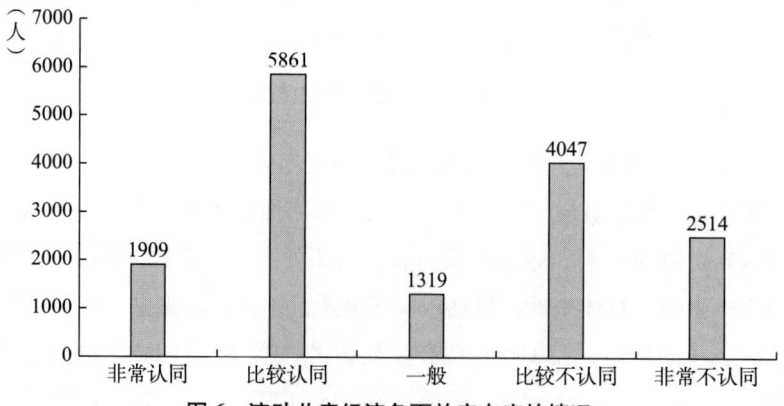

图6 流动儿童经济负面效应态度的情况

选择"一般"这一中立选项的受访者占比为8.43%。这些数据表明，公众对于流动儿童入学对本地教育资源的影响存在明显的分歧，既有一部分人担心这可能加剧资源紧张和不平等，也有相当一部分人对此持不同看法。

在文化正面效应方面，超过半数的受访者普遍认可"保障流动儿童当地入学能够提升流动人口素质"的观点，平均认同度为1.99。具体而言，根据图7的描述性统计，调查中"比较认同"这一选项的选择率最高，在15650位有效受访者样本中，有8034人选择了"比较认同"，占总数的51.34%。同时，有4821名受访者选择"非常认同"，占比为30.81%。总体来说，认为流动儿童入学能够提升流动人口素质的受访者合计达到了82.15%。相对而言，受访者选择"非常不认同"以及"比较不认同"这两个选项的比例较低，分别只有2.43%和7.43%。这些数据清晰地显示公众对于流动儿童教育保障在提升流动人口整体素质方面的积极作用给予了广泛的认可和支持。

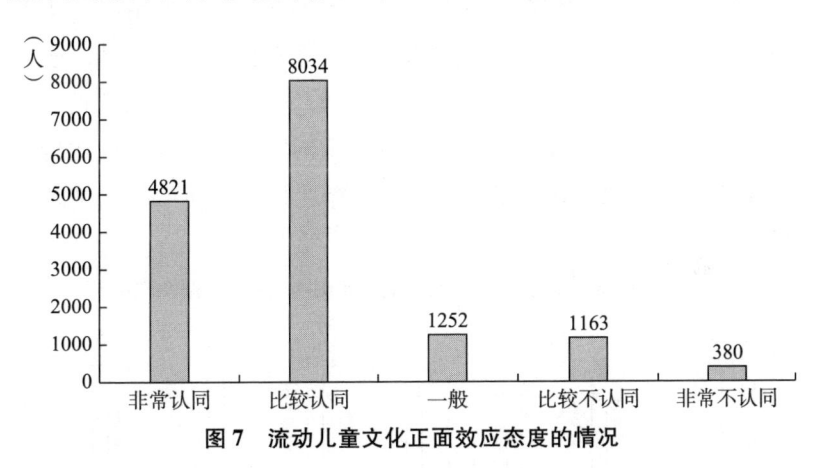

图7 流动儿童文化正面效应态度的情况

（二）不同省份公众对流动儿童教育保障权益的效应感知

1. 不同省份流动儿童教育保障权益支持态度比较

如图8所示，当横向比较不同省份受访者对流动儿童教育保障权益的支持态度时，可以发现七个省份的受访者普遍对政府保障流动儿童当地入学持有较高的认同度。其中，湖南省（1.60）和云南省（1.59）支持度最高，紧接着为福建省（1.69）、广东省（1.72）、黑龙江省（1.76）、海南省（1.83）和新疆维吾尔自治区（1.98）。由于所有省份的均值均低于2，说明各省份受访者普遍对保障流动儿童入学持比较认同和非常认同的态度。

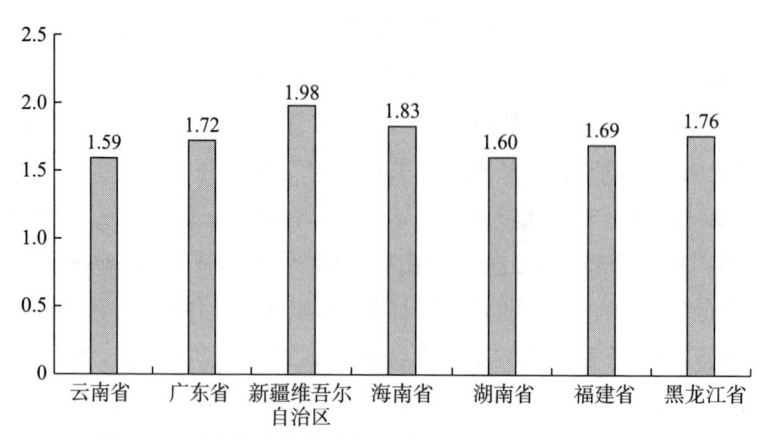

图8 不同省份受访者对保障流动儿童入学支持态度均值

图9揭示了受访者对保障流动儿童入学支持态度的分布情况。从图9的结果来看，云南省、海南省、湖南省和福建省呈现相似分布情况，选择"非常认同"的比例在半数左右，且比例高于选择"比较认同"的比例。在广东省，选择"非常认同"（44.71%）和"比较认同"（47.90%）的比例相当接近。而在新疆维吾尔自治区和黑龙江省，选择"比较认同"的比例高于"非常认同"。

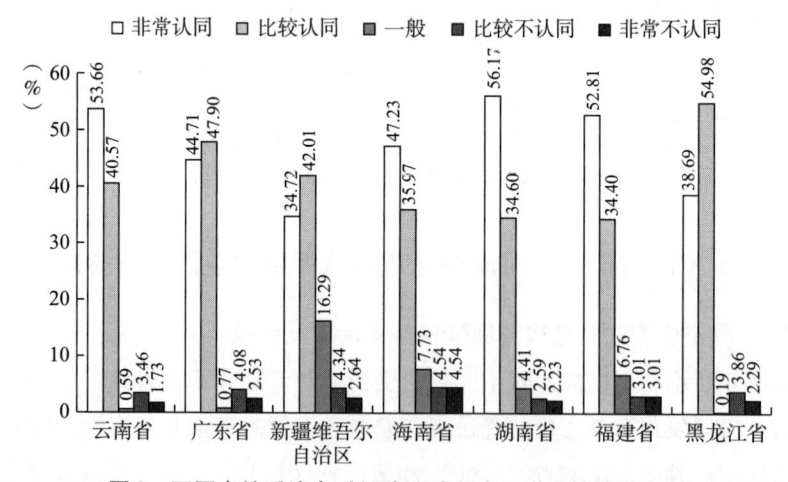

图9 不同省份受访者对保障流动儿童入学支持态度分布

专题报告六 公众对流动儿童教育政策的态度及其影响因素

2. 不同省份流动儿童教育保障权益影响效应比较

如图10所示，当横向比较不同省份受访者对保障流动儿童入学经济正面效应感知均值时，可以看出七个省份的受访者在认同保障流动儿童当地入学所能带来的经济效益方面表现出较高的共识。其中，湖南省（1.76）和云南省（1.78）认可度位居前列，紧接着为广东省（1.82）、福建省（1.85）、黑龙江省（1.91）、海南省（1.98）和新疆维吾尔自治区（2.08）。绝大多数省份的均值低于2，说明各省份受访者普遍认同保障流动儿童入学能够在提供劳动力资源方面带来经济正面效应。

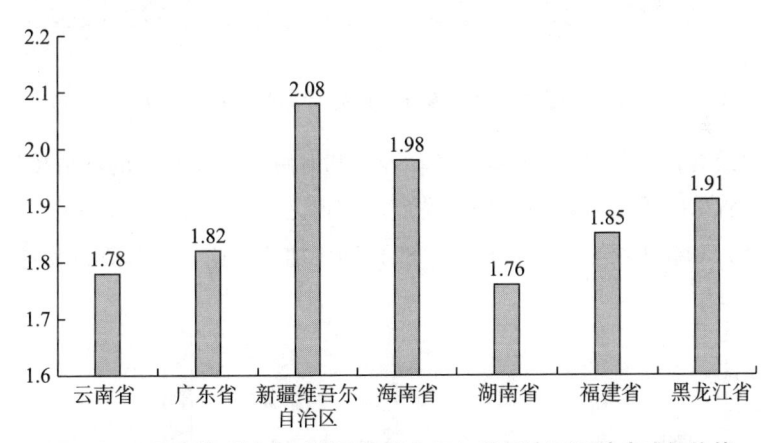

图10 不同省份受访者对保障流动儿童入学经济正面效应感知均值

而图11进一步展示了受访者对保障流动儿童入学经济正面效应感知分布情况。从结果来看，不难发现七个省份各维度上的认同度呈现相似分布情况，大多数选择"比较认同"，排名前三的省份是黑龙江省（63.48%）、广东省（57.14%）和云南省（54.31%），其次是选择"非常认同"的人数，排名前三的省份是湖南省（41.91%）、云南省（37.76%）和福建省（37.47%）。除了新疆维吾尔自治区的受访者选择"一般"的比例为22.13%，其他六个省份的受访者选择"一般"、"非常不认同"、"比较不认同"的比例较低。

如图12所示，当横向比较不同省份受访者对保障流动儿童入学经济负面效应感知均值时，七个省份的感知均值基本在3左右，这表明受访者对于流动儿童当地入学可能带来的负面经济效益普遍持有中立的态度。具体来看，福建省的均值最高（3.33），倾向于不认同流动儿童会挤压教育资源和加剧竞争的

247

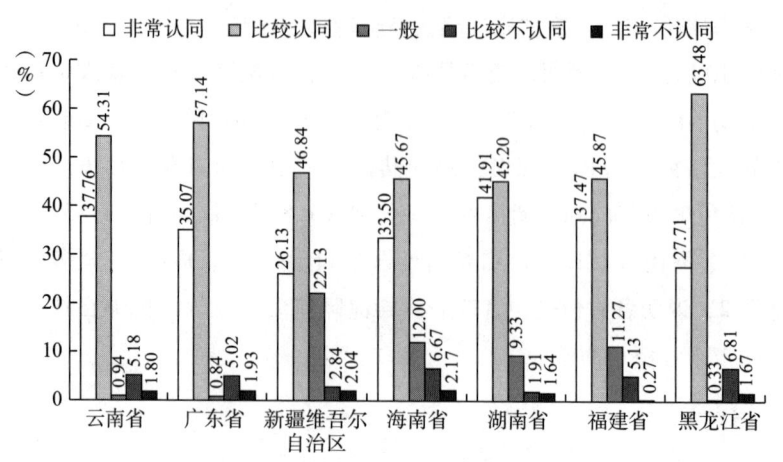

图 11 不同省份受访者对保障流动儿童入学经济正面效应感知分布

观点，而云南省（3.05）、湖南省（2.99）和海南省（2.99）的均值接近于3，显示这些省份的受访者倾向于中立态度。相比之下，广东省（2.89）、黑龙江省（2.85）和新疆维吾尔自治区（2.82）则更加认同这种经济负面效应。

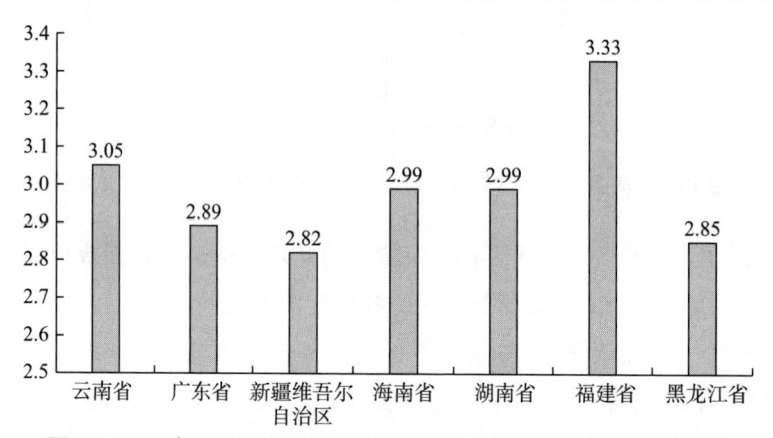

图 12 不同省份受访者对保障流动儿童入学经济负面效应感知均值

图13进一步揭示了受访者对保障流动儿童入学经济负面效应感知分布情况。从结果来看，七个省份的受访者出现了程度不同的意见分歧。除新疆维吾尔自治区，其他省份选择"比较认同""比较不认同""非常不认同"的比例分别居于第一位、第二位和第三位。选择"比较认同"，排名前三的省份是黑龙江省（45.33%）、广东省（44.25%）和云南省（36.51%），而选择"比较不认同"，排名前三的省份是福建省（33.93%）、云南省（30.27%）和黑龙江

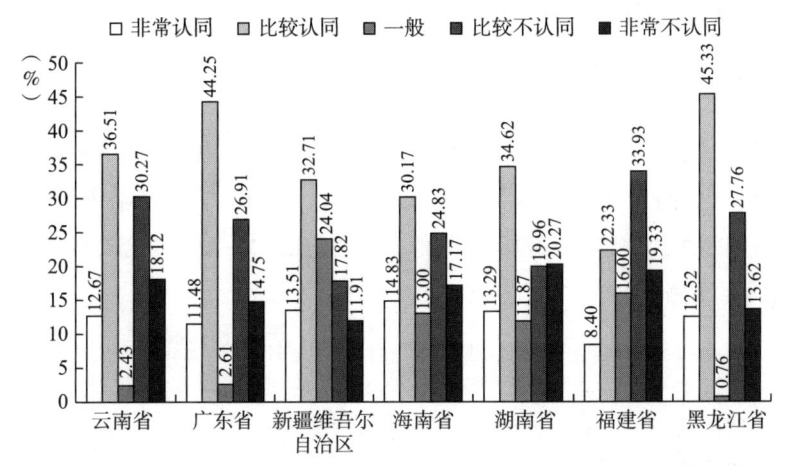

专题报告六 公众对流动儿童教育政策的态度及其影响因素

图13 不同省份受访者对保障流动儿童入学经济负面效应感知分布

省（27.76%）。选择"非常不认同"排名前三的省份分别是湖南省（20.27%）、福建省（19.33%）和云南省（18.12%）。

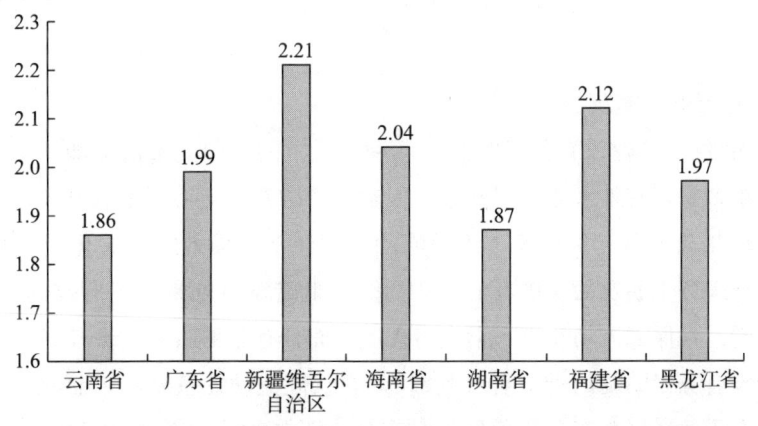

如图14所示，当横向比较不同省份受访者对保障流动儿童入学文化正面效应感知均值时，七个省份的受访者对于保障流动儿童入学能够提升流动人口素质方面都有较高的认同度。其中，湖南省（1.87）和云南省（1.86）认可度最高，紧接着为黑龙江省（1.97）、广东省（1.99）、海南省（2.04）。除了新疆维吾尔自治区均值（2.21）略高于2，其他省份的均低于2，说明各省份受访者普遍对保障流动儿童入学文化正面效应持认同的态度。

图14 不同省份受访者对保障流动儿童入学文化正面效应感知均值

而图15进一步展示了受访者对保障流动儿童入学文化正面效应感知分布。从结果来看,七个省份的认同度呈现相似分布情况,绝大多数选择"比较认同",排名前三的省份是黑龙江省(61.05%)、广东省(56.75%)和云南省(53.69%),其次是选择"非常认同"的人数,排名前三的省份是湖南省(37.69%)、云南省(36.00%)和海南省(31.17%)。除了新疆维吾尔自治区选择"一般"的比例为28.71%,其他六个省份的"一般""比较不认同""非常不认同"比例较低。

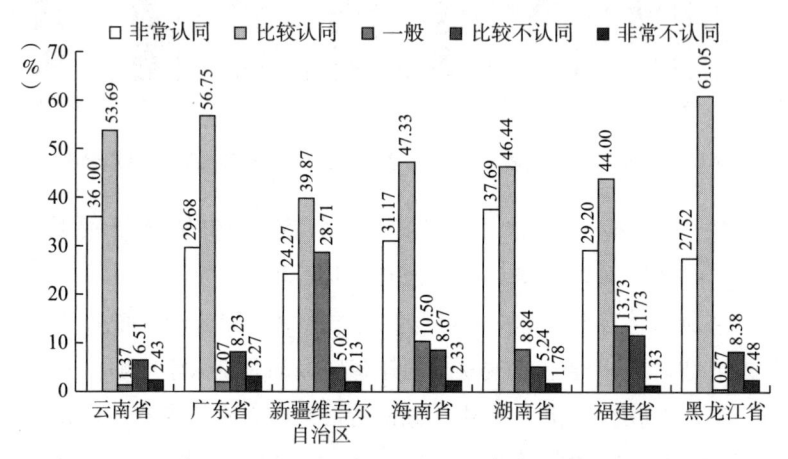

图15 不同省份受访者对保障流动儿童入学文化正面效应感知分布

(三)分个人特征的公众对流动儿童教育保障权益支持度与效应感知

1. 有无务工朋友

受访者在"有/没有务工朋友"两种情况下的各因变量情况如图16所示,可以发现,是否有外来务工朋友这一因素对受访者的支持态度有显著影响。在保障流动儿童入学支持程度、认同流动儿童经济正面效应及文化正面效应方面,有外来务工朋友的受访者的平均得分均低于没有外来务工朋友的受访者。具体来看,在保障流动儿童入学支持程度方面,有务工朋友受访者(1.63)均值低于没有务工朋友的受访者(1.82)。在认同流动儿童经济正面效应上,有务工朋友受访者(1.76)均值低于没有务工朋友的受访者(1.96)。在认同流动儿童文化正面效应上,有务工朋友受访者(1.95)均值低于没有务工朋友的

专题报告六　公众对流动儿童教育政策的态度及其影响因素

受访者（2.04）。这些数据表明，有外来务工朋友的受访者更倾向于选择"非常认同"的选项，显示出更高的支持程度。然而，在对待流动儿童可能产生的经济负面效应上，情况则相反。相对于没有外来务工朋友的受访者（2.79），他们更加不认同流动儿童的经济负面效应（3.14）这一说法，选择得分更高，说明更倾向于选择"不认同"的选项，对流动儿童可能带来的经济负面效应持有更为保留或反对的态度。

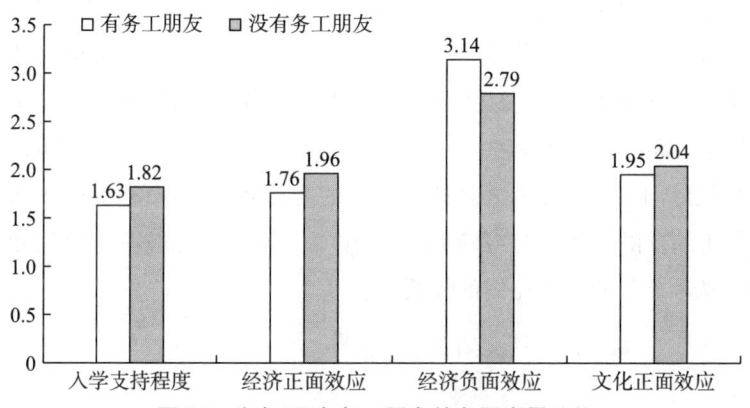

图16　分有/没有务工朋友的各因变量均值

图17对有/没有外来务工朋友的受访者关于保障流动儿童入学支持态度的分布情况进行了分析。结果显示，无论是否有外来务工朋友，选择"非常认同"和"比较认同"选项的受访者比例都相对较高，分别为91.03%和88.27%。然而，在有外来务工朋友和没有外来务工朋友两组受访者中，对于

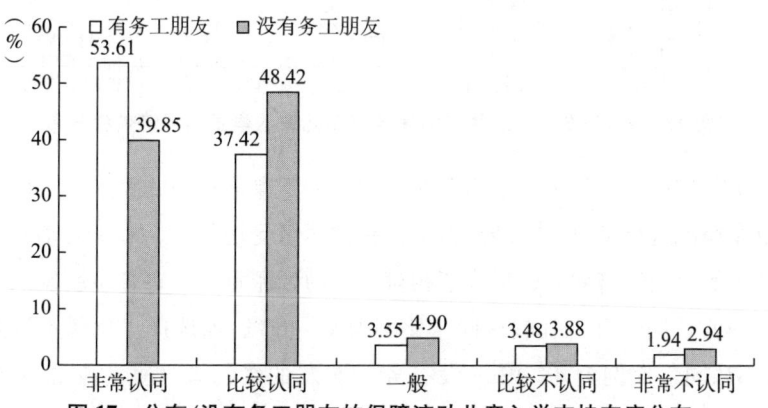

图17　分有/没有务工朋友的保障流动儿童入学支持态度分布

251

"非常认同"和"比较认同"的选择有所差异。有外来务工朋友的受访者选择"非常认同"的比例为53.61%，高于没有外来务工朋友的受访者（39.85%）。而在"比较认同"上，没有外来务工朋友的受访者选择比例为48.42%，高于有外来务工朋友的受访者（37.42%）。而在"一般"、"比较不认同"和"非常不认同"选项上，两者的比例都较低，这进一步强调了公众对于保障流动儿童入学措施的普遍支持。

图18分析了有/没有外来务工朋友的保障流动儿童入学正面经济效应分布情况。结果显示，在"非常认同"和"比较认同"选项上，两组受访者的选择比例相当，分别为89.58%和85.04%。但是有外来务工朋友的受访者选择"非常认同"的比例为40.85%，远高于没有外来务工朋友的受访者的28.46%。而在"比较认同"上，没有外来务工朋友的受访者选择比例为56.58%，高于有外来务工朋友的受访者的48.73%。而在"一般"、"比较不认同"和"非常不认同"选项上，两者的比例都较低。

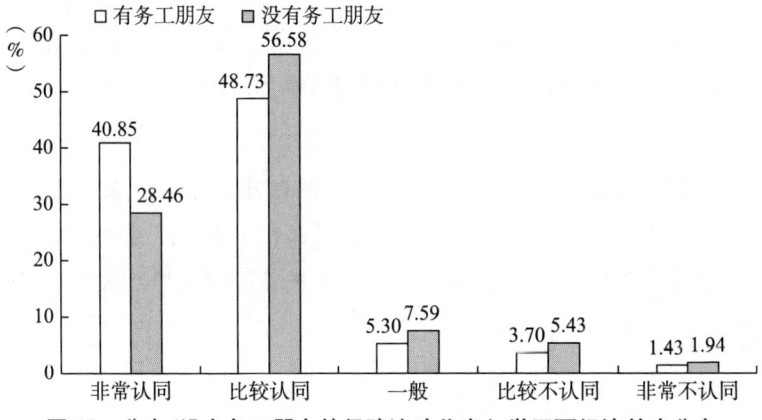

图18 分有/没有务工朋友的保障流动儿童入学正面经济效应分布

图19对有/没有外来务工朋友的受访者关于保障流动儿童入学负面经济效应的分布情况进行了分析。结果显示，在这两组受访者中，对于流动儿童入学可能产生的负面经济效应，形成了相对持平的两派意见。有务工朋友的受访者选择"非常认同"和"比较认同"比例为43.46%，而选择"比较不认同"和"非常不认同"比例为48.4%。没有务工朋友的受访者选择"非常认同"和"比较认同"比例为55.33%，而选择"比较不认同"和"非常不认同"比例

为 35.99%。没有外来务工朋友的受访者选择"非常认同"和"比较认同"选项的比例高于有外来务工朋友的受访者,两者在"一般"的选项上持平,而有外来务工朋友的受访者选择"比较不认同"和"非常不认同"的比例高于没有外来务工朋友的受访者。

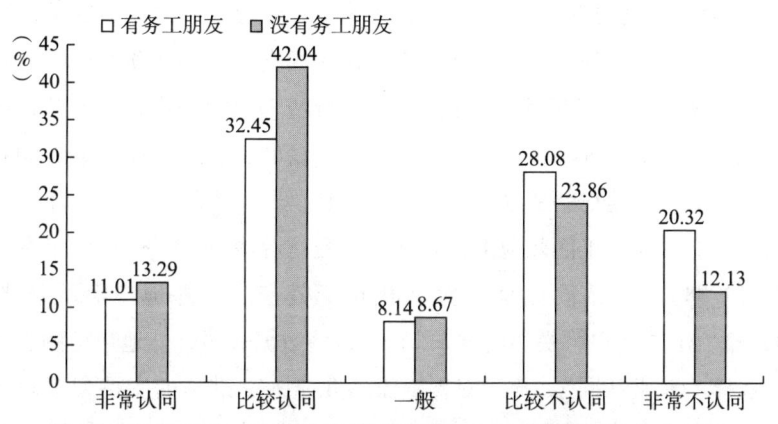

图 19 分有/没有务工朋友的保障流动儿童入学负面经济效应分布

图 20 对有/没有外来务工朋友的受访者关于保障流动儿童入学正面文化效应的分布情况进行了分析。结果显示,有外来务工朋友和没有外来务工朋友的受访者选择"非常认同"和"比较认同"选项上的比例相当,分别为 82.74% 和 81.54%。但有外来务工朋友的受访者选择"非常认同"的比例为 35.01%,高于没有外来务工朋友的受访者(26.94%)。而在"比较认同"上,没有外来

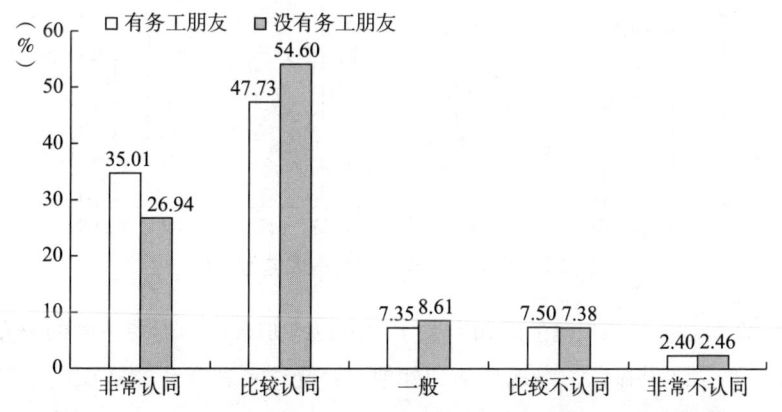

图 20 分有/没有务工朋友的保障流动儿童入学正面文化效应分布

务工朋友的受访者选择的比例为54.60%，高于有外来务工朋友的受访者（47.73%）。而在选择"一般"、"比较不认同"和"非常不认同"上，两者的比例都较低。

2. 是否本地户籍

图21分析了受访者在"是否本地户籍"两种情况下的各因变量情况，结果显示，是否本地户籍这一因素同样对受访者的支持态度选项产生了影响。在保障流动儿童入学支持程度、认同流动儿童经济正面效应及文化正面效应方面，外地户籍的受访者均值得分都低于本地户籍的受访者。在保障流动儿童入学支持程度上，外地户籍受访者均值（1.69）低于本地户籍受访者（1.74）。在认同流动儿童经济正面效应上，外地户籍受访者均值（1.81）低于本地户籍受访者（1.88）。在认同流动儿童文化正面效应上，外地户籍受访者均值（1.98）略低于本地户籍受访者（2.00）。这些数据表明，外地户籍的受访者更倾向于选择"非常认同"，显示对保障流动儿童入学措施的支持程度较高。然而，相对于本地户籍的受访者（2.94），外地户籍受访者更加不认同流动儿童的经济负面效应（3.05）这一说法，对流动儿童可能带来的经济负面效应持有更为保留或反对的态度。

图21 分是否本地户籍的各因变量均值

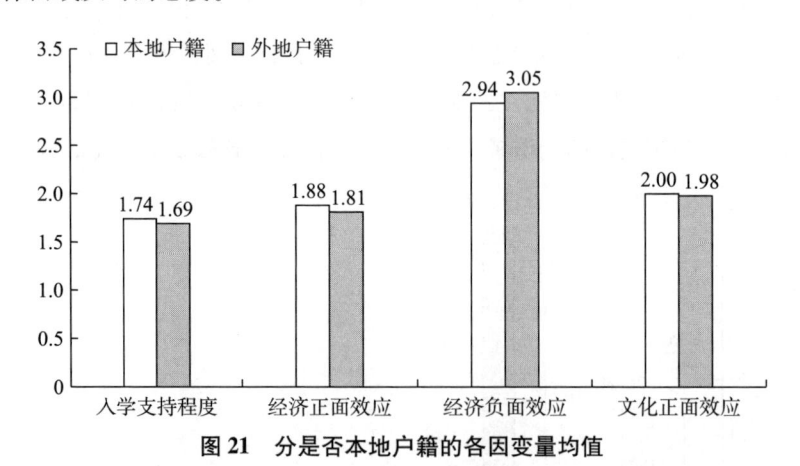

图22对是否本地户籍的受访者关于保障流动儿童入学支持态度的分布情况进行了分析。结果显示，本地户籍和外地户籍受访者选择"非常认同"和"比较认同"的比例相当，分别为89.74%和88.57%。但是外地户籍的受访者选择"非常认同"的比例为51.71%，高于本地户籍的受访者（45.08%）。而在"比

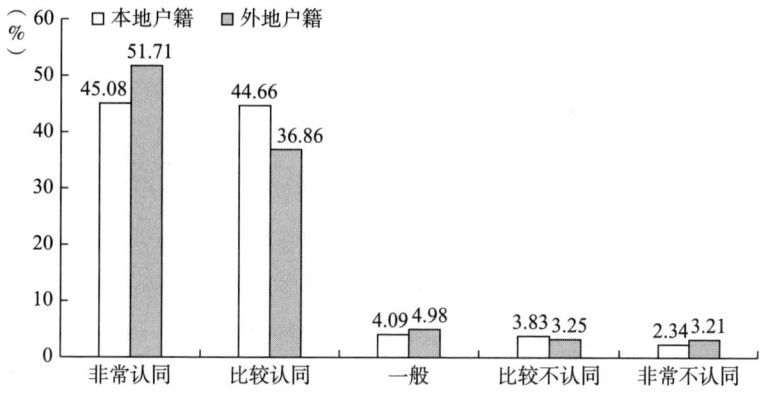

专题报告六 公众对流动儿童教育政策的态度及其影响因素

图22 分是否本地户籍的保障流动儿童入学支持态度分布

较认同"上，本地户籍的受访者选择比例为44.66%，高于外地户籍的受访者（36.86%）。而在选择"一般"、"比较不认同"和"非常不认同"上，两者的比例都较低。

图23分析了是否本地户籍的保障流动儿童入学正面经济效应分布情况，结果显示，本地户籍和外地户籍受访者选择"非常认同"和"比较认同"的比例相当，分别为87.18%和87.01%。但是外地户籍的受访者选择"非常认同"的比例为39.33%，高于本地户籍的受访者（33.09%）。而在"比较认同"上，本地户籍受访者的选择比例为54.09%，高于外地户籍的受访者（47.68%）。而在选择"一般"、"比较不认同"和"非常不认同"上，两者的比例都较低。

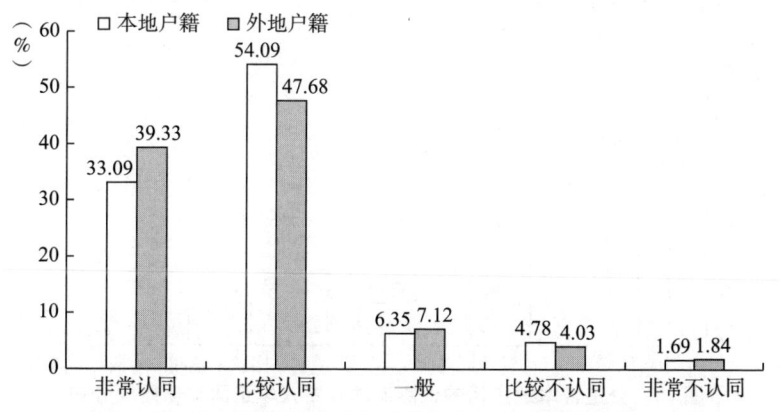

图23 分是否本地户籍的保障流动儿童入学正面经济效应分布

255

图 24 分析了是否本地户籍受访者的保障流动儿童入学负面经济效应分布情况。结果显示，无论是否本地户籍，受访者形成了两派持平的意见。本地户籍的受访者选择"非常认同"和"比较认同"的比例为 50.44%，而选择"比较不认同"和"非常不认同"的比例为 41.39%。外地户籍的受访者选择"非常认同"和"比较认同"的比例为 46.06%，而选择"比较不认同"和"非常不认同"的比例为 44.62%。外地户籍的受访者选择"非常认同"和"非常不认同"的比例略高于本地户籍的受访者，而本地户籍的受访者在选择"比较认同"和"比较不认同"的比例上略高于外地户籍的受访者。

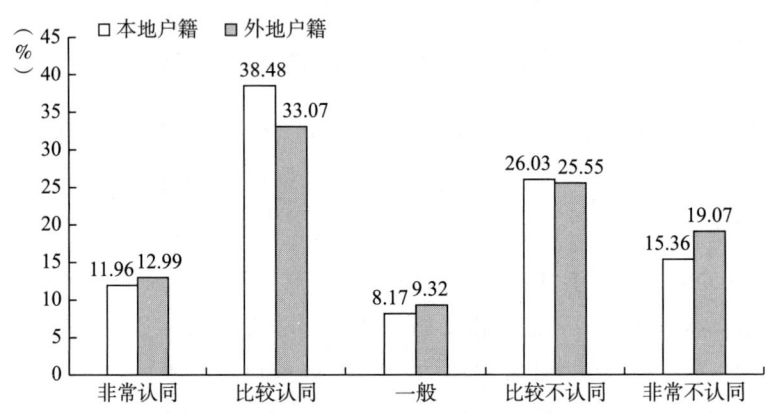

图 24 分是否本地户籍的保障流动儿童入学负面经济效应分布

图 25 分析了是否本地户籍的保障流动儿童入学正面文化效应分布情况，结果显示，本地户籍和外地户籍受访者选择"非常认同"和"比较认同"的

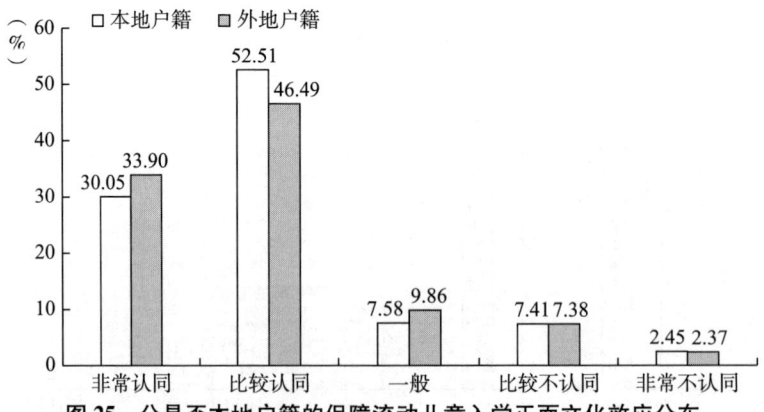

图 25 分是否本地户籍的保障流动儿童入学正面文化效应分布

比例相当,分别为82.56%和80.39%。但是外地户籍的受访者选择"非常认同"的比例为33.90%,高于本地户籍的受访者(30.05%)。而在"比较认同"上,本地户籍受访者的选择比例为52.51%,高于外地户籍的受访者(46.49%)。而在选择"一般"、"比较不认同"和"非常不认同"上,两者的比例都较低。

3. 性别

图26分析了受访者分性别情况下的各因变量,结果显示性别因素同样对受访者的支持态度选项产生了影响。在保障流动儿童入学支持程度、认同流动儿童经济正面效应及文化正面效应方面,男性受访者的平均得分都低于女性受访者。在保障流动儿童入学支持程度上,男性受访者均值(1.70)低于女性受访者(1.75)。在认同流动儿童经济正面效应上,男性受访者均值(1.80)低于女性受访者(1.94)。在认同流动儿童文化正面效应上,男性受访者均值(1.94)略低于女性受访者(2.05)。这都说明男性受访者更倾向于选择"非常认同"的选项,支持程度更高。反而,相对于女性受访者(2.85),男性受访者更加不认同流动儿童的经济负面效应(3.06)这一说法,选择得分更高,说明更倾向于选择"不认同"的选项。

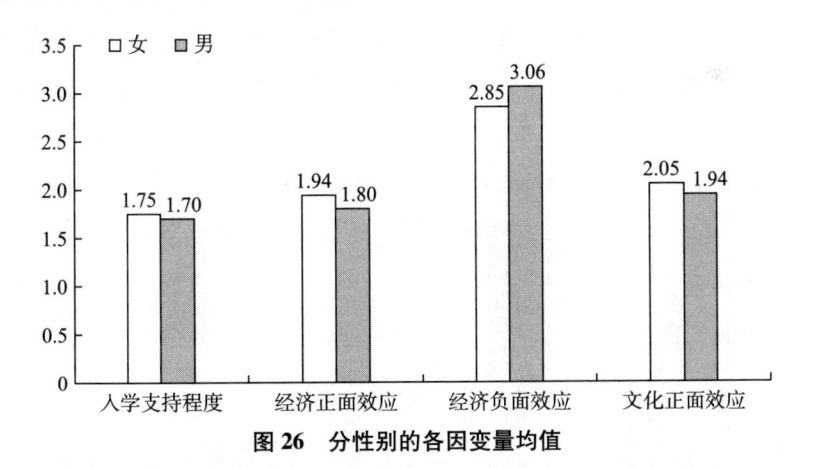

图26 分性别的各因变量均值

图27分析了不同性别的保障流动儿童入学支持态度分布情况,结果显示,男性和女性受访者选择"非常认同"和"比较认同"的比例相当,分别为89.46%和89.72%。男性受访者选择"非常认同"的比例为48.43%,高于女性受访者(44.00%)。而在"比较认同"上,女性受访者的选择比例为

45.46%，高于男性受访者（41.29%）。而在选择"一般"、"比较不认同"和"非常不认同"上，两者的比例都较低。

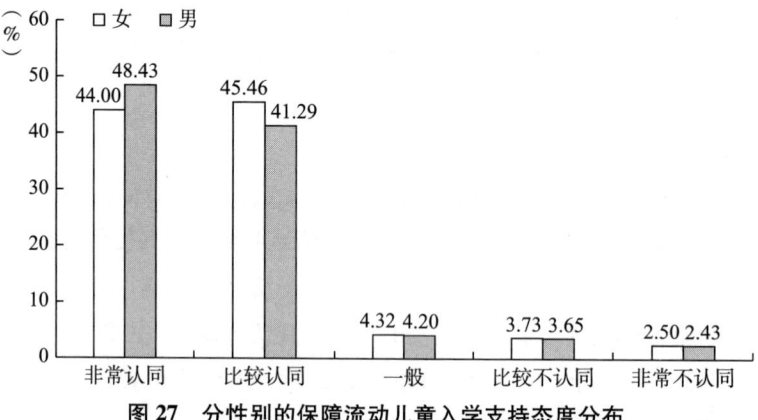

图 27　分性别的保障流动儿童入学支持态度分布

图28分析了不同性别的保障流动儿童入学正面经济效应分布情况，结果显示，无论性别，受访者选择"非常认同"和"比较认同"选项的比例都相当高。男性受访者选择"非常认同"的比例为39.24%，高于女性受访者（28.38%）。而在"比较认同"上，女性受访者选择比例为57.80%，高于男性受访者（48.79%）。而在"一般"、"比较不认同"和"非常不认同"选项上，两者的比例都较低。

图 28　分性别的保障流动儿童入学正面经济效应分布

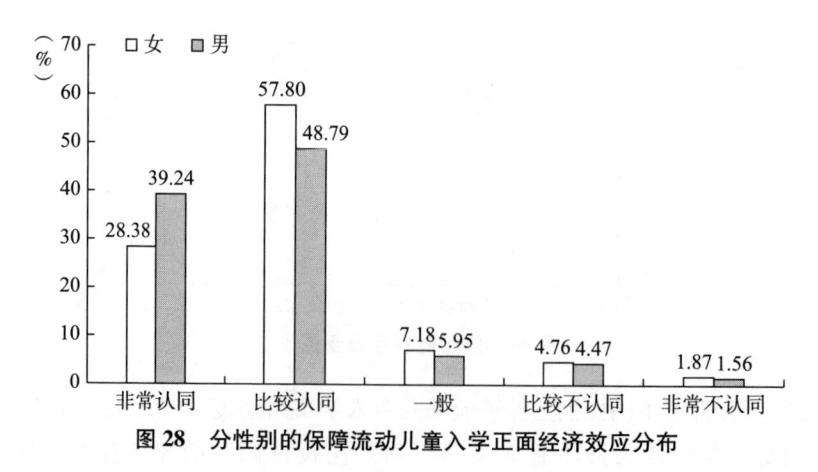

图29分析了分性别受访者的保障流动儿童入学负面经济效应分布情况，结果显示，无论是否有本地户籍，受访者的认同意见略微大于不认同意见。具

体来看，男性受访者选择"非常认同"和"比较认同"的比例为47.08%，而选择"比较不认同"和"非常不认同"的比例为45.13%。女性受访者选择"非常认同"和"比较认同"比例为52.83%，而选择"比较不认同"和"非常不认同"比例为37.95%。女性受访者选择"非常认同"、"比较认同"和"比较不认同"的比例略高于男性的受访者，而男性受访者选择"非常不认同"的比例略高于女性受访者。这表明女性受访者对于保障流动儿童入学可能产生的负面经济效应持有更为复杂的看法，既有一定比例的女性受访者认同这一观点，也有一定比例的女性受访者持反对态度。相比之下，男性受访者中持反对态度的比例略高，反映了男性受访者对于流动儿童入学可能带来的经济负面效应持有更为保守或担忧的态度。

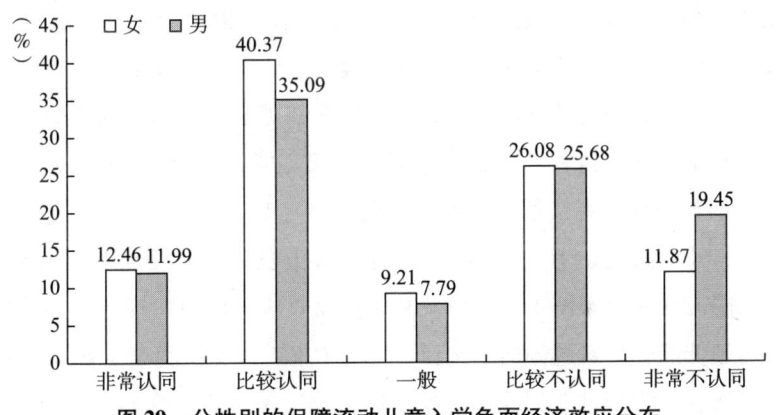

图29 分性别的保障流动儿童入学负面经济效应分布

图30分析了不同性别的保障流动儿童入学正面文化效应分布情况，结果显示，无论性别如何，受访者选择"非常认同"和"比较认同"的比例相当高。男性受访者选择"非常认同"的比例为33.46%，高于女性受访者（27.51%）。而在"比较认同"上，女性受访者的选择比例为52.95%，高于男性受访者（50.03%）。而在选择"一般"、"比较不认同"和"非常不认同"上，两者的比例都较低。

4. 学历结构

图31分析了受访者分学历结构的各因变量情况，结果显示，学历因素会影响受访者的支持态度。学历越高的受访者，四个因变量中的均值分数更高，学历越低的受访者均值分数更低，"小学及以下"、"初中"、"高中"、"大学本

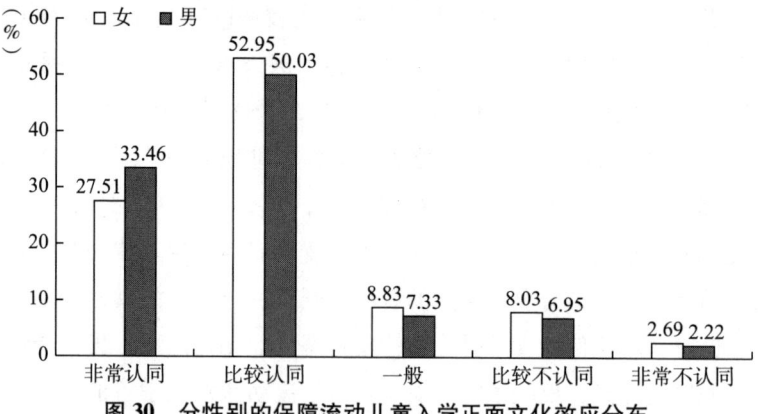

人民美好生活需要与社会政策创新（2023）

图30 分性别的保障流动儿童入学正面文化效应分布

科及专科"和"硕士及以上"五个层次学历结构均值得分呈现逐级升高的趋势。具体来说，在保障流动儿童入学支持程度、认同流动儿童经济正面效应及文化正面效应上，学历越低的受访者均值得分都更低于学历更高的受访者。在保障流动儿童入学支持程度上，小学及以下受访者（1.64）低于初中受访者（1.67），而初中受访者又低于高中学历受访者（1.73），高中学历受访者又低于大学本科及专科受访者（1.74），最高为硕士及以上的受访者（1.86）。同理，在认同流动儿童经济正面效应及文化正面效应方面也呈现相同的趋势，这说明学历越低的受访者越倾向于选择"非常认同"，支持程度更高。相对于学历高的受访者，学历越低的受访者越认同流动儿童的经济负面效应这一说法，选择得分越高，说明越倾向于选择"不认同"的选项。

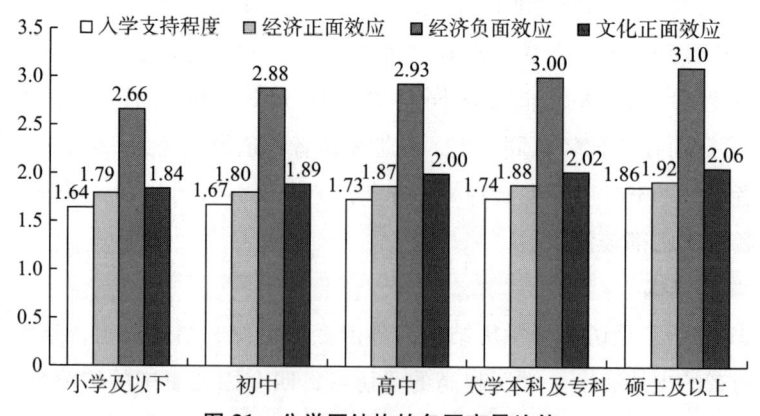

图31 分学历结构的各因变量均值

260

专题报告六 公众对流动儿童教育政策的态度及其影响因素

图 32 分析了分学历结构的保障流动儿童入学支持态度分布情况。结果显示，无论学历高低，受访者选择"非常认同"和"比较认同"的比例都较高。在"非常认同"这一选项上，小学及以下的受访者选择比例为 57.40%，其次分别为初中受访者（52.08%）、高中受访者（47.14%）、大学本科及专科受访者（44.60%），而硕士及以上受访者选择比例最低，为 43.70%。而在"比较认同"这一选项上，选择比例最高的为大学本科及专科受访者（45.44%），其次为高中受访者（42.27%），而硕士及以上受访者（37.53%）和初中受访者（37.17%）的选择比例相当，小学及以下受访者（32.01%）选择比例最低。在"一般"、"比较不认同"和"非常不认同"选项上，各学历的受访者选择的比例都较低，但硕士及以上受访者选择"一般"的比例较为突出，达 11.80%。

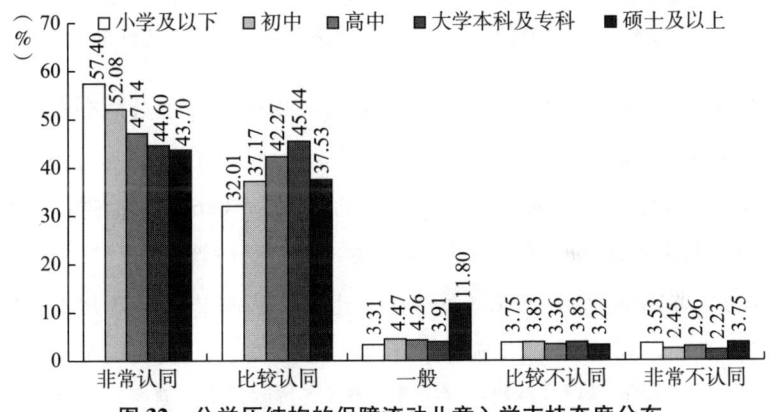

图 32 分学历结构的保障流动儿童入学支持态度分布

图 33 分析了分学历结构的保障流动儿童入学正面经济效应分布情况。结果显示，无论学历高低，受访者选择"非常认同"和"比较认同"的比例都较高。在"非常认同"这一选项上，学历越高反而认同比例越低，小学及以下的受访者选择比例为 45.73%，其次分别为初中受访者（41.42%）、高中受访者（35.04%）、大学本科及专科受访者（32.31%），而硕士及以上受访者选择比例最低，为 30.56%。在"比较认同"这一选项上，选择比例最高的为大学本科及专科（55.30%），硕士及以上受访者（52.01%）、高中受访者（51.78%）、初中受访者（46.08%）的选择比例相当，小学及以下受访者（39.61%）的选择比例最低。在"一般"、"比较不认同"和"非常不认同"选项上，各学历的

受访者选择的比例都较低，但硕士及以上受访者选择"一般"的比例较为突出，达13.67%。

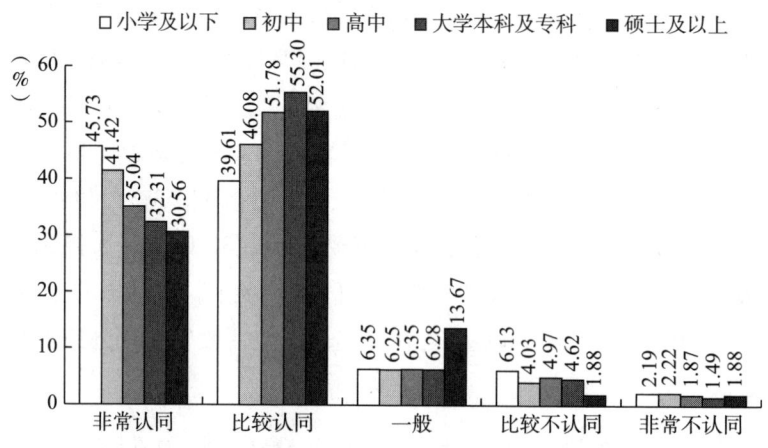

图33 分学历结构的保障流动儿童入学正面经济效应分布

图34分析了分学历结构的保障流动儿童入学负面经济效应分布情况。结果显示，无论学历高低，受访者的认同意见略微大于不认同意见。小学及以下受访者选择"非常认同"和"比较认同"的比例为58.64%，而选择"比较不认同"和"非常不认同"的比例为33.48%。初中受访者选择"非常认同"和"比较认同"的比例为51.59%，而选择"比较不认同"和"非常不认同"的比例为39.78%。高中受访者选择"非常认同"和"比较认同"的比例为

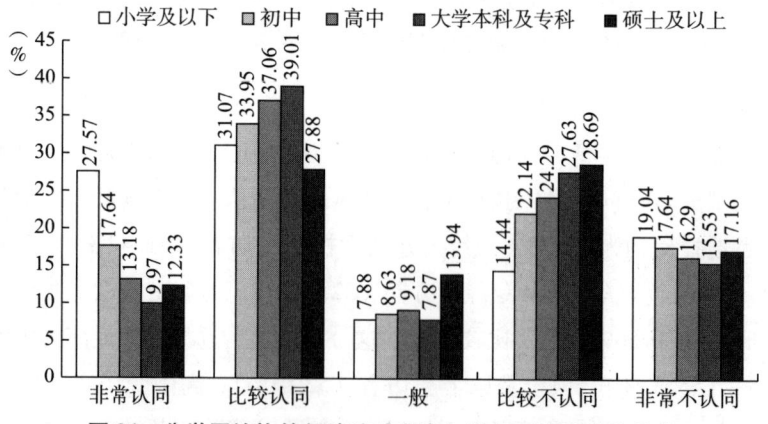

图34 分学历结构的保障流动儿童入学负面经济效应分布

50.24%，而选择"比较不认同"和"非常不认同"的比例为40.58%。大学本科及专科受访者选择"非常认同"和"比较认同"的比例为48.98%，而选择"比较不认同"和"非常不认同"的比例为43.16%。硕士及以上受访者选择"非常认同"和"比较认同"的比例为40.21%，而选择"比较不认同"和"非常不认同"的比例为45.85%。

图35分析了分学历结构的保障流动儿童入学正面文化效应分布情况。结果显示，无论学历高低，受访者选择"非常认同"和"比较认同"的比例都较高。在"非常认同"这一选项上，小学及以下的受访者选择比例为42.67%，其次分别为初中的受访者（36.76%）、硕士及以上受访者（32.98%）、高中受访者（31.76%）、大学本科及专科受访者（28.63%）。而在"比较认同"这一选项上，选择比例最高的为大学本科及专科受访者（53.61%），其次分别为高中受访者（49.52%）、初中受访者（47.40%）、小学及以下受访者（42.25%），硕士及以上受访者（41.29%）的选择比例最低。在"一般"、"比较不认同"和"非常不认同"选项上，各学历的受访者选择的比例都较低。但硕士及以上受访者选择"一般"的比例较为突出，达14.21%，选择比较不认同的比例也较高，达9.65%。

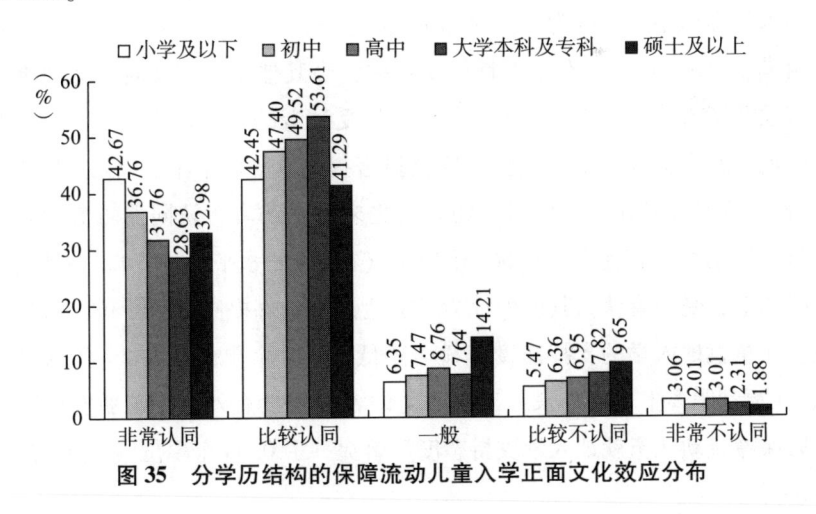

图35 分学历结构的保障流动儿童入学正面文化效应分布

六 公众对该流动儿童教育态度的影响因素分析

（一）公众对认同保障流动儿童就地入学支持态度的影响因素分析

表3是公众对保障流动儿童就地入学支持态度的影响回归分析结果。表中模型（1）为流动儿童就地入学影响感知对保障流动儿童就地入学支持态度的回归结果，模型（2）、模型（3）是在模型（1）的基础上依次加入个人特征变量和价值特征变量作为控制变量，以进一步探究公众对认同保障流动儿童就地入学支持态度的影响。

模型（1）表示，受访者流动儿童就地入学影响感知对保障流动儿童就地入学支持态度有显著影响（在1%的水平上显著），随着模型（2）、模型（3）将个人特征变量、价值特征变量依次加入回归模型后发现其影响仍然显著，通过显著性的变量有性别、年龄、婚姻状况、政治面貌、是否本地户籍、职业类型、社会经济地位感知、家庭未成年子女规模、福利距离、居住时长、收入差异感知因为命运不公、因为社会保障不完善。

由模型（3）可知，在个人特征变量中，当其他条件不变时，女性更认同保障流动儿童就地入学支持，就年龄而言，受访者的年龄每增加一岁，其对认同保障流动儿童就地入学的支持态度就显著提高0.002个单位（在5%的水平上显著）。在婚姻状况上，已婚受访者较之未婚受访者对认同保障流动儿童就地入学支持态度显著提高了0.063个单位（在1%的水平上显著），在社会经济地位感知上，受访者认为其所处社会经济地位高，每提高一个单位，对认同保障流动儿童就地入学的支持态度就显著降低0.021个单位（在1%的水平上显著），在福利距离上，有外来务工朋友受访者较之没有外来务工朋友的受访者对认同保障流动儿童就地入学支持态度显著提高了0.08个单位（在1%的水平上显著）。

在价值特征变量中，认为收入差异大的受访者每提高一个单位，其对认同保障流动儿童就地入学的支持态度就显著降低0.033个单位（在1%的水平上显著）。而受访者将贫困归因于命运不公的认同度每提高一个单位，其对认同保障流动儿童就地入学支持态度就提高 0.014 个单位（在 5% 的水平上显著）。

综上所述，女性、年长、已婚的、有外来务工朋友的受访者更可能认同保障流动儿童就地入学支持。越将贫困归因于命运不公的受访者越可能认同保障流动儿童就地入学支持。受访者的社会经济地位感知和收入差异感知会显著影响其对保障流动儿童就地入学的支持态度。

表 3　公众对认同保障流动儿童就地入学支持态度的影响

	变量	（1）保障流动儿童就地入学支持态度	（2）保障流动儿童就地入学支持态度	（3）保障流动儿童就地入学支持态度
流动儿童就地入学影响感知	正面经济影响	0.242*** (0.008)	0.233*** (0.009)	0.232*** (0.009)
	负面经济影响	-0.088*** (0.005)	-0.082*** (0.006)	-0.079*** (0.006)
	正面文化影响	0.176*** (0.008)	0.173*** (0.008)	0.171*** (0.008)
个人特征	性别		0.064*** (0.015)	0.059*** (0.016)
	年龄		-0.002** (0.001)	-0.002** (0.001)
	受教育水平		0.009 (0.011)	0.008 (0.011)
	婚姻状况		-0.060*** (0.023)	-0.063*** (0.023)
	政治面貌		-0.051** (0.022)	-0.045** (0.022)
	收入区间		0.006 (0.007)	0.009 (0.007)
	户口类型		-0.029* (0.016)	-0.028* (0.016)
	是否本地户籍		-0.051** (0.020)	-0.055*** (0.020)
	职业类型		0.059*** (0.012)	0.055*** (0.012)
	社会经济地位感知		0.017*** (0.004)	0.021*** (0.004)

续表

	变量	（1）保障流动儿童就地入学支持态度	（2）保障流动儿童就地入学支持态度	（3）保障流动儿童就地入学支持态度
个人特征	家庭未成年子女规模		-0.022** (0.009)	-0.021** (0.009)
	福利距离		-0.073*** (0.016)	-0.080*** (0.016)
	居住时长		-0.001** (0.001)	-0.001** (0.001)
价值特征	收入差异感知			0.033*** (0.006)
	生活幸福感知			-0.015 (0.010)
	因为命运不公			-0.014** (0.006)
	因为懒惰			0.006 (0.005)
	因为缺乏教育和技能			0.010 (0.007)
	因为缺乏机会			-0.008 (0.007)
	因为社会保障不完善			0.014** (0.007)
	n	15650	12959	12959
	ΔR²	0.144	0.144	0.144

注：（1）*、**、***分别表示在10%、5%、1%的水平上显著；（2）括号中报告的是稳健性标准误。

（二）公众对流动儿童就地入学影响感知的影响因素分析

表4、表5、表6是公众对保障流动儿童就地入学支持态度的影响回归分析结果。各表中的模型（1）皆为个人特征变量对流动儿童就地入学影响感知的回归结果，模型（2）则是在模型（1）的基础上加入价值特征变量，以进一步探究公众对流动儿童就地入学影响感知的影响。

表4展示的是公众对流动儿童就地入学正面经济影响感知的回归结果。从

模型（2）可以看出，在个人特征变量中，当其他条件不变时，男性更认同"流动人口有助于为当地提供更多劳动力资源"，就年龄而言，受访者的年龄每增加一岁，其对认同"流动人口有助于为当地提供更多劳动力资源"就显著提高了 0.003 个单位（在1%的水平上显著）。在婚姻状况上，已婚受访者较之未婚受访者对认同"流动人口有助于为当地提供更多劳动力资源"显著提高了 0.045 个单位（在5%的水平上显著），在政治面貌上，党员受访者较之非党员受访者对认同"流动人口有助于为当地提供更多劳动力资源"显著提高 0.103 个单位（在1%的水平上显著），在户口类型上，农业户口受访者较之非农业户口受访者对认同"流动人口有助于为当地提供更多劳动力资源"显著提高了 0.062 个单位（在1%的水平上显著），在家庭未成年子女规模上，受访者家庭中的未成年子女数量越多，对认同"流动人口有助于为当地提供更多劳动力资源"显著提高了 0.034 个单位（在1%的水平上显著），在福利距离上，有外来务工朋友受访者较之没有外来务工朋友的受访者对认同"流动人口有助于为当地提供更多劳动力资源"显著提高了 0.151 个单位（在1%的水平上显著）。

在价值特征变量中，越认为生活幸福差异大的受访者，其对认同"流动人口有助于为当地提供更多劳动力资源"显著提高了 0.102 个单位（在1%的水平上显著）。受访者将贫困归因于懒惰的认同度每提高一个单位，其对认同"流动人口有助于为当地提供更多劳动力资源"将降低 0.016 个单位（在1%的水平上显著），将贫困归因于缺乏机会的认同度每提高一个单位，其对认同"流动人口有助于为当地提供更多劳动力资源"将降低 0.019 个单位（在1%的水平上显著）。

综上所述，男性、年长、已婚、政治面貌为党员、农业户口、家庭未成年子女数量多、有外来务工朋友的受访者更认同"流动人口有助于为当地提供更多劳动力资源"。受访者的生活幸福感知会显著影响其对流动儿童就地入学正面经济影响感知。越将贫困归因于懒惰和缺乏机会的受访者，越不会认同"流动人口有助于为当地提供更多劳动力资源"。

表4　公众对流动儿童就地入学正面经济影响感知的影响

	变量	（1）正面经济影响	（2）正面经济影响
个人特征	性别	-0.094*** (0.015)	-0.105*** (0.015)
	年龄	-0.002** (0.001)	-0.003*** (0.001)
	受教育水平	0.006 (0.011)	0.005 (0.011)
	婚姻状况	-0.051** (0.023)	-0.045** (0.023)
	政治面貌	-0.106*** (0.022)	-0.103*** (0.022)
	收入区间	-0.007 (0.007)	0.003 (0.007)
	户口类型	-0.061*** (0.016)	-0.062*** (0.016)
	是否本地户籍	-0.043** (0.020)	-0.044** (0.020)
	职业类型	0.023** (0.012)	0.019* (0.012)
	社会经济地位感知	-0.002 (0.004)	0.007* (0.004)
	家庭未成年子女规模	-0.034*** (0.009)	-0.034*** (0.009)
	福利距离	-0.148*** (0.015)	-0.151*** (0.015)
	居住时长	-0.000 (0.001)	-0.000 (0.001)
价值特征	收入差异感知		-0.010* (0.006)
	生活幸福感知		-0.102*** (0.010)
	因为命运不公		-0.000 (0.006)

专题报告六　公众对流动儿童教育政策的态度及其影响因素

续表

	变量	（1） 正面经济影响	（2） 正面经济影响
价值特征	因为懒惰		0.016*** （0.005）
	因为缺乏教育和技能		0.018** （0.007）
	因为缺乏机会		0.019*** （0.007）
	因为社会保障不完善		-0.000 （0.007）
	n	12959	12959
	ΔR^2	0.0369	0.0369

注：（1）*、**、***分别表示在10%、5%、1%的水平上显著；（2）括号中报告的是稳健性标准误。

表5展示的是公众对流动儿童就地入学负面经济影响感知的回归结果。模型（2）表示，在个人特征变量中，当其他条件不变时，女性更认同"流动儿童入学会加剧本地教育资源紧张和分配不平等"，在受教育水平上，受访者受教育水平越低，越认同"流动儿童入学会加剧本地教育资源紧张和分配不平等"，在政治面貌上，非党员受访者较之党员受访者对认同"流动儿童入学会加剧本地教育资源紧张和分配不平等"显著提高了0.202个单位（在1%的水平上显著），而本地户籍受访者较之外地户籍受访者对认同"流动儿童入学会加剧本地教育资源紧张和分配不平等"显著提高了0.101个单位（在1%的水平上显著），在社会经济地位感知上，受访者认为其所处社会经济地位越高，对认同"流动儿童入学会加剧本地教育资源紧张和分配不平等"显著提高了0.050个单位（在1%的水平上显著），在福利距离上，没有外来务工朋友受访者较之有外来务工朋友的受访者对认同"流动儿童入学会加剧本地教育资源紧张和分配不平等"显著提高了0.294个单位（在1%的水平上显著），在居住时长上，受访者居住年限越长，其对认同"流动儿童入学会加剧本地教育资源紧张和分配不平等"显著降低了0.003个单位（在1%的水平上显著）。

在价值特征变量中，越认为收入差异大的受访者，其对"流动儿童入学会加剧本地教育资源紧张和分配不平等"显著提高了 0.032 个单位（在 1%的水平上显著）。受访者将贫困归因于命运不公的认同度每提高一个单位，其对认同"流动儿童入学会加剧本地教育资源紧张和分配不平等"将显著降低 0.184 个单位（在 1%的水平上显著），受访者将贫困归因于缺乏教育和技能的认同度每提高一个单位，其对认同"流动儿童入学会加剧本地教育资源紧张和分配不平等"将显著降低 0.033 个单位（在 1%的水平上显著），受访者将贫困归因于缺乏机会的认同度每提高一个单位，其对认同"流动儿童入学会加剧本地教育资源紧张和分配不平等"将显著降低 0.035 个单位（在 1%的水平上显著），受访者将贫困归因于社会保障不完善的认同度每提高一个单位，其对认同"流动儿童入学会加剧本地教育资源紧张和分配不平等"将显著降低 0.105 个单位（在 1%的水平上显著）。

综上所述，女性、受教育水平低、非党员、本地户籍、认为其所处社会经济地位高、没有外来务工朋友的受访者更认同"流动儿童入学会加剧本地教育资源紧张和分配不平等"。受访者的收入差异感知会显著影响其对流动儿童就地入学负面经济影响感知。越将贫困归因于命运不公、缺乏教育和技能、缺乏机会和社会保障不完善的受访者，越不会认同"流动儿童入学会加剧本地教育资源紧张和分配不平等"。

表5　公众对流动儿童就地入学负面经济影响感知的影响

	变量	（1）负面经济影响	（2）负面经济影响
个人特征	性别	0.149*** (0.024)	0.110*** (0.023)
	年龄	-0.000 (0.001)	0.001 (0.001)
	受教育水平	0.085*** (0.017)	0.064*** (0.016)
	婚姻状况	0.054 (0.035)	0.018 (0.034)
	政治面貌	0.294*** (0.034)	0.202*** (0.033)

续表

	变量	（1） 负面经济影响	（2） 负面经济影响
个人特征	收入区间	0.007 (0.011)	0.004 (0.010)
	户口类型	-0.031 (0.025)	-0.027 (0.024)
	是否本地户籍	0.092*** (0.031)	0.101*** (0.030)
	职业类型	-0.022 (0.018)	-0.001 (0.018)
	社会经济地位感知	-0.046*** (0.006)	-0.050*** (0.006)
	家庭未成年子女规模	0.017 (0.014)	0.003 (0.013)
	福利距离	0.328*** (0.024)	0.294*** (0.023)
	居住时长	0.004*** (0.001)	0.003*** (0.001)
价值特征	收入差异感知		-0.032*** (0.009)
	生活幸福感知		-0.024* (0.014)
	因为命运不公		0.184*** (0.009)
	因为懒惰		0.011 (0.008)
	因为缺乏教育和技能		0.033*** (0.011)
	因为缺乏机会		0.035*** (0.011)
	因为社会保障不完善		0.105*** (0.010)
n		12959	12959
ΔR^2		0.106	0.106

注：(1) *、**、*** 分别表示在10%、5%、1%的水平上显著；(2) 括号中报告的是稳健性标准误。

表6展示的是公众对流动儿童就地入学正面文化影响感知的回归结果。模型（2）表示，在个人特征变量中，当其他条件不变时，男性更认同"保障流动儿童当地入学能够提升流动人口素质"，就年龄而言，受访者的年龄每增加一岁，其对认同"保障流动儿童当地入学能够提升流动人口素质"就显著提高0.006个单位（在1%的水平上显著）。在政治面貌上，党员受访者较之非党员受访者对认同"保障流动儿童当地入学能够提升流动人口素质"显著提高0.124个单位（在1%的水平上显著），在收入区间上，受访者收入水平越高，对认同"保障流动儿童当地入学能够提升流动人口素质"将显著降低0.027个单位（在1%的水平上显著），在户口类型上，农村户口受访者较之非农村户口受访者对认同"保障流动儿童当地入学能够提升流动人口素质"显著提高0.060个单位（在1%的水平上显著），在福利距离上，有外来务工朋友受访者较之没有外来务工朋友的受访者对认同"保障流动儿童当地入学能够提升流动人口素质"显著提高0.083个单位（在1%的水平上显著）。

在价值特征变量中，受访者认为生活幸福感知差异越大，每增加一个单位，其对认同"保障流动儿童当地入学能够提升流动人口素质"将显著提高0.097个单位（在1%的水平上显著）。受访者将贫困归因于懒惰的认同度每提高一个单位，其对认同"保障流动儿童当地入学能够提升流动人口素质"将降低0.019个单位（在1%的水平上显著），将贫困归因于缺乏教育和技能的认同度每提高一个单位，其对认同"保障流动儿童当地入学能够提升流动人口素质"将降低0.036个单位（在1%的水平上显著）。

综上所述，男性、年长、党员、农村户口、有外来务工朋友的受访者更可能认同"保障流动儿童当地入学能够提升流动人口素质"。受访者的生活幸福感知会显著影响其对流动儿童就地入学正面文化影响感知。越将贫困归因于懒惰和缺乏教育和技能的受访者，越不会认同"保障流动儿童当地入学能够提升流动人口素质"。

表6 公众对流动儿童就地入学正面文化影响感知的影响

	变量	（1）正面文化影响	（2）正面文化影响
个人特征	性别	-0.057*** (0.017)	-0.075*** (0.017)
	年龄	-0.006*** (0.001)	-0.006*** (0.001)
	受教育水平	0.028** (0.012)	0.024** (0.012)
	婚姻状况	0.014 (0.025)	0.015 (0.025)
	政治面貌	-0.118*** (0.025)	-0.124*** (0.025)
	收入区间	0.017** (0.008)	0.027*** (0.008)
	户口类型	-0.060*** (0.018)	-0.060*** (0.018)
	是否本地户籍	-0.027 (0.022)	-0.029 (0.022)
	职业类型	0.032** (0.013)	0.028** (0.013)
	社会经济地位感知	-0.018*** (0.004)	-0.010** (0.005)
	家庭未成年子女规模	-0.011 (0.010)	-0.013 (0.010)
	福利距离	-0.075*** (0.017)	-0.083*** (0.017)
	居住时长	-0.000 (0.001)	-0.000 (0.001)
价值特征	收入差异感知		0.001 (0.007)
	生活幸福感知		-0.097*** (0.011)
	因为命运不公		0.009 (0.007)

续表

变量		（1）正面文化影响	（2）正面文化影响
价值特征	因为懒惰		0.019*** （0.006）
	因为缺乏教育和技能		0.036*** （0.008）
	因为缺乏机会		0.019** （0.008）
	因为社会保障不完善		0.019** （0.008）
n		12959	12959
ΔR^2		0.0299	0.0299

注：(1) *、**、***分别表示在10%、5%、1%的水平上显著；(2) 括号中报告的是稳健性标准误。

（三）公众对保障流动儿童入学政策支持的影响因素分析

表7是公众对保障流动儿童入学政策支持的影响回归分析结果，主要考察个人特征变量和价值特征变量对保障流动儿童入学政策支持的影响。

模型（1）的回归结果显示，受访者对支持"建立'钱随人走'的稳定教育经费保障机制"主要受到年龄、是否本地户籍、职业类型、社会经济地位感知、福利距离、生活幸福感知、贫困归因于缺乏教育和技能的影响。

在个人特征变量中，当其他条件不变时，受访者的年龄每增加一岁，其对支持"建立'钱随人走'的稳定教育经费保障机制"就显著降低0.002个单位（在1%的水平上显著）。在受教育水平上，受访者受教育水平越高，越支持"建立'钱随人走'的稳定教育经费保障机制"，在是否本地户籍方面，外地户籍受访者较之本地户籍受访者对支持"建立'钱随人走'的稳定教育经费保障机制"显著提高0.051个单位（在1%的水平上显著），在职业类型上，受访者的职业类型会显著影响其是否支持"建立'钱随人走'的稳定教育经费保障机制"。在社会经济地位感知上，受访者认为其所处社会经济地位越高，越支持"建立'钱随人走'的稳定教育经费保障机制"，在福利距离上，有外来务工朋友受访者较之没有外来务工朋友的受访者对支持"建立'钱随人走'

的稳定教育经费保障机制"显著降低 0.034 个单位（在 1% 的水平上显著）。

在价值特征变量中，受访者认为生活幸福差异越大，每增加一个单位，其对支持"建立'钱随人走'的稳定教育经费保障机制"就显著提高 0.013 个单位（在 5% 的水平上显著）。受访者将贫困归因于缺乏教育和技能的认同度每提高一个单位，其对支持"建立'钱随人走'的稳定教育经费保障机制"将提高 0.012 个单位（在 1% 的水平上显著）。

综上所述，比较年轻、是否本地户籍、认为所处社会经济地位越高、没有外来务工朋友、认为生活幸福差异越大和将贫困归因于教育和技能的受访者，更可能支持"建立'钱随人走'的稳定教育经费保障机制"。职业类型也会影响受访者对"建立'钱随人走'的稳定教育经费保障机制"的支持。

模型（2）的回归结果显示，受访者对支持"增加公办学位供给"主要受到受教育水平、收入区间、职业类型、福利距离、贫困归因于命运不公和贫困归因于缺乏教育和技能的影响。

在个人特征变量中，当其他条件不变时，受访者受教育水平越高，越支持"增加公办学位供给"，在收入区间上，受访者的收入水平越高，越支持"增加公办学位供给"，在职业类型上，受访者的职业类型会显著影响其是否支持"增加公办学位供给"，在福利距离上，有外来务工朋友受访者较之没有外来务工朋友的受访者对支持"增加公办学位供给"显著提高了 0.046 个单位（在 1% 的水平上显著）。

在价值特征变量中，受访者将贫困归因于命运不公的认同度每提高一个单位，其对支持"增加公办学位供给"将降低 0.025 个单位（在 1% 的水平上显著）。受访者将贫困归因于缺乏教育和技能的认同度每提高一个单位，其对支持"增加公办学位供给"将提高 0.012 个单位（在 1% 的水平上显著）。

综上所述，受教育水平较高、收入水平较高、有外来务工朋友、将贫困归因于缺乏教育和技能的受访者，更可能支持"增加公办学位供给"。职业类型和将贫困归因于命运不公也会影响受访者对"增加公办学位供给"的支持。

模型（3）的回归结果显示，受访者对支持"扶持民办学校发展"主要受到受教育水平、婚姻状况、是否本地户籍、社会经济地位感知、家庭未成年子女规模、居住时长、收入差异感知、贫困归因于命运不公和贫困归因于缺乏教育和技能的影响。

表7 公众对保障流动儿童入学政策支持的影响

	变量	(1)建立"钱随人走"的稳定教育经费保障机制	(2)增加公办学位供给	(3)扶持民办学校建设	(4)增加政府购买学位	(5)不需要提供政策支持	(6)其他
个人特征	性别	0.012 (0.009)	0.004 (0.009)	-0.021** (0.009)	-0.007 (0.009)	0.002 (0.003)	0.002 (0.002)
	年龄	-0.002*** (0.001)	0.000 (0.001)	-0.001* (0.001)	0.001 (0.001)	-0.000*** (0.000)	0.000* (0.000)
	受教育水平	0.016** (0.006)	0.043*** (0.006)	0.029*** (0.006)	0.022*** (0.006)	-0.004** (0.002)	-0.001 (0.002)
	婚姻状况	-0.029** (0.013)	0.015 (0.012)	0.058*** (0.013)	0.041*** (0.013)	-0.007 (0.004)	-0.004 (0.003)
	政治面貌	-0.005 (0.013)	0.007 (0.012)	0.000 (0.013)	0.019 (0.012)	0.011*** (0.004)	0.010*** (0.003)
	收入区间	-0.009** (0.004)	0.017*** (0.004)	0.001 (0.004)	-0.001 (0.004)	0.003** (0.001)	0.001 (0.001)
	户口类型	0.012 (0.010)	0.008 (0.009)	-0.002 (0.010)	0.011 (0.009)	-0.008*** (0.003)	-0.000 (0.002)
	是否本地户籍	-0.051*** (0.012)	-0.020* (0.011)	-0.054*** (0.012)	-0.024** (0.011)	0.006* (0.004)	0.007** (0.003)
	职业类型	-0.030*** (0.007)	-0.025*** (0.006)	-0.011 (0.007)	-0.034*** (0.007)	0.011*** (0.002)	-0.001 (0.002)
	社会经济地位感知	0.012*** (0.002)	-0.002 (0.002)	0.011*** (0.002)	0.003 (0.002)	-0.000 (0.001)	-0.002*** (0.001)

专题报告六　公众对流动儿童教育政策的态度及其影响因素

续表

	变量	(1) 建立"钱随人走"的稳定教育经费保障机制	(2) 增加公办学位供给	(3) 扶持民办学校建设	(4) 增加政府购买学位	(5) 不需要提供政策支持	(6) 其他
个人特征	家庭未成年子女规模	-0.012** (0.005)	0.002 (0.005)	-0.014*** (0.005)	-0.005 (0.005)	0.002 (0.002)	0.001 (0.001)
	福利距离	-0.034*** (0.009)	0.046*** (0.008)	0.011 (0.009)	0.027*** (0.009)	-0.007** (0.003)	0.006** (0.002)
	居住时长	-0.000 (0.000)	0.000 (0.000)	-0.001*** (0.000)	0.001*** (0.000)	0.000 (0.000)	0.000 (0.000)
	收入差异感知	0.003 (0.004)	0.006* (0.003)	0.012*** (0.004)	0.012*** (0.003)	0.000 (0.001)	-0.000 (0.001)
	生活幸福感知	0.013** (0.006)	0.008 (0.005)	0.010* (0.006)	-0.001 (0.005)	0.001 (0.002)	-0.003** (0.001)
	因为命运不公	-0.009** (0.004)	-0.025*** (0.003)	-0.014*** (0.004)	-0.005 (0.003)	0.006*** (0.001)	-0.003*** (0.001)
价值特征	因为懒惰	0.001 (0.003)	0.005* (0.003)	-0.002 (0.003)	-0.001 (0.003)	0.001 (0.001)	0.002** (0.001)
	因为缺乏教育和技能	0.012*** (0.004)	0.012*** (0.004)	0.013*** (0.004)	0.008** (0.004)	-0.003** (0.001)	-0.001 (0.001)
	因为缺乏机会	0.004 (0.004)	0.006 (0.004)	0.008* (0.004)	0.001 (0.004)	-0.001 (0.001)	0.001 (0.001)
	因为社会保障不完善	0.010** (0.004)	0.003 (0.004)	-0.002 (0.004)	0.015*** (0.004)	-0.001 (0.001)	0.002* (0.001)
	n	12959	12959	12959	12959	12959	12959
	ΔR²	0.00458	0.00458	0.00458	0.00458	0.00458	0.00458

注：(1) *、**、*** 分别表示在10%、5%、1%的水平上显著；(2) 括号中报告的是稳健性标准误。

277

在个人特征变量中，当其他条件不变时，受访者受教育水平越高，越支持"扶持民办学校发展"，在婚姻状况上，已婚受访者较之未婚受访者对支持"扶持民办学校发展"显著提高 0.058 个单位（在1%的水平上显著），在是否本地户籍方面，外地户籍受访者较之本地户籍受访者对支持"扶持民办学校发展"显著降低 0.054 个单位（在1%的水平上显著），在社会经济地位感知上，受访者认为其所处社会经济地位越高，越支持"扶持民办学校发展"，在家庭未成年子女规模上，受访者家庭中的未成年子女数量越多，对支持"扶持民办学校发展"显著降低了 0.014 个单位（在1%的水平上显著），在居住时长上，受访者居住年限越长，其对支持"扶持民办学校发展"显著降低了 0.001 个单位（在1%的水平上显著）。

在价值特征变量中，认为收入差异越大的受访者对支持"扶持民办学校发展"的水平显著提高了 0.012 个单位（在1%的水平上显著）。受访者将贫困归因于命运不公的认同度每提高一个单位，其对支持"扶持民办学校发展"将降低 0.014 个单位（在1%的水平上显著）。受访者将贫困归因于缺乏教育和技能的认同度每提高一个单位，其对支持"扶持民办学校发展"将提高 0.013 个单位（在1%的水平上显著）。

综上所述，受教育水平较高、已婚、外地户籍、认为所处社会经济地位较高、家庭未成年子女数量较少、居住年限较短、认为收入差异越大、将贫困归因于缺乏教育和技能的受访者，更可能支持"扶持民办学校发展"。将贫困归因于命运不公也会影响对"扶持民办学校发展"的支持。

模型（4）的回归结果显示，受访者对支持"增加政府购买学位"主要受到受教育水平、婚姻状况、职业类型、福利距离、居住时长、收入差异感知和贫困归因于社会保障不完善的影响。

在个人特征变量中，当其他条件不变时，受访者受教育水平越高，越支持"增加政府购买学位"，在婚姻状况上，已婚受访者较之未婚受访者对支持"增加政府购买学位"显著提高 0.041 个单位（在1%的水平上显著），在职业类型上，受访者的职业类型会显著影响其是否支持"增加政府购买学位"。在福利距离上，有外来务工朋友受访者较之没有外来务工朋友的受访者对支持"增加政府购买学位"显著提高 0.027 个单位（在1%的水平上显著）。在居住时长上，受访者居住年限越长，其对支持"增加政府购买学位"显著提高了

0.001个单位（在1%的水平上显著）。

在价值特征变量中，受访者认为收入差异越大，每增加一个单位，其对支持"增加政府购买学位"显著提高了0.012个单位（在1%的水平上显著）。受访者将贫困归因于社会保障不完善的认同度每提高一个单位，其对支持"增加政府购买学位"将提高0.015个单位（在1%的水平上显著）。

综上所述，受教育水平较高、已婚、有外来务工朋友、居住年限较长、认为收入差异越大、将贫困归因于社会保障不完善的受访者，更可能支持"增加政府购买学位"。职业类型也会影响受访者对"增加政府购买学位"的支持。

模型（5）的回归结果显示，受访者对支持"不需要提供政策支持"主要受到年龄、政治面貌、户口类型、职业类型和贫困归因于命运不公的影响。

在个人特征变量中，当其他条件不变时，受访者的年龄会显著影响其是否支持"不需要提供政策支持"。在政治面貌上，党员较之非党员的受访者对支持"不需要提供政策支持"显著提高了0.011个单位（在1%的水平上显著），在户口类型上，非农村户口受访者较之农村户口受访者对支持"不需要提供政策支持"显著提高了0.008个单位（在1%的水平上显著），在职业类型上，受访者的职业类型会显著影响其是否支持"不需要提供政策支持"。

在价值特征变量中，受访者将贫困归因于命运不公的认同度每提高一个单位，其对支持"不需要提供政策支持"将提高0.006个单位（在1%的水平上显著）。

综上所述，比较年轻、政治面貌为党员、非农村户口、将贫困归因于命运不公的受访者，更可能支持"不需要提供政策支持"。

模型（6）的回归结果显示，政治面貌为党员、认为所处社会经济地位较低、越认为生活幸福差异较小的受访者，更可能选择"其他"，进而提出了"促进教育公平""就近入学""没有学区房"等建议。

七　公众对保障流动儿童教育权益的政策建议分析

总体而言，受访者普遍认同政府需要采取相应的政策措施来确保流动儿童能够接受义务教育。根据表8的描述性统计结果来看，民众普遍认为需要"增加公办学位供给"来保障流动儿童接受义务教育，这一措施的支持占比达到67.85%。紧随其后的是"建立'钱随人走'的稳定教育经费保障机制"和"扶持民办学校建设"，支持占比分别达到51.90%和50.24%。此外，"增加政府购买学位"这一过渡性学费补贴措施也得到了33.20%民众的认可。仅有2.31%的民众认为"不需要提供政策支持"，还有1.48%的民众选择其他，并提出对应意见。

表8　各入学政策支持占比

政策支持变量	支持人数	总人数	占比
建立"钱随人走"的稳定教育经费保障机制	8123	15650	51.90%
增加公办学位供给	10619	15650	67.85%
扶持民办学校建设	7862	15650	50.24%
增加政府购买学位	5196	15650	33.20%
不需要提供政策支持	361	15650	2.31%
其他	232	15650	1.48%

从表9和表10的描述性统计结果来分析分省份受访者对入学的政策支持选择，可以看出各省份普遍对政府相应政策措施的选择存在差异，这反映了各省份受访者对于政府出台措施的不同期待。在"建立'钱随人走'的稳定教育经费保障机制"这一政策支持上，支持占比较高的省份分别是黑龙江省（62.86%）、云南省（55.76%）和湖南省（55.11%）。这些数据表明，这些省份的受访者更倾向于支持通过资金保障来确保流动儿童的教育权益。在"增加公办学位供给"这一政策支持上，支持占比较高的省份分别为广东省（72.27%）、福建省（72.00%）和云南省（68.55%）。这表明这些省份的受访者更看重通过增加公办学校的数量来解决流动儿童入学的问题。在"扶持民办学校建设"这一政策支持上，支持占比较高的省份分别为黑龙江省（58.14%）、湖南省（54.58%）和云南省（53.45%）。这表明这些省份的受访者认为民办学校在流动儿童教育中扮演着重要角色。在"增加政府购买学位"这一政策支持上，支持占比较高的省份前两名分别为湖南省（39.47%）和黑龙江省（36.24%）。这表明这些省份的受访者认为政府购买学位是一种有效的过渡性学费补贴措施。此外，在

专题报告六　公众对流动儿童教育政策的态度及其影响因素

"不需要提供政策支持"方面，绝大多数省份所选的比例较低。

表9　分省份入学政策支持人数

单位：人

政策支持变量	云南省	广东省	新疆维吾尔自治区	海南省	湖南省	福建省	黑龙江省
建立"钱随人走"的稳定教育经费保障机制	1422	2131	957	283	1240	770	1320
增加公办学位供给	1748	3180	1267	406	1536	1080	1402
扶持民办学校建设	1363	2160	958	285	1228	647	1221
增加政府购买学位	854	1489	511	185	888	508	761
不需要提供政策支持	3	25	181	28	80	30	14
其他	51	72	29	12	28	29	11
受访者总数	2550	4400	2250	600	2250	1500	2100

表10　分省份入学政策支持占比

单位：%

政策支持变量	云南省	广东省	新疆维吾尔自治区	海南省	湖南省	福建省	黑龙江省
建立"钱随人走"的稳定教育经费保障机制	55.76	48.43	42.53	47.17	55.11	51.33	62.86
增加公办学位供给	68.55	72.27	56.31	67.67	68.27	72.00	66.76
扶持民办学校建设	53.45	49.09	42.58	47.50	54.58	43.13	58.14
增加政府购买学位	33.49	33.84	22.71	30.83	39.47	33.87	36.24
不需要提供政策支持	0.12	0.57	8.04	4.67	3.56	2.00	0.67
其他	2.00	1.64	1.29	2.00	1.24	1.93	0.52

此外，受访者提供了政策支持的其他建议，本报告将其梳理为"流动儿童教育"、"留守儿童教育及农村教育"、"其他教育相关"和"非教育相关"四大类。

流动儿童教育的政策建议可以分为两大类，一类是直接针对流动儿童本身的教育政策和措施；另一类则是针对作为父母的流动人口的政策和建议。第一，在流动儿童入学政策方面，建议最多的是降低流动儿童入学门槛，包括提出①要取消流动儿童上学的户籍限制；②要与购房（学区房）脱钩；③以长住人口来供给教育学位；④简化流动儿童入学流程；⑤让流动儿童能够就近入学等。第二，在流动儿童教育公平方面，受访者认为流动儿童和本地儿童应当①享受的教育权利一致；②被提供同等入学条件；③被提供同等入学机会；④升学录取分数应当一致。第三，在流动儿童入学规划上，受访者认为需要①当地社区政府部门定期调研学龄儿童，主动给流动儿童提供学位；②每个学校都应给外来人口提供固定学位。第四，在流动儿童教育问题上，①要提高对外来务工人员子女的关注；②提高流动人口子女的就学率；③有针对性地为流动儿童解决问题。第五，在流动儿童就学费用上，受访者普遍反映让孩子就读公办民办的教育费用贵，需要降低民办收费标准，提供教育补贴以增加入学机会等。

而对作为父母的流动人口来说，受访者提出要关注①流动人口的入户问题；②稳定流动人口就业机会；③若流动人口就业不稳定，需要相应灵活放宽对流动儿童入学的学籍认定要求；④加大流动人口的普查力度，以相应提供公共服务；⑤在流动人口多的地区要提升卫生与环境，如城中村。

"留守儿童教育及农村教育"可以主要梳理为对于留守儿童的关注及对城乡发展教育不均衡的关注。在留守儿童教育上，受访者认为要提高政府对于留守儿童的关注与政策支持。由于留守儿童多数是因为父母无法携带进城读书而被迫留下，因此受访者认为提升城市与农村教育资源均衡性十分重要，①提升农村教育建设，加强对边缘地区教育资金投入，不断缩小城市与农村教育质量上的差距；②提升孩子回乡读书的地区教师队伍素质；③城市与农村教育在升学录取的分数上要平等。由于教育资源往往集中在城内，村中儿童需要出外就读，因此受访者提出要关注①出外独自就读的农村儿童交通安全；②父母跟随子女出外就读的陪读保障措施。而其他的农村教育问题包括要解决①基层地区的教育腐败和不公平问题；②县域学校补课问题；③学校儿童伙食增加营养等。

在"其他教育相关"上，主要是受访者对于教育问题的普遍建议，本报告将从教育费用、教育资源、教师队伍、教育经费、教育质量、教育阶段、教育体系、教育贫困等几个方面分别进行阐述。在教育费用上，受访者反映一些孩子就读费用太高，希望能①降低民办就读费用；②提供相应的教育补贴；③义务教育阶段不加收其他费用，免学杂费。在教育资源上，受访者希望能①增加教育基础设施建设；②增加公办学校数量；③丰富教师资源；④提升师资力量和教师教学能力；⑤平衡区域间学位发布、师资分配资源。在教师队伍上，①要引进教育人才；②保障师资薪酬；③提升教师素质。在教育经费上，①加大资金投入；②专款专用。在教育质量上，①提升公办学校教育质量；②规范民办学校。在教育阶段上，①幼儿园收费高，建议将幼儿园纳入义务教育；②受教育年龄增长，希望义务教育阶段可以延长到大学阶段。在教育体系上，重视素质教育培养。在教育贫困方面，①增设贫困生就读助学政策；②为贫困学生开通绿色通道；③出台在校生勤工俭学政策。此外，受访者还希望①解决校园霸凌问题；②要求学龄儿童课后托管政策，比如提供课后托管利民政策或者延长学生的在校时间；③增设城市公共阅读空间；④解决社会分层问题，如民办教育学校内阶级分层明显。

而在"教育非相关"上，受访者还关注到影响教育问题的两大因素：①城市经济收入降低，影响个体收入，从而影响家庭对教育的投入，因此要提升城市经济发展；②人口出生率降低，要鼓励生育。

八 结论与建议

流动儿童教育是我国社会转型期间一个独特的社会问题。解决好流动儿童教育和成长问题，对落实我国全面"提升国民素质、促进人的全面发展"的现代化要求、满足人民群众美好生活需要以及提升未来中国经济社会发展的人力资源质量具有重要意义。本报告利用2023年中山大学"人民美好生活需要（福利态度）调查"数据，对公众关于流动儿童教育政策的态度以及影响因素进行分析，聚焦以下两个问题：一是考察公众对流动儿童教育的权利保障、经济影响、文化影响、政策支持的基本认知。二是进一步探究涉及福利态度现状的影响因素，分析个体特征和价值特征的影响。主要结论有如下几个方面。

第一，公众对保障流动儿童就地入学支持态度处于中等偏上水平。描述性统计结果表明，受访者对保障流动儿童就地入学支持态度均值为1.73（小于2），这说明我国公众普遍认同需要保障流动儿童在当地入学。具体而言，46.45%的受访者非常认同需要保障流动儿童在当地入学，43.15%的受访者选择比较认同需要保障流动儿童在当地入学。这也从侧面反映出流动儿童教育受到越来越多关注，流动儿童教育政策已经与广大人民群众的日常生活密切相关，并发挥着举足轻重的作用。

第二，在流动儿童就地入学影响感知方面，公众的个体特征和价值特征会显著影响其对流动儿童就地入学正面经济影响感知、负面经济影响感知以及正面文化影响感知的判断。性别、学历结构、是否本地户籍、有无外来务工朋友这四个特征均会显著影响公众对流动儿童就地入学的影响感知。

第三，在保障流动儿童入学政策支持方面，公众对政府所提供的支持虽然持有不同的看法，但普遍认可政府需要采取相应措施保障流动儿童接受义务教育。描述性统计结果表明，需要政府"增加公办学位供给"来保障流动儿童接受义务教育的受访者占比达到67.85%。后面依次为"建立'钱随人走'的稳定教育经费保障机制"（51.90%）和"扶持民办学校建设"（50.24%），选择"不需要提供政策支持"的受访者仅占2.31%。

目前解决流动儿童教育问题越来越紧迫，几千万个孩子的教育和成长不仅直接关系到当前社会的公正与和谐，还关系到未来我国经济发展、社会进步的大局。因此，本报告提出以下几点政策建议。

第一，加大对流动儿童教育的经费投入，保障流动儿童能够免费接受义务教育。目前我国财政在义务教育阶段的经费投入存在比例不平衡的情况，基础教育投入较少，高等教育投入相对较高，这也使得我国基础教育条件有待提高。因此政府应当扭转我国教育经费投入不平衡的局面，增加教育经费在基础教育中的比例。例如以学籍管理系统为依据和基础，向流动儿童流入地拨付专门的流动儿童教育经费补助。同时要建立相关监管机制，监督流动儿童义务教育专项资金的正常使用，保证流动儿童义务教育专项经费必须完全使用到流动儿童义务教育中来。

第二，提升民办学校教学质量，充实师资力量，提高教师整体素质，保障流动儿童教育质量。由于家庭收入水平低和公立学校资源供不应求，流动儿童大多会选择民办学校就读，但是民办学校受经济条件的限制，不能保证其教学质量，长期来看，这也会影响流动儿童能否顺利升学至高中。政府应当针对民办学校提供一定的资金支持，对其进行教育经费的补助，来提高民办学校的办学质量和办学水平。同时要充分发挥统筹协调的功能，合理利用教育资源，加强对民办学校教育设备的建设，尽可能地在办学条件方面提高民办学校的办学水平。特别是在师资水平方面，由于师资队伍整体素质不高，流动儿童的教育质量相对就比较低。因此要加强对民办学校教师的培训，提高教师的政治素质和业务素质，保证民办学校的教学质量。

第三，根据出生人口数量和人口流动趋势合理规划教育资源布局，降低流动儿童入学门槛。由于2016~2023年出生人口数量经历"短暂上升后加速下降"的波动，中国学前、小学、初中、高中、高等教育的学龄人口将分别在2020年、2023年、2026年、2029年、2032年达到峰值，之后呈现持续下滑趋势。"少子化"趋势将按照学段年龄顺推，依次在各教育阶段显化。这将导致现有办学条件标准在学龄人口下降后不再适用，造成校舍、教师等教育资源冗余。因此，当前是大幅度降低流动儿童入学门槛的最好时机，这既能解决流动儿童的教育问题，又不至于让闲置的学校出现资源浪费。因此，政府应当优化教育资源配置结构，降低流动人口随迁子女入学门槛，向流动儿童倾斜更多的教育教学资源支持，为流动儿童提供更加平等的教育机会。流入地政府可以加大公办学校向流动儿童开放的力度，包括优质公办学校，保障流动人口教育质量。解决流动儿童入学问题，有助于流动人口对未来形成稳定的预期，一方面他们的收入可以持续增长，另一方面他们能够更有效地被城市的社会保障所覆盖。随着流动人口在城市安居乐业，他们的消费潜力将得到极大的释放，这是宏观上的消费促进和微观上的家庭福利提升两个目标双赢的结果。

专题报告七

基于社会性别的工作-生活平衡

李棉管　刘炜　尚晓芹

一　引言

（一）研究背景

2020年10月，党的十九届五中全会通过的《中共中央关于制定国民经济和社会发展第十四个五年规划和二〇三五年远景目标的建议》提出，"十四五"时期要改善人民生活品质，提高社会建设水平。不断增强人民群众获得感、幸福感、安全感，促进人的全面发展和社会全面进步。[①] 2022年10月，习近平总书记在党的二十大报告中指出，"为民造福是立党为公、执政为民的本质要求。必须坚持在发展中保障和改善民生，鼓励共同奋斗创造美好生活，不断实现人民对美好生活的向往"。党和国家始终强调"要实现好、维护好、发展好最广大人民根本利益，紧紧抓住人民最关心最直接最现实的利益问题"，坚持完善分配制度、实施就业优先战略、健全社会保障体系、推进健康中国建设，以增进民生福祉、提高人民生活品质。[②]

在这个总体要求下，新时代我国的民生事业取得历史性成就，发展成果逐渐惠及人民的就业、医疗、家庭等多个领域：城镇新增就业年均超过1300万

[①] 《中共中央关于制定国民经济和社会发展第十四个五年规划和二〇三五年远景目标的建议》，中华人民共和国中央人民政府，2020年11月3日，https://www.gov.cn/zhengce/2020-11/03/content_5556991.htm。

[②] 《习近平：高举中国特色社会主义伟大旗帜　为全面建设社会主义现代化国家而团结奋斗——在中国共产党第二十次全国代表大会上的报告》，2022年10月25日，https://www.gov.cn/xinwen/2022-10/25/content_5721685.htm。

专题报告七 基于社会性别的工作-生活平衡

人，全国城镇调查失业率自 2018 年初公布以来绝大多数月份都低于 6%，截至 2022 年 11 月的月度均值约为 5.26%，保持在合理区间；全国居民人均可支配收入从 2012 年的 16510 元提高到 2021 年的 35218 元，其中位数也从 2013 年的 15632 元提高到 2021 年的 29975 元；建成了世界上规模最大的社会保障体系，基本养老保险覆盖 10.4 亿人，2012~2021 年间共增长 2.5 亿人，社会保险基金年度收支规模超过 13 万亿元。[①]

随着经济的稳步发展和人民生活水平的提高，人们对于生活质量的要求也在不断提升，在这一过程中，工作时间长、压力大与个人追求美好生活之间的矛盾日益凸显，成为社会关注的焦点问题。首先，经济的快速发展带来了激烈的市场竞争，企业普遍面临巨大的生存压力，这种压力不可避免地转移到了企业的员工身上。根据前程无忧发布的《职场人加班现状调查报告2022》，接受调查的工作者中有 91.6% 的人或多或少需要加班，近六成工作者平均每天加班超过一小时；84.7% 的工作者在下班后，仍会关注工作相关信息，即存在"隐形加班"的现象；40.5% 的工作者加班后得不到任何形式的补偿（如加班费、调休）。[②] 其次，我国人口老龄化加剧，传统家庭结构发生变化，家庭照顾的责任加重。国家卫生健康委的资料显示，截至 2021 年底，全国 60 岁及以上老年人口已达 2.67 亿，占总人口的 18.9%；65 岁及以上老年人口达 2 亿以上，占总人口的 14.2%；据测算，预计"十四五"时期，60 岁及以上老年人口总量将突破 3 亿，占比将超过 20%，进入中度老龄化阶段。[③] 计划生育政策的实施和人们生育观念的变化，导致传统的大家庭向核心家庭转变，即由多代同堂的家庭模式转向以夫妻及其未婚子女为主的小家庭结构，独生子女家庭成为普遍现象，家庭平均人数减少，尤其对于有小孩或需要照顾老年亲属的劳动者来说，家庭责任日益加重。此外，随着社会的进步和人们价值观的转变，越来越

---

① 《做好社会建设的兜底性、基础性工作——"中国这十年"系列主题新闻发布会聚焦新时代民政工作有关情况》，中华人民共和国中央人民政府，2022 年 9 月 9 日，https://www.gov.cn/xinwen/2022-09/09/content_5709090.htm。

② 《前程无忧：职场人加班现状调查报告》，中国日报网，2022 年 4 月 19 日，https://caijing.chinadaily.com.cn/a/202204/19/WS625e5ccda3101c3ee7ad12e3.html。

③ 《国家卫生健康委员会 2022 年 9 月 20 日新闻发布会文字实录》，中华人民共和国国家卫生健康委员会，2022 年 9 月 20 日，http://www.nhc.gov.cn/xcs/s3574/202209/ee4dc20368b440a49d270a228f5b0ac1.shtml。

287

多的人开始重视工作与生活的平衡，追求更加健康、和谐的生活方式。

工作与生活之间的矛盾将对个人、家庭、组织甚至社会产生一系列不良影响。在个人方面，长时间的工作严重损害人们的生理健康和心理健康。过劳的人往往出现睡眠障碍、慢性疲劳、肌肉紧张和免疫系统功能下降等状况，并伴随着焦虑、抑郁和情绪波动等心理问题，不仅威胁个人的日常生活和工作效率，还可能对其社交活动和人际关系产生不利影响。在家庭方面，工作与家庭的冲突导致个人在履行家庭责任和追求职业目标的夹缝中左右为难。持续的压力和紧张状态可能引起家庭成员之间的关系紧张，减少家庭成员间的互动和沟通，从而影响家庭的和谐与稳定。在组织方面，虽然加班现象的普遍化可能在短期内提高员工的工作绩效，并增加职业晋升的机会，但从长远来看，它将会降低工作满意度和职业忠诚度，导致员工流失和企业生产力下降。在社会方面，工作和生活不平衡导致的健康问题将会增加公共医疗和社会福利的负担，加剧社会不平等。

因此，工作与生活之间的矛盾不仅关系到每个人的日常生活质量，而且涉及社会的公平正义，成为影响社会稳定和谐发展的关键因素。在当前的社会背景下，如何有效地解决工作与生活之间的冲突，实现两者的和谐统一，已经成为一个紧迫的社会议题。

（二）研究问题

工作和生活是个体的两个重要领域，具有不同的功能和意义。工作领域是人们满足基本生存需要、提高生活水平以及实现自我价值的重要场所，而生活领域则是指家庭生活和个人闲暇等方面，包括无偿的家务劳动、子女和老人的照顾，以及个体的社交、娱乐、休闲、学习等活动。[①]

在传统农耕社会中，工作和生活的有机统一于家庭结构中。在这样的社会形态下，家庭成员共同参与农作物的种植、家禽家畜的饲养以及手工业的生产等活动，这些生产活动不仅满足了家庭成员的基本生活需求，也是家庭经济收入的主要来源。因此，家庭不仅是生产的基本单元，同时也是消费的主体，家

---

① 张再生：《工作-家庭关系理论与工作家庭平衡计划》，《南开管理评论》2002年第4期；岳经纶、朱亚鹏：《工作-生活平衡：社会政策的新课题》，《公共行政评论》2013年第3期。

庭成员共享生产成果，共同承担生活风险。

自19世纪开始的工业化，作为人类历史上的一次重大变革，不仅极大地推动了生产力的发展和社会经济结构的转变，而且深刻地改变了人们的生活方式和价值观念。随着工业化和现代化的推进，传统的家庭生产和生活方式逐渐被以工厂为中心的集中生产模式所取代，人们走出家庭，进入工厂工作，生产与生活开始分离，形成了现代意义上的职场和家庭生活的区分。这一变化还促进了劳动分工的细化和专业化，提高了生产效率和产品质量，同时也带来了城市化进程的加速和人口的大规模流动。人们逐渐从传统的农业社会过渡到工业社会，家庭的生产功能逐渐减弱，而消费功能相对增强，家庭成员的角色和地位也随之发生了变化，尤其是妇女和儿童，他们开始更多地参与到社会生产和公共生活中，休闲娱乐活动越来越丰富，最终形成与工作领域相对应的生活领域。

波诺里（Bonoli）在2004年提出了"新社会风险"的概念，并将其定义为"一种导致个体福利损失的处境"。他认为这种处境是推动后工业化出现的社会经济转型的结果，尤其与就业的第三产业化，以及女性大规模进入劳动力市场密切相关。[1] 第三产业化，即服务业的扩张，改变了就业性质和工作形式，使得工作更加灵活、多样，但同时也带来了工作的不稳定性、工作与家庭生活的冲突以及职业发展的不确定性。女性大规模进入劳动力市场则改变了家庭结构和性别角色分工，增加了女性在职业发展和家庭责任之间的潜在冲突。波诺里强调，新社会风险的特点是个体化和多元化，即风险的承担越来越多地落到个体身上，而不是由集体或社会整体来分担，这种风险的个体化使得个体在面对社会变迁时更加脆弱，需要更加灵活和创新的社会保障政策来应对。

因此，本专题报告将从社会政策的角度出发，深入探讨了影响工作-生活平衡的多种因素，并在此基础上提出了一系列旨在促进工作-生活平衡的社会政策建议。第二节是文献综述，这部分将梳理不同学科视角的研究脉络，重点介绍过往学者对工作-生活平衡的影响因素的研究成果，并在此基础上形成本

---

[1] Bonoli, G. "New Social Risks and the Politics of Post-Industrial Social Policies," *The Politics of Post-Industrial Welfare States*. (Routledge, 2007): 21-44.

专题报告的分析框架；第三节是研究设计，这部分将对本专题报告采用的研究方法作简要说明，包括数据来源、变量选择及说明；第四节是工作-生活冲突的现状及比较，从性别、地区、户口性质和体制内外等维度展开；第五节是实证分析，采用多元线性回归模型，并进行机制检验和政策偏好分析；第六节是总结与建议，总结归纳本专题报告得出的研究结论，提出完善社会保障政策的针对性建议。

二 文献综述

何谓工作-生活平衡？美国学者克拉克（Clark）认为，工作-生活平衡是一种"对工作和家庭都满意良好、角色冲突最小化的状态"。[①] 杜克斯贝利（Duxbury）和希金斯（Higgins）认为，"工作-生活平衡"是"来自一个人的工作和生活的需求，是等量的一种均衡状态"，而相反地，若员工处于"在来自工作和生活的不同需求中挣扎的一种不稳定状态"，则被称为"工作-生活冲突"。[②] 在具体表现形式上，格林豪斯（Greenhaus）和比特尔（Beutell）将其划分为三种类型：基于时间的冲突（time-based conflict），是指不同领域对个人时间上的竞争；基于压力的冲突（strain-based conflict），是指人们承担一种角色所产生的压力会影响其承担另一角色的效果；基于行为的冲突（behavior-based conflict），是指一种角色行为的特定模式与另一角色的行为期望不相符。[③]

工作-生活平衡问题是一个具有一定历史的跨学科研究领域，其研究历史最早可追溯到20世纪中叶，涉及心理学、管理学、法学等多个学科的理论和实践。这些学科从各自的角度出发对工作-生活平衡问题进行了深入探讨，聚焦于不同的研究重点，采取了不同的理论框架，提出了不同的解决方案。

心理学最早关注工作-生活平衡这一议题，其研究重点在于个体如何感知

[①] Clark, S. C., "Work/Family Border Theory: A New Theory of Work/Family Balance," *Human Relations* 53 (2000): 747-770.

[②] Duxbury, L., Higgins, C., "Work-Life Balance in the New Millennium: Where Are We? Where Do We Need To Go?" (*CPRN Discussion Paper* 2001).

[③] Greenhaus, J. H., Beutell, J., "Sources of Conflict between Work and Family Roles," *Academy of Management Review* 10 (1985): 76-88.

和应对工作与个人生活之间的冲突，以及这种冲突对个体心理健康和福祉的影响。① 此外，心理学还关注个人如何通过发展应对策略、时间管理技巧和自我关怀行为来提高工作-生活平衡。管理学是从"工作、家庭和自我事务在个人生活中强烈地相互作用"这一认识出发，将工作-家庭关系及其平衡视为人力资源管理和职业生涯管理的重要内容。② 它研究组织层面的因素如何影响员工的工作-生活平衡，包括工作设计、领导风格、组织文化和人力资源政策,③ 从而开发出各种工作-生活平衡计划，如弹性工作安排、远程工作、带薪休假和家庭友好政策，以提高员工满意度和组织绩效。经济学从成本-效益分析的角度研究工作-生活平衡问题，评估不同工作-生活平衡政策对企业生产力、劳动力供给和宏观经济的影响，探讨工作-生活平衡对消费模式、家庭消费决策和经济增长的长期影响。社会学对工作-生活平衡的研究侧重其影响因素和社会根源，试图分析工作-生活平衡在不同社会结构和文化背景中的表现形式，从而揭示性别、社会阶层、家庭结构等因素是如何影响工作-生活平衡的实现。

根据学者对工作-生活平衡的不同基本假设，本专题报告将众多理论划分为以下三种竞争性解释视角，分别是：社会决定论、个体主义论和社会交换论，分别介绍各视角的研究重点和成果，据此提出本专题报告的理论思路。

（一）社会决定论

社会决定论的基本假设是社会结构和外部社会力量对个体行为和社会现象具有决定性作用。在这个视角下，工作-生活平衡的研究重点在于社会经济地位、文化背景、劳动市场状况、法律框架等宏观因素如何塑造个体的工作与生活状况。

早期的工作-生活平衡研究大多是基于角色冲突理论（Role Conflict Theory）

---

① 胡三嫚、梁晓燕、申传刚：《工作不安全感如何影响工作-生活平衡？——一个被调节的链式中介模型》，《心理科学》2024年第1期。
② 张再生：《工作-家庭关系理论与工作家庭平衡计划》，《南开管理评论》2002年第4期。
③ 陈维政、李贵卿、吴继红：《工作分享对促进工作-生活平衡的作用研究》，《中国工业经济》2007年第6期；孙明贵：《领导风格、心理授权与创业员工的工作生活平衡》，《兰州学刊》2021年第8期。

视角的思考，认为工作-生活冲突是个体的工作角色压力与家庭角色压力的不兼容。角色冲突理论起源于社会学传统的角色理论，角色是指"对具有特定社会地位的个体所应该具有的一系列特殊行为的期望"。[1] 当个体面临多种行为的期望时，会引发个体身心压力，从而导致角色压力的产生，充当其中一种角色势必会使得扮演其他角色变得更为困难，这就出现了角色冲突。[2] 工作与生活的冲突就是角色冲突的一个例子，工作和生活的两个角色对个体有不同的期待，参与到工作中的角色，通常很难同时参与到家庭角色之中，反之亦然。此外，社会性别角色和期望也会导致男性和女性的工作-生活平衡感知存在差异，女性的工作-生活不平衡感显著高于男性，这指向一个更深刻的社会文化问题。长期以来，"男主外、女主内"的观念广泛存在，传统上男性更被鼓励追求职业成功，而女性则更多地被期待在家庭生活中扮演关键角色。[3] 尽管随着社会的进步和性别角色的逐渐演变，职业女性越来越普遍，但在家庭中承担大部分家庭劳动的仍然是女性，这种传统的期望可能正在发生变化，但对工作-生活平衡的性别差异影响仍然存在。

  部分学者从社会决定论视角出发，分析不同国家的工作-生活平衡政策如何受到各自国家文化、社会福利体系和劳动法律的影响。例如，研究发现欧洲强大的社会福利体系，包括有薪假期、灵活的工作时间安排和育儿假等，为工作-生活平衡政策提供了坚实的基础，这些政策可以帮助员工获得充足的休息和放松时间，缓解工作压力，并允许员工根据个人需求和家庭状况调整工作时间，从而更好地平衡工作和生活。[4] 相比之下，美国的工作-生活平衡政策受到了文化价值观和劳动法律的影响，在强调个人主义、自由和竞争的文化背景下，美国的劳动法律体系注重雇主和员工之间的自由协商和契约关系，而不是由政府直接干预或规定，因此，其政策倾向于强调灵活性和个人选择，但由于

---

[1] Katz, D., Robert, K., "The Social Psychology of Organizations," in *Organizational Behavior* 2. (Routledge, 2015), pp. 152-168.

[2] Kahn, R., et al., *Organizational Stress: Studies in Role Conflict and Ambiguity* (New York: Wiley, 1964).

[3] Hideo, N., "Work-Life Balance and Life Satisfaction in OECD Countries: A Cross-Sectional Analysis," *Journal of Happiness Studies* 4 (2020): 325-348.

[4] 岳经纶、颜学勇：《工作-生活平衡：欧洲探索与中国观照》，《公共行政评论》2013年第3期。

缺乏全面的社会福利支持，工作-生活平衡仍然面临挑战。①

从社会决定论出发分析工作-生活平衡的影响因素，强调社会结构对于个体行为和现象的决定性作用，有利于理解工作-生活平衡的社会根源，从源头上寻找改善个体生活质量的途径。但这种视角过于宏大，忽视了个体的主观意识和行为选择，不能解释个体在工作-生活平衡问题上的差异化感知，即个体可能会因为个人偏好、目标和价值观而做出不同的决策。

（二）个体主义论

个体主义论者认为，工作和生活的平衡首先取决于个体如何看待工作与生活之间的关系以及二者的界限，即工作-生活的伦理观念，② 其基本假设是个体的选择、价值观和心态在塑造工作-生活平衡方面起到核心作用，以及个体如何根据自己的需求、偏好和生活目标来调整工作与个人生活的优先级。在这个视角下，工作-生活平衡的研究重点在于关注个体的自主性、自我管理能力、责任和满意度等方面。

有学者探讨了个体的家庭生活价值观如何影响其在低薪工作中实现工作-生活平衡。一方面，有研究发现高度重视家庭生活的个体更倾向于选择减少工作时间，以便有更多时间投入家庭生活中，从而实现工作-生活平衡。③ 另一方面，也有研究发现职业导向型的个体更愿意将大量的时间和精力投入工作中，以追求个人职业发展，主动承担更多的工作任务和责任，以获得更好的职业表现和晋升机会，这种行为可能会导致工作和生活之间的冲突，使个体难以实现工作-生活平衡。④

---

① Tomlinson, J., "Employment Regulation, Welfare and Gender Regimes: A Comparative Analysis of Women's Working-Time Patterns and Work-Life Balance in the UK and the US," *The International Journal of Human Resource Management* 18 (2007): 401-415.

② 吴玉玲、孙中伟：《从"以生产为中心"到"以生活为中心"——中国人工作-生活观念变迁研究（1990—2018）》，《社会学研究》2023年第4期。

③ Pickett, M., "Exploring the Experience of Work-Family Conflict among Low-Wage, Immigrant Workers," PhD diss., Illinois Institute of Technology, 2019.

④ Bolino, M. C., William H. T., "The Personal Costs of Citizenship Behavior: the Relationship between Individual Initiative and Role Overload, Job Stress, and Work-Family Conflict," *Journal of applied Psychology* 90 (2005): 740.

也有学者采用了定性和定量结合的研究方法，就工作-生活平衡问题进行问卷调查和深度访谈，收集了大量的数据。相关研究结果显示，个体普遍认为工作时间上灵活安排，例如弹性工作时间、远程办公等，可以更好地适应个体的家庭需求和个人生活节奏。[1] 此外，拥有自主选择工作地点的权利也被认为是实现工作-生活平衡的重要因素之一。[2]

此外，个体在实现工作-生活平衡方面的成功与否，与其时间管理技能和自我调节能力密切相关。具有良好时间管理技能和自我调节能力的个体具有以下五个特征：第一，设定明确的目标，并制定相应的计划；第二，能够合理规划时间，对任务和活动进行优先级排序；第三，有效的沟通和协调；第四，灵活适应环境的变化；第五，对自己的行为和决策进行反思，并根据反馈信息加以调整和改进。[3] 他们往往更倾向于制定合理的工作计划和目标，有效地分配时间和精力，并且能够应对突发事件和压力，因此，更容易减少工作和生活之间的冲突，提升工作满意度和生活满意度。

个体主义论角度强调个体的独立性、自主性和个人责任，认为每个个体的价值观、目标和生活方式都不同，不存在一种适用于所有人的工作-生活平衡的标准模式，鼓励个体积极地寻找适合自己的生活方式，提高生活质量和工作满意度。然而，这一视角也可能存在以下不足：第一，增加个体压力，从个人的角度出发分析工作和生活为什么出现不平衡，很容易将原因简单归结为个人的失败，助长个体的焦虑情绪；第二，忽略社会结构因素的作用，文化背景、劳动法律、社会经济地位等宏观因素也会对个体的工作和生活产生重要影响，是工作和生活冲突的社会根源；第三，推卸组织在提供支持和资源方面的责任，将使得组织缺乏对工作-生活平衡问题的重视，这会导致组织不作为现象。

---

[1] Subramaniam, A. G., Overton, B. J., & Maniam, C. B., "Flexible Working Arrangements, Work Life Balance and Women in Malaysia," *International Journal of Social Science and Humanity* 5 (2015): 34.

[2] Moen, P., Yan, Y., "Effective Work/Life Strategies: Working Couples, Work Conditions, Gender, and Life Quality," *Social Problems* 47 (2000): 291-326.

[3] Gröpel, P., Kuhl, J., "Having Time for Life Activities: Life Balance and Self-regulation," *Zeitschrift für Gesundheitspsychologie* 14 (2006): 54-63.

（三）社会交换论

社会交换论的基本假设是个体通过与社会网络中的其他人之间的互动和交换来实现工作-生活平衡，而社会支持、人际关系和组织文化等因素通过互惠的社会交换过程，为个体提供资源和情感。在这一视角下，工作-生活平衡不仅仅是个体内部决策的结果，同样也是受到家庭成员、同事、上级以及组织环境的支持和回应的影响。

边界理论（Boundary Theory）认为，工作和家庭有各自的域，域又有其边界，工作和家庭的冲突是边界的模糊造成的。[1] 人们每天在工作域和家庭域之间转移，塑造这两个范围以及它们之间的边界，影响边界跨越者与这个范围以及与其中成员之间的关系。工作和家庭两个域的边界有三种关系：分割（segmentation）、溢出（spillover）和补偿（compensation）。[2] 分割理论认为，个体具有主动维持边界分割的能力和倾向，如人们在家庭中会主动减少与工作相关的想法和行为。溢出理论认为，工作和家庭两个生活域的边界存在非对称渗透，会根据一个域的需求向另一个域以非均等频率或侵入程度进行非对称渗透。工作中的满意和激励能够带来的更多的家庭满意和精力称为积极溢出，而工作压力导致的个体不能充分参与家庭生活则称为消极溢出。补偿理论认为，一个域的不满可以通过另外一个域的满意来补偿。这种补偿通常通过两种途径来实现，一种是通过减少不满意域的卷入、增加潜在满意域的卷入来实现，如在一天劳累的工作后回到家里放松休息；另一种是通过追求另一域的回报以弥补某一域的不满，如在岗位上拼命工作以回避家庭矛盾。

社会支持是个体面对压力、挑战和困难时，从他人、组织或社会系统中获

---

[1] Clark, S. C., "Work/Family Border Theory: A New Theory of Work/Family Balance," *Human Relations* 53 (2000): 747-770.
[2] Staines, G. L., "Spillover versus Compensation: A Review of the Literature on the Relationship between Work and Nonwork," *Human Relations* 33 (1980): 111-129; Burke, R. J. & Greenglass, E. R., "Work and Family Recursors of Burnout in Teachers: Sex Differences," *Sex Roles* 18 (1988): 215-229; Edwards, J. R. & Rothbard, N. P., "Mechanisms Linking Work and Family: Clarifying the Relationship between Work and Family Constructs," *Academy of Management Review* 25 (2000): 178-199.

得的情感上的关心、理解、赞扬，以及实质性的帮助、建议或资源的提供。①有学者认为，社会支持可以帮助个体感到更有控制感，即他们知道在需要的时候可以依靠他人的帮助和支持，所以在应对工作和生活的压力和冲突时会更有把握和信心。② 社会支持的水平与个体工作-生活冲突的水平呈负相关，享受社会支持的个体其工作-生活冲突的程度较低，这是由于来自组织和家庭的支持可以减轻个体的压力程度，如果个体感知到工作-生活冲突，则来自组织和同事的社会支持可以减弱其所承受压力；同样，虽然个体可能会有较高的家庭需求，但来自配偶的社会支持也可以减弱这种压力影响。③ 其中，组织支持指的是组织为了减少工作-生活冲突要采取旨在帮助员工克服困难、顺利完成生活和家庭职责的措施，包括信息提供计划、托管福利计划和培训与咨询服务计划；④ 家庭支持则根据支持的特定领域，分为工作相关支持、家庭相关支持、发展相关支持和关系相关支持。⑤

社会交换论将个体视为在不同社会环境中进行资源交换和互动的行动者，通过社会网络个体获得更多的资源和帮助，以便减轻来自工作和生活领域的压力，更好地平衡二者的关系。然而，这一视角同样存在着一些不足，如忽视社会结构的根本性制约作用，以及实践中可能存在的资源和权力的不平衡。

综上所述，本专题报告结合已有学者对于工作-生活平衡影响因素的三种解释视角，将性别作为切入口，分析不同性别群体工作-生活平衡感知的差异现象，并从个人、家庭、社会三个维度分析性别差异出现的原因及影响机制，最后探讨我国社会政策在回应工作-生活冲突这一"新社会风险"时的改进空间。

---

① House, J. S., Umberson, D. & Landis, K. R., "Structures and Processes of Social Support," *Annual Review of Sociology* 14 (1988): 293-318.
② Thomas, L. T. & Ganster, D. C., "Impact of Family-Supportive Work Variables on Work-Family Conflict and Strain: A Control Perspective," *Journal of Applied Psychology* 80 (1995): 6.
③ 林忠、鞠蕾、陈丽：《工作-家庭冲突研究与中国议题：视角、内容和设计》，《管理世界》2013年第9期。
④ 陈兴华、凌文铨、方俐洛：《工作-家庭冲突及其平衡策略》，《外国经济与管理》2004年第4期。
⑤ 费小兰、唐汉瑛、马红宇：《工作-生活平衡理念下的家庭支持：概念、维度及作用》，《心理科学》2017年第3期。

三 研究设计

（一）数据来源与变量选择

本专题报告使用的数据主要来源于中山大学于2023年开展的"人民美好生活需要（福利态度）调查"第六期，调查对象为横跨东西部，共7省地区的年满18周岁的居民。本专题报告的研究内容聚焦于我国居民工作-生活平衡状态，主要针对以下研究问题：第一，我国居民的工作-生活平衡状态是否存在性别之间的显著差异？第二，如果有，性别差异的出现是哪些因素所影响的？第三，这种影响是通过什么机制产生的？第四，社会政策应当如何回应这种差异？为了回答以上四个研究问题，本专题报告使用了本次问卷调查中的工作生活平衡板块和受访者个人资料板块的内容，并对原始数据进行如下处理：①由于工作-生活平衡的前提是要有工作，根据问卷的受访者个人资料板块中"您的职业状况"数据，剔除回答"无工作"的样本，最终保有13769个有效样本；②为使数据更加集中，对家庭年收入数据进行取对数处理。

（二）变量说明

1. 被解释变量

关于"工作-生活平衡"，已经有许多研究对其进行定义和测量。虽然这些定义各不相同，但彼此间有许多共同的要素。首先是人们能够在一定程度上达到时间在工作和生活之间的均匀分配；其次是在这之上的投入能够同时满足作为工作者和照料者的角色需要。格林豪斯等学者对其进行综合定义，将工作-生活平衡概念划分为三个层次：时间分配平衡（投入工作和生活的时间长度相同）、参与度平衡（平等地参与工作和家庭生活）、满意度平衡（对工作和生活的满意度均等）。① 工作-生活平衡是双向度的感知体验，工作影响家庭生活和家庭生活影响工作投入都与人们的平衡感知有关。因此，结合古特克

---

① Greenhaus, J. H., Collins, K. M. & Shaw, J. D., "The Relation between Work-Family Balance and Quality of Life," *Journal of Vocational Behavior* 63 (2003): 510-531.

(Gutek)等学者的研究,① 研究团队主要通过两方面来测量工作-生活平衡程度：一是有酬工作影响家庭生活的程度（work interference with family），二是家庭生活影响有酬工作的程度（family interference with work），分别对应问卷中的两个变量：自评的工作影响家庭生活程度和家庭生活影响工作程度。其中，工作影响家庭生活程度由问卷中的"我常感到繁忙的工作使得我对家庭和个人生活的时间和精力投入不足"问题获得，家庭生活影响工作程度由问卷中的"我常因为家庭和个人的私事影响到工作的时间和效率"问题获得。两个问题的回答均为赋值1~5的定序变量，分别对应"完全不符合""比较不符合""一般符合""比较符合""完全符合"（见表1）。

表1 因变量赋值说明

变量	来源	赋值说明
工作影响家庭生活程度（WIF）	我常感到繁忙的工作使得我对家庭和个人生活的时间和精力投入不足	完全不符合=1，比较不符合=2，一般符合=3，比较符合=4，完全符合=5
家庭生活影响工作程度（FIW）	我常因为家庭和个人的私事影响到工作的时间和效率	完全不符合=1，比较不符合=2，一般符合=3，比较符合=4，完全符合=5

2. 核心解释变量

工作和家庭时间投入会影响人们的工作-家庭平衡感知。一般而言，工作领域占用的时间越多，对家庭生活的时间投入影响越大，人们所报告的工作影响家庭程度就越高；家庭领域占用的时间越多，对工作时间投入影响越大，人们所报告的家庭事务影响工作的程度就越高。② 而且，根据性别角色理论，不同性别被赋予不同的社会期待，并将这种期待进行内化，导致性别间的分工不同。③④ 男性被期待承担更多的工作投入时间，女性被期待承担更多的家庭投

---

① Gutek, B. A., Searle, S. & Klepa, L., "Rational versus Gender Role Explanations for Work-Family Conflict," *Journal of Applied Psychology* 76 (1991): 560-568.
② Calvo-Salguero, A., Martínez-de-Lecea, J. M. S. & del Carmen Aguilar-Luzón, M., "Gender and Work-Family Conflict: Testing the Rational Model and the Gender Role Expectations Model in the Spanish Cultural Context," *International Journal of Psychology* 47 (2012): 118-132.
③ Goffman, E., "The Arrangement between the Sexes," *Theory and Society* 4 (1977): 301-331.
④ Thébaud, S., Kornrich, S. & Ruppanner, L., "Good Housekeeping, Great Expectations: Gender and Housework Norms," *Sociological Methods & Research* 50 (2021): 1186-1214.

入时间。因此，男性有可能报告更高的工作影响家庭生活程度，而女性有可能报告更高的家庭生活影响工作程度。为了考察性别、时间投入与平衡程度报告水平之间的关系，研究团队将工作时间、家庭及个人时间变量作为自变量纳入分析，并分别对应工作影响家庭生活程度（WIF）和家庭生活影响工作程度（FIW）两个因变量。工作劳动时间来源于问卷中"以一天24小时计算，请问除去必要的生理时间（吃饭、睡觉）外，您用于以下领域的时间为?"中收集的"工作劳作（指从事的有报酬的活动）"数据，而家庭参与时间来源于"家庭参与（包括家务劳动、家庭游玩、照料老人小孩、陪伴配偶等活动）"数据。两个问题的回答均为赋值1~6的定序变量，分别对应"0~2小时"、"2~4小时"、"4~6小时"、"6~8小时"、"8~10小时"和"10小时及以上"。

除了时间投入，家庭和社会因素也可能对工作-生活平衡程度感知产生影响。在家庭层面，已有研究证明成为父母会显著地提升家庭需求,[1] 生育子女会增加人们在家庭的时间投入。未成年尤其是3岁以下的子女会产生相对较高的需求，要求家庭成员进行照料投入。家庭中老人数量增多，同样会对照料投入产生潜在的影响。家庭收入越高，人们就越有机会向外购买照料服务，以减轻家庭需求对工作的干扰。此外，房贷支出、医疗支出、照料支出等家庭因素也同样可能对工作-生活冲突产生影响，因此，上述家庭因素也将作为自变量被纳入回归模型之中。

在社会层面，社会阶层和工作性质等社会特征都可能影响平衡感知。社会阶层越高，就越有可能重视家庭参与；工作是否属于体制内有可能导致不同性别间受到的职业保护和照料支持不同，出现报告水平的差异。

此外，将年龄、学历水平、工作类型、房贷支出、医疗支出、照料支出等也可能影响工作-生活平衡程度的变量均纳入控制变量中，以防止对因变量和核心解释变量间关系的估计产生偏差影响。

自变量和控制变量的具体赋值如表2所示。

---

[1] Neilson, J. & Stanfors, M., "It's About Time! Gender, Parenthood, and Household Divisions of Labor Under Different Welfare Regimes," *Journal of Family Issues* 35 (2014): 1066-1088.

表2 自变量及控制变量赋值及说明

变量		来源	赋值说明
自变量			
个人层面	性别	性别	男=1，女=2
	工作劳动时间	一天中用在工作劳动（指从事的有报酬的活动）中的时间	0~2小时=1，2~4小时=2，4~6小时=3，6~8小时=4，8~10小时=5，10小时以上=6
	家庭参与时间	一天中用在家庭参与（包括家务劳动、家庭游玩、照料老人小孩、陪伴配偶等活动）中的时间	0~2小时=1，2~4小时=2，4~6小时=3，6~8小时=4，8~10小时=5，10小时及以上=6
家庭层面	家庭收入	家庭平均月收入（元）取对数	—
	未成年子女数量	家庭中18岁以下子女数量	无=0，1个=1，2个=2，3个=3，4个及以上=4
	60岁以上老人数量	家庭中60岁以上老人数量	无=0，1个=1，2个=2，3个=3，4个及以上=4
	3岁以下子女数量	家庭中3岁以下子女数量	无=0，1个=1，2个=2，3个=3，4个及以上=4
	房贷支出	一年内用于所有住房的房贷支出	无支出=0，1.2万元以下=1，1.2万~2.4万元=2，2.4万~6万元=3，6万~12万元=4，12万~15万元=5，15万元及以上=6
	医疗支出	一年内用于医疗的支出	无支出=0，0.1万元以下=1，0.1万~0.2万元=2，0.2万~0.5万元=3，0.5万~1万元=4，1万~2万元=5，2万~5万元=6，5万元及以上=7
	照料支出	一年内用于照顾老人、孩子及其他家庭成员的所有照料费用支出	无支出=0，0.1万元以下=1，0.1万~0.2万元=2，0.2万~0.5万元=3，0.5万~1万元=4，1万~2万元=5，2万~5万元=6，5万元及以上=7
社会层面	户口类型	户口类型	农业户口=1，非农户口=2
	是否体制内	工作是否属于体制内	体制内=1，体制外=2
	社会阶层	自评社会阶层	取值为1~10，越高则社会阶层越高

续表

变量	来源	赋值说明
控制变量		
年龄	2023-出生年份	—
教育水平	最高学历（包括在读）	未上过学=1，小学=2，初中=3，高中（职高、技校、中专）=4，大专与大学本科=5，硕士及以上=6
婚姻状况	婚姻状况	未婚=1，已婚=2，离婚=3
职业类型	职业类型	非管理人员或专业技术人员=0，管理人员或专业技术人员=1

3. 统计描述

因变量的描述性统计如表3所示。

表3 因变量描述统计

变量	赋值区间	取值	频数（人）	占比（%）	平均值	标准差
工作影响家庭生活程度（WIF）	完全不符合	1	2196	15.95	2.61	1.21
	比较不符合	2	6047	43.92		
	一般符合	3	1676	12.17		
	比较符合	4	2662	19.33		
	完全符合	5	1188	8.63		
家庭生活影响工作程度（FIW）	完全不符合	1	1034	7.51	3.22	1.27
	比较不符合	2	4321	31.38		
	一般符合	3	1488	10.81		
	比较符合	4	4369	31.73		
	完全符合	5	2557	18.57		

表3的数据清晰地表述了工作和家庭之间的双向影响程度。在工作影响家庭生活程度的报告中，选择"一般符合""比较符合""完全符合"的受访者比例分别为12.17%、19.33%、8.63%，三者合计达到有效样本的40.13%。这一数据表明，在调查样本中，有超过40%的人群感受到工作对他们正常家庭生活存在不同程度的干扰。工作对家庭生活影响程度的平均值为2.61，进一步印

证了工作-家庭失衡的现象在大范围内存在。

另外，家庭生活影响工作程度的报告平均值为3.22，这一数值明显高于工作影响家庭生活程度的平均值，说明家庭和个人事务在很大程度上影响了人们的工作效率，并且这种影响比工作对家庭的影响程度更深。如何平衡工作与生活，是现代人群面临的普遍问题之一。

本报告选择的主要自变量及控制变量的描述统计如表4所示，并尝试检验下列变量对工作-家庭冲突的影响。

表4 自变量及控制变量描述统计

变量	分类	频数（人）	占比（%）	平均值	标准差
个人层面					
性别	男性	7822	56.81	—	—
	女性	5947	43.19	—	—
工作劳动时间	0~2小时	359	2.61	4.33	1.06
	2~4小时	446	3.24		
	4~6小时	1054	7.65		
	6~8小时	6034	43.82		
	8~10小时	4153	30.16		
	10小时及以上	1723	12.51		
家庭参与时间	0~2小时	3596	28.26	2.18	1.12
	2~4小时	5613	44.12		
	4~6小时	2060	16.19		
	6~8小时	859	6.75		
	8~10小时	328	2.58		
	10小时及以上	267	2.1		
家庭层面					
家庭收入(对数)	(0~15.61)	4693	—	11.42	1.87
未成年子女数量	无	5386	39.39	0.92	0.9
	1个	4639	33.92		
	2个	3094	22.63		
	3个	445	3.25		
	4个及以上	111	0.81		

续表

变量	分类	频数（人）	占比（%）	平均值	标准差
60岁以上老人数量	无	5487	40.11	1.07	1.05
	1个	2935	21.45		
	2个	4451	32.54		
	3个	404	2.95		
	4个及以上	403	2.95		
3岁以下子女数量	无	11481	83.97	0.18	0.45
	1个	1891	13.83		
	2个	272	1.99		
	3个	26	0.19		
	4个及以上	3	0.02		
房贷支出	(0~6)	—	—	1.22	1.56
医疗支出	(0~7)	—	—	3.04	1.88
照料支出	(0~7)	—	—	4.49	2.04
社会层面					
户口类型	农业户口	5923	43.55	1.56	0.5
	非农户口	7678	56.45		
是否体制内	是	3381	24.56	1.75	0.43
	否	10388	75.44		
社会阶层	(1~10)	—	—	5.49	1.94
控制变量					
年龄	(18~101)	—	—	37.31	10.53
受教育水平	未上过学	26	0.19	4.53	0.81
	小学	272	1.99		
	初中	1479	10.82		
	高中（职高、技校、中专）	2841	20.79		
	大专与大学本科	8716	63.78		
	硕士及以上	331	2.42		
婚姻状况	未婚	3292	24.06	1.79	0.47
	已婚	9992	73.01		
	离婚	401	2.93		

续表

变量	分类	频数（人）	占比（%）	平均值	标准差
职业类型	非管理人员或专业技术人员	9330	67.76	—	—
	管理人员或专业技术人员	4439	32.24	—	—

四　工作-生活冲突的现状与比较

（一）工作-生活冲突的现状

通过对"我常感到繁忙的工作使得我对家庭和个人生活的时间和精力投入不足"问题回答的分析（见图1），研究团队发现占比最高的是"比较不符合"，达到样本总体的43.92%；其次是"比较符合"，占比达到19.33%。选择"一般符合"、"比较符合"和"完全符合"的总和比例达到40.13%。由于"一般符合"选项本身就存在方向性，可见接近半数的人群都认为自己的家庭生活受到了工作的干扰。在"我常因为家庭和个人的私事影响到工作的时间和效率"问题回答中，选择"比较符合"的样本占比最高，达到总体的31.73%，其与选择"一般符合""完全符合"的样本占比之和达到了61.11%。这说明在调查对象中，家庭和个人私事干扰工作的程度，相较于工作干扰私人生活的程度更深。

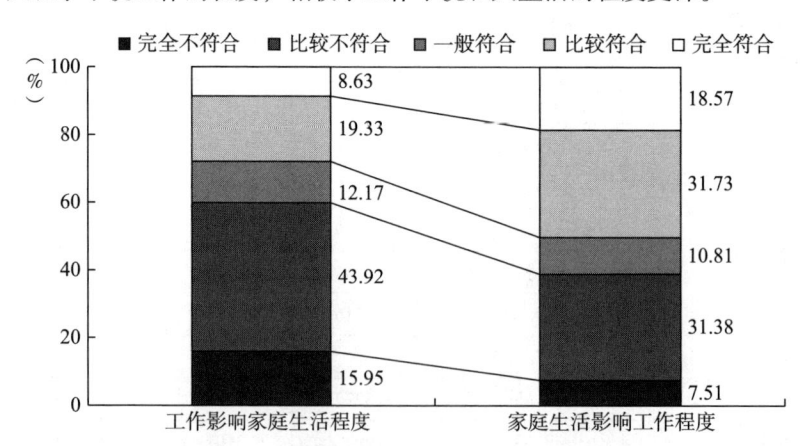

图1　总体受访者的工作-生活冲突情况

说明：方差分析的结果为 $F=651.78$，$p=0.000$，说明存在显著差异。

（二）工作-生活冲突的分性别比较

研究团队将调查样本的工作影响家庭生活程度和家庭生活影响工作程度按照性别划分为两组进行分析。两组变量均为赋值1~5的定序变量，程度从低到高依次加深。计算得出的男性工作影响家庭生活程度均值为2.57，女性为2.66，方差检验的结果在1%的水平上显著；男性家庭生活影响工作程度均值为3.17，女性均值为3.29，方差检验结果同样在1%的水平上显著，说明无论是在工作影响家庭生活还是在家庭生活影响工作方面，男性和女性的报告水平均存在显著差异。

进一步分析，在工作影响家庭生活方面，男性和女性报告最多的都是"比较不符合"，达到了组内的43.44%和44.54%。在男性样本中，报告"一般符合""比较符合""完全符合"的样本占总体比例达到38.81%；在女性样本中，报告"一般符合""比较符合""完全符合"的样本占比总共为29.8%（见图2）。可以看出，相对于女性，男性的家庭生活受到工作干扰的程度较高。这可能有两方面因素：一方面，男性的劳动参与率和高级岗位占有率都较高，在社会中承担着更多重要的工作岗位，因此男性整体需要付出更多的工作时间，压缩了家庭生活的空间；另一方面，在社会期待中，男性被要求承担起工作养家的责任，经济压力较女性更大，需要花费更多精力到工作之中，无法更深入地参与家庭生活，因此受到工作的干扰程度更高。

家庭生活影响工作程度对工作-生活冲突的衡量也同样重要。数据表明，在男性样本中，回答排第一位的是"比较不符合"，占有效样本的33.10%；回答"一般符合""比较符合""完全符合"的样本占总体比例为59%。在女性样本中，最多样本选择了"比较符合"，占比32.72%，和选择"一般符合""完全符合"样本的合计百分比达到了63.88%。可以看出，女性的家庭生活影响工作报告水平高于男性，说明相较于男性，女性更加感受到家庭生活对个人工作的影响。可能的原因是，在传统观念上，女性被要求承担更多的家庭责任，负责照料家庭成员，付出更多的无酬劳动。此外，在生理原因和家庭需要的影响之下，女性的职业晋升和发展前景也相对较差，无法全心全意投入工作中，工作受到家庭生活干扰的程度更深。这和男性的家庭生活受到工作干扰程度更高的现象是相对应的。

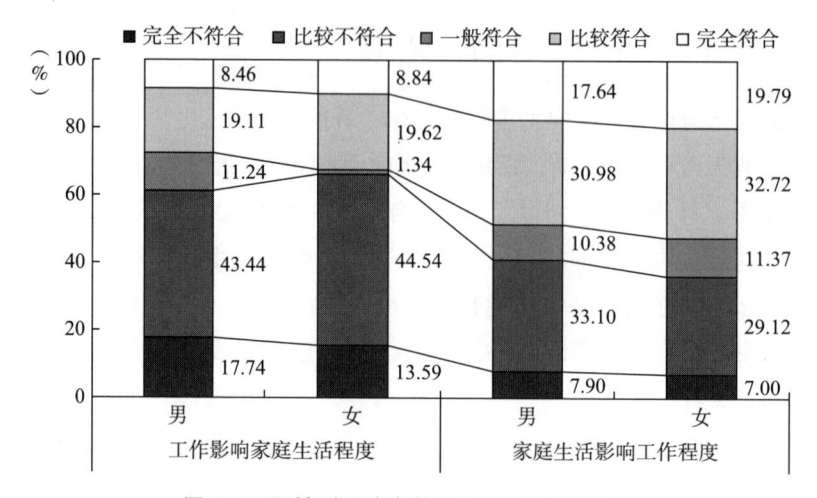

人民美好生活需要与社会政策创新（2023）

图 2　不同性别受访者的工作-生活冲突情况

说明：工作影响家庭生活程度的方差分析结果为 $F=12.94$，$p=0.000$，说明性别之间的报告水平差异显著。

（三）分地区、户口性质、体制内外的性别差异比较

1. 不同地区的性别比较

本次所使用的调查数据共涉及广东省、云南省、新疆维吾尔自治区、海南省、湖南省、福建省和黑龙江省 7 个省份。研究团队按照省份和性别分别对工作-生活冲突的两方向变量进行方差分析，前者的结果为 $F=17.25$，$p=0.000$；后者的结果为 $F=23.75$，$p=0.000$，说明在不同省份、不同性别间，工作-生活冲突的报告水平存在显著差异。

不同省份的性别间工作影响家庭生活程度如图 3 所示。从地域差异的角度进行比较，不同省份之间的男性和女性样本的工作干扰家庭生活感知存在显著差异。在男性样本中，报告"一般符合"、"比较符合"和"完全符合"的样本占总体比例最高的前两名分别是新疆（59.35%）和湖南（50.44%）；最低的前两名为黑龙江（28.79%）和广东（28.95%）。在女性样本中，报告"一般符合"、"比较符合"和"完全符合"的样本占总体比例最高的前两名分别是新疆（62.22%）和湖南（57.52%）；最低的前两名为黑龙江（30.27%）和云南（31.88%）。数据表明，在新疆和湖南，无论是男性还是女性相对普遍地都受到

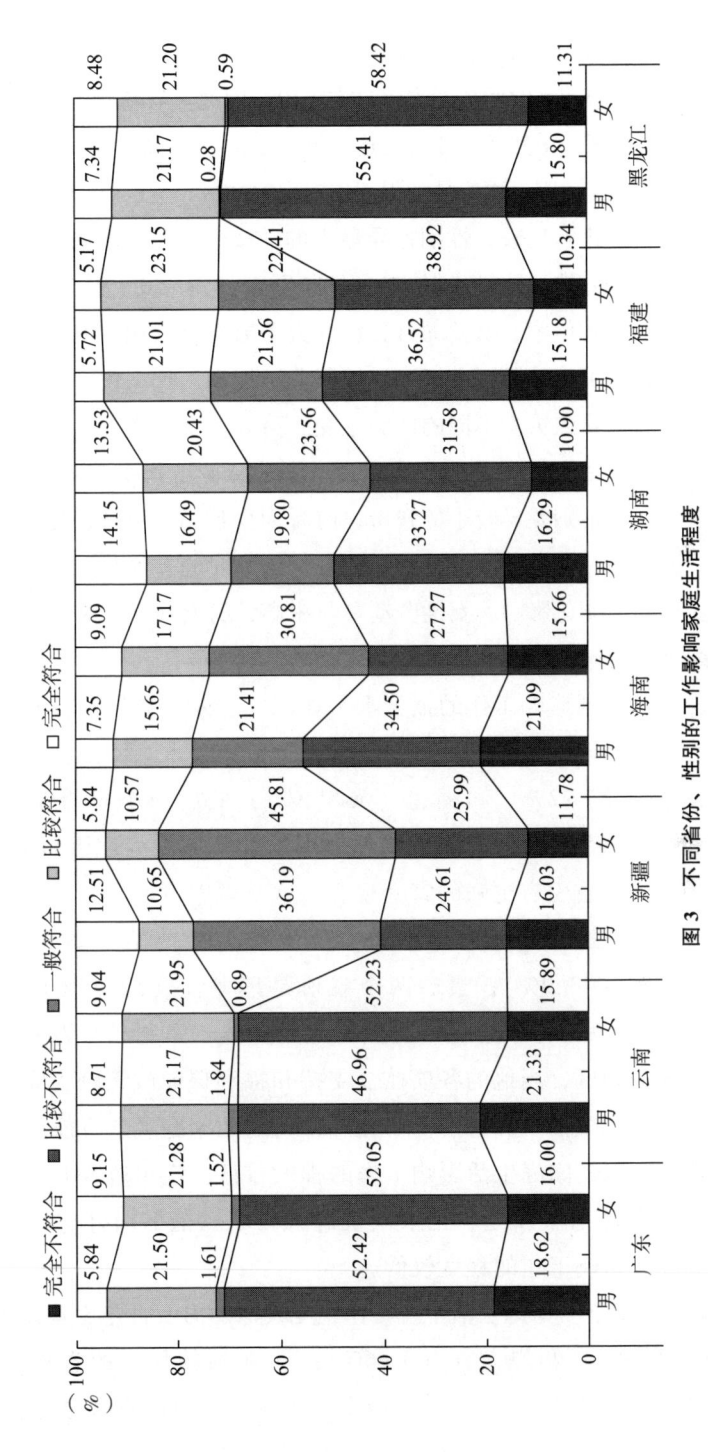

专题报告七　基于社会性别的工作-生活平衡

图3　不同省份、性别的工作影响家庭生活程度

说明：方差分析的结果为 $F=19.02$，$p=0.000$。说明在不同省份、家庭生活影响工作的程度均有显著差异。

307

工作干扰家庭生活的困扰，这可能是新疆的经济发展和薪资水平相对较低，家庭成员需要付出更多有酬劳动时间才能覆盖日常支出，因此更容易感到家庭生活受到影响；而在湖南地区，虽然经济相对发达，但一定的宗族观念和家庭意识使得人们更加珍视家庭时光，因而更容易觉得工作对家庭造成了影响。

在性别差异方面进行比较，性别差异最大的前2个省份为海南（12.66%）和湖南（7.08%）；性别差异最小的前2个省份为云南（0.17%）和黑龙江（1.48%）。在这四个省份中，女性的百分比都大于男性百分比。海南和湖南的性别差异最为显著，可能的原因在于当地的职业结构和工作文化，职场中工作压力大、频繁加班会导致男女不同的冲突感受。另外，女性在工作中更容易受到性别刻板印象和家庭责任要求的双重压力，因此感到工作受家庭生活干扰。而在云南和黑龙江等性别差异较小的省份，前者为少数民族地区，受传统性别观念影响小，男女的社会分工类似，在工作中付出的时间差异小；黑龙江地区地处东北，受早期工业化影响，女性劳动参与率高，男女在社会和工作中的角色和责任分配更加均衡，因此性别差异也较小。

不同省份家庭生活影响工作的报告水平如图4所示。在男性样本中，选择"一般符合""比较符合""完全符合"的样本频数占总体比例最高的前两个省份是新疆（73.22%）和福建（66.77%）；最后两个省份是黑龙江（46.19%）和广东（51.77%）。男性样本表现出的地域差异原因可能在于，新疆和福建相比其他省份有更强的家庭观念，这些观念可能会对人们的正常工作产生一定的干扰。在女性样本中，占比最高的前两个省份是海南（74.24%）和新疆（73.9%）；最后两个省份是黑龙江（52.65%）和广东（58.17%）。男性和女性样本呈现出类似的地域差异，黑龙江作为一个具有深厚工业化传统的地区，当地的各项社会支持和福利保障政策较为完善，有助于当地人在工作和生活中保持平衡。此外，当地的家庭观念可能更倾向于互相理解、帮助，因此家庭生活影响工作的程度较低。广东地区冲突水平较低的可能原因是经济水平发达，且宗族观念强，家庭能够向外求助照料帮助，因此家庭生活影响工作的程度较低。

在性别差异方面，受家庭生活干扰工作程度较深的男女百分比差异最大的省份是海南（9.39%）和黑龙江（6.46%）；性别差异最小的省份是新疆（0.68%）和湖南（3.74%）。在这些省份中，女性报告的百分比均高于男性。

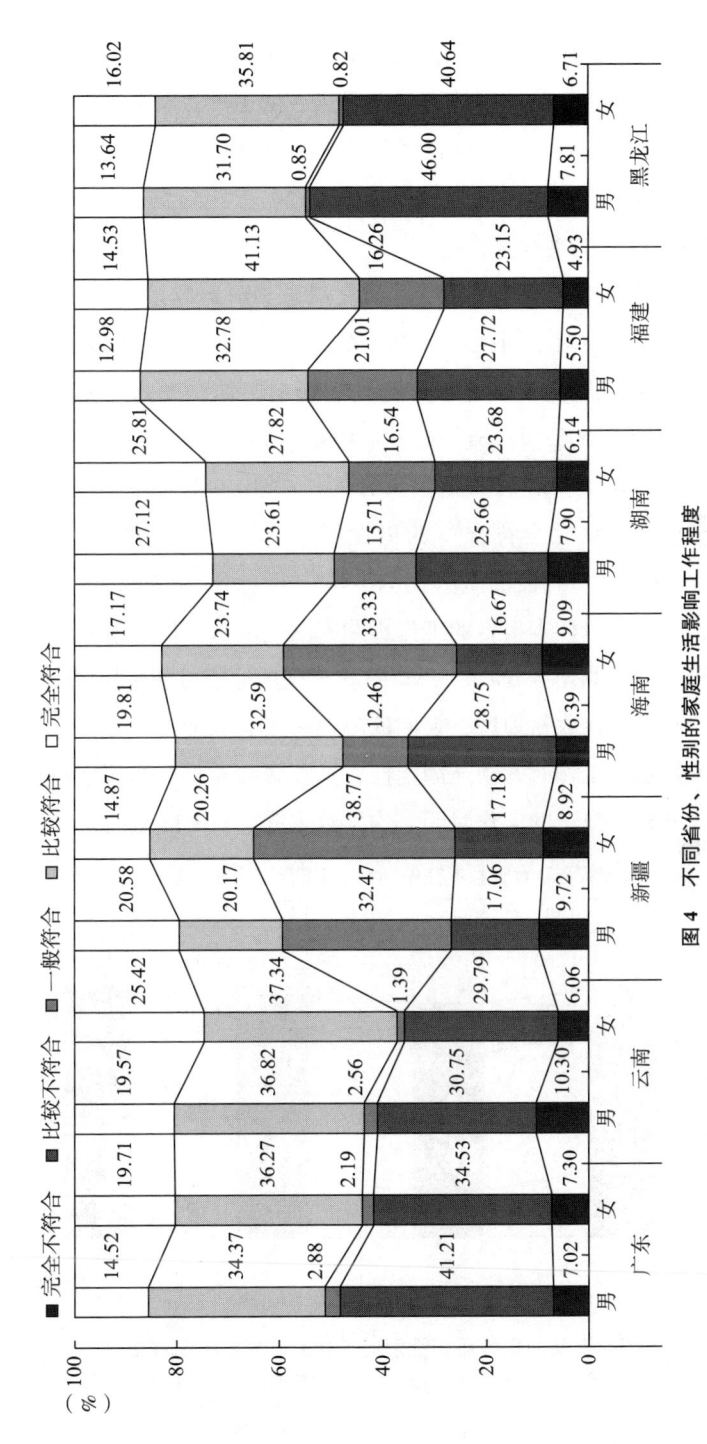

专题报告七 基于社会性别的工作-生活平衡

图4 不同省份、性别的家庭生活影响工作程度

说明：方差分析的结果为$F=27.35$，$p=0.000$，说明在不同省份的不同性别间，家庭生活影响工作程度均存在显著差异。

309

出现这种地域差异的原因可能在于，在海南和黑龙江，尽管女性在社会上承担更多的工作责任，但传统的家庭性别分工仍然占据主流，女性被要求承担更多的家庭责任，更容易感到工作和生活的失衡。而在新疆和湖南，两性差异小的可能原因是其家庭分工上更加平等和开放。

2. 不同户口性质的性别差异比较

由于农业户口和非农户口在地域、文化观念和覆盖政策上存在一定区别，研究团队根据户口性质对不同性别间的工作-生活冲突水平进行分组分析（见图5）。对工作影响家庭生活程度、家庭生活影响工作程度的方差分析结果分别为 $F=11.37$，$p=0.000$；$F=31.74$，$p=0.000$，均说明具有显著的差异。

进一步分析，在工作影响家庭生活方面，农业户口样本中报告"一般符合""比较符合""完全符合"的男性样本占比为39.29%，女性样本为45.62%。非农户口中，男性的百分比为38.22%，女性为39.02%。无论是男性还是女性，农业户口样本报告的工作影响家庭生活水平均高于非农户口（男性高出1.07%，女性高出6.6%）。户口差异出现的原因可能是地区间的就业结构和社会文化观念。在农村地区，人们的就业更多是农业经营或灵活就业，该种就业状态的特点是工作时间缺乏固定性，且薪资相对低。为了承担得起家庭支出，人们需要延长自己的工作时间，这导致家庭生活时间短而易被打断。

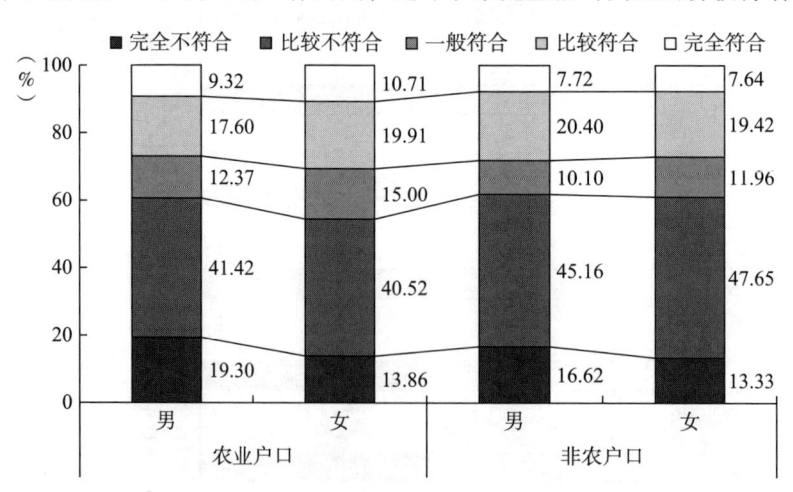

图5 不同户口性质、性别的工作影响家庭生活程度

说明：方差分析的结果为 $F=11.37$，$p=0.000$，说明存在显著差异。

在性别内部，可以观察到男性样本中农业户口和非农户口的差距相对小（1.07个百分点），而女性样本的户口间差异（6.6个百分点）达到了男性的6倍之多。性别差异的出现可能是女性观念导致的。在城市地区，男女观念较为平等。在女性看来，工作和家庭生活同样重要，都是实现自身价值的场所，因此能够处理好角色冲突，在工作-生活间取得相对平衡。而在农村地区，性别观念较为传统，女性仍然承担着大部分家庭职责，并将其视作自身的义务。当工作角色影响到家庭生活时，农村女性更易感受到工作对家庭生活的干扰。

不同户口性质、性别的家庭生活影响工作程度如图6所示。农业户口中，报告"一般符合""比较符合""完全符合"的男性样本占男性组的56.87%，女性占62.67%；非农户口中，男性占60.79%，女性占64.45%。整体而言，农业户口报告的百分比均低于非农户口，其中，男性低3.92个百分点，女性低1.78个百分点。一般而言，农业户口的样本居住于农村地区，农村社会的宗族文化浓厚、家庭观念传统，家庭时间投入被认为是理所当然；并且，村庄内部往往会互帮互助，照料彼此的子女和老人，家庭生活影响工作的可能性较低，和较高的工作影响家庭生活水平是相对应的。而非农户口的样本通常居住于城镇地区，缺乏互相帮助的宗族亲属，因此更容易感到家庭生活影响工作。男性性别内部的差距大，可能是因为受社会观念影响，农村地区男性承担的家庭职责相对少。

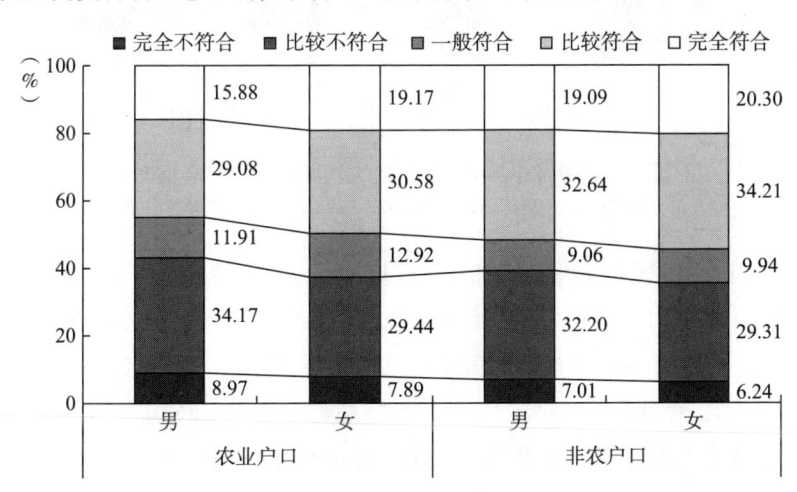

图6 不同户口性质、性别的家庭生活影响工作程度

说明：方差分析的结果为 $F=31.74$，$p=0.000$，说明在不同户口、性别之间，均存在显著差异。

在农业户口中，受影响程度深的女性百分比比男性高 5.8 个百分点，而在非农户口中女性比后者高 3.66 个百分点。农业户口的差距大，一方面可能是受传统观念影响，女性需要承担更多的家庭责任，导致了平衡感知的差异；另一方面可能是非农户口能够享受到更多的社会福利和支持政策，这令城镇地区的女性更容易在工作和家庭生活之间保持平衡。

3. 体制内外的性别差异比较

由于体制内人员的社会保障和福利支持政策相对完善，研究团队将体制内外变量也纳入分析中。对工作影响家庭生活的方差分析结果为 $F=8.54$，$p=0.000$；家庭生活影响工作的方差分析结果为 $F=61.41$，$p=0.000$，说明存在显著差异。

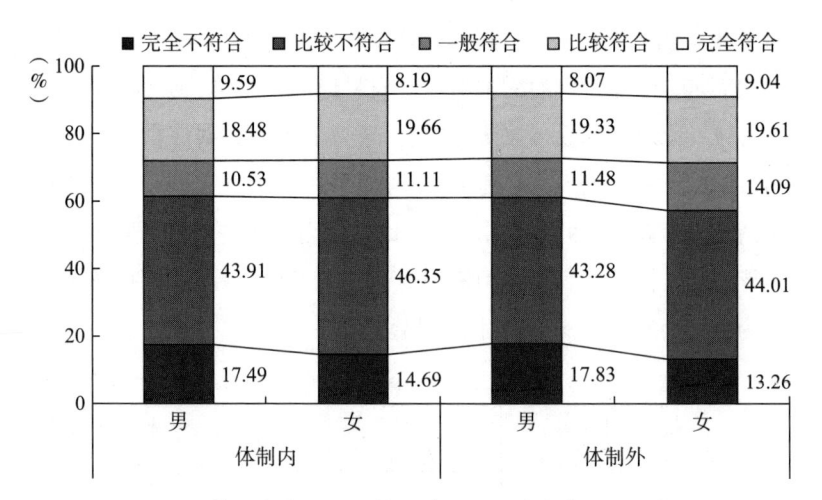

图 7 体制内外、不同性别的工作影响家庭生活程度

说明：方差分析的结果为 $F=8.54$，$p=0.000$，说明具有显著差异。

我们首先对工作影响家庭生活程度进行分析，分布情况如图 7 所示。在体制内样本中，报告"一般符合""比较符合""完全符合"的男性样本百分比为 38.6%，女性为 38.96%，女性比男性高出 0.36 个百分点；在体制外样本中，男性为 38.88%，女性为 42.74%，女性比男性高出 3.86 个百分点。能够发现，体制内的男女差异是小于体制外的，这种差异能够用体制庇护[1]进行解释。与非

---

[1] 吴愈晓、王鹏、黄超：《家庭庇护、体制庇护与工作家庭冲突——中国城镇女性的就业状态与主观幸福感》，《社会学研究》2015 年第 6 期。

国有部门相比，国有部门能提供更高的薪资和福利水平，女性的权益保障也能得到更好的落实，从而降低体制内的性别不平等程度。在性别内部进行比较，体制内男性样本比体制外低0.28个百分点，体制内女性样本则比体制外低3.78个百分点，进一步说明体制庇护在女性身上得到了更显著的体现。

关于家庭生活影响工作程度的分析，分布情况如图8所示。在体制内样本中，报告"一般符合""比较符合""完全符合"的男性样本占对应组的百分比之和为66.96%，女性为65.86%，男性比女性高出1.1个百分点。这背后的原因可能在于体制内单位往往为女性提供更多的福利政策，如完善的产假和育儿制度等，从而减少她们感受到家庭生活对工作影响的可能性。在体制外样本中，情况出现了反转：男性百分比为56.24%，女性为63.29%，女性比男性高出7.05个百分点，表明体制内外呈现出了截然相反的性别差异。这可能是体制外女性通常缺乏体制内的福利政策支持，这令她们在平衡工作和家庭生活时面临更大的挑战。此外，体制外的工作往往更加灵活，职业前景和福利待遇的缺乏，也增加了女性感受到家庭生活对工作影响的可能性。

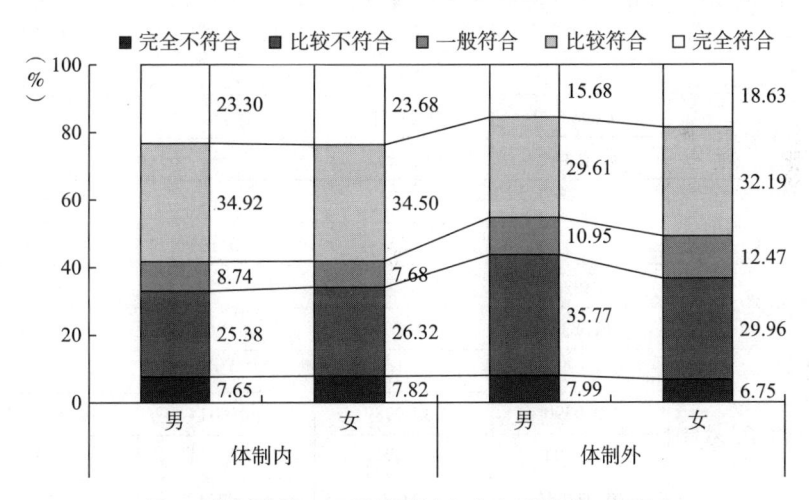

	男 体制内	女 体制内	男 体制外	女 体制外
完全符合	23.30	23.68	15.68	18.63
比较符合	34.92	34.50	29.61	32.19
一般符合	8.74	7.68	10.95	12.47
比较不符合	25.38	26.32	35.77	29.96
完全不符合	7.65	7.82	7.99	6.75

图8 体制内外、不同性别的家庭生活影响工作程度

说明：方差分析的结果为 $F=61.41$，$p=0.000$，说明存在显著差异。

进一步比较体制内与体制外的整体情况，发现体制内样本的报告水平普遍较高。可能是因为体制内工作往往伴随更高的工作要求和管理制度，使得无论是男性还是女性都更容易感到家庭生活和工作间的冲突。

五 社会性别视角下工作-生活平衡的影响机制

（一）基准回归

为了探索不同因变量的影响因素，研究团队使用多元线性回归模型对数据进行分析。同时，为了更好地探索性别之间影响因素的差异，对性别进行分组回归。工作影响家庭生活和家庭生活影响工作是在不同方向衡量工作-生活冲突不同的两个变量，它们分别与工作劳动时间、家庭参与时间相关。为了正确地测量在不同方向时间投入对工作-生活平衡的影响，研究团队将工作劳动时间和家庭参与时间分别加入对应模型中。回归结果如表5所示。

表5 工作影响家庭生活、家庭生活影响工作程度影响因素的多元线性回归模型

因变量	模型1 工作影响家庭生活 （男性）	模型2 工作影响家庭生活 （女性）	模型3 家庭生活影响工作 （男性）	模型4 家庭生活影响工作 （女性）
个人层面				
工作劳动时间	-0.0963***	-0.0757**		
	(-4.34)	(-3.25)		
家庭参与时间			-0.0910**	-0.0273
			(-3.19)	(-1.13)
家庭收入（对数）	0.0382**	0.0244	0.0323	0.0379
	(2.83)	(1.20)	(1.86)	(1.94)
家庭层面				
未成年子女数量	-0.0390	0.0378	-0.0414	-0.121***
	(-1.27)	(1.17)	(-1.14)	(-3.33)
60岁以上老人数量	-0.0722**	0.0497*	-0.0734*	0.0974***
	(-3.17)	(2.02)	(-2.54)	(3.73)
3岁以下子女数量	-0.0414	-0.118*	-0.0407	-0.0894
	(-0.82)	(-2.23)	(-0.68)	(-1.48)
房贷支出	-0.0469**	-0.0249	-0.00960	-0.000402
	(-3.08)	(-1.50)	(-0.50)	(-0.02)

续表

因变量	模型1 工作影响家庭生活 （男性）	模型2 工作影响家庭生活 （女性）	模型3 家庭生活影响工作 （男性）	模型4 家庭生活影响工作 （女性）
医疗支出	-0.0401**	-0.00595	-0.0377*	-0.0180
	(-2.95)	(-0.38)	(-2.25)	(-1.08)
照料支出	0.00420	0.0490**	0.00773	0.0480**
	(0.32)	(3.22)	(0.47)	(2.82)
社会层面				
户口类型（以农业户口为基准）				
非农户口	-0.132**	-0.170**	0.0436	-0.128*
	(-2.63)	(-3.27)	(0.71)	(-2.23)
体制（以体制内为基准）				
体制外	0.0523	-0.159*	-0.0905	-0.186*
	(0.83)	(-2.19)	(-1.21)	(-2.48)
社会阶层	0.0786***	0.0352*	0.0410**	0.00707
	(6.17)	(2.22)	(2.68)	(0.43)
控制变量				
年龄	0.000589	-0.000783	0.00574	0.0125**
	(0.21)	(-0.21)	(1.69)	(3.23)
受教育水平（以未上过学为基准）				
小学	-0.0367	0.333	-0.0607	-0.501
	(-0.07)	(0.62)	(-0.14)	(-0.90)
初中	0.135	0.121	0.925*	-0.410
	(0.28)	(0.29)	(2.28)	(-0.80)
高中（职高、技校、中专）	0.175	0.308	0.867*	-0.342
	(0.36)	(0.75)	(2.14)	(-0.68)
大专与大学本科	0.210	0.233	1.039*	-0.232
	(0.44)	(0.57)	(2.55)	(-0.46)
硕士及以上	0.260	-0.240	0.833	-0.471
	(0.52)	(-0.56)	(1.93)	(-0.89)

续表

因变量	模型1 工作影响家庭生活 （男性）	模型2 工作影响家庭生活 （女性）	模型3 家庭生活影响工作 （男性）	模型4 家庭生活影响工作 （女性）
婚姻状况（以未婚为基准）				
已婚	0.0909	-0.135	0.132	-0.00342
	(1.25)	(-1.76)	(1.46)	(-0.04)
离婚	-0.00795	-0.364*	0.0239	-0.404*
	(-0.05)	(-2.36)	(0.12)	(-2.42)
职业类型（以非管理人员或技术人员为基准）				
管理人员或技术人员	0.0296	-0.104	0.0173	0.0794
	(0.53)	(-1.63)	(0.25)	(1.12)
常数项	2.339***	2.551***	1.929***	2.807***
	(4.44)	(4.90)	(3.96)	(4.79)
观测值	2676	1872	1816	1872
调整后的R^2	0.045	0.034	0.051	0.041

注：* $p<0.1$；** $p<0.05$；*** $p<0.001$。

1. 工作影响家庭生活

模型1和模型2为分性别的工作影响家庭生活回归结果。可以看出，工作影响家庭生活程度感知主要受工作劳动时间、家庭收入、老人和幼儿数量、户口类型、体制内外的影响。

个人层面，在工作劳动时间方面，与以往的研究[①]不符，回归结果显示付出的工作时间越长，工作影响家庭生活的程度就越低。可能的原因在于中国人的工作和家庭观念。一方面，在普遍的社会观念中，家庭成员必须为养家糊口作出努力，为家庭作出的经济贡献越大，其家庭地位就越重要。对于整个家庭而言，把时间投入有酬劳动中，比投入家务的无酬劳动中更受社会和成员认可，因此工作时间对工作-生活冲突呈现出正面影响。另一方面，家庭作为生产和生活的单位，成员之间会互帮互助。当经济贡献成员需要付出更多工作时间时，其他的成员会调整自己的时间分配，让成员能够更专心地投入工作中，

---

① 姜佳将：《工作-家庭平衡状况的性别差异及影响因素研究》，《浙江学刊》2015年第3期。

因而其感到的工作影响家庭生活程度小。

在社会层面，户口类型和社会阶层都对工作影响家庭生活程度呈现出了显著的影响。首先，非农户口相对于农业户口，工作影响家庭生活的程度更低。这和描述统计观察到的结果相一致。一方面，不同户口的就业选择和社会福利影响了他们在工作和生活之中保持平衡的能力。非农户口居民更容易进入城市就业市场，职业选择多样化；相比之下，农业户口居民更加受限于农业生产和农村地域，工作机会和待遇相对有限。这种职业差异导致非农户口居民在工作时面临较小的时间压力，其感受到的工作影响家庭生活程度较低。另一方面，社会福利差异也会影响工作-生活平衡。非农户口居民通常能享受到更好的社会资源和福利，这让他们在职业发展和家庭管理方面更具优势，农业户口居民则相对缺乏这种条件，受到影响的程度更深。其次，回归结果表明，社会阶层对工作影响家庭生活程度具有显著的负面影响，社会阶层越高，工作影响家庭生活程度就越深。社会阶层通常与工作带来的社会地位和经济收入密切相关。高社会阶层的个体拥有较高的社会地位和经济收入。然而，这也意味着他们面临更大的社会期望和压力，需要投入更多的时间精力去维护自己的外在工作形象和能力，因此减少了家庭生活的参与。高阶层往往也伴随着更沉重的经济责任和财务压力，为了维持和提升自己的经济地位，他们需要投入更多时间和精力去保证经济收入，这同样会减少在家庭生活方面的时间分配。

将模型 1 和模型 2 进行比较，可以发现性别之间的差异。在家庭层面，男性样本中，家庭收入对工作影响家庭生活存在显著的负面影响，而在女性样本中不显著。这说明在男性样本中，家庭收入越高，工作影响家庭生活程度就越深，原因在于传统的家庭经济责任分配和男性的工作观念。在传统观念中，男性承担了更多的经济责任，需要投入更多时间工作以保证经济收入，在家庭生活方面则感到受限。3 岁以下幼儿数量对女性的工作-生活冲突存在正面影响，该年龄段的幼儿数量越多，女性的工作影响家庭生活程度就越低。这一结果似乎违背常识，事实上，儿童照料对女性就业参与存在负面影响。[1] 已婚女性作为 3 岁以下幼儿的主要照料者，当该年龄段幼儿的数量增多，她们的就业可能性下降，有可能选择放弃工作或灵活就业，将精力全部投入家庭之中，因而减

---

[1] 周春芳：《儿童看护、老人照料与农村已婚女性非农就业》，《农业技术经济》2013 年第 11 期。

少了工作影响家庭生活的程度。家庭中 60 岁以上老人数量对男性的工作-生活冲突有显著正面影响，老人数量越多，男性的工作影响家庭生活程度越低，而在女性样本中则相反。其原因可能是社会对不同性别的定位不同。男性往往被视为家庭的经济支柱，而女性则更多地扮演家庭照顾者的角色。当老人数量增多时，男性可能会因为长辈的家务分担减少工作-生活冲突，而女性可能会因为社会期望和照料者的自我定位，更多地承担起照顾老人的责任，这导致她们在工作和家庭之间面临更大的压力。房贷支出和医疗支出对工作影响家庭生活程度在男性样本中存在显著的正面影响；在女性样本中，照料支出对工作影响家庭生活程度存在显著的负面影响，照料支出越高，工作影响家庭生活程度越深。在社会层面，体制内外对女性样本的工作影响家庭生活程度存在显著影响，体制外女性相对体制内，工作受家庭生活影响的程度较小。在控制变量中，离婚女性相比未婚女性，工作影响家庭生活的程度更低。一般而言，离婚女性所面临的工作-家庭生活问题可能会比未婚女性更多，回归结果却呈现出与常识相反的情况，这可能的原因是因变量的特性。无论是工作影响家庭生活还是家庭生活影响工作，衡量的都是人们的内心感受，这种感受同时受主观和客观因素的影响。根据补偿理论，离婚女性在家庭和婚姻生活中受挫，会利用工作领域的满意度来补偿。减少家庭生活参与，增加工作投入，都是补偿状态的体现。因而，离婚女性相比未婚女性，把工作看得比家庭更重，也就降低了其工作影响家庭生活的心理感知。

2. 家庭生活影响工作

模型 3 和模型 4 为分性别的家庭生活影响工作程度回归结果。结果表明，家庭参与时间、子女及老人数量、医疗和照料支出、户口类型、体制内外、社会阶层均对家庭生活影响工作程度具有显著影响。相对于工作影响家庭生活程度，不同性别的回归结果差异更大。

进一步对不同性别进行比较。在个人层面，男性样本中，家庭参与时间对家庭生活影响工作程度存在显著的负面影响，而在女性样本中不显著。

在家庭层面，未成年子女数量对女性的家庭生活影响工作程度有正面影响，而在男性样本中不显著，原因可能是女性承担更多子女照料的责任，当子女增加时，女性会受到边际效应影响；承担照料责任较少的男性则无法体会到。和工作影响家庭生活的回归结果类似，60 岁以上老人的数量对男性和女性存在相反方向的影响。其原因可能是老人照料的性别分工。对男性而言，家中身体健康的老人会协助照料幼儿、整理家务；对女性而言，家庭中的老人往往意味着更多的照料负担，因此在两性之间有着相反的作用。医疗支出在男性样本中呈现出显著的正面效应，照料支出在女性样本中呈现出显著的负面效应。

在社会层面，非农户口的女性相比农业户口，家庭生活影响工作的程度更低。非农户口的女性往往能够享受到更完善的社会福利和保障政策，其正当权益也能够得到更好的落实和保护，因而受到影响的程度更低。社会阶层越高的男性，家庭生活影响工作的程度也越高。对高阶层男性个体而言，他们通常拥有更高的社会地位和经济收入，承担着更大的家庭责任和经济压力，更倾向于将时间投入工作而非家庭中，因此，当家庭出现需要他们投入更多时间和精力的情况时，他们就更容易感受到家庭生活对工作的影响。

在控制变量中，女性样本年龄越大，感受到家庭生活影响工作的程度就越高。这可能是因为随着年龄的增长，女性家庭身份会转变为母亲和祖母。一般而言，家庭中的女性长辈相比其他成员会承担更多的照料责任，这导致了女性随年龄增长而增加的家庭负担。教育水平中的小学、初中、高中（职高、技校、中专）、大专与大学本科的男性样本，相比未受过教育的男性家庭生活受工作影响的程度深。学历在女性样本中并未被发现有显著影响。此外，婚姻状况也会对女性样本的感受产生影响，离婚女性相比未婚女性，家庭生活干扰工作的程度显著降低，而已婚女性样本中则未发现该情况。使用已婚女性作为参照，离婚女性的回归系数为-0.401（经验 p 值为 0.008），说明离婚女性相对少了来自配偶的家庭事务压力，因此其冲突程度较低。未婚女性则不显著，说明未婚和已婚女性群体间未被发现显著差异。

（二）机制检验

基准回归结果在不同性别间呈现差异。生理性别作为一个固定的、不被时间和其他因素改变的特征，它不会直接地影响人们的工作-生活平衡感知。感知呈现的性别差异是其他因素影响的，这些因素的影响又因性别的不同而变化，因而研究团队使用了分组回归讨论不同性别的影响差异。在研究分析不同性别的工作-生活冲突时，时间变量往往是考虑的重点之一。根据本专题的研究目的，研究团队希望探索社会建构和潜在政策效应对工作-生活平衡感知的影响，而社会建构往往通过影响时间分配来形成效应。为了检验、对比不同性别间影响因素发挥作用的机制，研究团队向基准回归模型依次引入了时间投入与家庭收入、户口类型、社会阶层、体制内外的交乘项，回归结果如表6、表7所示。

1. 工作影响家庭生活

模型5和模型6为分性别加入工作劳动时间和家庭收入交互项的结果。可以发现，工作时间和家庭收入的交互项在女性样本中存在显著影响，家庭收入的增加会放大工作时间对工作影响家庭生活程度的正面效应。具体而言，在女性中，随着家庭收入的提高，她们拥有更多的经济资源去应对工作-生活冲突，这种正面交互效应也反映了高收入女性更有能力和资源来平衡工作和家庭生活的需求。例如，通过购买家政服务等方式来减轻家庭责任对工作的影响，因而工作时间的正面效应在收入较高的女性中表现得更为显著。在男性中则不存在这种正面效应。相比男性，女性在工作和家庭生活中的权衡更易受家庭收入的影响。这很有可能是社会期望和性别分工的影响。女性被期待承担更多的家庭责任，而男性则承担较少，工作和家庭生活的权衡更加取决于外部环境，因而呈现出该种性别差异。

模型7和模型8为分性别加入工作劳动时间和户口类型交互项的结果。在女性样本中，交互项的系数显著为负，说明非农户口女性相比于农业户口女性，工作时间对工作影响家庭生活程度的正面效应更大。也即，当增加同样的工作时间时，非农户口女性所感受到的工作影响家庭生活程度相较农业户口女性更少。这可能是因为非农户口女性通常拥有更多的社会资源、更好的工作条件和家庭支持，这让她们能够更好地平衡工作与家庭生活的关系，甚至可能在工作时间增加的情况下，依然能够保持家庭生活的和谐与稳定。男性样本中则没有这种联合效应，说明不同的户口条件并不会对男性在工作和家庭生活之间的权衡产生影响。

模型9和模型10为分性别加入工作劳动时间和体制内外交互项的结果。男女样本中均未发现显著效应，这说明身处体制内对工作时间分配和工作影响家庭生活的关系没有影响。

专题报告七 基于社会性别的工作-生活平衡

表6 工作影响家庭生活程度的分组交互项检验结果

因变量	模型5 WIF（男性）	模型6 WIF（女性）	模型7 WIF（男性）	模型8 WIF（女性）	模型9 WIF（男性）	模型10 WIF（女性）	模型11 WIF（男性）	模型12 WIF（女性）
工作劳动时间	-0.139 (-1.24)	0.306 (1.71)	-0.121*** (-3.86)	-0.000509 (-0.01)	-0.0605 (-1.26)	-0.0873 (-1.47)	-0.285*** (-4.91)	-0.220** (-3.18)
家庭收入	0.0222 (0.51)	0.161** (2.75)	0.0384** (2.87)	0.0234 (1.14)	0.0390** (2.93)	0.0237 (1.16)	0.0385** (2.86)	0.0238 (1.16)
户口类型	-0.134** (-2.66)	-0.165** (-3.17)	-0.347 (-1.76)	0.356 (1.83)	-0.133** (-2.64)	-0.163** (-3.12)	-0.128** (-2.54)	-0.160** (-3.07)
体制内外	0.0527 (0.84)	-0.128 (-1.75)	0.0494 (0.79)	-0.130 (-1.79)	0.251 (1.07)	-0.200 (-0.73)	0.0449 (0.72)	-0.137 (-1.88)
社会阶层	0.0799*** (6.32)	0.0346* (2.19)	0.0802*** (6.35)	0.0345* (2.18)	0.0800*** (6.31)	0.0350* (2.21)	-0.0853 (-1.73)	-0.0690 (-1.41)
工作劳动时间×家庭收入	0.00372 (0.38)	-0.0330* (-2.17)						
工作劳动时间×户口类型			0.0491 (1.12)	-0.126** (-2.70)				
工作劳动时间×体制内外					-0.0468 (-0.87)	0.0167 (0.26)		
工作劳动时间×社会阶层							0.0374*** (3.51)	0.0258* (2.15)

321

续表

因变量	模型 5 WIF（男性）	模型 6 WIF（女性）	模型 7 WIF（男性）	模型 8 WIF（女性）	模型 9 WIF（男性）	模型 10 WIF（女性）	模型 11 WIF（男性）	模型 12 WIF（女性）
控制变量	是	是	是	是	是	是	是	是
观测值	2676	1872	2676	1872	2676	1872	2676	1872
调整后的 R^2	0.046	0.031	0.046	0.031	0.046	0.028	0.051	0.030

注：* $p<0.05$；** $p<0.01$；*** $p<0.001$。

表 7 家庭生活影响工作程度的分组交互项检验结果

因变量	模型 13 FIW（男性）	模型 14 FIW（女性）	模型 15 FIW（男性）	模型 16 FIW（女性）	模型 17 FIW（男性）	模型 18 FIW（女性）	模型 19 FIW（男性）	模型 20 FIW（女性）
家庭参与时间	−0.448*** (−4.20)	−0.0133 (−0.09)	−0.115** (−2.95)	−0.0648 (−1.78)	−0.250*** (−4.27)	−0.118* (−2.24)	−0.0626 (−0.81)	0.0574 (0.81)
家庭收入	−0.0520 (−1.75)	0.0426 (1.17)	0.0298 (1.74)	0.0394* (1.99)	0.0284 (1.67)	0.0388* (1.97)	0.0305 (1.78)	0.0382 (1.94)
户口类型	0.0261 (0.42)	−0.119* (−2.07)	−0.0716 (−0.44)	−0.255* (−2.07)	0.0326 (0.53)	−0.119* (−2.08)	0.0366 (0.59)	−0.117* (−2.04)
体制内外	−0.0877 (−1.17)	−0.181* (−2.44)	−0.0817 (−1.09)	−0.182* (−2.44)	−0.641*** (−3.35)	−0.440** (−2.87)	−0.0819 (−1.10)	−0.181* (−2.43)
社会阶层	0.0425** (2.76)	0.00754 (0.46)	0.0444** (2.88)	0.00703 (0.43)	0.0445** (2.91)	0.00785 (0.48)	0.0613 (1.52)	0.0481 (1.38)

续表

因变量	模型 13 FIW（男性）	模型 14 FIW（女性）	模型 15 FIW（男性）	模型 16 FIW（女性）	模型 17 FIW（男性）	模型 18 FIW（女性）	模型 19 FIW（男性）	模型 20 FIW（女性）
家庭参与时间×家庭收入	0.0315** (3.28)	-0.00166 (-0.14)						
家庭参与时间×户口类型			0.0393 (0.69)	0.0578 (1.21)				
家庭参与时间×体制内外					0.200** (2.98)	0.110 (1.85)		
家庭参与时间×社会阶层							-0.00605 (-0.44)	-0.0162 (-1.29)
控制变量	是	是	是	是	是	是	是	是
观测值	1816	1872	1816	1872	1816	1872	1816	1872
调整后的 R^2	0.041	0.037	0.037	0.038	0.042	0.039	0.037	0.038

注：* $p<0.05$；** $p<0.01$；*** $p<0.001$。

模型11和模型12为分性别加入工作劳动时间和社会阶层交互项的结果。男女样本中交互项均显著为正,这说明社会阶层的提升削弱了由工作时间增加带来的工作对家庭生活的正面影响。这可能是由于,随着社会阶层的提升,个体更容易通过其他方式来平衡工作与家庭生活。这种效应可能是通过利用更多的资源和支持实现的,例如购买服务等。对男女样本的社会阶层交互项进行组间系数检验(经验p值为0.584),我们发现两个系数并不存在统计学意义上的差异,可见社会阶层和工作时间的联合效应在不同性别间是类似的。

2. 家庭生活影响工作

模型13和模型14为分性别加入家庭参与时间与家庭收入交互项的结果。女性样本中,交互项显著为负,这说明家庭收入会增强家庭参与时间对家庭生活影响工作程度的正面效应。这很有可能是因为收入越高的女性个体,拥有更多的资源和能力去处理家庭生活与工作之间的冲突。这并不意味着收入越高的女性投入家庭的时间就越长。实际上的情形很有可能是这些女性能够在同样的家庭时间内,实现更高效的家庭管理,从而减少对工作的干扰。在男性样本中没有发现这种联合效应,这种情况可能因为在传统的性别观念影响下不同收入层次的男性都倾向于将主要精力放在工作上,而将家庭事务置于次要地位,因而该种联合效应对他们的影响并不如女性显著。

模型17和模型18为分性别加入家庭参与时间与体制内外交互项的结果。男性样本中,交互项显著为止,说明相对于体制内,体制外男性原本存在的、由家庭参与时间增加带来的家庭生活影响工作程度的正面效应被削弱了。这种正面效应可能是因为家庭参与时间长,和家人关系更好、协调的分工更合理,减少了家庭生活影响工作的程度,降低工作和生活冲突的可能性。但是,相对于体制内,体制外工作更加灵活多变,福利保障的落实程度也相对更低。体制外男性需要花费更多精力在维持家庭收入水平上,也缺少福利保障去支持他们去处理家庭生活和工作之间的冲突,呈现出被削弱的联合效应。女性样本中则未发现该种效应,可能是家庭参与时间对家庭生活影响工作程度的正面效应在她们身上并不显著。

模型15和模型16为分性别加入家庭参与时间与户口类型的交互项结果,模型19和模型20为分性别加入家庭参与时间与社会阶层的交互项结果,4个模型中的交互项均不显著,因而户口类型和社会阶层对家庭参与时间和家庭生活影响工作程度间关系没有影响。

（三）政策偏好分析

由回归分析可以看出，不同性别导致工作-生活冲突的因素和影响机制都有所不同。随着工作-生活平衡议题日益得到重视，政府政策又应当如何回应人民的需要呢？不同性别存在不同的需要，应当如何制定政策使其更加具有针对性？为了探讨不同性别的政策偏好，研究团队使用了调查问卷中社会照顾板块中的两个问题：一是"对于家里的老人照顾，您认为最需要哪三项支持措施？"二是"全面三孩政策以后，您对增加以下配套措施的支持程度如何？"其中，第二个问题为赋值1~5的定序变量，从低到高分别对应"非常不支持""比较不支持""无所谓""比较支持""非常支持"。变量的具体分布情况如图9、图10所示。

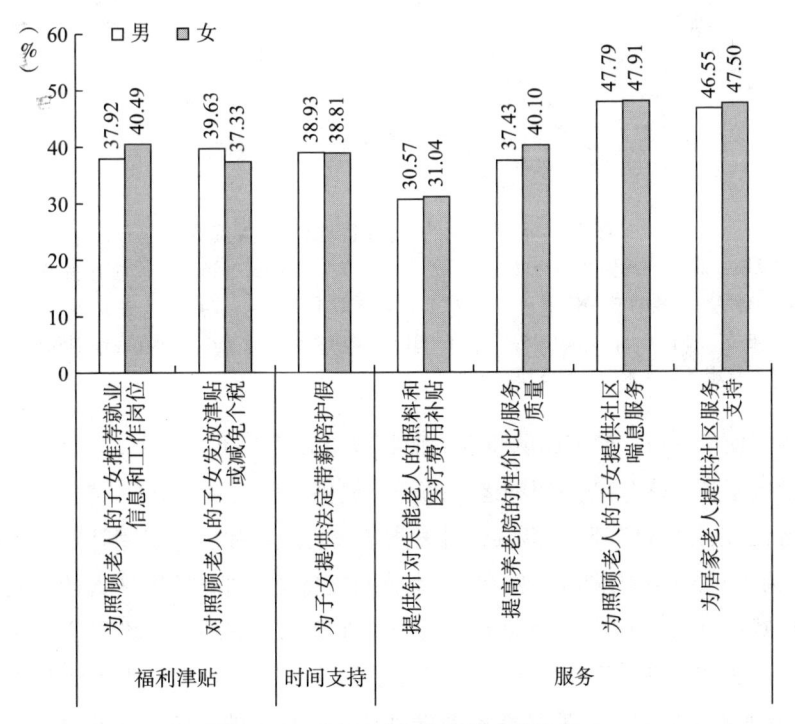

图9 不同性别的老人照料政策偏好

说明：对每一政策进行卡方检验，"提高养老院的性价比/服务质量" $F=8.956^{**}$；"对照顾老人的子女发放津贴或减免个税" $F=8.732^{**}$；"为照顾老人的子女推荐就业信息和工作岗位" $F=8.214^{**}$（$^{**}p<0.00$），这说明在以上政策中均存在显著的性别差异。其余政策未通过卡方检验。

[图表：不同性别的儿童照料相关政策偏好]

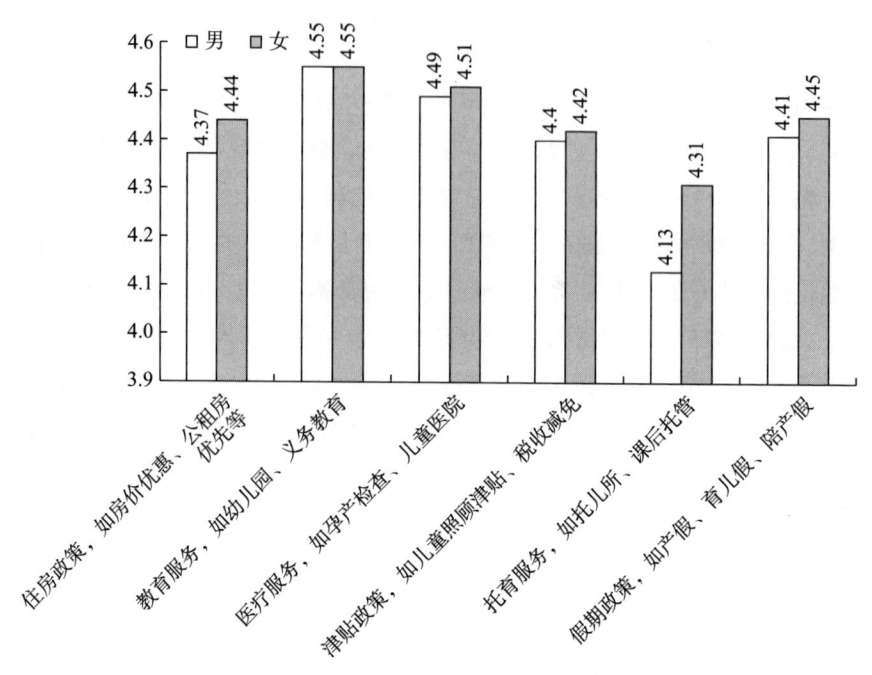

住房政策，如房价优惠、公租房优先等：男 4.37，女 4.44
教育服务，如幼儿园、义务教育：男 4.55，女 4.55
医疗服务，如孕产检查、儿童医院：男 4.49，女 4.51
津贴政策，如儿童照顾津贴、税收减免：男 4.4，女 4.42
托育服务，如托儿所、课后托管：男 4.13，女 4.31
假期政策，如产假、育儿假、陪产假：男 4.41，女 4.45

图 10　不同性别的儿童照料相关政策偏好

说明：对每一政策进行卡方检验，"假期政策" $F=16.0626^{***}$；"托育服务" $F=134.5033^{***}$；"津贴政策" $F=8.3661^{*}$；"医疗服务" $F=9.74^{**}$；"住房政策" $F=51.2566^{***}$（$^{*}p<0.1$；$^{**}p<0.05$；$^{***}p<0.001$），说明在以上政策中，均存在性别间显著差异。"教育服务"项未通过卡方检验。

为了便于分析，研究团队将老人照料政策归为三类。其中，"为居家老人提供社区服务支持"、"为照顾老人的子女提供社区喘息服务"、"提高养老院的性价比/服务质量"和"提供针对失能老人的照料和医疗费用补贴"为服务类；"为子女提供法定带薪陪护假"为时间支持类；"对照顾老人的子女发放津贴或减免个税"和"为照顾老人的子女推荐就业信息和工作岗位"为福利津贴类。从数据可以看出，人们对三类政策的呼声都较高。为了满足人们工作-生活平衡的需要，政府需要不断推进这三类政策的制定和实施。进一步分析性别差异，卡方检验的结果表明，男女在政策偏好上的差异主要体现在服务类和福利津贴类政策。在服务政策层面，希望提高养老院的性价比或服务质量的女性占比显著高于男性。在福利津贴层面，希望对照顾老人的子女发放津贴或者减免个税的男性占比显著高于女性，希望对照顾老人的子女推荐就业信息和工作岗位的女性显著高于男性。两性差异的原因可能在于普遍的性别分工。面对老人照料问题时，女性通常承担了主要的照料责任，更加可能面临职业风险。因此，提高养老院服务性价比能够减轻女性的照料负担，而就业服务能够提高女性后续的职业发展水平，以减轻家庭事务对她们职业生涯的负面影响。传统上，男性作为家庭的经济支柱，可能更加倾向于获取直接的经济支持。这些因素共同塑造了男女在养老服务和福利津贴方面的不同需求和偏好。

在儿童照料的支持政策方面，不同政策、不同性别的支持度平均值都处于"比较支持"和"非常支持"之间，说明目前人们对于儿童照料政策有着广泛的需求，这种需求涵盖了家庭有关的方方面面。从性别角度进行分析，男女间同样呈现出了较大的差异。除了教育服务未被发现显著的性别差异以外，支持假期政策、托育服务、津贴政策、医疗服务、住房政策的女性百分比均显著高于男性。原因可能是，女性在家庭和育儿方面往往承担更多责任，更关注那些能够提升照顾质量和生活质量的政策，因为这些服务直接关系到她们和家庭成员的福祉。教育服务对不同性别都具有普遍的重要性，因为它直接关系到个人成长和职业发展。因此，在这一方面未发现显著的性别差异是合理的。政策偏好的性别间差异代表了在人们广泛呼吁政策支持的同时，男性和女性在政策的需求上呈现不同的侧重点。

六 结论与建议

（一）研究结论

本专题报告借助2023年中山大学"人民美好生活需要（福利态度）调查"的数据分析了当前中国的工作-生活平衡问题，发现了以下现状：一是在总体上工作影响家庭生活程度和家庭生活影响工作程度都较高，且后者程度比前者更深，中国人普遍面临工作-生活失衡的困境，主要表现为家庭事务干扰日常工作。二是在性别间，男性相对于女性，工作影响家庭生活的程度较高，家庭生活影响工作的程度较低。三是在地域方面，整体上工作影响家庭生活程度最深的省份为新疆和湖南，性别差异最大的是海南和湖南；在家庭生活影响工作层面，男性受影响最深的省份为新疆和福建，女性受影响最深的省份为海南和新疆；性别差异最大的省份是海南和黑龙江。四是城乡间的"工作-生活"平衡也存在差异。农村居民工作干扰家庭生活的程度高于城镇居民，而家庭生活干扰工作的情况则相反；在性别内部对比城乡差异，发现男性的工作影响家庭生活程度城乡差异低于女性，而家庭生活影响工作程度的差异高于女性。五是体制内的男女差异要小于体制外，说明体制内女性相较于体制外，能够更好地处理工作-生活之间的冲突。

通过分析个人、家庭和社会因素对工作-生活冲突的影响，研究团队发现三个层面的因素均对工作-生活平衡存在显著影响。在个人层面，工作劳动时间、家庭参与时间均对工作-生活冲突存在正面影响。这可能是随着工作劳动时间的增长，家庭成员能够获取更多的经济收入，提升生活水平和家庭贡献，因而其能减少工作影响家庭生活程度；另外，随着家庭参与时间的延长，人们能够建立更牢固的情感联系，通过协调达到更加合理的家庭责任分工，从而降低家庭生活与工作的冲突。在家庭层面，子女数量和老人数量都具有显著影响，说明照料问题仍然是影响人们生活的重要因素。在社会层面，户口、体制内外、社会阶层同样存在显著影响，这些因素使得不同人群应对工作-生活冲突的资源、政策保障、能力的不同。在性别间，家庭收入对男性存在显著影响，城镇户口和体制内外对女性的工作-生活平衡存在显著的影响。

影响机制检验的结果表明，社会因素的影响因性别的不同而呈现差异。首先，在家庭收入层面显著地影响了女性应对工作压力的能力。相比于男性，她们的平衡感知对家庭收入更敏感。当家庭收入增加时，女性拥有了更多的经济资源和家庭支持去应对工作-生活的冲突，这种应对能力可能是表现在能够向外购买服务上。而在男性样本中没有发现这种联合效应。其次，城乡居民所享有的资源差异也是性别差异的重要因素之一。城市地区的女性相比农村女性，能够利用自身所享有的更好的社会资源、工作条件和家庭支持，让生活保持和谐与稳定。男性样本中未发现该种影响。最后，体制因素在性别方面也呈现差异，体制外男性相对于体制内，需要花费更多精力在维持稳定的家庭收入之上，也缺乏福利保障去支持他们处理家庭生活和工作间的冲突，女性则没有发现这种影响。总而言之，社会因素导致了不同个体、性别应对工作-生活冲突的能力差异。

对社会政策偏好的分析表明，人们普遍展现出了对提高老人和儿童照料的政策支持水平的强烈意愿。相比于男性,女性更加期待针对儿童的家庭支持政策。

在以上的分析结果中,我们可以发现,工作-生活平衡的性别差异在很大程度上是人群的不同社会特征导致的。由于传统性别观念的存在,性别间在面临工作-生活冲突时考虑的主要问题不同,而社会特征则强化了这种差异。因此,在针对不同性别、收入层次、城乡区域、体制内外人群的基础上,当前的家庭支持政策仍有许多进步的空间。

(二)政策建议

工作-生活冲突作为一种新社会风险,是当今社会亟待解决的社会问题。究其原因,工作-生活冲突受到性别、收入层次、城乡区域、体制内外等多重因素的影响,其后果也波及个人、家庭、组织乃至社会等多个面向。作为一个发展中国家,我国在人均收入水平方面与发达国家仍有较大差距,这决定了我国不能采取短期内大规模政府投入的方式,实现欧洲式的支持策略。但是,人口老龄化的加剧和家庭结构的缩小,也说明积极应对工作和生活冲突问题存在着巨大的潜在风险。[1] 因此,在中国语境下推动工作-生活平衡的实现,必须结合政府、企业和个人三方的责任,充分利用多种政策工具和现代化手段,[2] 建立一个多元主体配合的工作-生活支持系统,确保为劳动者提供必要的福利保障,并在一定程度上增强家庭的功能和作用。具体来说,在我国通过社会政策推动劳动者的工作-生活平衡主要有以下三个方面的途径。

第一,在工作方面,提供灵活的工作安排和健康的职业发展空间。政府部门应加强对企业的监管,遏制"畸形加班文化",制定和实施关于支持多渠道灵活就业的政策法规,鼓励个体经营发展、增加非全日制就业机会、支持发展新就业形态。企业可以根据工作类型和内容,适当鼓励和支持员工在家中或其他地点进行远程工作,允许员工根据自身需求调整工作时间,提高工作时间的弹性。此外,政府和各类组织还应该重视职业发展支持措施的实施,包括提供多样化的培训项目、制定公平的晋升机制等,以满足员工的个性化职业发展需

---

[1] 颜学勇、周美多:《为了"美好生活"的治理:基于社会政策视角的工作-生活平衡研究》,《甘肃行政学院学报》2019年第2期。
[2] 岳经纶、颜学勇:《走向新社会政策:社会变迁、新社会风险与社会政策转型》,《社会科学研究》2014年第2期。

求，提高他们对工作的投入和满意度，进而提升整体的工作-生活平衡水平。

第二，在家庭方面，提供家庭支持计划，为家庭赋能。政府和各类组织应该重视家庭支持政策的制定和实施，包括加强育儿假制度、提供灵活的家庭照顾服务等举措。延长育儿假期不仅有助于提高生育率，稳定家庭结构，还有助于减少职场中的性别歧视，使女性在生育后能够更容易地返回工作岗位。提供家庭照顾服务，如托儿服务和老年照护服务，是减轻家庭责任对个体工作影响的有效途径，这样的政策可以帮助家庭解决照顾子女和老人的实际困难，使家庭成员能够更好地平衡工作和家庭责任。

第三，针对不同社会特征的群体，制定差异化的工作-生活平衡支持措施，提供更全面的社会福利。首先，加强性别平等意识教育，促进性别角色的解构，减少性别带来的工作-生活冲突；其次，为低收入家庭提供更多的补贴或福利，以缓解他们在工作-生活平衡方面的经济压力；最后，考虑到城乡地区的生活方式和资源分配存在差异，对于城市地区，可以提供更多的便利设施和灵活工作安排，而对于农村地区，可以加强基础设施建设和社区支持，提供更多的就业机会。

总的来说，在社会持续转型和人们工作和生活经历重大变化的今天，社会对于工作与生活平衡的关注也在日益增强，人们越来越追求和谐、高质量的生活状态。生活品质的提升不仅取决于个人和家庭的能力和资源，更考验着整个社会的治理能力。如何更有效地为人民生活品质的提升创造有利的外部环境，应成为我国政府持续关注的重要议题。

专题报告八

职工生活品质的差异性、多面性与制约性

庄文嘉　彭煜杰

一　引言

习近平总书记在党的二十大报告中指出，"必须坚持在发展中保障和改善民生，鼓励共同奋斗创造美好生活，不断实现人民对美好生活的向往"。[①] 从党的十九大报告指出我国社会主要矛盾的转变到"十四五"规划要求增进民生福祉、把共同富裕作为实现人民美好生活的着力点，再到党的二十大报告明确提出共创美好生活，中国共产党始终坚持以人民为中心的发展思想，把增进民生福祉作为发展的根本目的，逐步勾勒出一幅实现人民美好生活的政策图景。在这一过程中，人民美好生活需要的内涵和外延不断扩大，并且日益呈现多样化、多层次、多面向的特点。人们不仅对物质文化生活提出了更高的要求，而且在民主、法治、公平、正义、安全、环境等方面的要求日益增长，期盼有更多的就业机会、更稳定的收入、更可靠的社会保障、更高水平的公共服务、更优美的环境、更丰富的精神文化生活。

职工是社会财富的创造者，提升职工生活品质是夯实人民幸福生活物质基础的重要条件，也是人民生活更加幸福美好的前提。计划经济时代，"职工"一词更多是"国家职工"之意，国家为职工提供终身就业保障和广泛的社会经济权利；工人阶级是职工的主体，具有强烈的政治意味。改革开放以来，随着中国产权制度改革，劳动用工制度发生了改变，"职工"这一概念更多以劳动关系或者

[①]《习近平：高举中国特色社会主义伟大旗帜　为全面建设社会主义现代化国家而团结奋斗——在中国共产党第二十次全国代表大会上的报告》，中国政府网，2022年10月25日，htp://www.gov.cn/xinwen/2022-10/25/content_5721685.htm。

市场契约来界定，并且其包含的范围也进一步扩大。① 在2012年人社部发布的《中华人民共和国社会保险法释义》，"职工"被定义为职员和工人，包括我国境内的各类企业的职工，国家机关、事业单位、社会团体、民办非企业单位的工作人员和个体工商户的雇工。② 同时，随着信息技术的进步和经济发展方式的转型，劳动者的就业结构和方式进一步变化，灵活就业人员和新就业形态从业人员规模也不断扩大。当前，我国人口红利优势依然明显，劳动力存量接近9亿人，每年新增劳动力超过1600万人，人力资源优势突出。③ 只有充分保障职工权益、提升职工生活品质，才能最大限度地发挥我国的人力资源优势。

经济的高速发展为提升职工生活品质奠定了丰厚的物质基础。在这一过程中，职工的生产、生活和思想观念发生了深刻变化，他们开始关注自身的权益和福祉，对工作环境、薪酬待遇和职业发展有了更高的期待，并希望在工作中实现自我价值和职业发展。但职工对于美好生活的追求与现实存在一定差距，许多问题在不同程度上制约着职工生活品质的提升。首先，由于市场竞争的日益加剧和生活成本的持续增加，职工正面临前所未有的生存压力。他们普遍面临工作时间较长、工作与生活难以平衡等现实问题。这些问题不仅影响了他们的身心健康，也对他们的工作效率和生活质量造成了负面影响。其次，随着新技术新业态新模式背景下劳动关系的深刻调整，新就业形态劳动者、灵活就业人员和困难职工群体的就业权益保障成为新的问题。最后，当前公共服务供给质量不高，与职工生活密切相关的劳动就业、社会保障、医疗卫生、托育养老等公共服务均等化水平不高，相关配套措施有待进一步完善。

保障职工的合法权益、维护职工的民主政治权利，夯实职工幸福生活的物质基础，是人民生活更加幸福美好的前提，也是我国全体人民迈向共同富裕的又一实质性进展。为深入贯彻落实党的二十大报告中提出的"增进民生福祉，

---

① 闫永飞：《论"工人阶级""产业工人""职工"概念的历史演变》，《工会理论研究（上海工会管理职业学院学报）》2020年第5期。
② 《中华人民共和国社会保险法释义》，中华人民共和国人力资源和社会保障部官网，2012年8月7日，http://www.mohrss.gov.cn/SYrlzyhshbzb/rdzt/syshehuibaoxianfa/bxffaguijijiedu/201208/t20120807_28573.html。
③ 《人民财评："人口红利"没有消失，"人才红利"正在形成》，人民网，2023年3月20日，http://opinion.people.com.cn/n1/2023/0319/c427456-32647007.html。

提高人民生活品质"和"全心全意依靠工人阶级……维护职工合法权益"① 的重要要求，构建和谐的劳动关系势在必行。本专题报告基于 2023 年中山大学"人民美好生活需要（福利态度）调查"，聚焦职工生活品质的多面性与差异性，描绘当前我国职工生活品质的数字人物画像，同时关注不同职工群体的时间利用差异，并在此基础上进一步探究工作-生活不平衡程度对于职工生活品质的制约性。最后，从满足职工多样化期许和实现补充性生活平衡两个方面提出相应的政策建议。

二 研究背景："职工生活品质"的提出及其内涵

（一）从提高"生活水平"到提高"生活品质"

1981 年，党的十一届六中全会指出，"我国所要解决的主要矛盾，是人民日益增长的物质文化需要同落后的社会生产之间的矛盾"。② 自此，我国始终坚持以经济建设为中心，不断解放和发展生产力，不断创造和积累社会财富，不断提高人民的"生活水平"和"生活质量"。到 2012 年，党的十八大把"人民生活水平全面提高"作为全面建成小康社会的新要求之一，并强调必须以保障和改善民生为重点，提高人民物质文化生活水平。③

2015 年，党的十八届五中全会首次提出"人民生活质量"的概念，进一步把"人民生活水平和质量普遍提高"作为全面建成小康社会新的目标之一。④ 2017 年，党的十九大报告指出，"我国社会主要矛盾已经转化为人民日

---

① 《习近平：高举中国特色社会主义伟大旗帜 为全面建设社会主义现代化国家而团结奋斗——在中国共产党第二十次全国代表大会上的报告》，中国政府网，2022 年 10 月 25 日，https://www.gov.cn/xinwen/2022-10/25/content_5721685.htm。
② 《辩证把握新时代我国社会主要矛盾》，人民网，2017 年 12 月 15 日，http://theory.people.com.cn/GB/n1/2017/1215/c40531-29708720.html。
③ 《胡锦涛：坚定不移沿着中国特色社会主义道路前进 为全面建成小康社会而奋斗——在中国共产党第十八次全国代表大会上的报告》，中国政府网，2012 年 11 月 17 日，https://www.gov.cn/ldhd/2012-11/17/content_2268826.htm。
④ 《中国共产党第十八届中央委员会第五次全体会议公报》，国务院新闻办公室网站，2015 年 10 月 30 日，http://www.scio.gov.cn/ztk/dtzt/2015/33995/33999/34093/Document/1466038/1466038.htm。

益增长的美好生活需要和不平衡不充分的发展之间的矛盾"。① 2020年，党的十九届五中全会把"改善人民生活品质，提高社会建设水平"列入《中共中央关于制定国民经济和社会发展第十四个五年规划和二〇三五年远景目标的建议》，并提出在新发展阶段，要围绕改善人民生活品质来提升社会建设水平。② 这是党的全会文件中首次提出"生活品质"问题。2022年，党的二十大报告强调，作为中国式现代化的基本特征之一，共同富裕必须以人民为中心，处理好人民福祉与人民生活品质之间的关系，使人民生活得到全方位改善，实现人民对美好生活的向往。从提高"生活水平"到提高"生活品质"的表述变化，深刻体现了党对社会主要矛盾的战略判断和民生事业重心质的飞跃。

（二）从提高"人民"生活水平到提升"职工"生活品质

共同富裕是中国特色社会主义的根本原则，也是中国式现代化的重要特征。习近平总书记强调，工人阶级和广大劳动群众是社会财富的主要创造者，推动全体人民共同富裕取得更为明显的实质性进展，首先要体现在亿万劳动者身上。③ 在2013年同中华全国总工会新一届领导班子成员集体谈话时，习近平总书记强调，保障职工群众经济、政治、文化、社会权益是中国社会主义制度的根本要求，是党和国家的神圣职责，也是发挥广大职工群众积极性、主动性、创造性最重要最基础的工作。④ 党的二十大报告指出，"增进民生福祉，提高人民生活品质"。⑤ 提升职工生活品质既是"提高人民生活品质"的重要

---

① 《习近平：决胜全面建成小康社会 夺取新时代中国特色社会主义伟大胜利——在中国共产党第十九次全国代表大会上的报告》，中国政府网，2017年10月27日，https://www.gov.cn/zhuanti/2017-10/27/content_5234876.htm。
② 《中共中央关于制定国民经济和社会发展第十四个五年规划和二〇三五年远景目标的建议》，中国政府网，2020年11月3日，https://www.gov.cn/zhengce/2020-11/03/content_5556991.htm。
③ 《新时代大力弘扬劳模精神劳动精神工匠精神的理念与路径》，人民网，2024年2月1日，http://paper.people.com.cn/rmzk/html/2024-02/01/content_26043182.htm。
④ 《习近平强调竭诚服务职工群众维护职工群众权益 为实现中国梦再创新业绩再建新功勋》，新华网，2013年10月23日，http://www.xinhuanet.com/politics/2013-10/23/c_117844492.htm。
⑤ 《习近平：高举中国特色社会主义伟大旗帜 为全面建设社会主义现代化国家而团结奋斗——在中国共产党第二十次全国代表大会上的报告》，中国政府网，2017年10月27日，https://www.gov.cn/xinwen/2022-10/25/content_5721685.htm。

专题报告八　职工生活品质的差异性、多面性与制约性

内容，也是实现共同富裕的重要举措。职工生活品质包含从生存到发展、从物质到精神的所有方面，和谐劳动关系则是提升职工生活品质的基础。

中华全国总工会是中国共产党领导的职工自愿结合的工人阶级群众组织，是党联系职工群众的桥梁和纽带，是会员和职工利益的代表，提升职工生活品质是工会履行维权服务基本职责的重要内容。2021年7月16日，中华全国总工会发布了《中国工运事业和工会工作"十四五"发展规划》，提出了6个发展目标，其中一个就是"服务职工水平实现新提升"；确定了9个重点任务，其中一个就是"建立健全高标准职工服务体系，不断提升职工生活品质"。

为落实《中国工运事业和工会工作"十四五"发展规划》目标任务，2021年9月，中华全国总工会办公厅先后印发《关于开展提升职工生活品质试点工作的通知》《关于发布提升职工生活品质全总试点单位名单的通知》，以提升职工生活品质为目标，在20个城市试点开展帮扶中心赋能增效、打造服务职工综合体，在50家企业试点开展提升职工生活品质、营造幸福生活环境。2022年和2023年，中华全国总工会又先后发布第二批和第三批提升职工生活品质试点单位名单。数据显示，自2021年9月中华全国总工会部署开展提升职工生活品质工作以来，共计将70家工会帮扶中心和260家企业（工业园区）纳入全总试点单位，安排5600万元专项资金予以支持；截至2024年1月，31个省（区、市）和新疆生产建设兵团总工会在全总试点基础上，全面推进开展各级工会提升职工生活品质试点工作，共计1226家工会帮扶中心、4265家企业（工业园区）列入工会提升职工生活品质试点单位。[①]

表1　提升职工生活品质的国家政策

出台时间	政策文件	政策要点
2021年7月	《中国工运事业和工会工作"十四五"发展规划》	提出"服务职工水平实现新提升"的发展目标和"建立健全高标准职工服务体系，不断提升职工生活品质"的重点任务
2021年9月	《关于开展提升职工生活品质试点工作的通知》《关于发布提升职工生活品质全总试点单位名单的通知》	在20个城市试点开展帮扶中心赋能增效、打造服务职工综合体，在50家企业试点开展提升职工生活品质、营造幸福生活环境

---

① 《全国总工会发布第三批提升职工生活品质试点单位名单》，中工网，2024年1月3日，https://www.workercn.cn/papers/grrb/2024/01/03/1/news-3.html。

续表

出台时间	政策文件	政策要点
2022年11月	《中华全国总工会办公厅关于进一步做好提升职工生活品质试点工作的通知》《关于发布第二批提升职工生活品质试点单位名单的通知》	以职工需求为导向，聚焦"帮扶中心+服务职工基地+基层工会"协作模式，在全国范围确定共20家工会帮扶中心和100家企业（工业园区）为第二批提升职工生活品质全总试点单位
2023年12月	《关于发布第三批提升职工生活品质试点单位名单的通知》	在全国范围确定30家工会帮扶中心、110家企业（工业园区）为第三批提升职工生活品质试点单位

资料来源：作者整理。

（三）"职工生活品质"的内涵

生活品质是衡量经济社会发展水平的重要指标，是一个集经济、政治、文化、社会、生态于一体的综合性概念。随着社会主要矛盾的转变，人民群众不仅对物质文化生活提出了更高的要求，而且在实现小康的基础上正在追求更高水平的、以实现人自身发展为主的生活目标，利益诉求从"量"的增长向"质"的提升转变，从单一地满足基本生活需要向个性化、多元化等社会性、精神性需求转变，从过去强调"硬需求"向现在强调"软需求"转变。[1] 在这一过程中，职工的生产、生活和思想观念也发生了深刻变化，他们不再仅仅局限于物质层面的满足，而是开始更加关注工作与生活的平衡，在经济生活品质、政治生活品质、文化生活品质、社会生活品质、环境生活品质等方面有了更加丰富的诉求。这种变化不仅体现了职工对个人幸福的追求，也反映了他们对生活质量的重视和对工作与生活关系的再思考。

具体而言，在经济生活中，职工普遍追求更高的收入水平、更充足的就业岗位和更稳定的工作保障，他们期望能够获得公平的薪酬待遇，包括基本工资、奖金、津贴等，并希望能够通过努力工作和职业发展获得更好的经济回报；在政治生活中，职工渴望更多的知情权、参与权、表达权和监督权，通过选举、投票、建议等方式表达自己的意见和诉求，并积极参与涉及自身利益的

---

[1] 李睿祎：《新发展阶段提升职工生活品质研究》，《工会理论研究（上海工会管理职业学院学报）》2022年第3期。

法律和政策的制定，在国家政治生活中发挥自己的作用；在文化生活中，职工追求更加丰富多彩的文化生活，他们期望拥有良好的工作氛围和人际关系，能够享受到高质量的文化产品和文化服务，并通过参加各种文体活动不断促进个人文化素养的提升；在社会生活中，职工期望更优质、更均等、更普惠的基本公共服务供给，关注社会的公平正义以及养老、医疗、住房等社会保障制度的完善，以确保自己在面临生活风险时能够得到足够的保障；在环境生活中，职工关注空气质量、水质安全、噪声污染等问题，期望更加干净、整洁、优美的工作环境和工作条件（见表2）。

总而言之，在快速变化的社会和竞争激烈的市场环境中，职工不仅希望获得稳定工作和经济收益，更渴望在职业生涯中实现自我价值、拓宽个人视野、提升综合素质，这也是职工生活品质的核心所在。因此，我们要在维护职工合法权益的基础上不断满足职工日益增长的多样化需求，提升其生活品质。

表2 职工生活品质的内容

经济生活品质	追求更高的收入水平、更充足的就业岗位和更稳定的工作保障，期望能够获得公平的薪酬待遇，包括基本工资、奖金、津贴等，并希望能够通过努力工作和职业发展获得更好的经济回报
政治生活品质	渴望更多的知情权、参与权、表达权和监督权，通过选举、投票、建议等方式表达自己的意见和诉求，并积极参与涉及自身利益的法律和政策的制定，在国家政治生活中发挥自己的作用
文化生活品质	追求更加丰富多彩的文化生活，期望拥有良好的工作氛围和人际关系，能够享受到高质量的文化产品和文化服务，并通过参加各种文体活动促进个人文化素养的提升
社会生活品质	期望更优质、更均等、更普惠的基本公共服务供给，关注社会的公平正义以及养老、医疗、住房等社会保障制度的完善，以确保在面临生活风险时能够得到足够的保障
环境生活品质	关注空气质量、水质安全、噪声污染等问题，期望更加干净、整洁、优美的工作环境和工作条件

资料来源：作者整理。

（四）提升职工生活品质的地方实践

在国家提升亿万职工生活品质的号召下，中华全国总工会深入推进提升职工生活品质工作。2021年9月，中华全国总工会在20个城市试点开展帮扶中心赋能增效、打造服务职工综合体，在50家企业试点开展提升职工生活品质、营造幸福生活环境，同时通过"关爱职工公益伙伴纽带计划"孵化100家服务职工类社会机构，并开展"新就业形态劳动者温暖行动"。2023年，中华全国总工会接连启动了两项重大工程，一是广泛开展工会服务站点"双15"工程，推动服务站点在主要城市和城市重点区域实现1公里服务半径，推动实现全国服务站点达15万个，15分钟步行可达，实现区域内户外劳动者交叉覆盖的综合服务矩阵；二是正式启用全总本级"12351"职工维权热线呼叫中心，并宣布全国工会"12351"职工维权服务热线上线试运行，努力以数字化、智能化方式履行工会维权服务基本职责。

为深入贯彻落实全总的总体部署，各省（区、市）工会组织结合实际积极推动相关政策细化落实，聚焦重点，因地制宜，在推动工会服务阵地体系建设、实施工会数智化建设工程、推进职工普惠服务做实等方面精准施策，探索创新服务职工业态、模式、机制，建成了一批示范性好、辐射功能强的服务型、枢纽型、高质量职工服务基地，实现了一体化、智慧化、生态化的工会治理新动能和工会服务新体系，打造了精准对接职工的普惠服务地方样板。本报告以2023年中山大学"人民美好生活需要（福利态度）调查"问卷涉及省份（云南省、广东省、新疆维吾尔自治区、海南省、湖南省、福建省和黑龙江省）为例，系统介绍各省份在推动工会服务阵地体系建设、实施工会数智化建设工程、推进职工普惠服务做实等重点领域的典型实践（见表3），为推动职工生活高质量发展提供多元经验借鉴。

表3　7省份推动职工生活品质提升的政策重点和典型实践

省份	重点	典型实践
黑龙江省	推动工会服务阵地体系建设	打造旗舰型服务职工综合体，通过"一体化"建设为职工提供"一站式"服务
新疆维吾尔自治区		建设"1+N"职工服务阵地网络，通过串点成线、连线成片构建"15分钟职工服务圈"
广东省		推进户外劳动者阵地建设，将建设户外劳动者"工会爱心驿站"作为服务职工的重要阵地

续表

省份	重点	典型实践
海南省	实施工会数智化建设工程	完善"12351"职工维权热线服务机制，搭建起对职工群众呼声快速有效响应的服务平台
福建省		创新打造智慧工会服务平台，服务职工群众便捷办事
湖南省		形成纵向贯通、横向协同的数字工会体系，切实提升服务效率和服务水平
云南省	推进职工普惠服务做实	以项目化推进职工普惠服务工作，打通普惠服务职工的"最后一公里"

资料来源：作者整理。

1. 实现全覆盖：不断推动工会服务阵地体系建设

职工服务阵地是工会联系职工群众的重要载体，最大限度地发挥工会阵地的便民利民服务功能有助于持续推动提升职工生活品质。黑龙江省、新疆维吾尔自治区、广东省三地聚焦"服务阵地强"，以阵地建设为依托，以服务职工为牵引，不断夯实职工生活品质高质量发展的阵地基础，推动职工服务阵地向高品质和多样化集成。

（1）黑龙江省：打造旗舰型服务职工综合体

2022年，黑龙江省总工会印发《关于开展提升职工生活品质试点工作实施方案》，明确开展服务职工综合体试点和提升职工生活品质企业试点，确定省级各类试点35个，其中提升职工生活品质企业试点15个。到2023年9月，黑龙江省已经确立大庆、中车等35个省级试点，培育550家共享性、普惠性创新职工之家阵地，并建设了296家省级标准化母婴爱心屋和296个维权服务志愿者工作点。[1]

佳木斯市以优化服务阵地为抓手，着力打造旗舰型服务职工综合体，形成为职工提供全方位、一站式、高水平服务新模式。佳木斯市总工会立足现有职工服务中心，除保留职工帮扶、维权等传统工作外，进一步对内对外整合资源，根据新时期工会工作新变化，以及产业工人队伍建设改革的新需要，将职工研学中心、三创中心、路演中心、文体中心、维权中心等5个中

---

[1] 《有一种温暖，叫工会在您身边——五年来黑龙江工会工作综述》，中工网，2023年9月28日，https://www.workercn.cn/c/2023-09-28/7997532.shtml。

心的功能归集到市职工服务中心，通过"一体化"建设为职工提供"一站式"服务。服务职工综合体突出"工字号"特色，推出一系列围绕职工成长、成才需要的活动。2022年，佳木斯市总工会围绕提升职工生活品质任务要求和全力建设"党的建设模范区"奋斗目标，创新思路、整合资源，高标准建设佳木斯工运史馆暨市职工服务中心，并融合建设一站式职工服务大厅、户外劳动者服务站点、母婴爱心屋、职工书屋、创业创新孵化室等功能区，极大地提升了工会服务能力和水平，入选第二批提升职工生活品质全总试点单位。①

(2) 新疆维吾尔自治区：建设"1+N"职工服务阵地网络

2021年，新疆维吾尔自治区总工会制定《自治区总工会开展服务职工综合体建设和职工生活幸福企业创建试点工作实施方案》，指出服务职工综合体建设将依托各级工会职工服务中心（困难职工帮扶中心）等工会阵地，整合工会资源，实现职工帮扶、救助、维权、普惠、助优一站式服务。2022年，新疆维吾尔自治区总工会印发《提升职工生活品质自治区总工会试点单位名单》，要求试点单位积极探索建设高质量服务职工综合体，实现试点经验和服务职工模式可持续、可复制、可推广。

为深入贯彻落实新疆维吾尔自治区总工会文件精神，结合"县级工会加强年"专项工作要求，库尔勒市总工会切实履行工会组织基本职责，积极构筑"1+N"服务阵地和"15分钟职工服务圈"，不断健全工会服务网络，增强工会阵地服务职能，不断完善职工服务中心功能。库尔勒市总工会以1个市级职工服务中心为主阵地，联结各行业系统职工服务中心、企事业单位的职工之家（职工书屋）、农民工之家、爱心母婴室、户外劳动者服务站点（司机之家）、劳模（工匠人才）创新工作室等服务阵地，形成"1+N"职工服务阵地网络，做到串点成线、连线成片、合理布局，构建"15分钟职工服务圈"，提升全市广大职工的幸福指数。除在离职工最近、职工最需要的地方广泛建立服务职工基地外，库尔勒市总工会还根据职工需求以及自有资源，提供职工书屋、创业就业培训、劳动争议调解、心灵驿站、法律援助、工会主席接待日等若干个特

---

① 《佳木斯市总创建"一体化"服务职工综合体》，中工网，2023年1月12日，https://www.workercn.cn/c/2023-01-12/7699773.shtml。

色延伸项目。① 库尔勒市总工会被列为中华全国总工会对口联系县级工会提升职工生活品质先行先试单位、新疆维吾尔自治区总工会试点开展帮扶中心赋能增效打造服务职工综合体单位，是新疆工会加强基层工会组织建设、提升服务能力和水平的一个缩影。

（3）广东省：推进户外劳动者阵地建设

随着经济的发展，职工队伍结构、劳动关系、就业形态等发生了新变化，新就业形态劳动者和户外劳动者群体庞大，如何解决他们最直接、最现实、最愁盼的问题，是工会组织和工会工作面临的新任务。作为改革开放的排头兵、先行地、实验区，广东是较早开始建设户外劳动者爱心驿站的省份。2014年4月，全省第一家户外职工小休站在广州成立。2018年8月，全国第一家"户外劳动者港湾"在广东省建设银行广州分行惠福西路支行成立。② 2019年，广东省总工会印发《广东省"户外劳动者工会爱心驿站"建设实施方案》，按照"党政支持、工会主导、基层运作、资源整合"原则，将建设"户外劳动者工会爱心驿站"作为工会竭诚服务职工的重要阵地，高标准做好工会户外劳动者服务站点建设工作。

中山市总工会通过"资助建设+服务协同+自主运营"的模式引导、支持各镇街工会爱心驿站孵化、培育。其中，小榄镇总工会按照"建设高效便捷服务职工群众新阵地"的要求，以及"党政支持、工会主导、基层运作、资源整合"原则，将建设"户外劳动者工会爱心驿站"作为工会竭诚服务职工的重要阵地，高标准做好工会户外劳动者服务站点建设工作。按照便捷易用原则，在户外劳动者相对集中的区域合理选址，建成省级"工会爱心驿站"2家，市级"工会爱心驿站"（二星级）5家，镇级"工会爱心驿站"4家，同时结合"工会爱心驿站"分布广、受众多的特点，加强党政工作和工会服务宣传，并以驿站为平台积极开展"送清凉"等关爱慰问活动，努力为户外劳动者提供更多可感可知、可达可得的贴心服务。③

---

① 《库尔勒：打造职工服务中心 提升职工幸福感》，库尔勒市人民政府官网，2023年12月25日，https://www.xjkel.gov.cn/xjkrls/c110123/202312/955efbbacd064e22bff0577eea419d84.shtml。
② 《广东工会户外劳动者爱心驿站建设工作推进会在广州召开》，广东省总工会官网，2023年9月15日，https://www.gdftu.org.cn/xwzx/ghyw/content/post_1129009.html。
③ 《中山小榄：努力解决户外劳动者"关键小事"，诠释工会"贴心大爱"》，广东省总工会官网，2024年2月29日，https://www.gdftu.org.cn/xwzx/jcld/content/post_1230964.html。

2. 服务再升级：深入实施工会数智化建设工程

党的二十大做出了"加快建设网络强国、数字中国""加快发展数字经济"的战略部署①。工会数字化转型、数智化建设是将数字化思维和数字化工具贯穿到工会工作全过程的重要举措。从"窗口"到"指尖"，从"线下"到"线上"，工会系统通过全面加快数智化建设，有效实现了工会工作和服务直接、直达亿万职工群众。海南省、福建省、湖南省三地瞄准职工群众的需求，加强建设工会"12351"职工维权热线，创新打造智慧工会服务平台，推进工会业务流程再造，实现了工会工作和服务"一端通享""一网协同"，真正高效、实时、精准地为亿万职工群众提供数字化服务。

（1）海南省：完善"12351"职工维权热线服务机制

2023年9月，全国总工会正式启用全总本级"12351"职工维权热线呼叫中心，这是一项具有里程碑意义的举措。该热线将集中受理全国范围内的问题咨询、服务帮扶、信访投诉、法律援助和意见建议等职工维权服务需求，通过统一号码接入，明确了问题办理流程和时限。同年12月，中华全国总工会宣布"12351"职工维权热线全面建成运行。

海南省总工会坚持聚焦职工群众多样化需求，打通服务职工群众的新路径，全力把"12351"职工维权热线打造成为"记得住、打得通、转得快、办得好、职工认"的工会品牌，使服务更直接、更深入、更贴近广大职工群众。同时，海南省总工会依托"12351"职工维权热线开展法律咨询和维权服务，包括"法律大讲堂""12·4宪法日""尊法守法·携手筑梦"服务职工公益法律服务行动，不断增强职工群众依法维权意识。② 2022年，海南省职工服务中心为职工（农民工）提供法律咨询2309人次，代理仲裁（诉讼）法律援助153件286人次，为受援人挽回劳动经济损失约30.5万元。法律援助案例"线上申请少跑腿，线下援助保权益"被中央网信办、中华全国总工会评为"全国

---

① 《习近平：高举中国特色社会主义伟大旗帜 为全面建设社会主义现代化国家而团结奋斗——在中国共产党第二十次全国代表大会上的报告》，中国政府网，2022年10月25日，https://www.gov.cn/xinwen/2022-10/25/content_5721685.htm。

② 《省总工会今年将做好服务职工群众10件实事》，海南省人民政府网，2024年2月2日，https://www.hainan.gov.cn/hainan/tingju/202402/eb141c5e9c24427a99380329872022e9.shtml。

互联网+工会维权服务优秀案例"。① 其中，海口市总工会优化"12351"职工维权热线服务机制，建立300多个基层劳动争议调解委员会，对职工合法的劳动经济权益诉求实行"应援尽援"，搭建起了一个对职工群众呼声快速有效响应的服务平台②。

（2）福建省：创新打造智慧工会服务平台

2022年，福建省总工会印发《福建省总工会提升职工生活品质试点工作实施方案》，决定在全省启动提升职工生活品质试点工作，推动职工服务中心赋能增效，打造一体化、项目化、标准化、精准化、智能化、社会化等"六化"服务职工综合体。打造智慧工会综合服务系统，成为福建省总工会服务职工群众便捷办事的一大亮点。福建省通过加快推进工会数字化转型，立足自身实际搭建起一批服务平台。

厦门市总工会秉持"职工为本，服务先行"的理念，依托工会会员核心数据库，以信息化平台为支撑、新媒体平台为窗口，创新打造智慧工会服务平台，形成了独具厦门"工"字特色、高效便捷的网上服务职工新模式。首先，以信息化技术为支撑，厦门市智慧工会服务平台整合集成劳模、困难职工、"平安返厦"等12大工会基础业务数据库和系统模块，实现了数据采集、管理、查询、统计等多项功能，为各级工会普惠服务工作提供便捷通道。其次，厦门市智慧工会服务平台以项目化管理为载体，积极创新项目化服务，针对不同职工群体需求，开发了服务地图、知识问答等18款通用型交互应用模块，打造特色精准服务。最后，为提升工会组织影响力，厦门市总工会积极运用互联网抢占职工"掌上空间"，搭建全媒体服务矩阵，持续延伸平台服务职工范围。通过整合"一网两微多端"平台，构建网络"同心圆"，厦门市总工会打响工会网上普惠服务品牌，连续三年被评为福建省"十佳"最有影响力工会新媒体。③

---

① 《海南工会聚焦职工需求，延伸"服务触角"，打造"服务矩阵"——急事难事烦心事 快申快办快处理》，中工网，2023年1月12日，https://www.workercn.cn/c/2023-01-12/7699564.shtml。

② 《"当好娘家人的答案，在离职工最近的地方"——全国工会系统先进集体、先进工作者和劳动模范巡礼》，工人日报，2023年10月31日，https://www.workercn.cn/papers/grrb/2023/10/31/1/news-6.html。

③ 《首届福建省工会改革创新项目"十佳成果"网络投票活动候选项目简介》，福建省总工会官网，2023年1月31日，https://www.fj12351.cn/new_detail.jsp?xh=698029&column=11。

(3) 湖南省：形成纵向贯通、横向协同的数字工会体系

近年来，湖南省各级工会主动适应数字化技术迅速发展的形势，把网上工作作为深化工会改革创新、联系服务职工的重要突破口，将越来越多的工会业务搬到线上，通过线上线下深入融合发力。湖南省总工会于2019年启动"互联网+工会"建设，已经建成"一个中心三大平台"的网上工作体系，即全省工会数据统一在湖南工会云进行存储、各级工会分级共建共享的全省工会数据中心，以覆盖县级以上工会的视频会议系统、移动办公为支撑的全省工会协同办公平台（"湘工通"APP），以工会会员实名制服务、普惠服务为核心的职工服务平台（"湘工惠"APP），以网站、官微、视频号等融合的新闻宣传平台，初步形成纵向贯通、横向协同、覆盖全省的数字工会体系。[1]

在全面推进工会数字化改革的浪潮中，长沙县总工会作为湖南省"互联网+工会"试点单位在全国率先开展"数字工会"建设工作。通过三年多的运行、两次升级提质，建成了由"三端、四库、五平台"组成的"数字工会"智慧平台，实现了46类工会业务流程、224项业务全电子化在线办理，形成了"指尖组建、个性服务、会员共享"的工作新格局。同时，长沙县"数字工会"平台也是全国首个采用区块链、大数据技术赋能的"数字工会"平台，通过大数据分析"四库"数据，精准普惠工会会员，极大地提升了服务效率。新冠疫情期间，通过应用组建数据筛选功能，精准快速地为2011名非湖南省户籍会员发放留县过年消费券，助力企业复工复产。[2]"数字工会"打破了总工会与分工会、分工会与分工会之间的数字壁垒，将原本烦琐的工会工作"化繁为简"，切实有效地提升了工会的运作效率和水平，完善了工会的服务职能。

3. 对接更精准：多措并举推进职工普惠服务做实

习近平总书记指出："要为广大职工提供具有工会特点的普惠性、常态化、精准化服务。"[3] 为职工提供受众广泛、机会均等的普惠性服务，不断提升职

---

[1] 《"数字"赋能 幸福"加码"——湖南工会着力推进"数字工会"建设纪实》，百家号，2023年6月30日，https://baijiahao.baidu.com/s?id=1770090379759022113&wfr=spider&for=pc。

[2] 《长沙县总工会采用区块链、大数据技术赋能"数字工会"建设——224项业务全电子化在线办理》，长沙市人民政府官网，2023年11月21日，http://zgh.changsha.gov.cn/sy/jcdt/202311/t20231121_11293066.html。

[3] 《习近平：开创我国工运事业和工会工作新局面》，新华网，2018年10月29日，http://www.xinhuanet.com/politics/leaders/2018-10/29/c_1123631014.htm。

工生活品质，是工会职责的重要内容，也是满足职工对美好生活需要的重要抓手。

云南省总工会充分认识到加强职工普惠服务工作、提升职工生活品质的重要意义，相继出台了一系列政策。2021年12月，云南省总工会出台《关于加强职工普惠服务工作提升职工生活品质的意见》，提出从惠就业、惠知识、惠技能、惠健康、惠文体、惠生活六个方面为职工做好服务。2023年7月，云南省总工会印发《云南省工会普惠服务工作三年行动计划（2023—2025年)》，进一步加快构建以普惠服务为重点的工会服务职工体系，着力打造一批服务职工精品项目，叫响"云岭工惠"工作品牌。2024年1月，云南省总工会印发《关于开展提升职工生活品质试点工作的实施方案》，决定在全省开展提升职工生活品质试点工作，以促进职工群众和谐发展为目标，满足广大职工群众的需求，惠及民生。

多年来，云南省多措并举扎实推进职工普惠服务工作，为广大职工提供普惠性常态化服务。昆明市总工会在对1万余名职工进行问卷调研的基础上，制定了《昆明市工会普惠服务工作三年行动计划（2023—2025年）》，以职工需求为导向，建设了全市统一的工会普惠服务项目库，并积极探索以项目化形式推进普惠服务工作。春城劳模工匠馆、职工心理解压赋能中心、全媒体新闻中心等项目建设已陆续落地，线下服务职工项目全面开展。同时，昆明市总工会逐步推出线上项目，以"数字工会"平台为支撑，着力打造全市一体的工会普惠服务平台，进一步实现工会普惠服务资源和信息"一网汇集""一网评选""一网展示"。[①] 通过线上线下多措并举，打通了普惠服务职工的"最后一公里"，为广大职工提供了更全面、更便捷的福利，以及更有温度、更有力度的服务。

三　研究设计

（一）数据来源与变量选择

本报告的数据主要来源于2023年中山大学"人民美好生活需要（福利态

[①]《昆明市总工会以项目化推进职工普惠服务》，中工网，2023年12月3日，https://www.workercn.cn/papers/grrb/2023/12/03/1/news-6.html。

度）调查"。2023年问卷囊括了"困难群体""社会团结与社会风险""社会照顾""社会态度""乡村振兴战略""延迟退休""工作生活平衡""个人资料"等八大板块，调查范围覆盖云南省、广东省、新疆维吾尔自治区、海南省、湖南省、福建省、黑龙江省等七个省份，调查对象为18周岁及以上的居民。本报告聚焦研究职工生活品质的差异性与多面性，并进一步探究工作-生活平衡程度对职工生活品质的制约性。基于此，本报告对原始数据进行如下处理：（1）由于职工是从事某一类工作并获取报酬的人员，因此根据"个人资料"板块中"您的职业状况"的回答结果，剔除选择"无工作"的样本，最终保留了13769个有效样本；（2）为使数据更加集中，对"个人资料"板块中的"家庭平均月收入"数据进行取对数处理。

（二）变量操作化

本报告的被解释变量为职工生活品质满意度，来源于问卷题项："G3. 作为一名职工，您觉得您的生活品质可以打多少分？从0到10选择一个数字，0代表品质非常低，10代表品质非常高。"

本报告的解释变量为工作-生活平衡程度，分为客观平衡变量与主观平衡变量。客观平衡变量来源于问卷题项："G1. 以一天24小时计算，请问除去必要的生理时间（吃饭、睡觉）外，您用于以下领域的时间为？"该题的选项分别提供了工作劳作、家庭参与、个人生活三个领域，以及0~2小时、2~4小时、4~6小时、6~8小时、8~10小时和10小时及以上六个区间，六个区间依次赋值为1、2、3、4、5、6。主观平衡变量来源于问卷题项："G2. 以下关于工作劳作、家庭参与和个人生活领域的说法，请问您的符合程度如何？"该题的选项分别提供了有关工作-生活平衡的五个说法，即"完全符合"、"比较符合"、"一般符合"、"比较不符合"和"完全不符合"，分别赋值为1、2、3、4、5。

本报告的控制变量包括客观经济差异、主观努力程度和社会人口学特征三类。客观经济差异具体包括两个变量，当地收入差距和主观幸福感知。当地收入差距来源于问卷A部分的第一道题："A1. 您认为您当地的收入差距大吗？"主观幸福感知来源于问卷D部分的第一道题："D1. 总的来说，您觉得您的生活是否幸福？"主观努力程度具体包括三个变量，即主观态度、未来预期和居住地。主观态度来源于问卷题项："A3. 以下有关导致个人陷入困难情境的说法，您的同意程度如何？"选项分别提供了"因为命运不公"、"因为懒惰"、"因为缺乏教育和技能"、"因为缺乏机会"和"因为社会保障不完善"五个说法，符合程度选项为"非常同意"、"比较同意"、"一般"、"比较不同意"和"非常不同意"，分别赋值为1、2、3、4、5。未来预期来源于问卷题项："D2. 您认为您未来的工作和收入前景如何呢？"该题提供了"非常不好"、"比较不好"、"一般"、"比较好"和"非常好"五个选项，分别赋值为1、2、3、4、5。居住地来源于问卷题项："S3. 请问您现在居住在？"城市赋值为1，农村赋值为0。社会人口学特征包括性别、年龄、受教育程度、婚姻状况、家庭收入水平、社会阶层、职业类型等变量（见表4），这些因素都有可能对职工生活品质满意度产生影响，因此同样将其作为回归分析的自变量。

表4 因变量、自变量赋值及其说明

变量名称		来源	赋值说明
职工生活品质满意度		职工对其生活品质的满意程度	取值为1~10，数值越大表示职工生活品质满意度越高
客观平衡	工作劳作时间	以一天24小时计算，除去必要的生理时间（吃饭、睡觉）外，用于工作劳作、家庭参与和个人生活领域的时间	0~2小时=1，2~4小时=2，4~6小时=3，6~8小时=4，8~10小时=5，10小时及以上=6
	家庭参与时间		
	个人生活时间		
主观平衡	工作影响生活	关于工作劳作、家庭参与和个人生活领域（个人生活领域指用于个人休闲、学习锻炼、娱乐社交等活动的领域）的说法的符合程度	完全符合=1，比较符合=2，一般符合=3，比较不符合=4，完全不符合=5
	生活影响工作		
	工作有助于生活		
	工作-生活平衡		
客观经济差异	当地收入差距	当地收入差距	非常小=1，比较小=2，一般=3，比较大=4，非常大=5
	主观幸福感知	个体主观幸福感知	非常不幸福=1，比较不幸福=2，一般=3，比较幸福=4，非常幸福=5

续表

变量名称			来源	赋值说明
主观努力程度	主观态度	因为命运不公	有关导致个人陷入困难情境的说法的同意程度	非常同意=1，比较同意=2，一般=3，比较不同意=4，非常不同意=5
		因为懒惰		
		因为缺乏教育和技能		
		因为缺乏机会		
		因为社会保障不完善		
	未来预期		未来的工作和收入前景	非常不好=1，比较不好=2，一般=3，比较好=4，非常好=5
	居住地		现在居住地	城市=1，农村=0
人口学特征	性别		性别	男性=1，女性=0
	年龄		出生年份	18~101岁
	受教育程度		最高学历	以未上过学为参照组，设置小学/私塾、初中、普通高中、职业高中、技校、中专、大专、大学本科、硕士、博士、其他等11个虚拟变量
	婚姻状况		婚姻状况	以未婚为参照组，设置已婚、离婚等2个虚拟变量
	家庭收入水平		上年家庭平均月收入取自然对数	6.21~18.52
	职业类型		职业类型	以国家机关、党群组织、企业、事业单位负责人为参照组，设置专业技术人员，办事人员和有关人员，商业、服务业人员，农、林、牧、渔、水利业生产人员，生产、运输设备操作人员及有关人员，网约车司机、外卖骑手等平台经济从业人员，其他从业人员等7个虚拟变量

（三）统计描述

从描述性统计结果可以看出，各变量之间存在差异，保证了样本的多样性。职工生活品质满意度的标准差为1.87，说明受访者之间的生活满意度差异较大（见表5）。客观平衡变量和主观平衡变量的标准差在1.01至1.27之间，说明受访者工作-生活的客观平衡和生活平衡存在差异，这可能是导致职工生活品质满意度存在差异的原因之一。其中，工作劳作时间和个人生活时间的均值分别为4.33和1.65，可见工作劳作时间是个人生活时间的两倍还要多。此外，客观经济差异、主观努力程度和人口学特征也存在差异，这也可能是受访者生活品质满意度存在差异的一部分原因。

表5 变量描述性统计

变量名称			观测值	均值	标准差	最小值	最大值
职工生活品质满意度			13447	6.58	1.87	0	10
客观平衡	工作劳作时间		13769	4.33	1.06	1	6
	家庭参与时间		13769	2.09	1.12	1	6
	个人生活时间		13769	1.65	1.01	1	6
主观平衡	工作影响生活		13769	2.61	1.21	1	5
	生活影响工作		13769	3.22	1.27	1	5
	工作有助于生活		13769	2.72	1.20	1	5
	工作-生活平衡		13769	2.52	1.11	1	5
客观经济差异	当地收入差距		13421	3.33	1.19	1	5
	主观幸福感知		13769	3.98	0.82	1	5
主观努力程度	主观态度	因为命运不公	13769	3.40	1.29	1	5
		因为懒惰	13769	2.89	1.47	1	5
		因为缺乏教育和技能	13769	2.50	1.22	1	5
		因为缺乏机会	13769	2.59	1.21	1	5
		因为社会保障不完善	13769	2.74	1.26	1	5
	未来预期		13769	3.49	1.03	1	5
人口学特征	居住地		13769	1.30	0.46	1	2
	性别		13769	1.43	0.50	1	2
	年龄		13420	37.26	10.44	18	101
	受教育程度		13665	7.10	2.29	1	11
	婚姻状况		13685	1.79	0.47	1	3
	家庭收入水平		12197	11.61	0.89	6.21	18.52
	职业类型		13768	4.29	2.52	1	8

四 职工生活品质的差异性与多面性

（一）职工生活品质的差异性

性别、户口性质、年龄、区域，以及职业的不同，塑造了职工生活品质的差异性。分析对职工生活品质的多维度差异有助于深入了解不同类型职工的需求和期望，并且制定有针对性的政策措施以提升职工的满意度和生活品质。根据 2023 年中山大学"人民美好生活需要（福利态度）调查"结果，从总体来看，按从 0 分到 10 分打分，七个省份受访者的生活品质满意度均值为 6.58 分。

1. 职工生活品质的性别差异

从图 1 可以看出，女性受访者的生活品质满意度整体高于男性，并且女性受访者的生活品质满意度高于总体，得分为 6.64 分；而男性受访者的生活品质满意度低于总体，得分为 6.53 分。这表明我国积极采取有效措施消除劳动力市场上的性别歧视，维护女职工合法权益和特殊利益，持续提升女职工工资福利待遇，不断提高女职工权益保障水平，促进女职工共享发展成果。

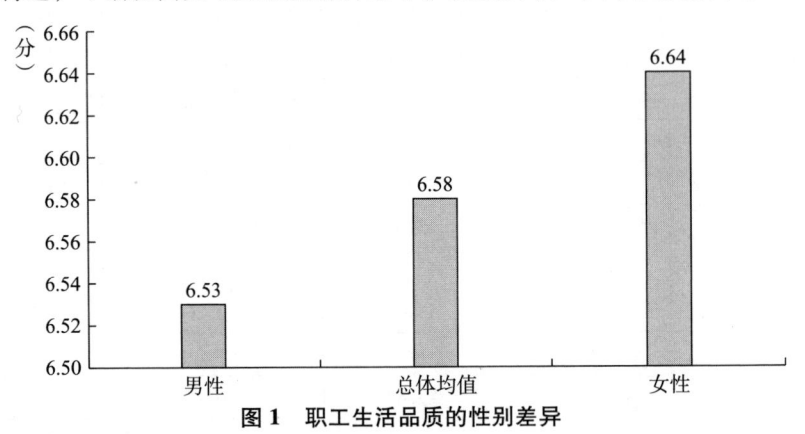

图 1 职工生活品质的性别差异

2. 职工生活品质的城乡差异

与农业户口受访者相比，非农业户口受访者的生活品质满意度整体较高（见图 2）。并且，非农业户口受访者的生活品质满意度高于总体，得分为 6.77 分；而农业户口受访者的生活品质满意度低于总体，得分仅为 6.38 分。这表明不同户籍性质的职工在就业权益保障、公共服务享受等方面仍然存在较大差异。

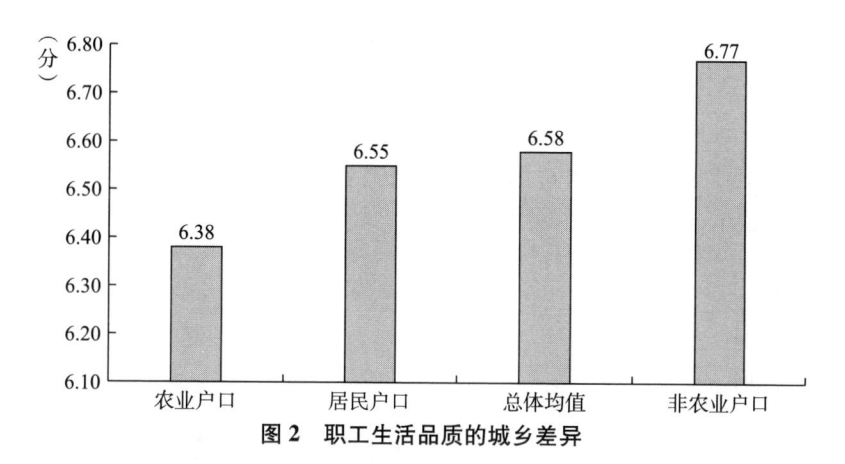

图 2　职工生活品质的城乡差异

3. 职工生活品质的年龄差异

从图3可以看出，处于51~65岁年龄段的受访者，生活品质满意度最高，得分为6.68分。并且，不同年龄段职工的生活品质满意度整体上呈现倒"U"形趋势：在65岁及之前，随着年龄的增加，受访者的生活品质满意度也随之提高；而65岁之后，受访者的生活品质满意度开始下降，整体得分从51~65岁的6.68分降至65岁以上的6.55分。

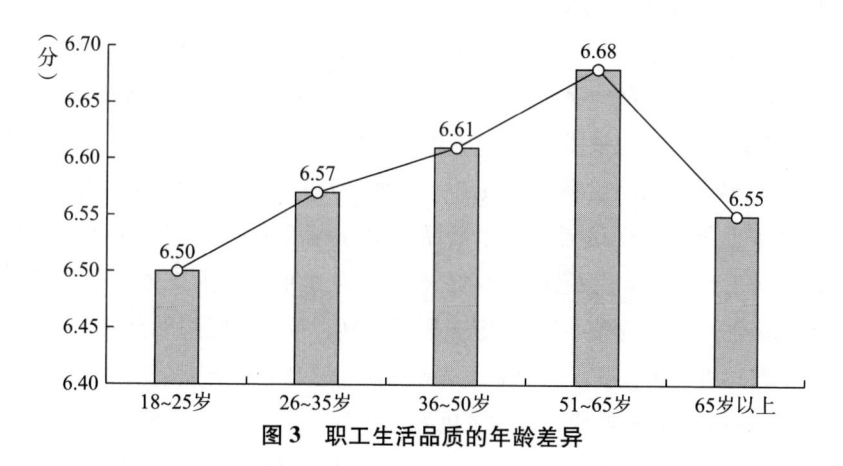

图 3　职工生活品质的年龄差异

4. 职工生活品质的省份差异

在此基础上，通过对比各省份的职工生活品质得分可以发现（见图4），湖南省、广东省、云南省的职工生活品质满意度均高于总体，黑龙江省、新疆维吾尔自治区、福建省和海南省的职工生活品质满意度则低于总体。其中，云南省的职工生活品质满意度得分最高，为6.83分，其次是广东省和湖南省，分别为6.63分和6.62分，表明这三省在保障职工合法权益、构建和谐劳动关系上取得了积极成效；福建省和海南省的职工生活品质满意度得分较低，分别为6.30分和6.21分，表明两省还需采取多方举措，促进职工生活品质提升。

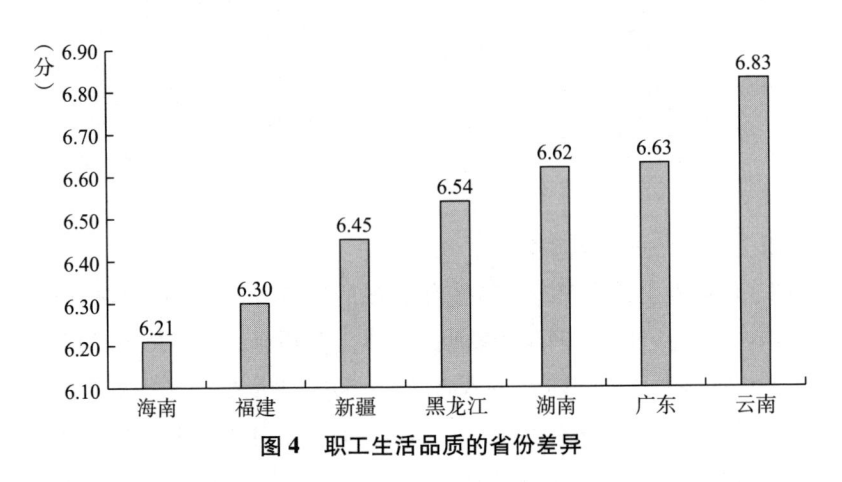

图4 职工生活品质的省份差异

5. 职工生活品质的行业差异

通过对比各行业的职工生活品质得分可以发现（见图5），不同行业类型的职工之间，其生活品质满意度存在较大差异。国家机关、党群组织、企业、事业单位负责人，专业技术人员，办事人员和有关人员这三种职业受访者的得分均高于总体，生活品质满意度最高，分别为7.30分，6.87分和6.73分。而剩余五种职业类型的受访者，其生活品质得分均低于总体，其中网约车司机、外卖骑手等平台经济从业人员的生活品质满意度最低，仅为5.99分。这表明随着互联网经济、共享经济、平台经济的快速发展，依托互联网平台就业的货车司机、网约车司机、快递员、外卖配送员等新就业形态劳动者大幅增加，如何保障这一劳动群体的合法权益成为亟须解决的重要问题。

从图6可以看出，相较于体制外受访者的生活品质满意度为6.46分，体制内受访者通常工作稳定，拥有较高的福利待遇，因此整体生活品质满意度较高，得分为7.13分。

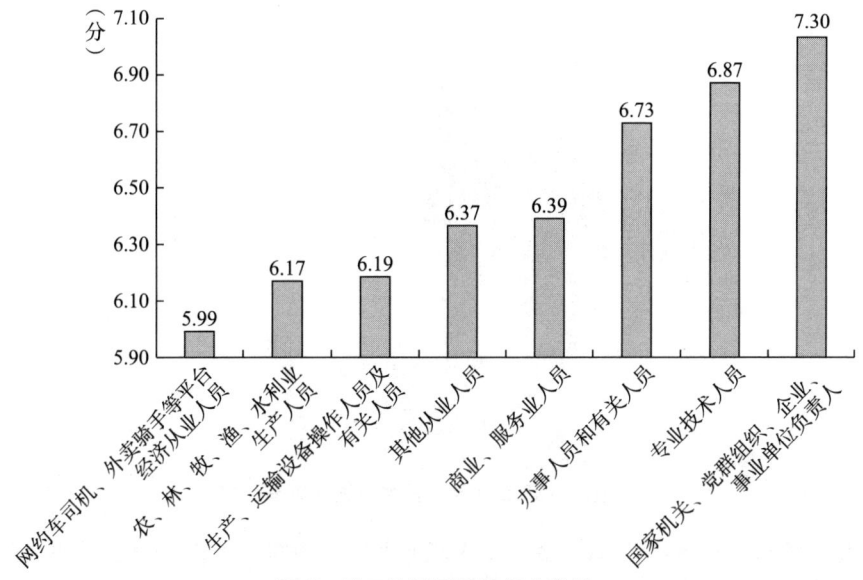

专题报告八 职工生活品质的差异性、多面性与制约性

图5 职工生活品质的行业差异

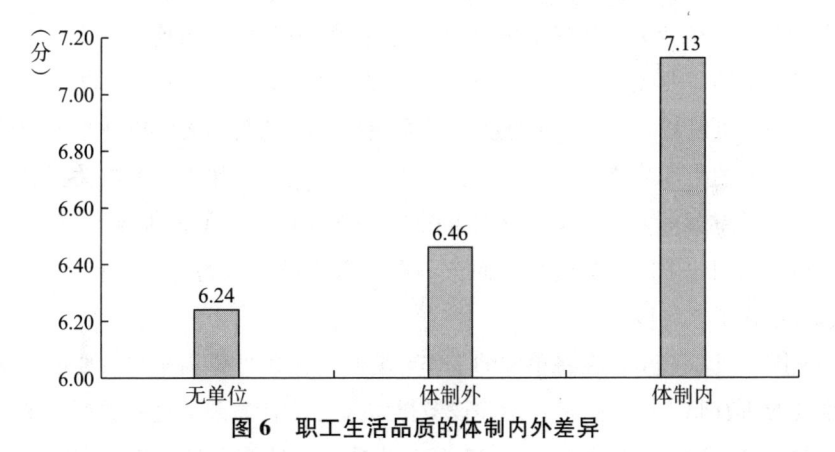

（网约车司机、外卖骑手等平台经济从业人员 5.99；农、林、牧、渔、水利业生产人员 6.17；生产、运输设备操作人员及有关人员 6.19；其他从业人员 6.37；商业、服务业人员 6.39；办事人员和有关人员 6.73；专业技术人员 6.87；国家机关、党群组织、企业、事业单位负责人 7.30）

图6 职工生活品质的体制内外差异

（无单位 6.24；体制外 6.46；体制内 7.13）

（二）职工生活品质的多面性

本次调查从就业权益保障、单位的工作环境和工作条件、单位的帮扶关爱服务、个人职业发展、单位精神文化等六个维度拆解了职工生活品质的多面性。整体而言，对于职业工作中的各个方面，职工的在意程度存在较大差异。从图7可以看出，在六个维度中，首先，受访者最注重的是就业权益保障，七省份中有46.25%的受访者都将就业权益保障视作职业工作中最在乎的维度。

353

单位精神文化
6.34%

单位的帮扶关爱服务
8.77%

单位的工作环境
和工作条件
18.91%

就业权益保障
46.25%

个人职业发展
19.74%

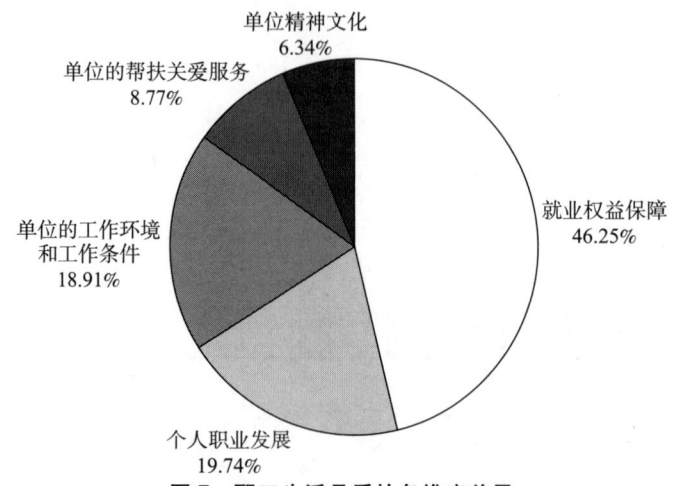

图7 职工生活品质的各维度差异

其次，有19.74%的受访者选择将个人职业发展作为职业工作中最在乎的维度，另有18.91%的受访者选择了单位的工作环境和工作条件。最后，还有8.77%和6.34%的受访者分别选择了单位的帮扶关爱服务和单位精神文化。

对于不同行业类型的职工，他们各自在意的职工生活品质维度也各不相同。从图8可以看出，八大职业类型都有超过40%的受访者将就业权益保障作为第一重要的生活品质维度。其中，生产、运输设备操作人员及有关人员这一类型最为看重就业权益保障，有53.00%的受访者选择了该维度，而农、林、牧、渔、水利业生产人员则相对而言不那么看重就业权益保障，有41.53%的受访者选择了该维度。

从图9可以看出，在将单位的工作环境和工作条件作为第二重要的生活品质维度的所有职工中，生产、运输设备操作人员及有关人员这一类型更加在意单位的工作环境和工作条件，有37.28%的受访者选择了该维度，表明我国还需要加强产业工人的权益保障，加强安全生产；而农、林、牧、渔、水利业生产人员及网约车司机、外卖骑手等平台经济从业人员出于本身的灵活性，相对而言则不太在意工作环境和工作条件，分别有27.43%和29.87%的受访者选择了该维度。

从图10和图11可以看出，办事人员和有关人员，生产、运输设备操作人员及有关人员和网约车司机、外卖骑手等平台经济从业人员都将个人职业发展

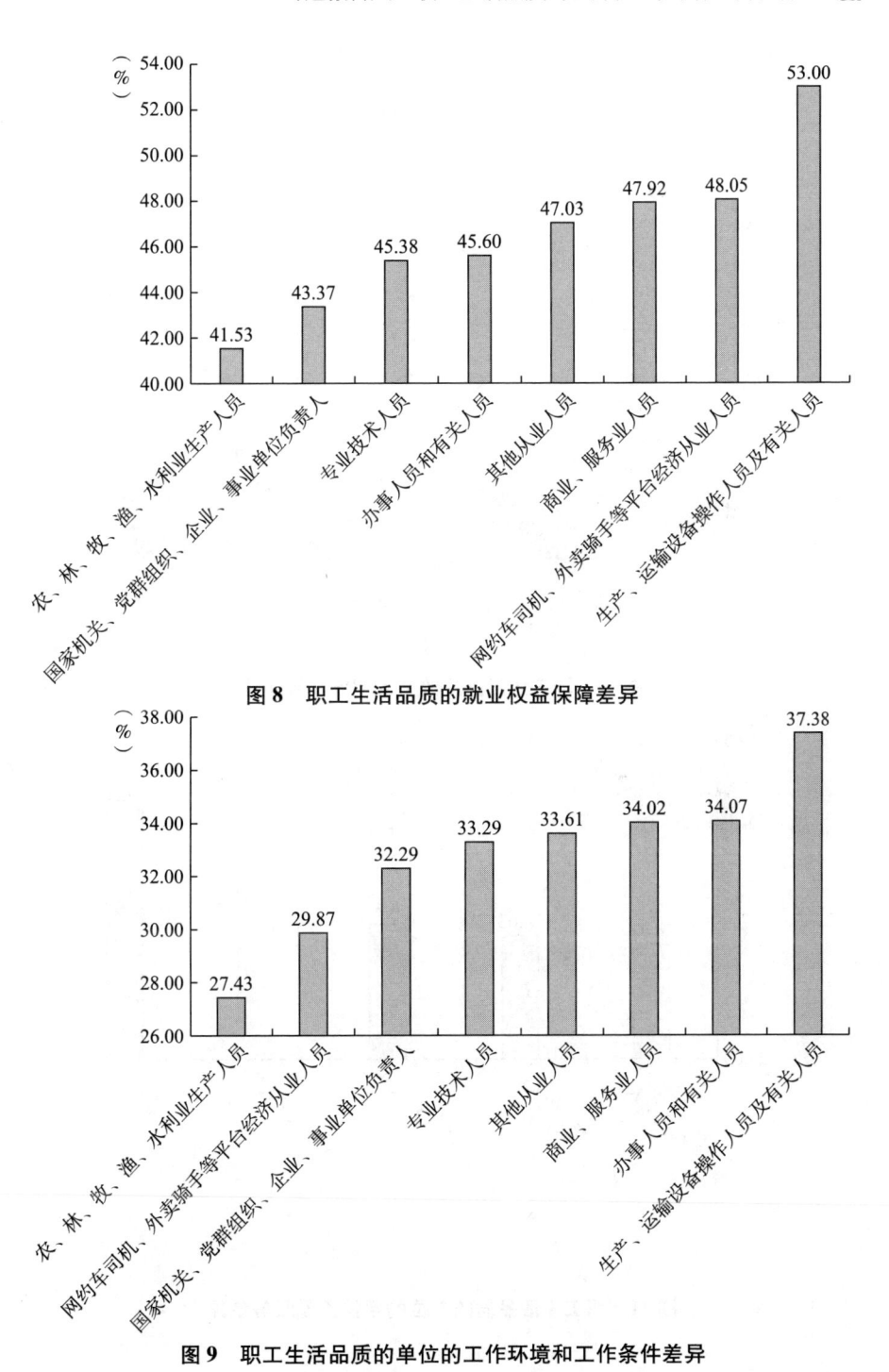

专题报告八　职工生活品质的差异性、多面性与制约性

图8　职工生活品质的就业权益保障差异

图9　职工生活品质的单位的工作环境和工作条件差异

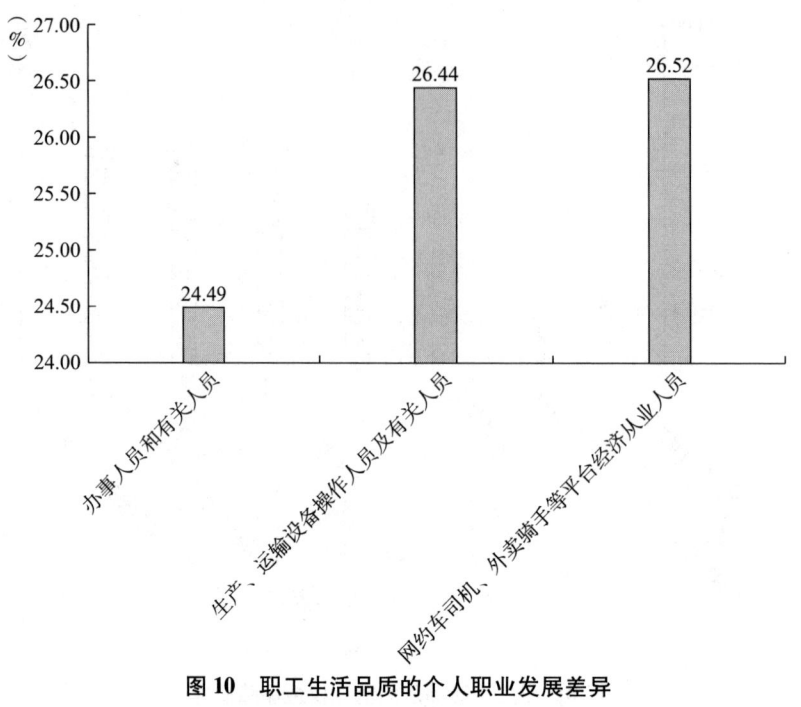

图 10　职工生活品质的个人职业发展差异

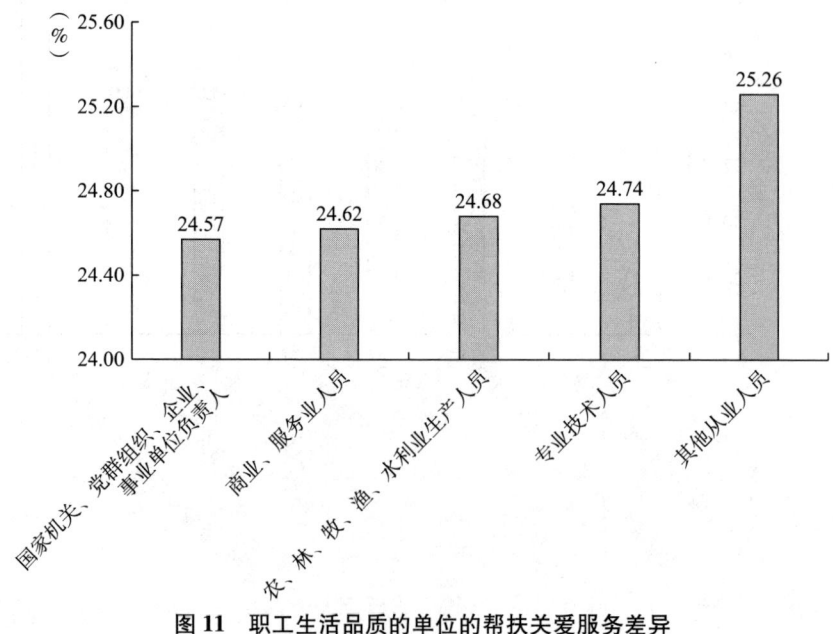

图 11　职工生活品质的单位的帮扶关爱服务差异

作为第三重要的生活品质维度；而国家机关、党群组织、企业、事业单位负责人，商业、服务业人员，农、林、牧、渔、水利业生产人员，专业技术人员，其他从业人员则将单位的帮扶关爱服务作为第三重要的生活品质维度。

总的来看，在八大职业类型中，一线生产人员的职工权益普遍缺乏保障，工作风险较高，这也是其生活品质满意度较低的重要原因之一，我国仍需在多个方面加强该类型职业中工作者的就业权益保障，确保生产人员在工作过程中得到充分的保护和支持，加强安全生产和职业健康工作，改善劳动环境和工作条件。

五　职工生活品质的制约性

（一）工作-生活不平衡

随着生活节奏的日益加快和工作压力的增大，工作和生活领域的冲突逐渐凸显，成为影响人们福利的一种新社会风险，普遍存在的工作-生活冲突成为人们追求工作-生活平衡（work-life balance）的直接原因。① 中山大学"人民美好生活需要（福利态度）调查"聚焦职工日常生活中的时间利用问题，期望通过分析职工对于工作-生活平衡的主观感知与客观事实，探讨当下职工生活品质的制约因素。

1. 时间变化趋势

（1）职工工作-生活平衡的主观感知

在2020年和2021年的调查中，题项"有人认为，工作占用了太多时间，使我们很难履行家庭责任。您和这种情况相似吗"反映的是受访者对于工作-生活平衡的主观感知。从图12可以看出，在2020~2021年，均有70%左右的受访者认为工作占用了他们太多时间，使其很难履行家庭责任。到2023年，仍然有约60%的受访者认为繁忙的工作使他们对家庭和个人生活的时间和精力投入不足（见图13）。同样，也有近40%的受访者认为他们常因为家庭和个人的私事影响到工作的时间或效率。可见，职工的工作-生活冲突已经较为严重，

---

① 岳经纶、颜学勇：《工作-生活平衡：欧洲探索与中国观照》，《公共行政评论》2013年第3期。

并且在大部分职工看来工作对于他们的生活有较大的影响。

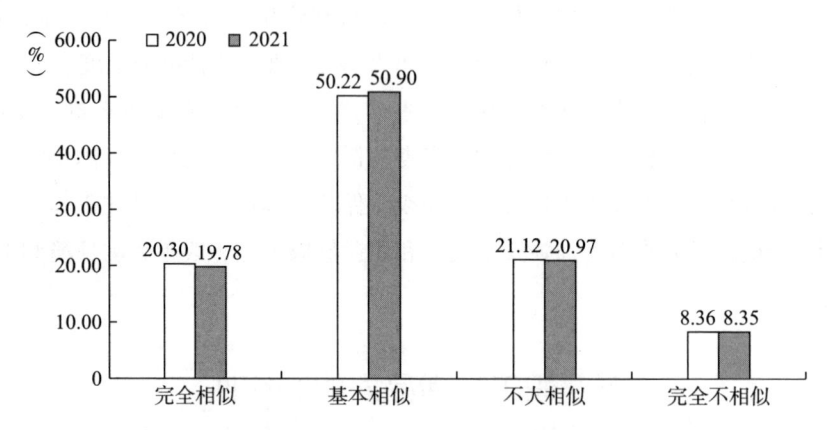

图 12　2020~2021 年职工工作-生活平衡的主观感知

资料来源：数据来源于 2020 年中山大学"人民美好生活需要调查"（调查范围包括广东省、贵州省、浙江省）和 2021 年中山大学"人民美好生活需要调查"（调查范围包括广东省、江苏省、陕西省），剔除"在学"、"失业"和"其他非在职者"等样本后 2020 年最终保留 10085 个有效样本，剔除"无工作"样本后 2021 年最终保留 7472 个有效样本。

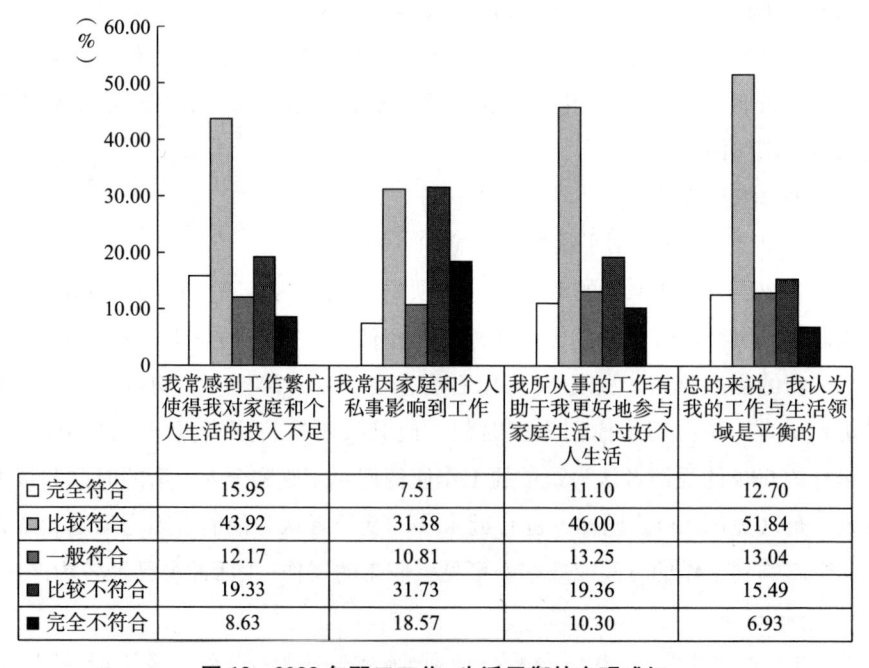

	我常感到工作繁忙使得我对家庭和个人生活的投入不足	我常因家庭和个人私事影响到工作	我所从事的工作有助于我更好地参与家庭生活、过好个人生活	总的来说，我认为我的工作与生活领域是平衡的
□完全符合	15.95	7.51	11.10	12.70
▨比较符合	43.92	31.38	46.00	51.84
▨一般符合	12.17	10.81	13.25	13.04
■比较不符合	19.33	31.73	19.36	15.49
■完全不符合	8.63	18.57	10.30	6.93

图 13　2023 年职工工作-生活平衡的主观感知

专题报告八 职工生活品质的差异性、多面性与制约性

此外,也有超过50%的受访者认为他们所从事的工作有助于更好地参与家庭生活、过好个人生活,这可能使他们将更多的时间分配给工作,从而成为工作-生活冲突的原因之一。总的来看,有64.54%的受访者认为自己的工作与生活是平衡的,但仍有超过20%的受访者认为自己的工作与生活并不平衡,甚至有6.93%的受访者认为工作与生活极度不平衡。

(2) 职工工作-生活平衡的客观事实

在2022年的调查中,题项G1至G3反映了受访者有关工作-生活平衡程度的客观数据。G1至G3涉及的内容为:最近一个月,您平均每天工作/照顾家人(指对老、幼、病、残、孕无报酬的照顾活动)/自己可自由支配(指用于休息、学习锻炼、娱乐社交等活动)的时间是多少。本部分将基于七个省份和八大行业,通过探究2022~2023年工作劳作时间、家庭参与时间和个人生活时间的比例分布,分析受访者的时间利用差异,以衡量职工工作-生活平衡的客观情况。

在工作劳作时间上,从图14和图15可以看出,2022年,54.98%的受访者工作时间在8个小时以上,到2023年,有43.82%的受访者工作时间在6~8小时,工作时间为8小时及以上的比例下降至42.67%。

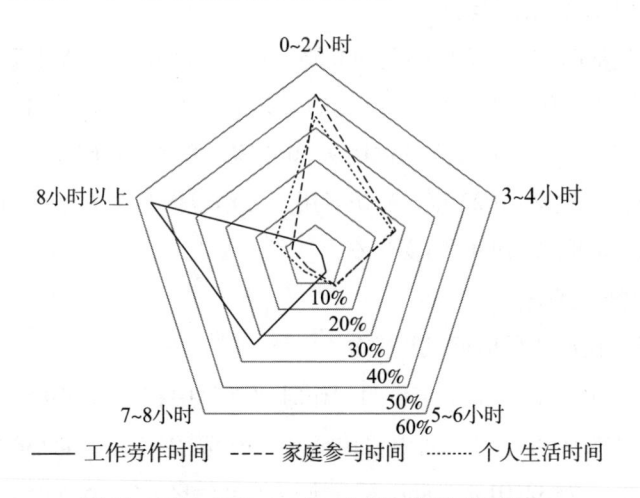

图14 2022年职工工作-生活平衡的客观事实

资料来源:2022年中山大学"人民美好生活需要调查"。调查范围包括广东省、甘肃省、河南省,剔除"无工作"样本后2022年最终保留7730个有效样本。

人民美好生活需要与社会政策创新（2023）

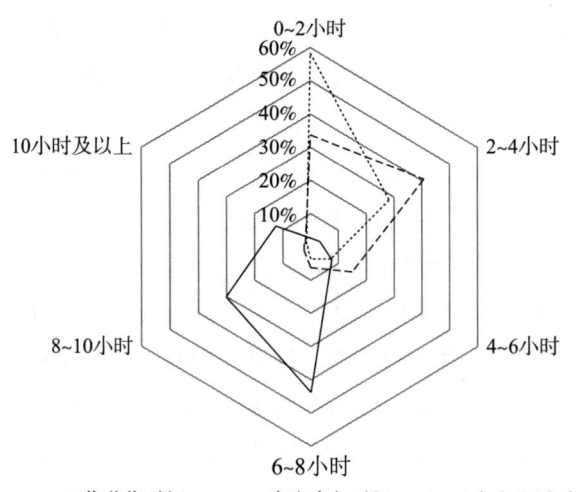

——工作劳作时间　----家庭参与时间　……个人生活时间

图15　2023年职工工作-生活平衡的客观事实

在家庭参与时间上，2022年，50.58%的受访者用于家庭参与领域的时间为0~2小时，到2023年，有40.77%的受访者的家庭参与时间在2~4小时。2022年和2023年，家庭参与时间在0~4小时的比例分别为77.37%和74.48%，几乎没有太大差别。

在个人生活时间上，2022年，43.53%的受访者用于个人生活领域的时间为0~2小时，到2023年，有58.36%的受访者的个人生活时间在0~2小时，个人生活时间在2小时及以上的比例从56.47%下降至41.64%。

总的来看，2022~2023年，受访者用于工作劳作和个人生活的时间呈下降趋势，而用于家庭参与的时间变化不大。

2. 地区行业差异

（1）各省份职工的时间利用差异

从图16可以看出，七个省份的工作时间都集中在6~8小时。其中，新疆维吾尔自治区在0~8小时区间中占比最高，为67.99%；在8小时及以上的区间中占比最低，为32.01%，可见新疆维吾尔自治区是七个省份中整体工作时间最短的省份。除新疆维吾尔自治区以外，云南省、广东省等六省份的工作时间在8~10小时、10小时及以上的占比较高，整体工作时间较长，加班现象较为严重。

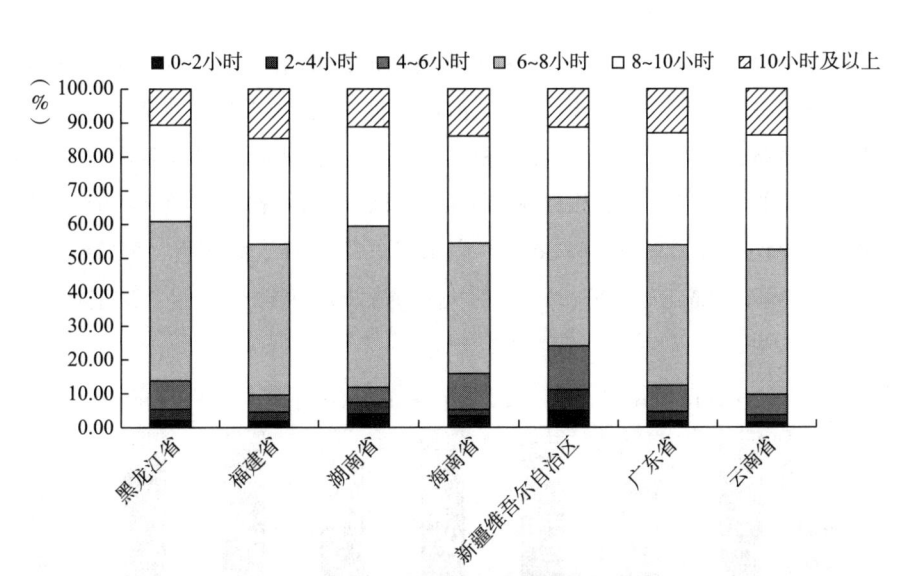

图 16　七省份工作时间差异

从图17可以看出，七个省份的家庭参与时间都集中在2~4小时。其中，新疆维吾尔自治区在0~4小时区间中占比最低，为63.15%；在4~10小时区间中占比最高，为36.85%，可见新疆维吾尔自治区是七个省份中整体家庭参与时间最长的省份。黑龙江省在0~4小时区间中占比最高，为84.31%；在4~10小时区间中占比最低，为15.69%，整体家庭参与时间较短。

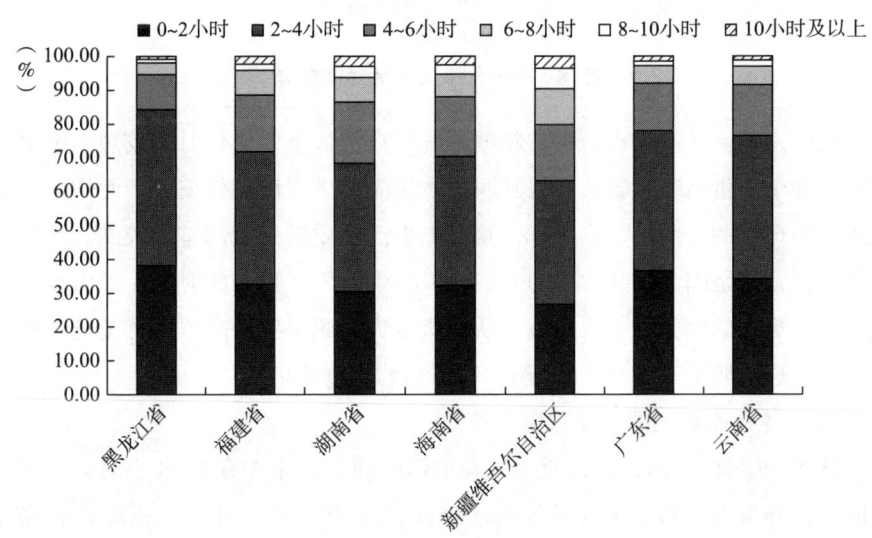

图 17　七省份家庭参与时间差异

从图 18 可以看出，七个省份的个人生活时间都集中在 0~2 小时。其中，新疆维吾尔自治区在 0~2 小时区间中占比最低，为 43.47%；在 2~10 小时区间中占比最高，为 56.53%，可见新疆维吾尔自治区是七个省份中整体个人生活时间最长的省份。除新疆维吾尔自治区以外，其余六省份在 0~2 小时区间中的比例差异较小（云南省：61.40%、广东省：62.03%、海南省：57.34%、湖南省：57.49%、福建省：57.26%、黑龙江省：63.44%），整体个人生活时间较短。

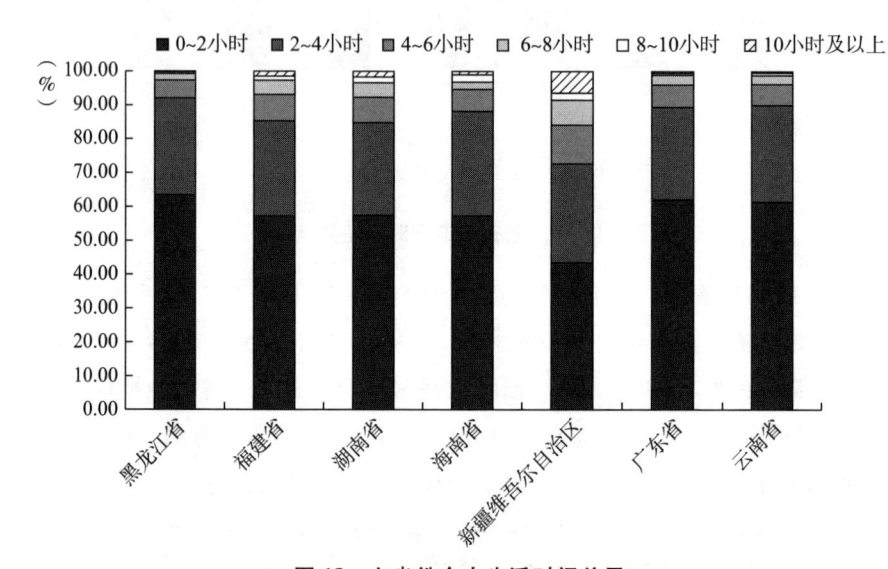

图 18　七省份个人生活时间差异

总的来看，在七个省份中，新疆维吾尔自治区整体工作时间较短，家庭参与时间和个人生活时间较长，但其职工生活品质满意度整体偏低，而作为加班现象更为严重的云南省、广东省，其职工生活品质满意度却整体较高。从某种程度上说，正是因为这些省份的人们在工作中投入了更多的时间，工作也为他们提供了更好的家庭和个人生活，从而这也成为职工生活品质满意度较高的原因之一。这与职工工作-生活平衡主观感知的调查结果相互印证。

（2）各行业职工的时间利用差异

从图 19 可以看出，各行业受访者工作时间主要集中在 6~8 小时，在这一区间内，办事人员和有关人员的占比最高，为 48.99%。生产、运输设备操作人员及有关人员，以及商业、服务业人员在 8~10 小时区间内占比较高，分别为37.24%和33.70%；网约车司机、外卖骑手等平台经济从业人员工作时间在10小时及以上的比例较高，占比为19.41%，整体工作时间较长，加班现象较为严重。

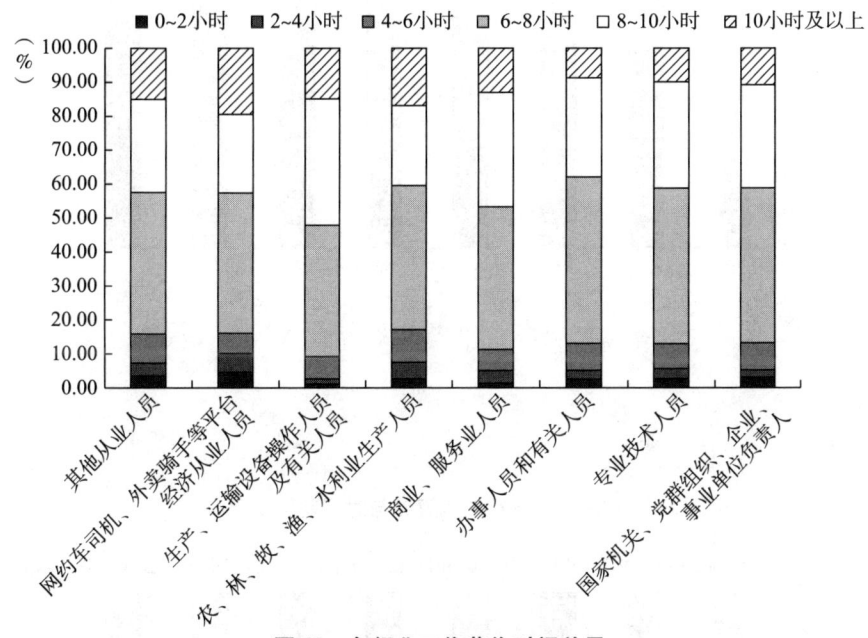

图19 各行业工作劳作时间差异

从图20可以看出，各行业受访者家庭参与时间主要集中在2~4小时，在这一区间内，办事人员和有关人员的占比最高，为45.52%。生产、运输设备操作人员及有关人员，以及网约车司机、外卖骑手等平台经济从业人员的家庭参与时间在0~2小时区间内的占比较高，分别为42.24%和43.46%；在2~10小时区间内的占比较低，分别为57.76%和56.54%，整体家庭参与时间较短。农、林、牧、渔、水利业生产人员和其他从业人员在4~10小时区间内的占比较高，分别为32.71%和37.16%，整体家庭参与时间较长。

从图21可以看出，各行业受访者个人生活时间主要集中在0~2小时，在这一区间内，生产、运输设备操作人员及有关人员的占比最高，为65.66%，整体个人生活时间较短。除此以外，在2~10小时区间内，其余七大行业的占比没有较大差异，从总体上看个人生活时间偏少。

总的来看，办事人员和有关人员工作劳作时间集中在6~8小时，整体工作

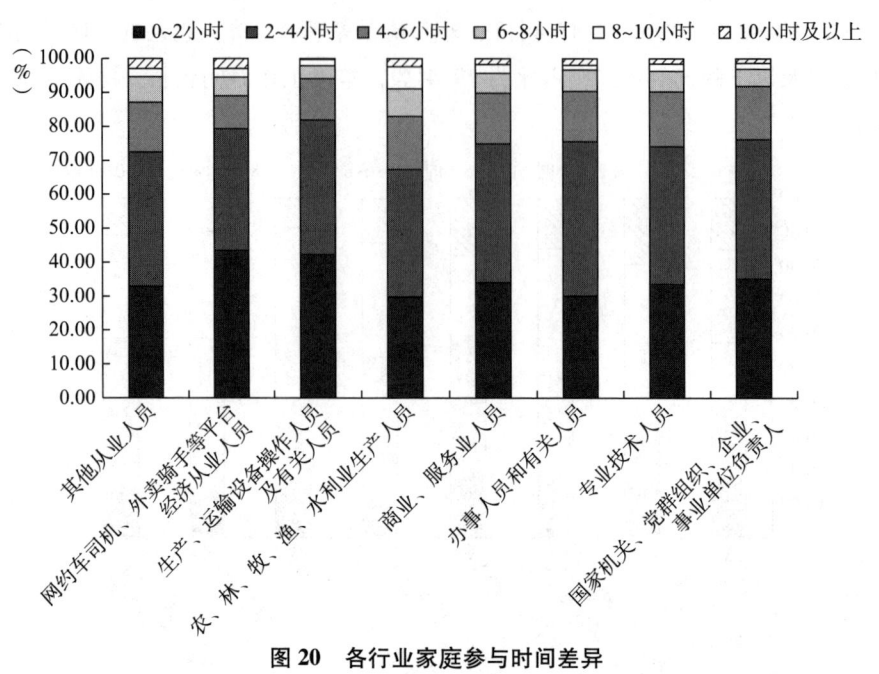

人民美好生活需要与社会政策创新（2023）

图20 各行业家庭参与时间差异

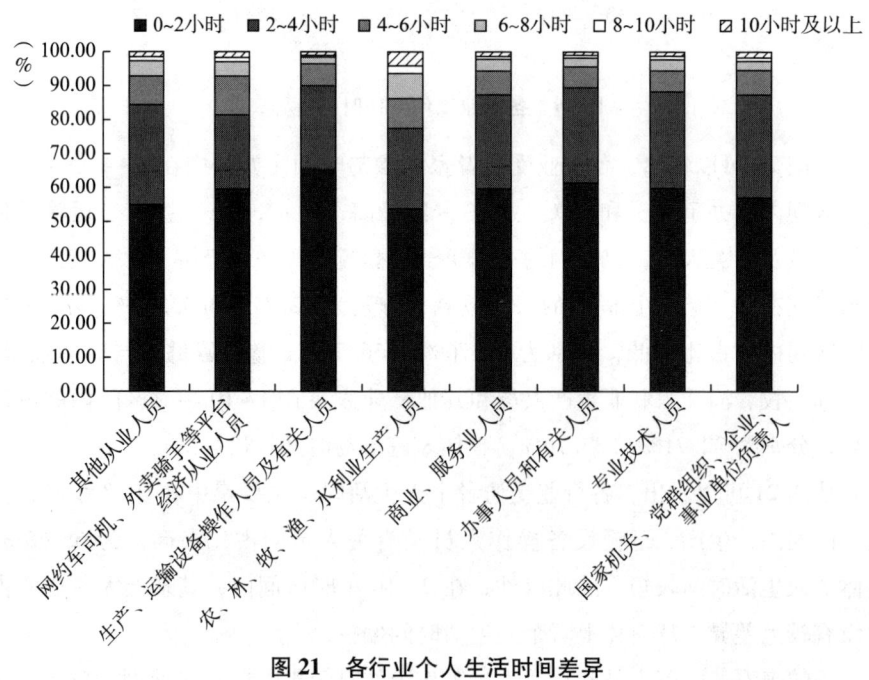

图21 各行业个人生活时间差异

劳作时间较短，家庭参与时间较长，因此生活品质满意度较高；而生产、运输设备操作人员及有关人员和网约车司机、外卖骑手等平台经济从业人员，整体工作劳作时间较长，家庭参与时间和个人生活时间较短，因此生活品质满意度较低。同时，办事人员和有关人员广泛存在于公共管理和社会组织机构中，属于体制内人员，与职工生活品质行业差异性中的结论相互印证，体制内职工整体生活品质满意度较高。

（二）工作-生活不平衡程度与职工生活品质

在分析职工工作-生活平衡的主观感知和客观事实的基础上，为进一步探究工作-生活平衡程度对于职工生活品质满意度的影响机制，本报告尝试构建多元回归模型，对影响职工生活品质满意度的因素进行实证分析。

1. 模型设置

本专题使用 STATA 软件进行实证分析，解释模型结果。采用普通最小二乘法回归（Ordinary Least Square，OLS）的方法，探讨职工生活品质满意度的制约因素，具体回归模型如下：

职工生活品质满意度 = $\beta_0 + \beta_1$ 客观平衡 + β_2 当地收入差距 + β_3 主观幸福感知 + β_4 主观态度 + β_5 未来预期 + β_6 居住地 + β_7 性别 + β_8 年龄 + β_9 受教育程度 + β_{10} 婚姻状况 + β_{11} 家庭收入水平 + β_{12} 职业类型 + ε_i ①

职工生活品质满意度 = $\beta_0 + \beta_1$ 主观平衡 + β_2 当地收入差距 + β_3 主观幸福感知 + β_4 主观态度 + β_5 未来预期 + β_6 居住地 + β_7 性别 + β_8 年龄 + β_9 受教育程度 + β_{10} 婚姻状况 + β_{11} 家庭收入水平 + β_{12} 职业类型 + ε_i ②

其中，ε_i 为随机误差项。

2. 计量发现

为了验证职工生活品质满意度的影响因素，本报告分别以客观平衡和主观平衡为自变量，构建多元回归模型，并加入客观经济差异、主观努力程度和社会人口学特征三类控制变量。从表 6 可知，相较于客观平衡变量，主观平衡变量对职工生活品质满意度模型的解释力贡献更大。

在模型一中，职工生活品质满意度作为被解释变量，实证结果显示，工作-生活的不平衡程度（客观平衡）对职工生活品质满意度具有显著影响。具体而言，工作劳作时间越长，职工生活品质满意度越低；家庭参与时间越长，职工生活品质满意度越高；个人生活时间越长，职工生活品质满意度越高。这表明工作-生活越不平衡，职工生活品质满意度越低。

在模型二中，职工生活品质满意度作为被解释变量，实证结果同样显示，工作-生活的不平衡程度（主观平衡）对职工生活品质满意度具有显著影响。具体而言，越符合"我常感到工作繁忙使得我对家庭和个人生活的投入不足"（工作影响生活），职工生活品质满意度越低；越符合"我常因家庭和个人私事影响到工作"（生活影响工作），职工生活品质满意度越低；越符合"我所从事的工作有助于我更好地参与家庭生活、过好个人生活"（工作有助于生活），职工生活品质满意度越高；越符合"总的来说，我认为我的工作与生活领域是平衡的"（工作-生活平衡），职工生活品质满意度越高。这同样表明工作-生活越不平衡，职工生活品质满意度越低，与模型一的结果相互印证。

从模型一和模型二可以看出，当地收入差距、主观幸福感知、主观努力程度、未来预期、年龄、受教育程度、职业类型等因素也会影响到职工生活品质满意度。在当地收入差距方面，随着收入差距拉大，职工的生活品质满意度相应下降。在主观幸福感知方面，幸福感知程度越高，职工的生活品质满意度也越高。在主观努力程度方面，职工越感到缺乏机会和社会保障不完善导致个人陷入困难情境，其生活品质满意度越低。在未来预期方面，职工对未来的工作和收入预期越好，其生活品质满意度越高。在年龄方面，职工的生活品质满意度随着年龄增长而提高。在家庭收入水平方面，家庭平均月收入越高，职工生活品质满意度也越高。在受教育程度方面，初中、普通高中、职业高中、中专、大专、大学本科、硕士、博士等学历的职工，其生活品质满意度都要高于未上过学的职工。在职业类型方面，商业、服务业人员，农、林、牧、渔、水利业生产人员，生产、运输设备操作人员及有关人员，网约车司机、外卖骑手等平台经济从业人员和其他从业人员的生活品质满意度都低于国家机关、党群组织、企业、事业单位负责人。

表6 职工生活品质满意度的制约因素

变量	模型一 职工生活品质满意度	模型二 职工生活品质满意度
客观平衡		
工作劳作时间	-0.122*** (0.015)	
家庭参与时间	0.051*** (0.015)	
个人生活时间	0.050** (0.016)	
主观平衡		
工作影响生活		0.045*** (0.014)
生活影响工作		0.052*** (0.013)
工作有助于生活		-0.102*** (0.015)
工作-生活平衡		-0.353*** (0.017)
客观经济差异		
当地收入差距	-0.158*** (0.013)	-0.126*** (0.013)
主观幸福感知	0.486*** (0.022)	0.398*** (0.021)
主观努力程度		
因为命运不公	-0.003 (0.012)	-0.013 (0.012)
因为懒惰	-0.032** (0.011)	-0.011 (0.011)
因为缺乏教育和技能	0.007 (0.015)	0.009 (0.014)
因为缺乏机会	0.063*** (0.015)	0.056*** (0.015)
因为社会保障不完善	0.078*** (0.014)	0.062*** (0.014)

续表

变量	模型一 职工生活品质满意度	模型二 职工生活品质满意度
未来预期	0.384*** (0.017)	0.302*** (0.017)
居住地（以农村为参照组）	-0.075* (0.034)	-0.043 (0.033)
人口学特征		
性别（以女性为参照组）	0.014 (0.032)	0.005 (0.031)
年龄	-0.012*** (0.002)	-0.009*** (0.002)
家庭收入水平	0.085*** (0.019)	0.098*** (0.018)
婚姻状况（以未婚为参照组）		
已婚	0.061 (0.043)	0.039 (0.041)
离异	-0.110 (0.098)	-0.142 (0.094)
受教育程度（以未上过学为参照组）		
小学/私塾	0.604* (0.247)	0.441 (0.239)
初中	0.577** (0.222)	0.538* (0.215)
普通高中	0.974*** (0.221)	0.954*** (0.214)
职业高中	1.073*** (0.235)	1.054*** (0.227)
技校	0.382 (0.314)	0.489 (0.303)
中专	1.014*** (0.225)	1.008*** (0.217)
大专	1.089*** (0.218)	1.068*** (0.211)
大学本科	1.125*** (0.219)	1.112*** (0.211)

续表

变量	模型一 职工生活品质满意度	模型二 职工生活品质满意度
硕士	0.985*** (0.244)	1.043*** (0.236)
博士	0.772* (0.305)	0.807** (0.294)
职业类型（以国家机关、党群组织、企业、事业单位负责人为参照组）		
专业技术人员	-0.019 (0.054)	-0.005 (0.052)
办事人员和有关人员	-0.082 (0.060)	-0.093 (0.058)
商业、服务业人员	-0.241*** (0.057)	-0.203*** (0.055)
农、林、牧、渔、水利业生产人员	-0.438*** (0.080)	-0.391*** (0.077)
生产、运输设备操作人员及有关人员	-0.262*** (0.077)	-0.199** (0.075)
网约车司机、外卖骑手等平台经济从业人员	-0.388** (0.122)	-0.337** (0.118)
其他从业人员	-0.253*** (0.054)	-0.205*** (0.052)
常数项	26.564*** (3.624)	19.880*** (3.508)
R^2	0.246	0.297
观测值	1.1e+04	1.1e+04

注：* $p<0.05$，** $p<0.01$，*** $p<0.001$；括号内的数字表示的是稳健性标准误。

六 结论与建议

（一）基本结论

本报告利用2023年中山大学"人民美好生活需要（福利态度）调查"的数据，分析了当前我国职工生活品质的差异性、多面性和制约因素，基本结论包括以下三个方面。

第一，职工生活品质满意度在性别、城乡、年龄、省份、职业类型等多个方面呈现显著差异，表明不同的职工群体之间出现了分化。基于前文论述，本报告描绘出职工生活品质的数字人物画像：51~65岁就职于体制内党政机关的本地女性，为生活品质满意度最高的一类群体；与之相反，19~25岁从事新业态工作的外来务工男性，为生活品质满意度最低的一类群体。

第二，就职工生活品质的多个不同维度，整体而言，职工最注重的是就业权益保障，其次是个人职业发展、单位的工作环境和工作条件，最后是单位的帮扶关爱服务和单位精神文化，这表明劳动就业、收入分配、社会保障等相关权益是广大职工最关心、最直接、最现实的利益所在。但不同职业类型的职工仍然表现出对相关服务的差异化需求：一线生产人员看重就业权益保障、工作环境和工作条件以及个人职业发展，其他从业人员更为看重单位的帮扶关爱服务，新业态从业者更为看重个人职业发展。

第三，在职工生活品质的制约性方面，工作-生活冲突较为严重，职工普遍选择将更多的时间分配到工作上，整体工作时间偏长，加班现象较为严重。相较于党政机关工作人员、技术性职业从业者、农林牧渔从业人员等传统行业工作者，网约车司机、外卖骑手等新业态从业者由于其劳动模式灵活多变，往往被"困"在超长工作时间里。通过分析工作-生活不平衡程度对职工生活品质满意度的影响，发现无论是基于客观时间利用还是主观时间感知，职工的工作-生活不平衡程度越高，其生活品质满意度也就越低。除此以外，当地收入差距、主观幸福感知、主观努力程度、未来预期、年龄、受教育程度、职业类型等因素也会影响到职工生活品质满意度。

（二）政策建议

随着市场经济的快速发展和产业结构调整，社会上涌现出多种新职业，互联网平台催生出新就业形态，劳动者内部的分层也越来越多元，由此导致不同行业劳动者之间，以及同一企业内部不同职位劳动者之间，出现了更加细化的权利诉求。① 职业、性别、年龄、籍贯、户口性质，以及区域的不同，造成了

---

① 叶小兰：《论我国劳动者分层保护的疏失与完善》，《江苏社会科学》2020年第6期。

职工生活品质的差异，形成了多层次、多元化、多维度的权益保障需要，而统一、标准化的政策标准往往无法满足职工的实际要求。结合前文所述，工会促进职工生活品质提升需要从以下两个方面着手。

第一，针对职工生活品质的差异性与多面性，工会应当在满足职工多样化期许中优化路径，强化服务，精准施策。目前，工会工作中存在着发展不平衡问题，尤其是在不同行业类型之间：总体来看，公有制企事业单位工会工作基础较好，而非公有制企业及社会组织的工会工作相对薄弱；传统产业、传统劳动关系领域的工会工作较为成熟，而对网约经济、共享经济等新型业态与非标准劳动关系等新型就业关系领域的工会工作相对薄弱。[1] 根据上述职工生活品质的数字人物画像可以发现，19~25岁从事新业态的外来务工男性，是生活品质满意度最低的一类群体。因此，针对新业态从业者个体化、分散化的特征，工会不应当按照传统的工作模式和工作思路"一刀切"，而应当从实际出发，针对不同行业、不同岗位情况，对职工权益保障和普惠服务进行深化、细化、量化，同时充分发挥自身优势，整合社会资源，建立贴近实际的差异化政策支持体系，给予不同行业职工更加精准的服务保障。例如，围绕新业态从业者在薪资待遇、工伤保险、安全生产等权益方面的问题，工会应当打造劳动技能培训、健康安全保障、职工困难帮扶等特色项目服务体系，解决新业态从业者最关心、最迫切的问题。

第二，针对职工普遍存在的工作-生活不平衡问题，工会应当在市场化、动态化的工作时间弹性前提下，为职工提供补充性的生活平衡。随着市场竞争的加剧，职工通常面临更大的生存压力和更长的工作时间，工作和生活之间的冲突不断加剧。并且，在传统的两性分工模式下，女性职工往往比男性职工更难以平衡工作责任和家庭责任。基于此，工会应当在促进职工工作-生活平衡上充分发挥作用，为职工提供福利性的托育服务、母婴关爱服务、心理健康服务等支持性政策。按照公益性、服务性和安全性的基本原则，杭州市总工会已经连续10年举办暑期"爱心托班"服务活动，致力于为全市职工提供项目化、专业化、规范化的托管服务，帮助解决暑期子女陪护难题，以切实减轻暑期子

---

[1] 李友钟：《坚持以职工为本，破解工会工作中发展不平衡不充分问题》，《工人日报》2018年1月30日。

女陪护压力，不断提升职工群众的获得感、幸福感、安全感。① 广东省总工会重点做好职工从"生"到"养"配套服务工作，大力推动落实生育配套支持措施，持续推动建设"工会爱心妈妈小屋"、"爱心托育用人单位"和"工会爱心托管班"，并组织"幸福奶爸行动"、科学育儿知识普及等活动，通过"托管教"一体化着力解决职工的后顾之忧。②

提升职工生活品质是构建和谐劳动关系、推动经济社会持续健康发展的重要一环。在推进中国式现代化和实现共同富裕的道路上，提高职工生活品质，不断增强职工的获得感、幸福感、安全感也是各级工会组织必须做好的一项重要任务。中国工会第十八次全国代表大会报告指出，要持续提高引领力、组织力、服务力，完善创新工作体系、工作内容和工作方式，打牢基层基础，打通服务职工群众"最后一公里"。③ 但提升职工生活品质仍是一项长期而艰巨的任务。随着经济社会的发展，职工的需求也在不断变化和升级，我们需要持续关注和回应这些需求，不断创新和完善提升职工生活品质的措施和机制。

---

① 《全市工会系统暑期"爱心托班"火热开班》，杭州市人民政府官网，2023 年 7 月 17 日，https://www.hangzhou.gov.cn/art/2023/7/17/art_812262_59084676.html。

② 《广东工会出手，"托管教"一体化解职工"带娃"之忧》，中工网，2023 年 6 月 1 日，https://www.workercn.cn/c/2023-06-01/7860854.shtml。

③ 《以习近平新时代中国特色社会主义思想为指导 组织动员亿万职工为强国建设民族复兴团结奋斗——在中国工会第十八次全国代表大会上的报告》，工人日报，2023 年 10 月 9 日，https://www.workercn.cn/papers/grrb/2023/10/14/1/news-3.html。

专题报告九

乡村振兴主观绩效和制约因素的公众认知

庄文嘉　郑　磊

一　引言

《中共中央 国务院关于学习运用"千村示范、万村整治"工程经验有力有效推进乡村全面振兴的意见》提出必须坚持不懈夯实农业基础，推进乡村全面振兴，把推进乡村全面振兴作为新时代新征程"三农"工作的总抓手。[①] 2024年政府工作报告中提到，坚持不懈抓好"三农"工作，扎实推进乡村全面振兴，推动乡村全面振兴不断取得实质性进展、阶段性成果。[②] 自乡村振兴战略在党的十九大报告中提出以来，全国各地展开了广泛实践。乡村产业更加现代化，农民收入显著提升，乡村就业环境显著改善，乡村基础设施不断完善，基本公共服务均等化进一步实现，生态宜居美丽乡村建设进一步取得进展。这些成就共同证明了乡村振兴战略的科学性和必要性，也意味着乡村振兴战略取得了显著成效。但正如"小康不小康，关键看老乡"[③] 所表明的，农民满不满意是乡村振兴战略是否有效的一项重要判断标准。农民作为乡村的主人，是乡村振兴战略的主体，农民对于现行乡村振兴战略的认可度、支持度、满意度和参与意愿，直接影响着乡村振兴战略的全面推进。农民群众对于乡村

[①] 《中共中央 国务院关于学习运用"千村示范、万村整治"工程经验有力有效推进乡村全面振兴的意见》，中国政府网，2024年2月3日，https://www.gov.cn/zhengce/202402/content_6929934.htm。

[②] 《政府工作报告》，中国政府网，2024年3月12日，https://www.gov.cn/yaowen/liebiao/202403/content_6939153.htm。

[③] 《习近平：小康不小康 关键看老乡》，人民网，2015年11月23日，http://theory.people.com.cn/n1/2017/0608/c40531-29327226.html。

振兴工作的看法、意见、态度、需求，更是乡村振兴战略不断完善的重要依据和宝贵经验。乡村振兴，关键在人，关键在干[①]。基层干部是推进乡村振兴战略的基层主导者，建设一支政治过硬、本领过硬、作风过硬的乡村振兴干部队伍是重中之重。乡村振兴过程中基层干部的政治、专业素质直接关系到乡村振兴战略的推进和落地，也直接关系到乡村振兴战略推进过程中，农民的获得感。因此，我们在乡村振兴战略推进过程中，既要关注作为乡村振兴战略主体的农民的看法和意见，更要关注作为乡村振兴战略基层主导者的基层干部。

本专题报告以脱贫攻坚战全面胜利和乡村振兴战略全面推进为背景，对新时代背景下人民群众对于乡村振兴战略所取得成就的认可度、人民群众对于制约乡村振兴短板的认知进行解读，以期为下一阶段乡村振兴战略的实施提供实证依据和政策建议。同时对国家全面推进乡村振兴战略以来，在提供保障、补齐乡村振兴短板方面所做的努力进行较为系统的梳理。本报告立足中山大学"人民美好生活需要（福利态度）调查"第七期调查省份，总结地方政府在保障乡村振兴战略推进上的政策设计。最后，本报告利用定量分析方法，探究乡村振兴的主观绩效和公众基层干部激励不足认知的内在影响因素，利用得出的结论更好地分析当前乡村振兴战略推进的成果和短板。

二 乡村振兴主观绩效及制约因素概述

本报告使用中山大学"人民美好生活需要（福利态度）调查"数据。2023年调查问卷囊括了"困难群体"、"社会团结与社会风险"、"社会照顾"、"社会态度"、"乡村振兴战略"、"延迟退休"、"工作生活平衡"与"个人资料"等板块，调查对象为18周岁及以上的居民，调查范围包括广东省21个地级市、福建省9个地级市、云南省8个地级市和8个自治州、海南省3个地级市、湖南省13个地级市和1个自治州、黑龙江省13个地级市和新疆维吾尔自治区4个地级市和5个自治州，最终获得15650个有效样本。

[①] 《习近平：坚持把解决好"三农"问题作为全党工作重中之重，举全党全社会之力推动乡村振兴》，求是网，2022年3月31日，http://www.9stheory.cn/dukan/9s/2022-03/31/c_1128515304.htm。

专题报告九 乡村振兴主观绩效和制约因素的公众认知

（一）2023年乡村振兴主观绩效的描述性分析

1. 2023年乡村振兴主观绩效的双重差异

我们对乡村振兴战略的公众认知现状进行分析，一方面是对现有乡村振兴研究的重要补充，另一方面有助于对乡村振兴战略的实施提出更有针对性的建议。从调查结果来看，2017年以来我国农村的变化在公众认可度当中呈现出双重差异，即跨领域和跨区域的差异。

跨领域的差异。从图1中可以看出，在乡村振兴主观绩效不同项目中，农村教育条件改善最受公众认可，根据李克特量表从1到5打分，农村教育条件改善的得分为2.36分。这表明乡村振兴战略实施以来，改善农村教育条件，教育扶贫和教育振兴取得了较好成果，公众切实感受到了乡村教育条件的完善。其次是乡村党群干群关系的改善，得分为2.34分。这表明乡村振兴战略背景下，农村党员、干部和群众的关系更加密切、和谐，这对于乡村党员干部深入群众开展乡村振兴工作大有裨益。排名第三的是农民就业和收入状况改善，得分为2.28分。乡村振兴的重要组成部分产业振兴促进了农村的产业结

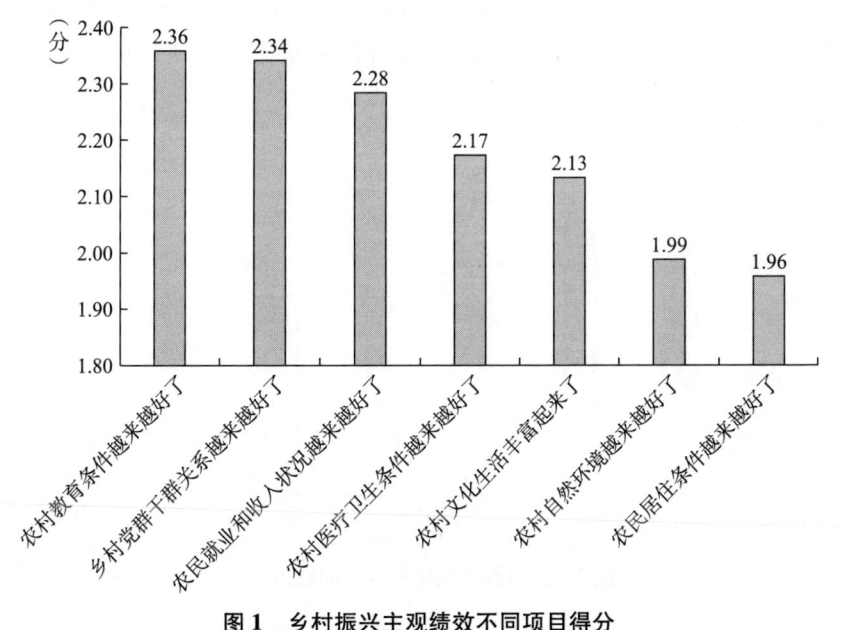

图1 乡村振兴主观绩效不同项目得分

375

构调整，为农民提供了新的收入来源，农民的生活质量显著提高。此外农村医疗卫生条件的改善和农村文化生活的丰富也在一定程度上得到了公众的认可，分别得到了2.17分和2.13分，体现了乡村振兴战略对于乡村基础设施的投入以及精神文明创建的努力，但是依旧需要持续不断地投入和创新。相比之下，公众对于农村自然环境和农民居住条件改善的认可度则相对较低，二者在公众认可度方面分别只得了1.99分和1.96分。尽管乡村振兴战略成效显著，但是由于农村人口不断向城市流动，乡村空心化趋势逐渐显现，农村的居住条件改善与城市相比处于劣势，自然环境的改善缺少推动力。为此，乡村振兴战略需要更高质量地推动和落实乡村自然环境的改善和乡村人居环境的优化。

跨区域的差异。从图2中可以看出，不同省份的乡村振兴主观绩效存在较大的差异。海南省的乡村振兴主观绩效得分最高，综合得分达17.29分。其次是福建省，乡村振兴主观绩效得分高达17.02分。而广东省、新疆维吾尔自治区、黑龙江省以及湖南省的乡村振兴主观绩效处于中等水平，得分位于15~16分的区间内。乡村振兴主观绩效最低的省份是云南省，综合得分仅为13.30分，远低于其他省份。这表明中国当前的乡村振兴战略已经在部分省份取得了显著的成就并获得了公众的广泛认可，但是依然需要兼顾区域协调发展，重点区域重点关注，力争共同提高全国的乡村振兴水平，实现均衡发展、全域振兴。

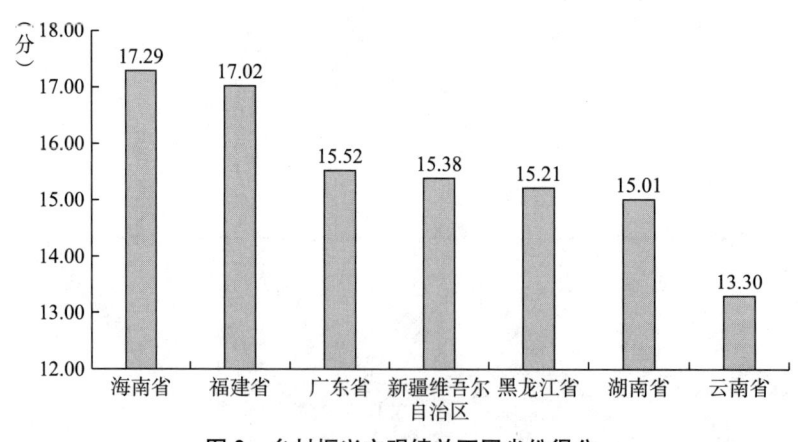

图2 乡村振兴主观绩效不同省份得分

2. 乡村振兴主观绩效的比较——与 2021 年及 2022 年对比

根据 2021 年中山大学人民美好生活需要团队调查结果，公众认为农村发展最有成效的是农村公共设施改善，其次为农村自然环境改善与医疗卫生水平、上学、居住条件得到改善。2022 年调查结果表明，公众认为实施乡村振兴战略以来农村最大的变化是自然环境得到改善以及医疗卫生水平、上学、居住条件得到改进。而 2023 年调查结果表明，在乡村振兴战略所取得成就当中，农村教育条件越来越好、乡村党群干群关系越来越好以及农民就业和收入状况越来越好获得了较高的认可。由此可见，2023 年的调查结果与 2022 年和 2021 年的调查结果呈现了一定程度的差异（见图 3 和图 4）。尽管如此，乡村振兴战略所取得的成就中，针对农村基础设施包括医疗和教育等方面的投入所取得的成果依旧取得了较高的认可度。

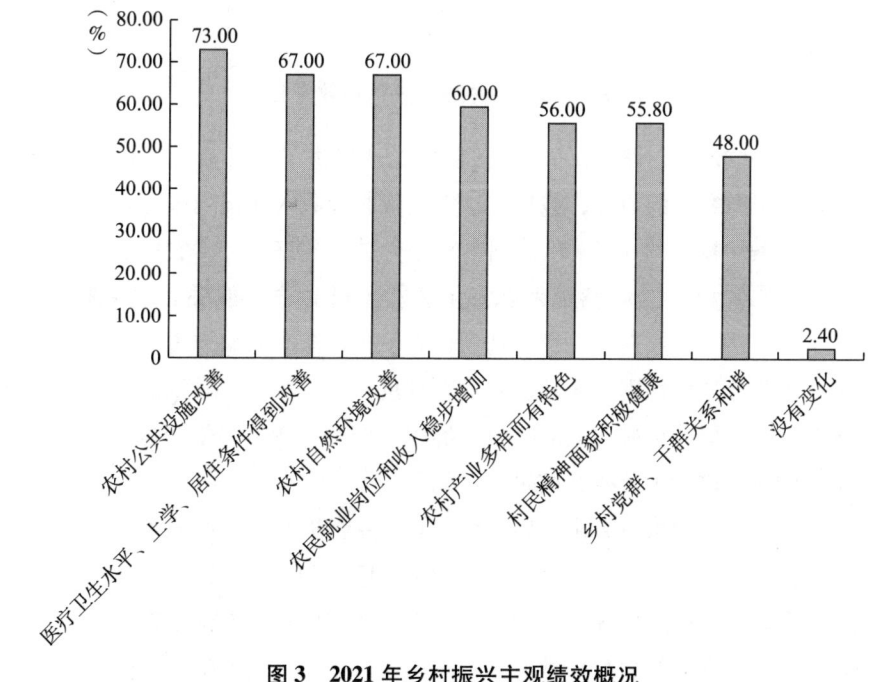

图 3　2021 年乡村振兴主观绩效概况

3. 2023 年乡村振兴主观绩效的个体差异

乡村振兴主观绩效来源于问卷"E1. 以下对于 2017 年以来我国农村的变化，您在多大程度上认同？从 1 到 5 打分，分别代表非常不认同、比较不认

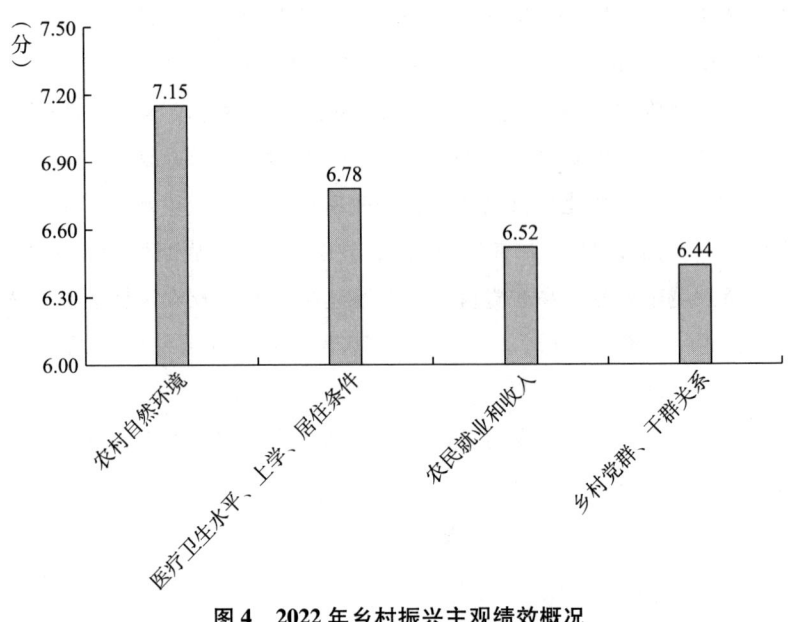

图 4 2022年乡村振兴主观绩效概况

同、一般、比较认同、非常认同"。该题的选项提供了七类目前乡村振兴建设可能取得进步和突破的地方，包括：①农民就业和收入状况越来越好了。②农村医疗卫生条件越来越好了。③农村教育条件越来越好了。④农民居住条件越来越好了。⑤农村自然环境越来越好了。⑥乡村党群干群关系越来越好了。⑦农村文化生活丰富起来了。每个选项代表了乡村振兴战略推进以来某一方面的成就。本部分选取性别、年龄、受教育程度、婚姻状况、政治面貌、收入阶层、主观社会阶层、乡村振兴战略目标群体（四类）等人口学变量在乡村振兴主观绩效的得分进行了分析，结果显示如下。

性别。从图5中可以看出，男性受访者的乡村振兴主观绩效整体高于女性受访者。同时，性别不同的受访者均认为，2017年以来，我国农村取得的最好成就为农民就业和收入状况、农村教育条件和乡村党群干群关系的改善，这也与我们的整体公众认知概况一致。

年龄。从图6中可以看出，不同年龄段受访者对农村教育条件和乡村党群干群关系改善的认可度最高。其中，"农村教育条件越来越好了"在26~35岁受访者中的得分为2.41分，远超其他选项得分。而"乡村党群干群关系越来越好了"在65岁及以上的受访者中的得分为2.37分，远超其他选项得分。农

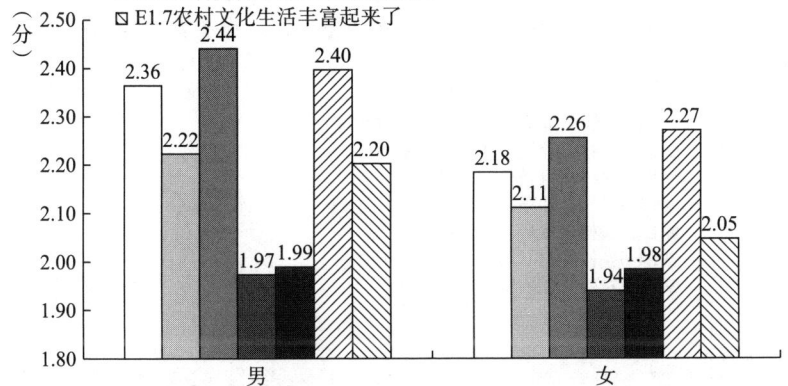

专题报告九　乡村振兴主观绩效和制约因素的公众认知

图5　男女受访者对于乡村振兴主观绩效的认知

村自然环境和农民居住条件的改善在各年龄段受访者中得分最低，在51~65岁年龄层得分分别仅有1.83分和1.79分。

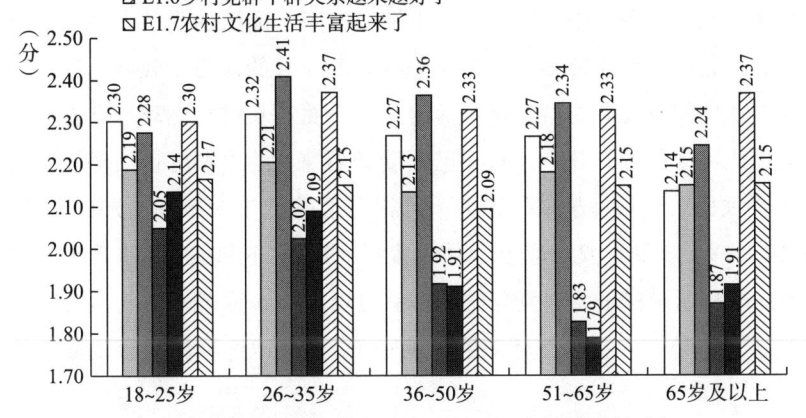

图6　不同年龄段受访者对于乡村振兴主观绩效的认知

受教育程度。从图7中可以发现，不同学历受访者均对农民就业和收入状况、农村教育条件和乡村党群干群关系改善有着相对较高的认可度，对农村自然环境改善的认可度最低。其中，"乡村党群干群关系越来越好了"在学历为博士的受访者中得分为2.71分，显著高于其他选项。而"农村教育条件越来越好了"在学历为硕士的受访者中得分为2.51分，显著高于其他学历的受访群体。

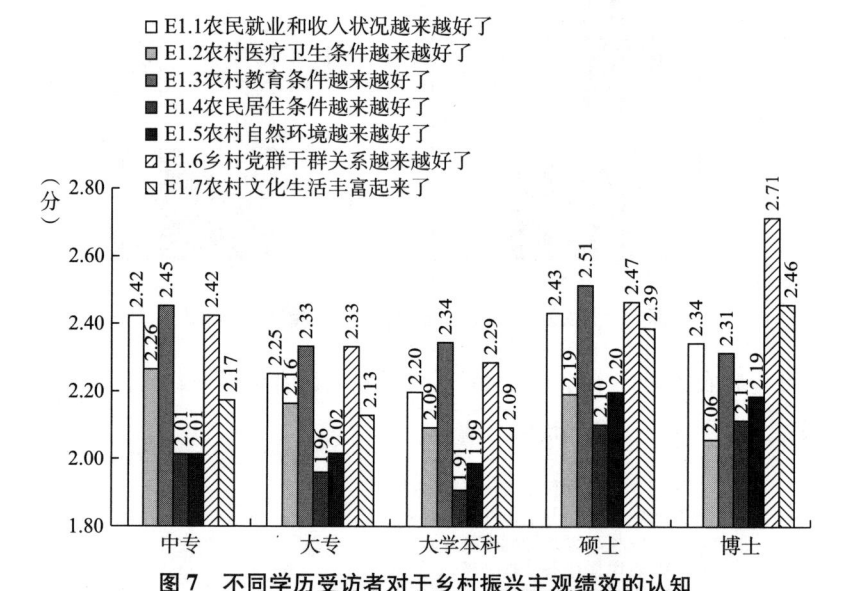

图7 不同学历受访者对于乡村振兴主观绩效的认知

婚姻状况。从图8中可以看出，未婚、已婚、离婚的受访者对农民就业和收入状况、农村教育条件和乡村党群干群关系改善的认可度较高，其次是农村医疗卫生条件的改善和农村文化生活的丰富。而对农村自然环境和农民居住条件的优化认可度最低。其中，对于已婚受访者来说，"农村自然环境越来越好了"和"农民居住条件越来越好了"的得分显著低于未婚和离婚的受访群体，分别只有1.94分和1.92分。从总体上来看，离婚的受访群体对于2017年以来乡村振兴战略所带来的乡村变化的整体认可度最高，除了"农村医疗卫生条件越来越好了"和"农村自然环境越来越好了"，其他选项的得分均高于未婚和已婚的受访群体。

政治面貌。从图9中可以看出，中共党员身份的受访者的乡村振兴主观绩

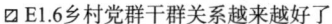

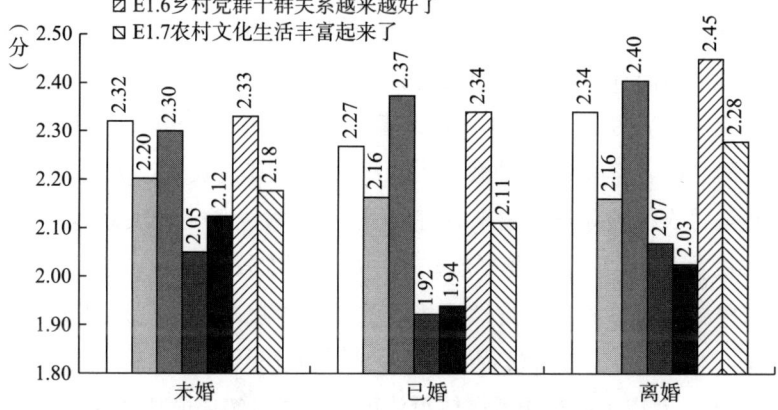

专题报告九　乡村振兴主观绩效和制约因素的公众认知

图8　不同婚姻状况受访者对于乡村振兴主观绩效的认知

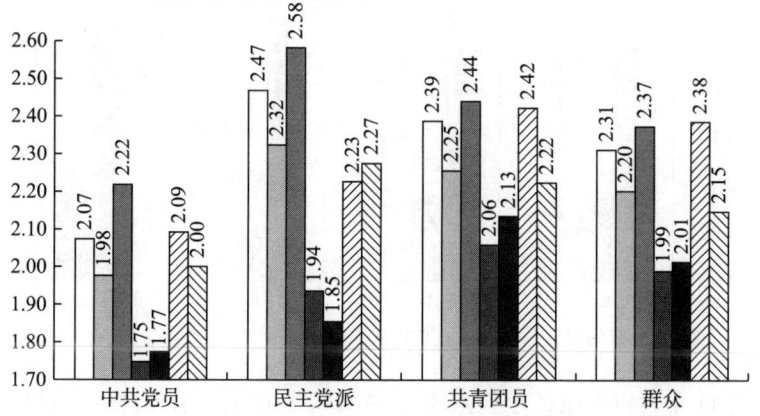

图9　不同政治面貌受访者对于乡村振兴主观绩效的认知

效显著低于民主党派、共青团员与群众。在不同政治面貌的受访群体当中，最受认可的乡村振兴战略带来的变化仍然来自农村教育条件、乡村党群干群关系以及农民就业和收入状况的改善。总体来看，民主党派和共青团员对于乡村振兴战略实施以来的农村变化有较高的认可度，这表明乡村振兴战略充分调动了各个政治群体的积极性，其成果获得了较为广泛的认可。这也意味着将来乡村振兴战略的推动拥有了更加广泛的助力。

收入阶层。从图10和图11中可以看出，年收入5万元以下和年收入40万元及以上的受访者群体的乡村振兴主观绩效强于其他收入层级的受访者。其中，仍然是"农村教育条件越来越好了"、"乡村党群干群关系越来越好了"以及"农民就业和收入状况越来越好了"的认可度较高。但上述两个受访者群体对于农民居住条件和农村自然环境改善的认可度排序不一，呈现出了差异化。年收入5万元以下的受访者群体更认可"农民居住条件越来越好了"，但年收入40万元及以上的受访者群体更认可"农村自然环境越来越好了"。

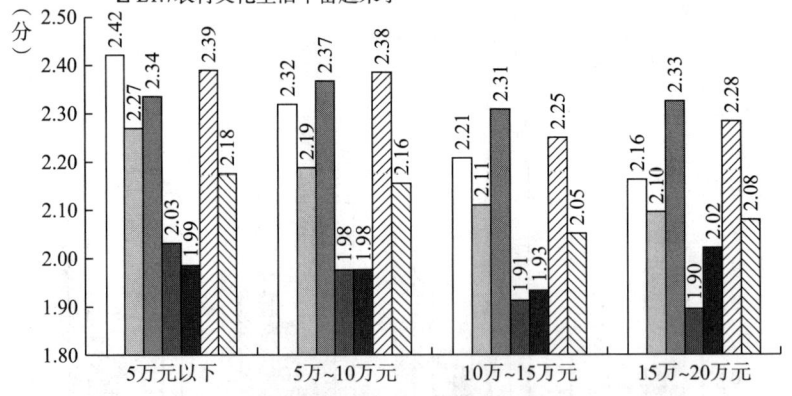

图10 不同收入层级受访者对于乡村振兴主观绩效的认知（一）

从图11中可以看出，年收入35万~40万元的受访者群体的乡村振兴主观绩效偏低。该群体各选项中认可度最高的"农村教育条件越来越好了"仅得到2.30分，低于其他各受访者群体的同选项得分。而年收入35万~40万元的受

专题报告九　乡村振兴主观绩效和制约因素的公众认知

访者群体认可度最低的选项,即"农村自然环境越来越好了"仅得到1.84分,而其他受访者群体的认可度最低选项的得分均未低于1.90分。

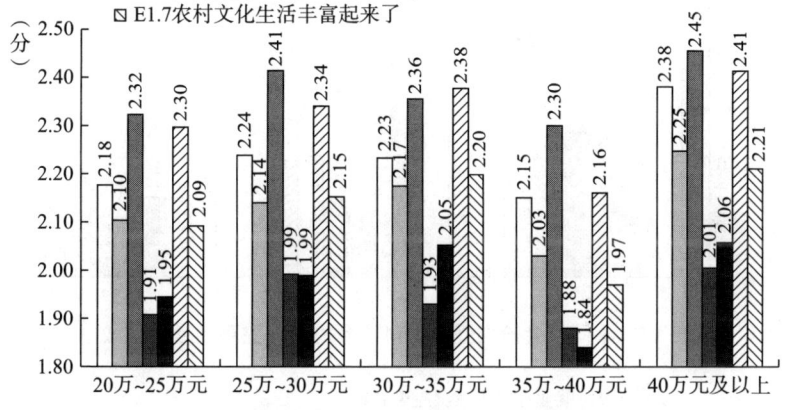

图11　不同收入层级受访者对于乡村振兴主观绩效的认知(二)

主观社会阶层。在问卷中,让受访者对于自己可能位于的社会阶层进行从1到10的打分,本报告将1~3分、4~7分、8~10分分别认定为社会的下层、中层和上层。从图12可以看出,自认为属于社会下层群体的受访者的乡村振兴主观绩效明显高于自认为处于社会中层和上层的受访者。其中仍然是"农村教育条件越来越好了"、"乡村党群干群关系越来越好了"和"农民就业和收入状况越来越好了"的认可度最高,自认为处于社会下层的受访者对上述三项的打分分别为2.74分、2.74分与2.75分,显著高于其他受访者群体和选项。而作为乡村振兴主观绩效最低的群体——自认为处于社会上层的受访者群体,其认可度最高的选项得分也仅为1.98分("农村教育条件越来越好了")。

乡村振兴战略目标群体。根据受访者的居住地与户籍将受访者分为四类,其中居住地在农村的农业户口群体被视为实施乡村振兴战略的重要目标群体。从图13中可以看出,该群体认为农民就业和收入状况改善取得的成效最佳,其得分低于居住在城市的农业户口群体,高于其他两类群体。同样对于他们来

383

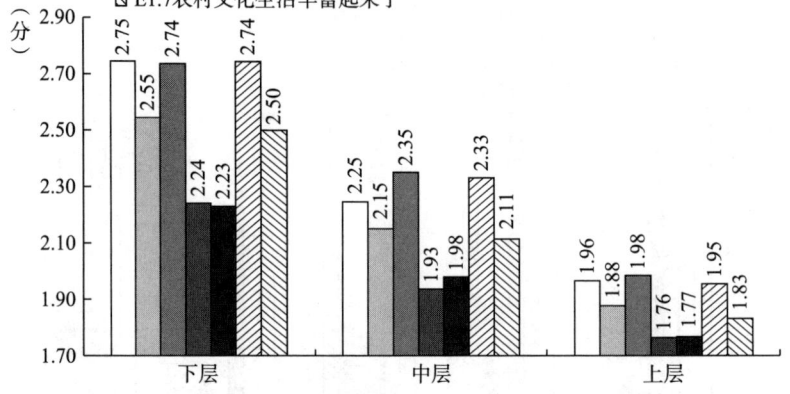

人民美好生活需要与社会政策创新（2023）

图12 不同社会阶层受访者对于乡村振兴主观绩效的认知

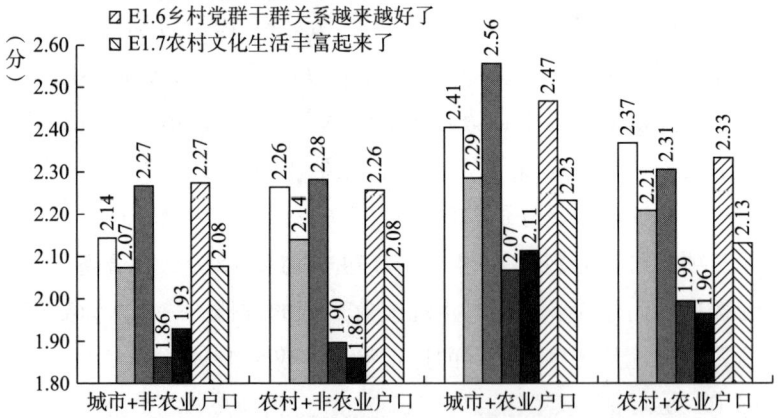

图13 不同目标群体受访者对于乡村振兴主观绩效的认知

说，"乡村党群干群关系越来越好了"的得分也低于居住在城市的农业户口群体，高于其他两类群体。这表明对于乡村振兴战略目标群体而言，乡村振兴战略取得的成就虽有进步但仍然不足。而在根据居住地与户籍划分的四类乡村振兴战略目标群体中，居住在城市的农业户口群体的乡村振兴主观绩效整体高于其他三类受访者群体，他们的"农村教育条件越来越好了"的得分为2.56分，远远高于其他群体和选项。

（二）乡村振兴战略实施中的制约因素的描述性分析

2023年调查问卷中的"乡村振兴战略"板块，除了询问受访者的乡村振兴主观绩效以外，也调查了公众对于制约乡村振兴相关因素的看法。问卷中与此有关的题项为："E2. 对于下一步推进乡村振兴，您觉得最需要加强什么措施？最需要加强：_____ 第二需要：_____ 第三需要：_____"，受访者需要对"激励基层干部积极推进乡村振兴政策、增加农户生存或发展所需资金、支持劳动力返乡就业创业以及提供农户发展需要的技术保障和资源"四个选项进行排序。为便于分析，下文在涉及制约因素得分时，对该题项进行反向赋值处理，第一选择记为3分，第二选择记为2分，第三选择记为1分。例如，激励基层干部积极推进乡村振兴政策这一选项的得分由低到高，表明这一因素对于乡村振兴战略的制约作用越来越强，是更为关键的制约因素。明确数据和处理原则后，可以针对2023年的调查结果进行分析。

1. 各制约因素选项总体得分

为了了解民众认知中制约乡村振兴战略的首要因素，本报告也利用反向赋值（具体操作前文已说明），综合考虑受访者在选择排序上对于各项制约因素的关注度，关注度的高低通过某一选择的最终得分来呈现，而最终得分的计算方式为：（4×第一选择次数+3×第二选择次数+2×第三选择次数+1×未被选择次数）÷总被访者人数。根据反向赋值法以及公式计算最终得出的各选项关键程度得分如图14所示。

从图14中能够看到，四类制约因素在公众选项排序中的次序与各制约因素选项在第一选择中所占比重的排序存在差异。在第一选择中占据较大比重的是"激励基层干部积极推进乡村振兴政策"，最终得分仅为2.44分，略低于"增加农户生存或发展所需资金"以及"支持劳动力返乡就业创业"的2.51分。而在公众认知当中对于乡村振兴战略制约力度最弱的"提供农户发展需要的技术保障和资源"仅得分2.39分。结合图15各选项在第一选择中所占比重，能够发现，在公众认知中，以"激励基层干部积极推进乡村振兴政策"和

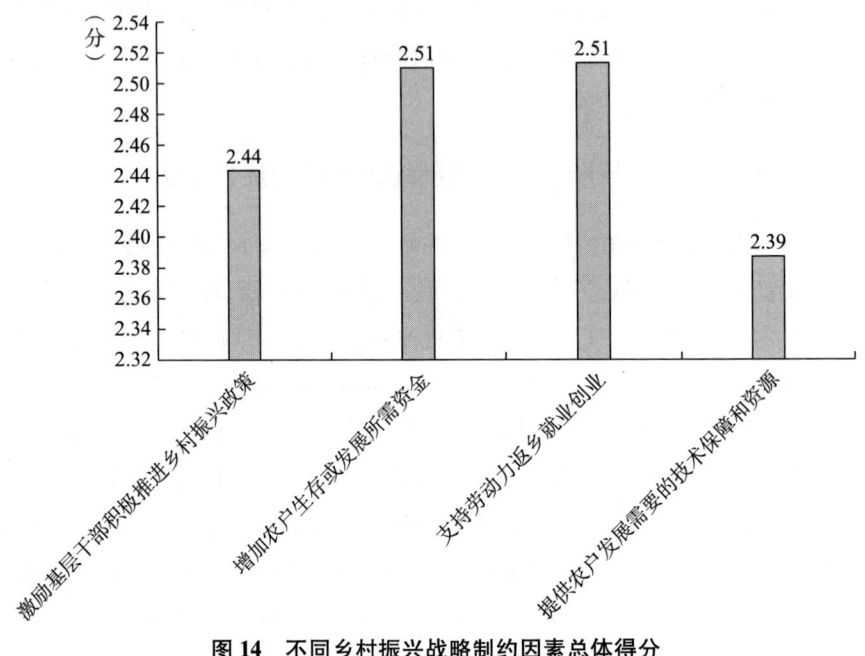

图 14　不同乡村振兴战略制约因素总体得分

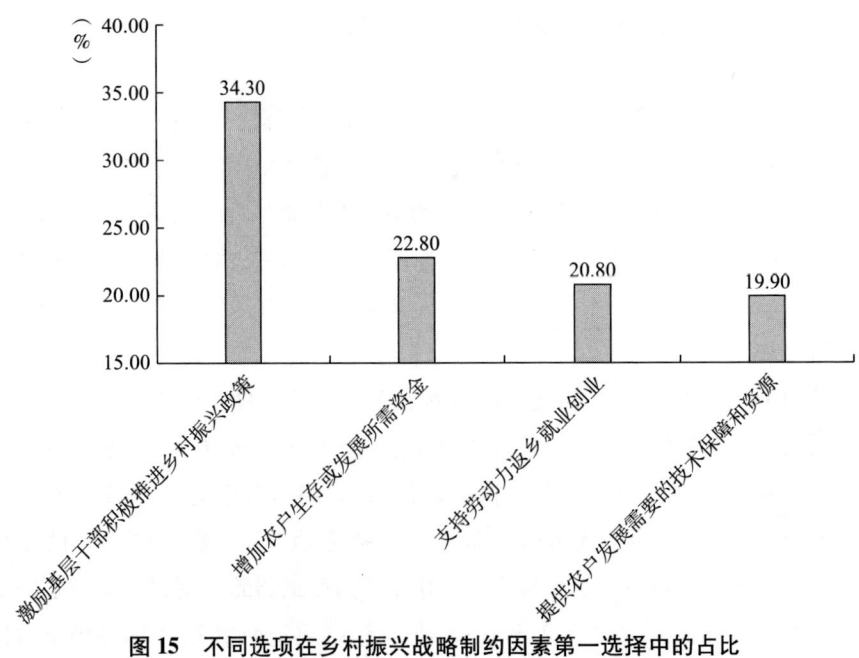

图 15　不同选项在乡村振兴战略制约因素第一选择中的占比

"支持劳动力返乡就业创业"为代表的人力资源,和"增加农户生存或发展所需资金"为代表的资金保障,在公众认知中是较为重要的制约乡村振兴的因素。技术因素会制约乡村振兴战略的推进,但其制约作用较弱。总得分可以反映某一要素所获得的关注度,而要找出在公众认知中对于乡村振兴战略制约效应最强的因素,则需要更多关注各选项在第一选择中所占的比重。

2. 各制约因素选项在第一选择中的占比

此处关注公众认知中对于乡村振兴战略制约因素的第一选择,即对于乡村振兴战略制约效果最强的因素。从图15中可以看出,在受访者所做的制约乡村振兴战略的"第一选择"中,"激励基层干部积极推进乡村振兴政策"这一选项占比高达34.30%,其次是"增加农户生存或发展所需资金"以及"支持劳动力返乡就业创业",占比分别为22.80%和20.80%,最后是"提供农户发展需要的技术保障和资源",占比仅为19.90%。由此可知,在公众认知中,"激励基层干部积极推进乡村振兴政策"是现阶段推动乡村振兴战略最关键有效的手段。而为了进一步研究不同类别受访者对于乡村振兴战略制约因素的主观认识,本报告将"激励基层干部积极推进乡村振兴政策"的得分作为受访者在多大程度上赞同"基层干部激励不足"的得分,进行深入分析。

3. 基层干部激励不足的个体差异

本部分选取性别、主观社会阶层、省份、政治面貌、户籍、婚姻状况等人口学变量在基层干部激励不足选项上的得分进行了描述性统计分析,结果如下。

性别。从图16中可以看出,乡村振兴战略推进过程中基层干部激励不足

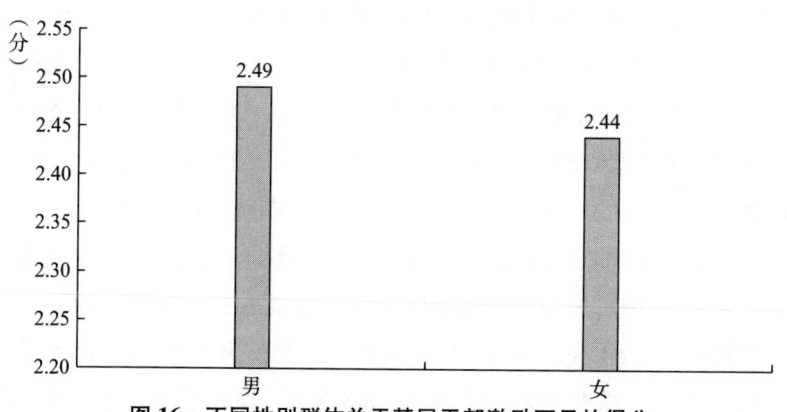

图16 不同性别群体关于基层干部激励不足的得分

这一制约因素的得分，男性群体显著高于女性群体，男性群体的得分为2.49分，而女性群体的得分为2.44分。

主观社会阶层。在问卷中，让受访者对于自己可能位于的社会阶层进行从1到10的打分，本报告将1~3分、4~7分、8~10分分别认定为社会的下层、中层和上层。从图17中可以看出，自认为处于社会上层的受访者群体更加赞同基层干部激励不足制约了乡村振兴，其得分高达2.64分。而自认为处于社会下层的受访者群体相比之下不是特别赞同基层干部激励不足制约了乡村振兴战略的推进，其得分仅为2.31分。而自认为处于社会中层的受访者群体的基层干部激励不足得分为2.46分。

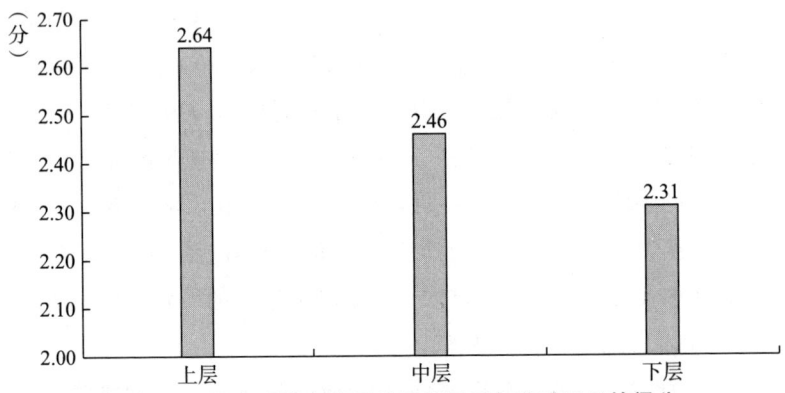

图17 不同主观社会阶层关于基层干部激励不足的得分

省份。不同省份的受访者群体对于基层干部激励不足制约乡村振兴的认知也存在区别。从图18中能够看出，福建省的受访者得分最低，仅为2.12分，这表明福建省的受访者群体在所有七个省份中最不赞同该选项对乡村振兴的制约作用。而云南省和黑龙江省的受访者群体在七个省份中得分较高，两个省份受访者的得分分别达到了2.62分和2.60分。剩下四个省份的得分分别为：广东省2.52分，新疆维吾尔自治区2.49分，海南省2.34分，湖南省2.28分。

政治面貌。不同政治面貌的受访者群体的基层干部激励不足得分也存在较大区别。从图19中可以看出，最赞同基层干部激励不足的受访者群体是中共党员，其得分为2.54分。而得分最低的民主党派仅为2.33分，这表明其最不认可基层干部激励不足制约了乡村振兴战略推进。而剩下的共青团员和群众的得分分别为2.41分和2.46分，在四个群体中处于中间水平。

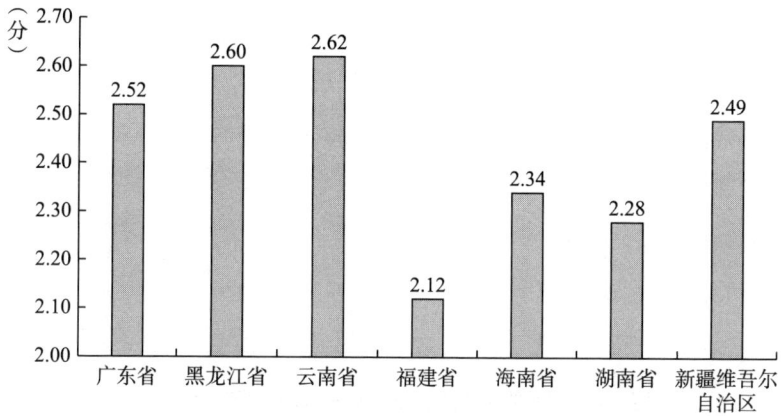

图18 不同省份关于基层干部激励不足的得分

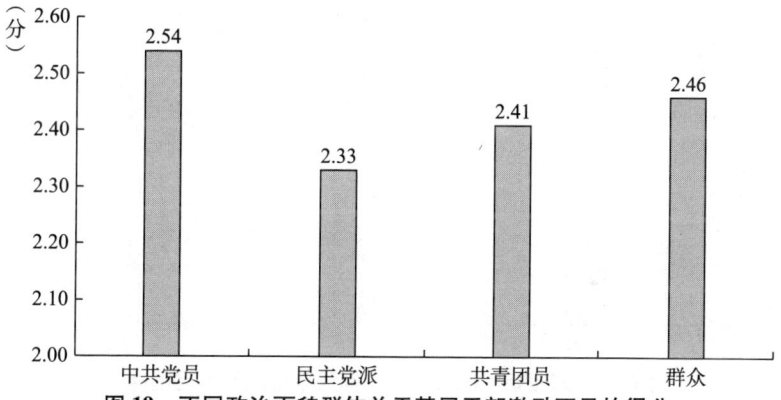

图19 不同政治面貌群体关于基层干部激励不足的得分

户籍。从图20中能够看出，非农业户口的受访者群体对于基层干部激励不足制约乡村振兴战略最为赞同，其得分达到2.52分。而持有居民户口的受访者群体，其基层干部激励不足得分仅为2.35分，低于持有农业户口的受访者群体的2.44分。

婚姻状况。从图21中能够看出，未婚的受访者群体和已婚的受访者群体对于基层干部激励不足的认可差异较小，两个群体的得分分别为2.46分和2.47分。而离婚的受访者群体的基层干部激励不足得分最低，仅为2.35分，这表明离婚的受访者群体并不十分赞同基层干部激励不足制约了乡村振兴战略。

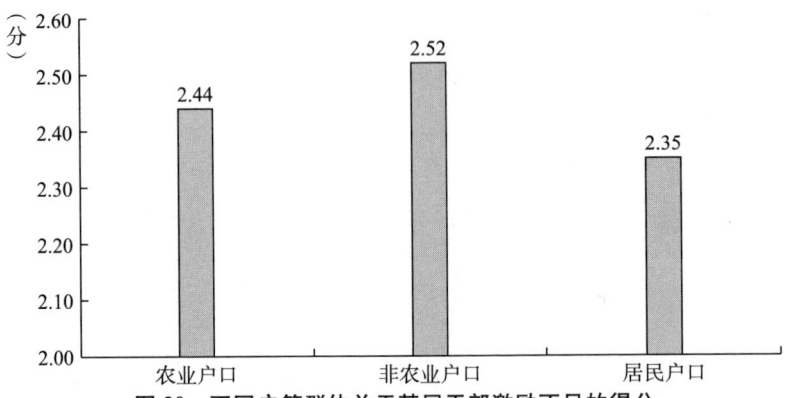

图20 不同户籍群体关于基层干部激励不足的得分

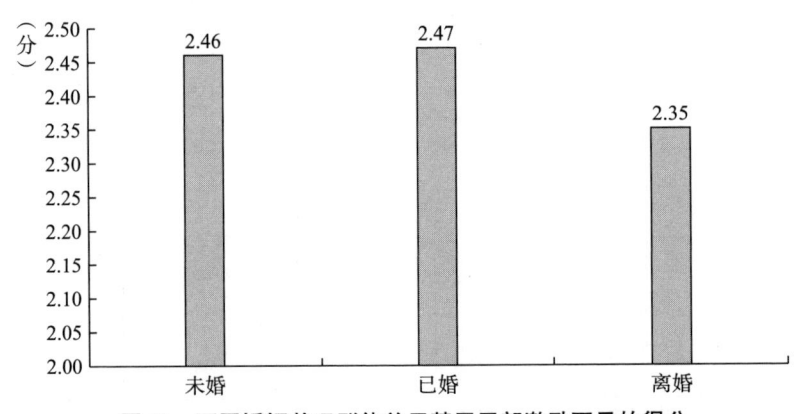

图21 不同婚姻状况群体关于基层干部激励不足的得分

三 乡村振兴主观绩效和基层干部激励认知的影响因素分析

前文已经根据2023年中山大学"人民美好生活需要（福利态度）调查"的问卷数据，针对乡村振兴在广东省、黑龙江省和福建省等七个省份的乡村振兴主观绩效和乡村振兴战略推进过程中的基层干部激励不足进行了初步的描述性统计。但若要进一步探究乡村振兴主观绩效和乡村振兴过程中基层干部激励不足的内在形成机制以及不同特征的受访者的认知差异，就需要针对问卷数据做进一步的分析。因此，下文将运用多元回归方法进行定量分析，以探究乡村振兴主观绩效和基层干部激励不足的内在影响因素。

（一）乡村振兴主观绩效背后的个体影响因素

乡村振兴战略自2017年提出并实施以来，已经取得了较为明显的成果，但由于中国的区域差异，乡村振兴战略要真正实现全域振兴，还面临着很多困难和制约因素。前文通过数据分析，呈现了乡村振兴主观绩效在不同性别、婚姻状况等群体间的差异。为了进一步探究多种个体因素对于乡村振兴主观绩效的影响机制，本报告尝试构建多元回归方程，对乡村振兴主观绩效的个体影响因素进行实证分析。

1. 变量描述

（1）变量选择

本部分的被解释变量为乡村振兴主观绩效，来源于问卷"E1. 以下对于2017年以来我国农村的变化，您在多大程度上认同？从1到5打分，分别代表非常不认同、比较不认同、一般、比较认同、非常认同"。该题的选项给出了七类目前乡村振兴建设可能取得进步和突破的地方，在前文已列出，此处不赘述。乡村振兴主观绩效是根据这7个选项得分的总和计算出来的，总得分越高，代表乡村振兴主观绩效就越高，总得分越低则代表乡村振兴主观绩效越低。

本部分的解释变量为基层干部激励不足制约乡村振兴的赞同程度，以及人口学变量两类。民众对于基层干部激励不足制约乡村振兴的赞同程度这一变量来源于问卷"E2. 对于以下各项乡村振兴的保障措施，您觉得最需要加强哪些？最需要加强：_____ 第二需要：_____ 第三需要：_____"。提供的选项中包含"1. 激励基层干部积极推进乡村振兴政策"，变量操作化过程如下：选择最需要加强选项1的，其对于基层干部激励因素制约乡村振兴的赞同程度为4，将选项1作为第二需要的赞同程度为3，将选项1作为第三需要的赞同程度为2，未选择选项1的赞同程度为1。人口学变量包括年龄（使用受访者的出生年计算得出）、家庭年收入、主观社会阶层、居住地、性别、省份、受教育程度、婚姻状况、政治面貌、职业、工作单位性质、户籍以及乡村振兴战略目标群体。

（2）变量描述性统计

从变量描述性统计结果可以看出，人口学变量之间存在差异，保证了样本的多样性（见表1）。乡村振兴主观绩效的标准差为5.436，说明公众对于乡村振兴主观绩效的差异很大。基层干部激励不足的标准差为1.284，说明公众对于基层干部激励不足制约了乡村振兴战略的推进这一说法的赞同程度存在较大差异，这可能是导致乡村振兴感知差异的原因之一。而人口学变量中年龄、家庭年收入、主观社会阶层、省份、受教育程度、政治面貌和职业的标准差均较大，这些人口学变量可能对乡村振兴主观绩效的差异有较强的影响。

表1 变量描述性统计

变量名称	观测值	均值	标准差	最小值	最大值
乡村振兴主观绩效	15650	15.24	5.44	7	35
基层干部激励不足	15920	2.44	1.28	1	4
年龄	15201	37.62	11.37	3	101
家庭年收入	13763	170000	1200000	-1500000	110000000
主观社会阶层	15650	5.41	2.00	1	10
居住地	15920	0.32	0.47	0	1
性别	15920	0.44	0.50	0	1
省份	15650	3.48	2.21	1	7
受教育程度	15482	6.95	2.38	1	11
婚姻状况	15501	1.78	0.48	1	3
政治面貌	15458	3.40	1.10	1	4
职业	15649	4.86	2.81	1	9
工作单位性质	14931	2.06	0.72	1	3
户籍	15397	1.67	0.68	1	4
乡村振兴战略目标群体	13605	2.39	1.12	1	4

（3）变量相关性分析

从相关性系数分析结果可以看出，基层干部激励不足、年龄、家庭年收入、主观社会阶层、性别、受教育程度、政治面貌、工作单位性质、户籍与乡村振兴主观绩效显著相关。居住地、省份、婚姻状况、职业与乡村振兴主观绩效相关性并不显著。

具体而言，从初步相关性分析结果来看，越不认可基层干部激励不足、年轻人、家庭年收入水平越高、主观社会阶层越低、男性、受教育程度越高、群众、无单位工作者、户籍为农村户口的个体，乡村振兴主观绩效越高。具体请参考表2。

专题报告九 乡村振兴主观绩效和制约因素的公众认知

表 2 变量相关性统计

	乡村振兴主观绩效	基层干部激励不足	年龄	家庭年收入	主观社会阶层	居住地	性别	省份	受教育程度	婚姻状况	政治面貌	职业	工作单位性质	户籍	乡村振兴战略目标群体
乡村振兴主观绩效	1														
基层干部激励不足	-0.105***	1													
年龄	-0.048***	-0.004	1												
家庭年收入	-0.007	0.014	-0.012	1											
主观社会阶层	-0.259***	0.066***	-0.003	0.028***	1										
居住地	0.006	0.004	0.013	-0.012	-0.074***	1									
性别	-0.073***	-0.003	-0.143***	0.013	0.086***	-0.034***	1								
省份	0.013*	-0.055***	-0.099***	0.007	-0.044***	0.050***	0.024***	1							
受教育程度	-0.019**	-0.004	-0.323***	0.016*	0.176***	-0.245***	0.113***	-0.049***	1						
婚姻状况	-0.020**	-0.005	0.516***	-0.006	-0.001	-0.020**	-0.031***	-0.076***	-0.214***	1					

393

续表

	乡村振兴主观绩效	基层干部激励不足	年龄	家庭年收入	主观社会阶层	居住地	性别	省份	受教育程度	婚姻状况	政治面貌	职业	工作单位性质	户籍	乡村振兴战略目标群体
政治面貌	0.095***	−0.021***	−0.104***	−0.007	−0.099***	0.060***	0.106***	−0.001	−0.241***	−0.029***	1				
职业	0.085***	−0.031***	0.027***	−0.018**	−0.162***	0.157***	0.028***	0.137***	−0.316***	−0.033***	0.215***	1			
工作单位性质	0.112***	−0.013	−0.023***	−0.006	−0.186***	0.195***	0.022***	0.071***	−0.360***	−0.018**	0.314***	0.556***	1		
户籍	−0.042***	−0.007	0.055***	0.018**	0.085***	−0.362***	0.044***	0.125***	0.223***	0.034***	−0.086***	−0.121***	−0.199***	1	
乡村振兴战略目标群体	−0.028***	0.000	0.064***	−0.005	−0.036***	0.916***	−0.045***	0.028***	−0.202***	0.005	0.027***	0.127***	0.157***	−0.228***	1

* $p<0.05$，** $p<0.01$，*** $p<0.001$。

2. 模型设置

本报告使用 STATA 软件进行数据分析，解释模型结果。采用普通最小二乘法回归（Ordinary Least Square，OLS）的方法，探讨乡村振兴战略民众认知差异的形成机制，具体回归模型如下。

$$Y_i = \varepsilon_i + \beta_1 X_1 + \beta_2 X_2 + \beta_3 X_3 + \beta_4 X_4 + \beta_5 X_5 + \beta_6 X_6 + \beta_7 X_7 + \beta_8 X_8 +$$
$$\beta_9 X_9 + \beta_{10} X_{10} + \beta_{11} X_{11} + \beta_{12} X_{12} + \beta_{13} X_{13} + \beta_{14} X_{14}$$

其中，Y 为乡村振兴主观绩效，X_1 为基层干部激励不足，X_2 至 X_{14} 为人口学变量及其他控制变量，ε_i 为随机误差项。

3. 计量发现

为了验证乡村振兴主观绩效的个体性影响因素，本报告通过八个多元回归模型，探讨乡村振兴主观绩效及其七个维度与基层干部激励不足以及其他人口学变量之间的关系。这一方面是为了进一步展示前文描述性统计分析的科学性，另一方面是为了进一步探索不同因素对于乡村振兴主观绩效的影响机制。回归结果详见表 3a、3b。

表 3a 回归结果

	模型（1） 农民就业和收入状况	模型（2） 农村医疗卫生条件	模型（3） 农村教育条件	模型（4） 农民居住条件
基层干部激励不足	-0.057*** （0.007）	-0.042*** （0.007）	-0.059*** （0.008）	-0.027*** （0.006）
年龄	-0.002 （0.001）	0.001 （0.001）	0.001 （0.001）	-0.005*** （0.001）
家庭年收入 （自然对数）	-0.030* （0.012）	0.002 （0.011）	0.041*** （0.012）	-0.038*** （0.009）
主观社会阶层	-0.098*** （0.005）	-0.087*** （0.005）	-0.105*** （0.005）	-0.059*** （0.004）
居住地 （以农村为参照）	0.091 （0.070）	0.157* （0.067）	0.037 （0.074）	0.046 （0.057）
女性 （以男性为参照）	-0.140*** （0.020）	-0.083*** （0.019）	-0.147*** （0.021）	-0.039* （0.016）

续表

	模型（1） 农民就业和 收入状况	模型（2） 农村医疗 卫生条件	模型（3） 农村教育 条件	模型（4） 农民居住 条件
省份（以广东为参照）				
黑龙江省	-0.087** (0.030)	0.024 (0.029)	-0.091** (0.032)	0.027 (0.025)
云南省	-0.253*** (0.030)	-0.255*** (0.029)	-0.353*** (0.032)	-0.222*** (0.024)
福建省	0.155*** (0.039)	0.162*** (0.038)	0.183*** (0.042)	0.140*** (0.032)
海南省	0.204*** (0.055)	0.247*** (0.053)	0.206*** (0.059)	0.283*** (0.045)
湖南省	-0.063 (0.033)	-0.013 (0.031)	0.013 (0.035)	-0.048 (0.027)
新疆维吾尔自治区	-0.096** (0.032)	-0.012 (0.031)	-0.245*** (0.034)	0.166*** (0.026)
受教育程度（以未上过学为参照）				
小学/私塾	-0.261 (0.136)	-0.197 (0.131)	-0.270 (0.145)	-0.287** (0.111)
初中	-0.125 (0.125)	-0.042 (0.121)	0.017 (0.133)	-0.198 (0.102)
普通高中	-0.093 (0.125)	-0.002 (0.120)	0.141 (0.133)	-0.141 (0.102)
职业高中	-0.189 (0.135)	0.010 (0.130)	0.133 (0.143)	-0.112 (0.110)
技校	-0.146 (0.186)	0.205 (0.179)	0.240 (0.197)	0.005 (0.152)
中专	-0.056 (0.128)	0.027 (0.123)	0.139 (0.135)	-0.131 (0.104)
大专	-0.096 (0.124)	0.004 (0.119)	0.146 (0.131)	-0.116 (0.101)

续表

	模型（1） 农民就业和收入状况	模型（2） 农村医疗卫生条件	模型（3） 农村教育条件	模型（4） 农民居住条件
大学本科	-0.083 (0.124)	-0.015 (0.119)	0.204 (0.132)	-0.131 (0.101)
硕士	0.123 (0.141)	0.067 (0.136)	0.322* (0.150)	0.061 (0.115)
博士	0.291 (0.183)	0.147 (0.176)	0.422* (0.194)	0.118 (0.149)
其他	—	—	—	—
婚姻状况（以未婚为参照）				
已婚	0.040 (0.026)	0.002 (0.025)	0.136*** (0.028)	0.021 (0.021)
离婚	0.032 (0.059)	-0.059 (0.057)	0.108 (0.062)	0.104* (0.048)
政治面貌（以中共党员为参照）				
民主党派	0.219 (0.156)	0.135 (0.150)	0.183 (0.166)	0.060 (0.127)
共青团员	0.163*** (0.041)	0.140*** (0.039)	0.167*** (0.043)	0.121*** (0.033)
群众	0.105*** (0.029)	0.099*** (0.028)	0.081** (0.031)	0.107*** (0.024)
职业（以国家机关、党群组织、企业、事业单位负责人为参照）				
专业技术人员	-0.024 (0.035)	-0.084* (0.034)	-0.048 (0.038)	0.018 (0.029)
办事人员和有关人员	-0.052 (0.039)	-0.078* (0.038)	-0.095* (0.042)	-0.052 (0.032)
商业、服务业人员	0.026 (0.039)	-0.031 (0.037)	-0.061 (0.041)	0.050 (0.032)
农、林、牧、渔、水利业生产人员	-0.025 (0.054)	-0.070 (0.051)	-0.130* (0.057)	0.041 (0.044)

续表

	模型（1） 农民就业和 收入状况	模型（2） 农村医疗 卫生条件	模型（3） 农村教育 条件	模型（4） 农民居住 条件
生产、运输设备操作 人员及有关人员	-0.024 (0.051)	-0.096 (0.049)	-0.040 (0.054)	0.005 (0.042)
网约车司机、外卖骑手 等平台经济从业人员	0.002 (0.081)	-0.140 (0.078)	-0.241** (0.086)	-0.141* (0.066)
其他从业人员	0.029 (0.038)	-0.006 (0.036)	-0.040 (0.040)	0.025 (0.031)
无工作	0.045 (0.048)	0.007 (0.046)	-0.002 (0.051)	-0.006 (0.039)
工作单位性质（以无单位为参照）				
体制内	-0.145*** (0.035)	-0.163*** (0.033)	-0.258*** (0.037)	-0.139*** (0.028)
体制外	0.032 (0.027)	0.028 (0.026)	-0.003 (0.029)	-0.030 (0.022)
户籍（以其他为参照）				
农业户口	-0.028 (0.180)	-0.034 (0.173)	-0.106 (0.190)	0.022 (0.147)
非农业户口	-0.042 (0.176)	0.086 (0.169)	-0.070 (0.187)	0.028 (0.144)
居民户口	0.007 (0.175)	0.060 (0.168)	-0.016 (0.186)	0.013 (0.143)
乡村振兴战略目标群体				
农业户口且 居住在城市	0.107 (0.075)	0.218** (0.072)	0.243** (0.079)	0.095 (0.061)
非农业户口且 居住在城市	—	—	—	—
农业户口且 居住在农村	—	—	—	—
非农业户口且 居住在农村	-0.023 (0.081)	-0.117 (0.078)	-0.001 (0.086)	-0.025 (0.066)

续表

	模型（1） 农民就业和收入状况	模型（2） 农村医疗卫生条件	模型（3） 农村教育条件	模型（4） 农民居住条件
常数项	3.422*** (0.262)	2.607*** (0.252)	2.515*** (0.278)	2.979*** (0.214)
R^2	0.082	0.070	0.093	0.074
观测值	13000	13000	13000	13000

表3b 回归结果

	模型（5） 农村自然环境	模型（6） 乡村党群干群关系	模型（7） 农村文化生活	模型（8） 乡村振兴主观绩效
基层干部激励不足	-0.035*** (0.006)	-0.059*** (0.007)	-0.047*** (0.007)	-0.325*** (0.035)
年龄	-0.006*** (0.001)	0.003* (0.001)	0.003* (0.001)	-0.006 (0.005)
家庭年收入 （自然对数）	-0.003 (0.010)	0.009 (0.011)	0.009 (0.011)	-0.010 (0.055)
主观社会阶层	-0.061*** (0.004)	-0.104*** (0.005)	-0.096*** (0.005)	-0.611*** (0.024)
居住地 （以农村为参照）	0.135* (0.060)	0.099 (0.069)	0.034 (0.064)	0.601 (0.333)
女性 （以男性为参照）	-0.025 (0.017)	-0.110*** (0.019)	-0.131*** (0.018)	-0.674*** (0.094)
省份（以广东省为参照）				
黑龙江省	0.016 (0.026)	-0.010 (0.030)	-0.008 (0.028)	-0.129 (0.144)
云南省	-0.215*** (0.026)	-0.224*** (0.029)	-0.219*** (0.027)	-1.741*** (0.143)
福建省	-0.010 (0.034)	0.012 (0.039)	0.062 (0.036)	0.705*** (0.188)
海南省	0.099* (0.048)	0.194*** (0.055)	0.160** (0.051)	1.393*** (0.265)

续表

	模型（5） 农村自然环境	模型（6） 乡村党群干群关系	模型（7） 农村文化生活	模型（8） 乡村振兴主观绩效
湖南省	-0.118***	-0.138***	-0.092**	-0.458**
	(0.028)	(0.032)	(0.030)	(0.156)
新疆维吾尔自治区	0.088**	-0.071*	-0.014	-0.185
	(0.028)	(0.032)	(0.029)	(0.154)
受教育程度（以未上过学为参照）			
小学/私塾	-0.116	-0.076	-0.253*	-1.460*
	(0.117)	(0.135)	(0.125)	(0.653)
初中	-0.098	0.012	-0.063	-0.497
	(0.108)	(0.124)	(0.115)	(0.600)
普通高中	-0.021	0.146	0.054	0.083
	(0.108)	(0.124)	(0.115)	(0.600)
职业高中	-0.107	0.019	0.006	-0.240
	(0.116)	(0.133)	(0.123)	(0.646)
技校	0.110	0.395*	0.055	0.865
	(0.160)	(0.184)	(0.170)	(0.890)
中专	-0.014	0.119	0.051	0.136
	(0.110)	(0.126)	(0.117)	(0.611)
大专	0.021	0.145	0.059	0.163
	(0.107)	(0.122)	(0.113)	(0.593)
大学本科	0.019	0.165	0.061	0.220
	(0.107)	(0.123)	(0.114)	(0.595)
硕士	0.192	0.352*	0.285*	1.402*
	(0.122)	(0.140)	(0.129)	(0.677)
博士	0.308	0.704***	0.516**	2.505**
	(0.158)	(0.181)	(0.168)	(0.876)
其他	—	—	—	—
婚姻状况（以未婚为参照）			
已婚	0.008	0.066*	-0.028	0.245
	(0.023)	(0.026)	(0.024)	(0.126)

续表

	模型（5） 农村自然环境	模型（6） 乡村党群干群关系	模型（7） 农村文化生活	模型（8） 乡村振兴主观绩效
离婚	0.040 (0.051)	0.097 (0.058)	0.114* (0.054)	0.435 (0.281)
政治面貌（以中共党员为参照）				
民主党派	-0.014 (0.134)	0.023 (0.154)	0.113 (0.143)	0.719 (0.747)
共青团员	0.129*** (0.035)	0.266*** (0.040)	0.128*** (0.037)	1.114*** (0.194)
群众	0.097*** (0.025)	0.210*** (0.029)	0.068** (0.027)	0.767*** (0.139)
职业（以国家机关、党群组织、企业、事业单位负责人为参照）				
专业技术人员	0.013 (0.030)	-0.062 (0.035)	0.002 (0.032)	-0.186 (0.169)
办事人员和有关人员	-0.009 (0.034)	-0.101** (0.039)	-0.030 (0.036)	-0.417* (0.189)
商业、服务业人员	0.033 (0.033)	-0.016 (0.038)	-0.023 (0.035)	-0.023 (0.185)
农、林、牧、渔、水利业生产人员	0.037 (0.046)	-0.072 (0.053)	-0.018 (0.049)	-0.237 (0.257)
生产、运输设备操作人员及有关人员	-0.022 (0.044)	-0.073 (0.050)	0.040 (0.047)	-0.209 (0.245)
网约车司机、外卖骑手等平台经济从业人员	-0.124 (0.070)	-0.212** (0.080)	-0.113 (0.074)	-0.969* (0.388)
其他从业人员	0.027 (0.033)	-0.026 (0.037)	0.032 (0.035)	0.041 (0.182)
无工作	0.008 (0.042)	-0.017 (0.048)	0.055 (0.044)	0.089 (0.231)
工作单位性质（以无单位为参照）				
体制内	-0.154*** (0.030)	-0.155*** (0.034)	-0.109*** (0.032)	-1.123*** (0.167)

续表

	模型（5）	模型（6）	模型（7）	模型（8）
	农村自然环境	乡村党群干群关系	农村文化生活	乡村振兴主观绩效
体制外	0.030	0.070**	0.032	0.159
	(0.024)	(0.027)	(0.025)	(0.131)
户籍（以其他为参照）				
农业户口	-0.396*	-0.318	-0.251	-1.110
	(0.155)	(0.177)	(0.164)	(0.859)
非农业户口	-0.256	-0.235	-0.225	-0.714
	(0.152)	(0.174)	(0.161)	(0.843)
居民户口	-0.245	-0.176	-0.247	-0.604
	(0.151)	(0.173)	(0.160)	(0.839)
乡村振兴战略目标群体				
农业户口且居住在城市	0.224***	0.206**	0.123	1.217***
	(0.064)	(0.074)	(0.069)	(0.358)
非农业户口且居住在城市	—	—	—	—
农业户口且居住在农村	—	—	—	—
非农业户口且居住在农村	-0.187**	-0.118	-0.017	-0.488
	(0.070)	(0.080)	(0.074)	(0.388)
常数项	2.867***	2.832***	2.780***	20.002***
	(0.226)	(0.258)	(0.240)	(1.254)
R^2	0.066	0.083	0.074	0.125
观测值	13000	13000	13000	13000

*$p<0.05$，**$p<0.01$，***$p<0.001$。

模型（1）以农民就业和收入状况作为被解释变量。由结果可知，对于"农民就业和收入状况越来越好了"这一说法的认可度显著受到公众对于乡村振兴过程中"基层干部激励不足"这一说法的赞同程度，受访者的家庭年收入、主观社会阶层、性别、省份、政治面貌、工作单位性质的影响。其中越不赞同乡村振兴过程中"基层干部激励不足"、家庭年收入越低、主观社会阶层越低、福建省或海南省、政治面貌为共青团员或群众的个体，越认可"农民就业和收入状况越来越好了"这一说法。而女性、黑龙江省或云南省以及新疆维吾尔自治区、在体制内工作的个体,越不认可上述说法。

模型(2)以农村医疗卫生条件作为被解释变量。由结果可知,对于"农村医疗卫生条件越来越好了"这一说法的认可度显著受到公众对于乡村振兴过程中"基层干部激励不足"这一说法的赞同程度,受访者的主观社会阶层、居住地、性别、省份、政治面貌、职业、工作单位性质、乡村振兴战略目标群体类型的影响。其中,越不赞同乡村振兴过程中"基层干部激励不足"、主观社会阶层越低、城市、福建省或海南省、政治面貌为共青团员或群众、农业户口且居住在城市的个体,越认可"农村医疗卫生条件越来越好了"这一说法。而女性、云南省、职业为专业技术人员或办事人员和有关人员、在体制内工作的个体,越不认可上述说法。

模型(3)以农村教育条件作为被解释变量。由结果可知,对于"农村教育条件越来越好了"这一说法的认可度显著受到公众对于乡村振兴过程中"基层干部激励不足"这一说法的赞同程度,受访者的家庭年收入、主观社会阶层、性别、省份、受教育程度、婚姻状况、政治面貌、职业、工作单位性质、乡村振兴战略目标群体类型的影响。其中越不赞同乡村振兴过程中"基层干部激励不足"、家庭年收入越高、主观社会阶层越低、福建省或海南省、硕士或博士受教育程度、已婚、政治面貌为共青团员或群众、农业户口且居住在城市的个体越认可"农村教育条件越来越好了"这一说法。而女性,黑龙江省、云南省或新疆维吾尔自治区,职业为办事人员和有关人员或农、林、牧、渔、水利业生产人员以及网约车司机、外卖骑手等平台经济从业人员,在体制内工作的个体,越不认可上述说法。

模型(4)以农民居住条件作为被解释变量。由结果可知,对于"农民居住条件越来越好了"这一说法的认可度显著受到公众对于乡村振兴过程中"基层干部激励不足"这一说法的赞同程度,受访者的年龄、家庭年收入、主观社会阶层、性别、省份、受教育程度、婚姻状况、政治面貌、职业、工作单位性质的影响。其中越不赞同乡村振兴过程中"基层干部激励不足"、越年轻、家庭年收入越低、主观社会阶层越低、福建省或海南省以及新疆维吾尔自治区、离婚、政治面貌为共青团员或群众的个体越认可"农民居住条件越来越好了"这一说法。而女性,居住在云南省,小学/私塾受教育程度,职业为网约车司机、外卖骑手等平台经济从业人员,在体制内工作的个体,越不认可上述说法。

模型(5)以农村自然环境作为被解释变量。由结果可知,对于"农村自然环境越来越好了"这一说法的认可度显著受到公众对于乡村振兴过程中"基层干部激励不足"这一说法的赞同程度，受访者的年龄、主观社会阶层、居住地、省份、政治面貌、工作单位性质、户籍、乡村振兴战略目标群体类型的影响。其中越不赞同乡村振兴过程中"基层干部激励不足"、越年轻、主观社会阶层越低、城市、海南省或新疆维吾尔自治区、政治面貌为共青团员或群众、农业户口且居住在城市的个体，越认可"农村自然环境越来越好了"这一说法。而云南省或湖南省、在体制内工作、农业户口、非农业户口且居住在农村的个体，越不认可上述说法。

模型（6）以乡村党群干群关系作为被解释变量。由结果可知，对于"乡村党群干群关系越来越好了"这一说法的认可度显著受到公众对于乡村振兴过程中"基层干部激励不足"这一说法的赞同程度，受访者的年龄、主观社会阶层、性别、省份、受教育程度、婚姻状况、政治面貌、职业、工作单位性质、乡村振兴目标群体类型的影响。其中越不赞同乡村振兴过程中"基层干部激励不足"、越年长、主观社会阶层越低、海南省、技校或硕士以及博士受教育程度、已婚、政治面貌为共青团员或群众、在体制外工作、农业户口且居住在城市的个体，越认可"乡村党群干群关系越来越好了"这一说法。而女性、云南省、湖南省或新疆维吾尔自治区、职业为办事人员和有关人员或网约车司机、外卖骑手等平台经济从业人员、在体制内工作的个体，越不认可上述说法。

模型（7）以农村文化生活作为被解释变量。由结果可知，对于"农村文化生活丰富起来了"这一说法的认可度显著受到公众对于乡村振兴过程中"基层干部激励不足"这一说法的赞同程度，受访者的年龄、主观社会阶层、性别、省份、受教育程度、婚姻状况、政治面貌、工作单位性质的影响。其中越不赞同乡村振兴过程中"基层干部激励不足"、越年长、主观社会阶层越低、海南省、硕士或博士受教育程度、离婚、政治面貌为共青团员或群众的个体，越认可"农村文化生活丰富起来了"这一说法。而女性、云南省或湖南省、小学/私塾受教育程度、在体制内工作的个体，越不认可上述说法。

模型（8）综合了前七个模型，将整合的乡村振兴主观绩效作为被解释变量。由结果可知，乡村振兴主观绩效显著受到公众对于乡村振兴过程中"基层干部激励不足"这一说法的赞同程度，受访者的主观社会阶层、性别、省份、受教育程度、政治面貌、职业、工作单位性质、乡村振兴战略目标群体类型的影响。其中越不赞同乡村振兴过程中"基层干部激励不足"、主观社会阶层越

专题报告九　乡村振兴主观绩效和制约因素的公众认知

低、福建省或海南省、硕士或博士受教育程度、政治面貌为共青团员或群众、农业户口且居住在城市的个体，乡村振兴主观绩效越高。而女性，云南省或湖南省，小学/私塾受教育程度，职业为办事人员和有关人员或网约车司机、外卖骑手等平台经济从业人员，在体制内工作的个体，乡村振兴主观绩效越低。

（二）基层干部激励不足认知背后的个体影响因素

针对制约乡村振兴战略推进的因素这一问题，认为"激励基层干部积极推进乡村振兴政策"最为重要的受访对象占多数。但不同受访者对于基层干部激励不足的认知存在区别。为了探究究竟哪些因素会影响受访者对于基层干部激励不足制约乡村振兴战略推进的赞同程度，本报告使用多元回归方法，针对上述问题进行实证研究。

1. 变量描述

本部分的基础变量沿用表1，但是将基层干部激励不足作为被解释变量，解释变量则主要为人口学变量。

2. 模型设置

本部分依然使用 STATA 软件进行实证分析，解释模型结果。采用普通最小二乘法回归（Ordinary Least Square，OLS）的方法，探讨基层干部激励不足形成机制的差异性，具体回归模型如下。

$$Y = \varepsilon_i + \beta_1 X_1 + \beta_2 X_2 + \beta_3 X_3 + \beta_4 X_4 + \beta_5 X_5 + \beta_6 X_6 + \beta_7 X_7 + \beta_8 X_8 + \beta_9 X_9 + \beta_{10} X_{10} + \beta_{11} X_{11} + \beta_{12} X_{12} + \beta_{13} X_{13}$$

其中，Y 为基层干部激励不足，X_1 至 X_{13} 为人口学变量，ε_i 为随机误差项。

3. 计量发现

从表4中可知，在人口学变量中，受访者的主观社会阶层、性别、省份、政治面貌、职业、户籍均会显著影响其对于基层干部激励不足制约乡村振兴战略推进的赞同程度。其中主观社会阶层越高、黑龙江省或云南省、户籍为农业户口、非农业户口或居民户口的个体，越赞同基层干部激励不足制约乡村振兴战略推进这一说法。而女性、福建省或海南省以及湖南省、政治面貌为共青团员或群众、职业为办事人员和有关人员的个体，越不赞同上述说法。这一结论既体现了基层干部激励不足状况的现实存在和地区差异，也体现了民众对于"基层干部激励不足"认知的个体差异。对于"基层干部激励不足"认知的区域差异，一方面可能是地区政策差异所导致，另一方面可能是部分地区整体落后的局部表现。而在个体差异方面，主观社会阶层越高、政治面貌为中共党员的个体，更有可能作为地方乡村振兴战略推进过程中的主体，扮演一定程度上的主导角色，被纳入基层治理体系，对于乡村振兴战略推进过程中的基层干部激励问题可能会有更加深入的了解和认识。

表4 回归结果

变量	基层干部激励不足	变量	基层干部激励不足
		婚姻状况（以未婚为参照）	
年龄	-0.002 (0.001)	已婚	-0.030 (0.032)
家庭年收入（自然对数）	0.005 (0.014)	离婚	-0.118 (0.071)
主观社会阶层	0.035*** (0.006)	政治面貌（以中共党员为参照）	
居住地（以农村为参照）	-0.070 (0.083)	民主党派	-0.235 (0.187)
女性（以男性为参照）	-0.078*** (0.024)	共青团员	-0.146** (0.049)
省份（以广东省为参照）		群众	-0.088* (0.035)
黑龙江省	0.097** (0.036)	职业（以国家机关、党群组织、企业、事业单位负责人为参照)	
云南省	0.073* (0.036)	专业技术人员	0.035 (0.042)
福建省	-0.433*** (0.047)	办事人员和有关人员	-0.132** (0.047)
海南省	-0.155* (0.067)	商业、服务业人员	-0.082 (0.046)
湖南省	-0.254*** (0.039)	农、林、牧、渔、水利业生产人员	-0.023 (0.064)
新疆维吾尔自治区	-0.045 (0.039)	生产、运输设备操作人员及有关人员	-0.082 (0.061)

续表

变量	基层干部激励不足	变量	基层干部激励不足
受教育程度（以未读书为参照）		网约车司机、外卖骑手等平台经济从业人员	-0.071
			(0.097)
小学/私塾	0.031	其他从业人员	-0.067
	(0.164)		(0.046)
初中	0.166	无工作	-0.030
	(0.151)		(0.058)
普通高中	0.120	工作单位性质（以无单位为参照）	
	(0.151)		
职业高中	0.112	体制内	-0.004
	(0.162)		(0.042)
技校	-0.038	体制外	0.010
	(0.223)		(0.033)
中专	0.085	户籍（以其他为参照）	
	(0.153)	农业户口	0.545*
			(0.216)
大专	0.055	非农业户口	0.493*
	(0.149)		(0.211)
大学本科	-0.032	居民户口	0.532*
	(0.149)		(0.210)
硕士	0.052	乡村振兴战略目标群体	
	(0.170)		
博士	0.343	农业户口且居住在城市	-0.057
	(0.220)		(0.090)
其他	0.000	非农业户口且居住在城市	0.000
	(.)		(.)
		农业户口且居住在农村	0.000
			(.)
常数项	2.009***	非农业户口且居住在农村	0.033
	(0.314)		(0.097)
R^2	0.024		
观测值	13000		

$^* p<0.05, ^{**} p<0.01, ^{***} p<0.001$。

四 结论与建议

（一）分析结论

从本次调查的结果来看，2017年以来我国"农村教育条件越来越好了""乡村党群干群关系越来越好了""农民就业和收入状况越来越好了"这三项成就最受公众认可。这表明自乡村振兴战略实施以来，乡村人才振兴，基层治理体系优化、治理能力提升，农村产业现代化等多项措施取得显著成效，公众明确体验到了乡村公共服务、基层治理、生活方面的获得感。"农村医疗卫生条件越来越好了""农村文化生活丰富起来了"也获得了较高程度的民众认可。这表明乡村振兴战略对于乡村医疗、民生福祉有较为显著的改善，乡村文化振兴行动也卓有成效。尽管"农村自然环境越来越好了""农民居住条件越来越好了"也获得了民众一定程度的认可，但是相比于其他方面，其获得的民众认可度偏低。这说明，作为乡村振兴蓝图一部分的乡村生态振兴和乡村建设行动以及农村安居建设虽有成绩，但是对于全域乡村振兴而言依然有较大的进步空间。各级政府需要进一步推动生态宜居乡村建设，补齐乡村振兴短板。在此基础上，本报告还对乡村振兴主观绩效影响因素做了进一步研究。

第一，基层干部激励不足方面，对基层干部激励不足制约乡村振兴战略推进这一说法越不赞同的个体，乡村振兴主观绩效越高。第二，人口学变量方面，受访者的主观社会阶层、性别、省份、受教育程度、政治面貌、职业、工作单位性质、乡村振兴战略目标群体类型对于其乡村振兴主观绩效有显著影响。其中越不赞同乡村振兴过程中"基层干部激励不足"、主观社会阶层越低、福建省或海南省、硕士或博士受教育程度、政治面貌为共青团员或群众、农业户口且居住在城市的个体，乡村振兴主观绩效越高。而女性，云南省或湖南省，小学/私塾受教育程度，职业为办事人员和有关人员或网约车司机、外卖骑手等平台经济从业人员，在体制内工作的个体，乡村振兴主观绩效越低。

本报告还分析了在公众认知中对于乡村振兴战略推进具有显著制约作用的基层干部激励不足的形成机制，主要探究了个体因素对公众"基层干部激励不足"认知的影响。结果表明，受访者的主观社会阶层、性别、省份、政治面貌、职业、户籍均会显著影响其对于基层干部激励不足制约乡村振兴战略推进这一说法的赞同程度。其中主观社会阶层越高、黑龙江省或云南省、户籍为农业户口、非农业户口或居民户口的个体，越赞同基层干部激励不足制约乡村振兴战略推进这一说法。而女性、福建省或海南省以及湖南省、政治面貌为共青团员或群众、职业为办事人员和有关人员的个体，越不赞同上述说法。

（二）对策建议

乡村振兴战略自2017年提出以来，已经成为近年来中国乡村发展的主要目标和重点工程。乡村振兴的场域在乡村，主体是农民。因此，若要实现全域乡村振兴，必须将目光对准乡村，关注乡村发展实际情况，着手补齐乡村发展短板，在"硬条件"上为乡村振兴筑牢基础。要从根源上实现乡村振兴，需要关注农民的需求。作为乡村振兴战略的主体，农民是乡村发展的核心力量，乡村振兴战略的核心目标就是要使广大农民充分享受改革开放的成果。因此，推进乡村振兴战略必须切实回应农民需求，针对农民关注的教育、医疗、养老、就业等方面的问题对症下药，充分发挥农民的积极性和主动性，才能为乡村振兴战略注入无穷活力。而作为乡村振兴战略推进的"软条件"，政策和制度是乡村振兴的重要保障。各类政策和制度一方面能够促进"硬条件"的有序改善，另一方面也能够为农民注入发展信心。此外，政策和制度的保障也能够规范乡村振兴战略的推进过程以及可能的不规范行为。因此，乡村振兴战略是一个全方位的立体战略，需要在场域、主体、保障上齐头并进，才能最终实现全域乡村振兴。

没有调查就没有发言权。调查研究是了解现实世界的重要方式，也是政策制定的重要参考。要实现全域乡村振兴，就一定要坚持精准施策，而不是"大水漫灌"。根据前文实证研究可知，受访者群体选择较多的三个选项是"农村教育条件越来越好了"、"乡村党群干群关系越来越好了"以及"农民就业和收入状况越来越好了"，而"农村自然环境越来越好了"和"农民居住条件越来越好了"两项则相对没有受到公众的认可。因此，接下来若要继续推进乡村振兴战略，在政策制定和制度设计上就应该着重关注乡村生态振兴和美丽乡村建设，同时也要持续不断地推动乡村安居工程，更加积极地开展乡村建设行动，在补短板的基础上推进全域乡村振兴。此外，本文的实证研究也呈现了乡村振兴主观绩效之间的省份差异。在此次调查的七个省份中，海南省和福建省的乡村振兴主观绩效较高，广东省、新疆维吾尔自治区、黑龙江省和湖南省的乡村振兴主观绩效在七个省份中处于中等水平，而云南省则处于末位。因此，接下来推进乡村振兴战略的另外一个重要工作就是注重弥合区域差异，避免出现不同区域乡村振兴水平差距过大的现象。

第一，在推动乡村产业现代化、公共服务均等化的同时，将乡村生态振兴作为乡村振兴的前提条件和应有目标，围绕乡村生态建设打造乡村现代产业体系。该体系的打造需要紧跟时代脉搏，改变传统的以自然资源和自然环境为代价的产业形态，以市场和科技为导向，打造绿色环保、生态经济的乡村现代产业链。要坚持以乡村旅游为抓手，适度开发乡村自然资源，结合自身资源禀赋开发乡村旅游，既促进乡村剩余劳动力就业，也提高农民收入，使农民生活富足。更要坚持政策约束和制度保障，为乡村自然资源和环境的利用与开发划定"红线"，坚决打击恶意开发乡村自然资源和自然环境的行为，在制度上堵住缺口。

第二，农民安居乐业是乡村振兴战略的应有之义，要以提高农民生活质量为乡村振兴的最高目标。实现乡村振兴，农民的生存是根本。要在推动公共服务均等化的同时重点关注农民的基本生活需要，其中住房问题是农民安居乐业的关键之一。要持续深化农村安居工程，采用分批、分期、分类的方式保障农村住房安全并提高居住舒适度，开展常态化农村安居工程，推动乡村居住条件与时俱进，紧跟乡村振兴步伐。要大力推行乡村建设行动，建设满足民众需求的体育、娱乐、休闲、学习场所和设施，全方位提升农民的居住条件和生活体验。

第三，乡村振兴的最终实现应该是全域振兴，既不是某个村的振兴，也不是某个面的乡村振兴，而是全国各地、乡村发展全方位的振兴。乡村振兴政策和规划的制定可以有重点，但不是片面，可以分阶段，但不是孤立。要兼顾乡村发展和农民生活的公共服务、基础设施、基层治理、生态环境、生活水平等各个方面，推动全方位的乡村振兴。也要兼顾乡村振兴的初期、中期、后期的各个阶段，做好全盘布局，统一谋划，避免"阶段性热度"。更要坚持全国一盘棋，综合考虑全国各地乡村发展的差距，在乡村振兴战略推进过程中精准施策，有针对性地进行乡村振兴战略中技术、资源、人才、资金的调度和转移。

第四，优化健全乡村振兴战略推进过程中的基层干部激励机制，打造积极主动、素质过硬的基层干部队伍。一方面，要完善乡村振兴战略推进过程中的人力资源开发路径，推动优质人才回流，提高基层干部素质。另一方面，要细化基层干部在推进乡村振兴战略过程中的考核、奖惩、追责机制，合理化基层干部的激励举措。在全国一盘棋的基础上，各个省份要充分根据自身实际，开发能够调动基层干部积极性的新举措和新模式。将乡村振兴战略的推进内化为乡村基层干部的日常工作和重要任务。此外，也要注重乡村振兴战略推进过程中的多主体治理，充分调动农民参与，做到既让农民享受乡村振兴的成果，又推动农民更多地承担起乡村振兴的主体责任。既减轻基层干部负担，又优化乡村的基层治理结构和治理体系。

后　记

在发展中保障和改善民生是中国式现代化的重大任务。党的二十届三中全会通过的《中共中央关于进一步全面深化改革 推进中国式现代化的决定》明确指出，"必须坚持尽力而为、量力而行，完善基本公共服务制度体系，加强普惠性、基础性、兜底性民生建设，解决好人民最关心最直接最现实的利益问题，不断满足人民对美好生活的向往"。为此，必须聚焦提高人民生活品质，健全保障和改善民生制度体系。民生制度体系的健全、人民生活品质的提高离不开社会政策的创新。

在公共管理学科视野下开展社会政策和人民美好生活研究是中山大学公共管理学科的一个基本特色。自2008年以来，以中山大学公共管理学科雄厚的学术实力和深厚的学术底蕴为基础，顺应我国社会政策实践持续推进和发展的大势，中山大学社会政策研究团队不断发展壮大，成为我国社会政策研究领域的一支重要力量。2015年，社会政策研究团队获批国家社科基金重大项目，进而深入开展社会政策与福利制度的研究。在该项目的支持下，社会政策研究团队于2016年起，开展"人民美好生活需要（福利态度）调查"。最初两轮调查的范围局限在广州市和广东省，2018年开始逐步把调查范围推向全国，每轮选择包括广东省在内的三个省份进行调查。随着调查的持续推进，2021年，中山大学政治与公共事务管理学院（以下简称"学院"）和中山大学中国公共管理研究中心（以下简称"中心"）决定把这一原本基于社会政策研究团队的项目提升为学院和中心的项目，致力于将其打造成公共管理学科的旗舰项目，并基于对项目调查数据的分析出版有关"人民美好生活需要与社会政策创新"的年度报告。

2023年，在学院和中心的大力支持下，中山大学"人民美好生活需要

后记

(福利态度)调查"课题组开展了第七期调查。不同于过去几轮的调查,为了更好地获得全国性的数据,本次调查大幅度扩大了调查区域,从过去的三个省份增加到七个省份,并同步增加了样本量。2023年调查区域包括福建省、海南省、广东省、黑龙江省、湖南省、新疆维吾尔自治区和云南省七个省份的90个地级市(自治州、省直管市),最终获得有效样本15650个。本次调查问卷分为8大版块,共43道题,内容涵盖贫困问题(困难群体)、社会团结与社会风险、社会照顾、社会态度、乡村振兴战略、延迟退休、工作-生活平衡,以及个人基本资料。在此基础上,社会政策研究团队成员分别撰写了1篇总报告和九篇专题报告,涵盖困难群体、主观阶层认同、延迟退休、老人照顾服务、生育支持、流动儿童教育、工作-生活平衡、职工生活品质及乡村振兴等议题。

本项目的开展和本年度报告的撰写得到了学院和中心领导及社会政策研究团队的大力支持,得到了教育部人文社会科学重点研究基地重大项目"共同富裕时代人民美好生活需要与社会政策创新研究"(22JJD630021)的资助。学院院长兼中心主任谭安奎教授亲自担任本项目的召集人,进行项目规划,并统筹经费,从而使项目得以如期推进并完成。社会政策研究团队的各位成员,如庄文嘉副教授、李棉管副教授、王海宁副教授、申梦晗副教授、钟晓慧副教授、范昕副教授(原中山大学副研究员,现为电子科技大学副教授)、程璆助理教授(中山大学马克思主义学院)等,积极响应,鼎力合作,在承受繁重的教学科研工作压力的同时,也都如期完成数据分析和报告撰写。社会政策研究团队研究生(包括电子科技大学研究生屈泓希)也积极参与本项目的工作。同时,调查项目的顺利进行也有赖于相关调查公司的鼎力支持。在此一并表示最诚挚的感谢。

各报告的执笔人及分工如下:

总报告:岳经纶(教授)、程璆(助理教授)

专题报告一:程璆(助理教授)、吴小涵(研究生)

专题报告二:王海宁(副教授)、聂玥、吕诗颖(研究生)

专题报告三:钟晓慧(副教授),方诗琪、潘嘉琦(研究生)

专题报告四:钟晓慧(副教授),刘蔚、李鹤然(研究生)

专题报告五:范昕(副教授),屈泓希(研究生)

专题报告六:申梦晗(副教授),郑尹婷、肖倩怡(研究生)

专题报告七：李棉管（副教授），刘炜、尚晓芹（研究生）
专题报告八：庄文嘉（副教授），彭煜杰（研究生）
专题报告九：庄文嘉（副教授），郑磊（研究生）。

本书是有关"人民美好生活需要与社会政策创新"年度报告的第三本，也是团队成员密切合作的成果。本书延续了《人民美好生活需要与社会政策创新（2021）》和《人民美好生活需要与社会政策创新（2022）》的结构布局与写作逻辑，既延续了重点议题的讨论，也结合当前社会政策发展与社会热点进行了适当调整。

本书的顺利出版不仅有赖于团队成员的通力合作，也离不开社会科学文献出版社及各位编辑的大力支持。由于水平有限，加上时间紧张，书中错漏之处难免，尚请各位方家批评指正。

岳经纶
2024 年 9 月

图书在版编目(CIP)数据

人民美好生活需要与社会政策创新. 2023 / 岳经纶等著. -- 北京：社会科学文献出版社，2024.10.
ISBN 978-7-5228-4410-7

Ⅰ.D669.3；D601

中国国家版本馆 CIP 数据核字第 20249M5P52 号

人民美好生活需要与社会政策创新（2023）

著　　者 / 岳经纶 等

出 版 人 / 冀祥德
责任编辑 / 胡庆英
文稿编辑 / 孟宁宁　李会肖　李　薇　孙　瑜　孙海龙
责任印制 / 王京美

出　　版 / 社会科学文献出版社·群学分社（010）59367002
　　　　　 地址：北京市北三环中路甲 29 号院华龙大厦　邮编：100029
　　　　　 网址：www.ssap.com.cn
发　　行 / 社会科学文献出版社（010）59367028
印　　装 / 三河市东方印刷有限公司
规　　格 / 开　本：787mm×1092mm　1/16
　　　　　 印　张：26.5　字　数：445 千字
版　　次 / 2024 年 10 月第 1 版　2024 年 10 月第 1 次印刷
书　　号 / ISBN 978-7-5228-4410-7
定　　价 / 168.00 元

读者服务电话：4008918866

版权所有 翻印必究